“广东地方特色文化研究丛书”

主办单位： 广东省政协文化与文史资料委员会
广东省社会科学界联合会

广东地方特色文化研究丛书

岭南记忆

田 丰　林有能　主编

暨南大學出版社
JINAN UNIVERSITY PRESS

中国·广州

图书在版编目（CIP）数据

岭南记忆/田丰，林有能主编．—广州：暨南大学出版社，2016.3
（广东地方特色文化研究丛书）
ISBN 978－7－5668－1717－4

Ⅰ.①岭…　Ⅱ.①田…②林…　Ⅲ.①地方文化—广东省—文集　Ⅳ.①G127.65－53

中国版本图书馆 CIP 数据核字(2015)第 304106 号

出版发行：暨南大学出版社

地　址：中国广州暨南大学
电　话：总编室（8620）85221601
营销部（8620）85225284　85228291　85228292（邮购）
传　真：（8620）85221583（办公室）　85223774（营销部）
邮　编：510630
网　址：http：//www.jnupress.com　http：//press.jnu.edu.cn

排　版：广州市天河星辰文化发展部照排中心
印　刷：佛山市浩文彩色印刷有限公司

开　本：787mm×1092mm　1/16
印　张：20.25
字　数：408 千
版　次：2016 年 3 月第 1 版
印　次：2016 年 3 月第 1 次

定　价：50.00 元

前 言

随着世界经济全球化和政治多极化快速发展、科学技术日新月异、各种文化思想交会碰撞，文化的地位和作用日益凸显。2003 年，广东省委、省政府高瞻远瞩，作出了建设文化大省的决定。2010 年，又制定《广东省建设文化强省规划纲要（2011—2020 年）》，纲要提出力争用 10 年左右时间，形成与广东经济社会发展相适应或适度超前的文化水平，把广东建设成为在全国具有重要影响力的区域文化中心、发展社会主义先进文化的排头兵、提升我国文化软实力的主力省、中国文化“走出去”的生力军及率先探索中国特色社会主义文化发展道路的示范区，从而吹响了建设文化强省的号角。

在建设文化强省的过程中，对本土传统文化的继承和发展是不可或缺的重要一环。岭南文化是中华传统文化的一个重要组成部分，是中华文化百花园中的奇葩。从历史上看，古代岭南开发较晚，文化相对落后，即便如此，在这个时期，岭南文化也作出过重要贡献。如唐代惠能创立禅宗，风靡全国；明代陈献章创立“心学”，影响深远。到近代，岭南发展迅速，新思想层出不穷，康有为、梁启超、孙中山等文化巨人，从岭南走向全国，走向世界，他们的思想引领时代的发展，催生社会变革，岭南文化呈现出更加灿烂的光彩。

广东是岭南文化的发祥地，传统上其文化民系主要分为广府文化、潮汕文化和客家文化三部分，在漫长的历史进程中，三大文化又不断衍生出侨乡文化、雷州文化、香山文化、禅宗文化、韶文化、冼夫人文化、移民文化等各种形态。这些文化既有岭南文化的共性，又各具鲜明的地方特色，充分体现广东文化的丰富多元。新世纪以来，我省各级政协十分重视历史文化和民族宗教文化，积极开展特色文史资料收集整理工作；省社科联、社科院等社科机构与各地合作成立了侨乡文化、香山文化、客家文化、禅宗文化、潮汕文化、雷州文化、砚文化、韶文化、瑶文化、广府文化、中医药文化、冼夫人文化、孙中山文化、移民文化等以研究地方特色文化为主旨的研究基地，形成了地方特色文化研究队伍；在党委政府的鼎力支持下，广东社科界召开了一系列的学术研讨会，设立了一批省级社科规划项目，推出了一大批学术成果，在资料积累、学科建设、人才培养、决策咨询等多方面取得显著的成绩，为促进我省哲学社会科学繁荣，进一步提升文化软实力，推动经济社会发展作出了重要的贡献。

为了充分展示我省近年来地方特色文化研究的最新成果，广东省政协文史委员会和广东省社会科学界联合会联合编辑出版“广东地方特色文化研究丛书”，计划用5年时间分批出版10本学术著作。本丛书的编辑出版坚持“整理、传承、研究、创新”的基本方针，将通过对我省各个地方特色文化的系统整理和深入研究，揭示广东文化的丰富内涵和具体特征，从而为继承发展、保护利用广东文化提供有益的参考。我们希望，本丛书在推进岭南文化的积累和传播，擦亮岭南文化品牌，加快发展文化事业和文化产业中发挥积极的作用，为文化强省建设作出应有的贡献。

“广东地方特色文化研究丛书”编委会

二〇一四年八月

目 录

艺术研究

地名研究

诗文研究

《广东新语》杀鳄鱼章杂议

杨　皑[1]

《广东新语》卷二十三《介语》中有杀鳄鱼章云：

昔韩愈守潮州，鳄鱼为暴，为文以祭弗能去。后刺史至，以毒法杀之，其害乃绝。按《周礼·秋官》：壶涿氏之职，曰掌除水虫，以炮土之鼓以驱之，以焚石投之。永乐中，吴淞陂塘坏，壅水横流，漂没庐舍，田屡不登，官赋匮缺。朝遣使者治之，治辄坏。居民告曰："水有怪焉，穴于塘澳，塞土填石，不胜其一奋，必杀怪而后塘可成也。"于是使者相继谋杀怪，卒无计策。朝廷忧之，遣夏原吉往。原吉至，命具舟数百，载以焚石，布塘之上，下令曰："闻鼓声，齐下焚石。"于是两岸击鼓，竞投焚石，急散舟以避之，须臾波涛狂沸，水石搏击，震撼天地，辗转驰骤，赤水泉涌。有物仰浮水面，焦灼腐烂，纵横数十丈，若鼋若鼍，莫可名状，怪绝而塘成。假使昌黎读《周礼》，得此杀怪之方，则尽鳄鱼之种类以诛，何暇与之论文哉？鳄鱼而祭，祭且用文，彼爰居之，祀又何讥焉？此何硒之说也。[2]

读了杀鳄鱼章，笔者觉得有几个问题需要提出来讨论一下，讲得不对的地方，敬请学界同人批评指正。

一、关于杀鳄鱼章中某句话的断句问题

笔者仔细分析杀鳄鱼章中的"假使昌黎读《周礼》，得此杀怪之方，则尽鳄鱼之种类以诛，何暇与之论文哉？鳄鱼而祭，祭且用文，彼爰居之，祀又何讥焉"这段话后，觉得其中"彼爰居之，祀又何讥焉"的前半句与后半句之间意思不大相接，且这句话的意思亦与前文颇欠吻合，再加上"彼爰居之"这四个字究竟是什么意思，令人费解。于是笔者判断，这句话可能在断句上出现了错误。经翻阅三个由今人断句的《广东新语》版本（分别是广东人民出版社出版

---

① 【作者简介】杨皑，华南师范大学历史文化学院副教授。

② 见（清）屈大均著，李育中等注：《广东新语注》，广州：广东人民出版社1991年版，第515页。

的由李育中等人所注的《广东新语注》、人民文学出版社出版的《屈大均全集》（四）中由李默校点的《广东新语》以及中华书局出版的《广东新语》。以下分别简称为李育中本、李默本、中华书局本）后，发现除了李育中本的标点有错误之外，李默本以及中华书局本都同样出现了这样的错误①。以笔者之见，应该将“彼爰居之，祀又何讥焉”改为“彼爰居之祀，又何讥焉”。如此断句才显得意思明顺，符合情理，亦只有这样断句，才可以把原文之意思表达出来。

“爰居”是海鸟之名，“爰居之祀”的意思是祭祀海鸟爰居。春秋时鲁国大夫臧文仲因见海鸟爰居止于鲁东门之外三日，曾叫国人去祭祀它，有人因此指责臧文仲这样做不明智。此事在《左传·文公二年》中有提及，其文云：“仲尼曰：‘臧文仲，其不仁者三，不知者三。下展禽，废六关，妾织蒲，三不仁也。作虚器，纵逆祀，祀爰居，三不知也。’”此事又见载于《国语·鲁语上》，其文云：“海鸟曰爰居，止于鲁东门之外三日，臧文仲使国人祭之。展禽曰：‘……今海鸟至，已不知而祀之，以为国典，难以为仁且知矣。’”依据《左传》和《国语》，可知《广东新语》杀鳄鱼章中的“彼爰居之祀，又何讥焉”这句话，乃是运用典故，其意大概是说：连韩愈都那么糊涂，用文章去祭鳄鱼，那就不应该批评臧文仲祀海鸟爰居是一种不明智的表现了。如果按照今人所标点的文句去理解原文之意的话，那就不可能与以上的表意吻合了。

二、杀鳄鱼章的原始作者应该是何磻

《广东新语》虽然题为屈大均所著，然而对于杀鳄鱼章来说，似乎不好说它是由屈大均所写，实际上该章中的大部分内容是屈大均抄录转引的。故屈大均在此章的最后特地附上一句话注明说：“此何磻之说也。”很明显，屈大均之所以加上这一句话，其目的是要告诉读者，以上这则故事是一段复述之语，其原始的讲述者是何磻。

屈大均在《广东新语》中经常引用他人著述中的某句话或某段文字，那些被引述的材料从分量上看在全章中占的篇幅不算多，而且屈大均都平顺地将它们融合在自己的叙说文字之中。这种文字自然可以看作屈大均的著述，其著作权归于屈大均也是合情合理的。但是《广东新语》中有个别篇章的文字乃是属于全章地引用他人的文章或他人的讲话，而且屈大均亦加上注明说这段话为某某人所讲，那么，这种文字的著作权恐怕就不应该归属于屈大均了。例如《器语》中的铜鼓器章就是一则很有代表性的例子。该章说：

---

① 见李默校点：《广东新语》，载欧初、王贵忱主编：《屈大均全集》（四），北京：人民文学出版社1996年版，第534页；（清）屈大均撰：《广东新语》，北京：中华书局1985年版，第583页。

宋陆游云："予初见梁《欧阳頠传》称：'頠在岭南多致铜鼓，献奉珍异。'又云：'铜鼓累代所无。'予在宣抚司见西南夷所谓铜鼓者，皆精铜。极薄而坚，文镂巧丽，叩之冬冬如鼓，不作铜声。秘阁下古器库，亦有二枚。此铜鼓，南蛮至今用之于战阵祭享。初非古物，实不足辱秘府之藏，然自梁时已珍贵之如此，不知何取也。"①

经查考，可知以上这段材料原来是屈大均从陆游的《老学庵笔记》卷二中摘引出来的。这段话中除了起首处的"宋陆游云"四字是屈大均所加，其余全部文字基本上都是陆游的原话。也就是说，此章文字的著作权其实不属于屈大均，而是属于陆游的。正是因为此章文字的著作权不属于屈大均而属于陆游，所以屈大均在此章文字的起首处特地加上"宋陆游云"四字以表明之。与铜鼓器章的情况大致相同的例子还有《山语》中的端州山水章，屈大均在其起首处标上了"何磻云"三字；《宫语》中的南海庙章，屈大均也在其起首处标上了"何磻云"三字。很明显，端州山水章与南海庙章这两章文字，基本上都是属于抄录转引性质的文字，其原始作者都可以确定是何磻。笔者此前曾对这个问题作过分析研究，读者不妨审阅一下拙作《略议〈广东新语〉中两段文字的标点及相关的问题》。②

从以上所提到的诸例子可以看出，在屈大均的《广东新语》中，有几章文字显得比较特别，这些篇章中的绝大部分内容都是屈大均抄录转引的，客观地看，这些篇章的著作权不宜归属于屈大均。现在拿出来讨论的这篇杀鳄鱼章，其情况正是如此。

需要强调一下，杀鳄鱼章中那段关于明朝人夏原吉仿用古法去驱杀吴淞一带水怪害虫的故事，以目前可知的信息看，其最早的记载出现在《广东新语》之中，③ 于是这段材料的史料价值就显得颇为宝贵，而保存了这则如此有价值的史料的有功之臣实际上是何磻。正是因为何磻是个土生土长于长江三角洲一带的学士文人，熟悉当地的掌故，所以他能够讲述这则故事。屈大均只不过是对这则故事作了转述而已。但从另一个角度看，由于何磻的相关著述目前未见传于世，屈大均则做了转述工作，于是无形中屈大均亦成为保存这则有价值的史料的功臣了。

---

① 以上这段文字的标点是笔者加的。笔者觉得现今行世的三个《广东新语》新标点本，对这段文字所作的标点都有一些不合理之处，故不加采用。关于各本对此段文的标点情况，读者可参阅李育中本的第405页、李默本的第451页、中华书局本的第458页。

② 见《广东史志》2006年第2期。

③ 近获悉有学者指出，除《广东新语》外，《潮州志·丛谈志·物部》中对此事亦有记载，笔者很感谢这位同人的赐教。由于受一定客观原因的限制，本人暂时还未有机会查阅《潮州志》，不知这部《潮州志》是什么时候的版本。据我推断，《潮州志》中所讲述的这件事，有可能是引自《广东新语》的。

虽然杀鳄鱼章不宜说是屈大均写的，但是此章文字既然经屈大均之手在《广东新语》中被作了转述引用，就说明屈大均是认肯这段文字中的思想观点的。那么该文所表现出来的思想倾向，实际上也等于是屈大均的思想倾向。

三、屈大均对韩愈的以文驱鳄之举持批评态度

韩愈任潮州刺史时，曾撰《祭鳄鱼文》，其中所记的将鳄鱼驱走的故事，不但在民间广泛流传，而且在正史《唐书》中也有记载，这件事说得上是广东历史上一件重大之事。不过笔者发现，作为研究广东史的权威专家，屈大均对这件在广东历史上显得非常重要的事并不十分在意。屈大均在《广东新语》中对这件事虽然有所提及，却只是用甚少的篇幅去讲它罢了。而且当提及此事的时候，他不但不像其他人那样对韩愈此举作一番赞颂，反而对韩愈提出了批评，指责韩愈此举没有取得实际效果。屈大均还指出，真正将鳄鱼驱走的人，乃是后来上任的另外一位潮州刺史。另外，他特地强调说，是因为人们采用了“以毒法杀之”的方法，才真正有效地将当地的鳄鱼驱走和消灭的。

明显可以看出，杀鳄鱼章全章文字的重点内容是捕杀鳄鱼，并推介古代一种驱杀水怪害虫的方法，希望人们去借鉴、仿效此法以驱杀鳄鱼，这部分内容占了杀鳄鱼章全章文字总数的三分之二以上。再从具体内容来看，这章文字没有提及鳄鱼的生活习惯以及生长情况，而是侧重于讲怎么样捕杀鳄鱼。文章大概说，在《周礼·秋官》的壶涿氏章中，曾提到古人驱杀水怪害虫，其方法是把烧热了的石块投入陂塘水泽之中，[①] 将该处的水升温加热，又辅之以强大的鼓声，把水怪害虫惊动起来，令其离开穴洞进入水中热死。明初人夏原吉就曾经采用这种方法，驱杀了吴淞一带的水怪害虫，效果颇佳。

平心而论，夏原吉所使用的驱杀水怪害虫之法，对于驱杀鳄鱼来说是否能奏效，恐怕没有谁能够作出绝对肯定的判断。但是透过文意可以看出，屈大均对那

---

① 《周礼·秋官·壶涿氏》云：“壶涿氏掌除水虫，以炮土之鼓驱之，以焚石投之。”贾公彦疏之曰：“焚石投之使惊去者，石之燔烧得水作声，故惊去也。”“焚石”一词《汉语大词典》解析为“烧烫的石头”。笔者觉得此种解析，若针对周朝人驱除水怪害虫之事来说，或许可以说得通，但对于明朝人夏原吉驱除水怪害虫一事来说，恐怕未必能说得通。因为如果此“焚石”是指“烧烫的石头”的话，那么此石的温度甚高，绳索木板一经触碰必被烧坏，搬运的人亦难以靠近。以古代那么落后的搬运技术来看，那些数量非常大的“烧烫的石头”，只可能被从岸上推入水中，不可能被搬移到舟船上再投入水中。看来此处所提到的被搬移到舟船上然后投入水中去的“焚石”，有可能是指生石灰石。生石灰石与水遇合即发生化学反应而产生高温，可令塘泽中的水发热升温，还有腐蚀作用。所以当人们向塘泽投了“焚石”之后，水怪便“仰浮水面，焦灼腐烂”了。宋应星的《天工开物》中有燔石篇，专门讲述烧制石灰石以及石灰石的功用这方面的内容。可见到了明朝时，人们烧制石灰石，以及利用石灰石，已经是很普及的事。至于周朝人是否已懂得烧制石灰石和利用石灰石，似乎不见有明确的记载。所以笔者虽然在正文中遵从《汉语大词典》的解析，但在此则试提出异议，以供读者参考。

种积极捕杀鳄鱼的务实做法是非常欣赏的，而对那种用文祭鳄以求驱鳄的无实效做法是甚为鄙视的。所以此章文字特地用“杀鳄鱼”三字作为标题，而《介语》中的各章皆以某种动物之名作为标题，可见屈大均所看重的和所关注的，乃是讲究用实际行动去捕杀鳄鱼。文章最后又特地用评论性的口吻说“假使昌黎读《周礼》，得此杀怪之方，则尽鳄鱼之种类以诛，何暇与之论文哉？鳄鱼而祭，祭且用文，彼爰居之，祀又何讥焉”，这段评论明显反映出屈大均对韩愈的以文祭鳄之举有所指责，认为其做法是一种愚蠢无知和徒劳无益的行为。

有两则材料或许对我们考察屈大均为何会大胆批评和指责韩愈的以文祭鳄之举是愚蠢行为，有一定的参考价值。《宋史》卷二百八十四《陈尧佐传》云：“尧佐……坐言事忤旨，降通判潮州。修孔子庙，作韩吏部祠，以风示潮人。民张氏子与其母濯于江，鳄鱼尾而食之，母弗能救。尧佐闻而伤之，命二吏拏小舟操网往捕。鳄至暴，非可网得，至是，鳄弭受网，作文示诸市而烹之，人皆惊异。”[①] 又宋人契嵩在《镡津集》卷十九中说：“韩子为《鳄鱼文》与鱼，而告之世，谓鳄鱼因之而逝，吾以为不然。鳄鱼乃昆虫无知之物者也，岂能辨韩子之文耶，然使韩子有诚，必能感动于物以诚即已，何必文乎？文者，圣人所以待人者也，遗虫鱼以文，不亦贱乎？人哉文之，其人犹有所不知，况昆虫欤。谓鳄鱼去之，吾恐其未然。《唐书》虽称之，亦史氏之不辨也。”据前一则材料我们可以知道，在韩愈之后，潮州一带仍然有鳄鱼之患，这说明昔日韩愈以文祭鳄的做法并没有将鳄鱼驱走，且可以知道当时的官员们仍然在使用捕杀之法去对付鳄鱼。据后一则材料我们可以知道，至少在宋朝，已经有人指出，韩愈凭一篇祭文将鳄鱼驱走，这件事不值得相信。屈大均之所以敢于大胆批评和指责韩愈的以文祭鳄之举是愚蠢无谓的举动，显然是有依据的，其所作之批评亦是有道理的。

今天，我们从客观角度去评价韩愈的以文祭鳄之举，杀鳄鱼章中的有关评论是值得参考的。不过我们也应该强调，韩愈的以文祭鳄之举本属为民除害，其出发点值得肯定，而在做法上显得落后和愚昧，乃是时代环境所造成的，我们不宜太过苛求韩愈。

---

① 见《宋史》卷二百八十四《陈尧佐传》，北京：中华书局1977年版，第9582页。

九种广东地区诗歌总集钩沉[①]

陈凯玲[②]

有清一代，广东地区清诗总集编纂空前繁荣，成就突出。仅据骆伟先生主编的《广东文献综录》一书著录统计，现存广东清诗总集的数量，已不下两百种，更未遑计算下落未明或确已遗佚者。对于如此丰硕的编纂成果，存世的尚且需要研究，已经失传的也应当挖掘。因此，本师朱则杰先生的《清诗考证》曾对清初顺治、康熙年间编纂的相关总集进行初步辑佚[③]。兹效其做法，以《广东文献综录》《清史稿艺文志及补编》和《清史稿艺文志拾遗》等书目文献为基本标准，凡其中未见著录的广东地区清诗总集，即予以辑录，并对相关序跋文字酌加考证。由于文献搜讨不易，本文先取九种厘为一束，大致以总集的编纂或刊刻时间为序。

一、《镇海楼诗选》，刘茂溶辑，康熙三十三年（1694）前刻

康熙年间黄登辑《岭南五朝诗选》卷首载刘茂溶序，兹节录有关文字如下：

> 予时督创广州镇海楼成，登临赋咏，闻于四远。予汇而识之，名曰“镇海楼诗选”。……独《镇海楼》梨枣，予将束装出岭，后有珊瑚，当在黄子铁网中；或有以示予，则又不负引领天南望鱼雁矣。噫！予与黄子同时而各有所选也，可不为相得之庆，而亟叙之哉？[④]

按：此处《镇海楼诗选》属于一部题咏类诗歌总集，编者刘茂溶，康熙二

---

① 本文由《五种广东地区清诗总集钩沉》（发表于《甘肃社会科学》2009 年第 1 期）与《四种广东地区诗歌总集钩沉》（发表于《图书馆理论与实践》2009 年第 8 期）两文合并修改而成。

② 【作者简介】陈凯玲，惠州学院中文系讲师，博士。

③ 所辑六种为：区怀瑞《峤雅》，曹溶、朱彝尊《岭南诗选》，屈大均《岭南诗选》，王隼《岭南诗纪》，陈恭尹《广州诗汇》，蔡均《东莞诗集》。朱则杰：《清诗考证》，北京：人民文学出版社 2012 年版，第 390 ~ 398、435 ~ 440 页。

④ （清）黄登辑：《岭南五朝诗选》，《四库全书存目丛书》影印康熙三十九年庚辰自刻本，集部第 409 册，第 95 ~ 97 页。

十二年癸亥（1683）至康熙三十三年甲戌（1694）间任广州知府[1]。据上文“独《镇海楼》梨枣”云云，可以确定该集已经付刻。至于具体的成书时间，当在此序写作稍前。据“予将束装出岭”一句所暗示，可以确定是在刘茂溶卸任广州知府时，亦即康熙三十三年甲戌（1694）；至迟也不晚于康熙三十九年庚辰（1700）《岭南五朝诗选》的刊刻时间。

二、《岭海诗见》，陈遇夫辑，康熙中期序

陈遇夫《涉需堂集》（不分卷）有《岭海诗见序》，兹据广东省立中山图书馆藏光绪六年（1880）刻本辑录于此：

《曲江本集序》云：曲江公诗，其言造道，雅正冲淡，体合风骚。后世论唐人洗涤五代绮靡者，推陈伯玉，而李于鳞不取，此自有故。伯玉古诗深奥则有之，然过于钩索，终逊于曲江之自然。前乎公者，为沈宋，之后为燕许。沈宋工丽，张苏雄浑，曲江固自不乏。至抒写性情，雅正近道，则虽燕许亦退三舍，彼沈宋正字，岂其匹也？吾粤诗前有曲江，后有白沙。白沙子论诗谓：“世人旬煅月炼，以声调相高，皆不得谓之诗，故曰：‘诗之工，诗之衰。’”此儒者正论，亦诗家妙解。然惟白沙先生能几（讥）之，未许浅率藉口，何也？白沙天资高明，胸中无纤毫滞碍，而涵养学问，又足以达之，故能直写性，真无复雕镂妆点习气。由此言之，谓诗不关理乎？非也。有明三百年，吾粤诗最盛，比于中州迨过之无不及者，其体大率亦三变：明初南园五先生倡之，轻圆妍美，西庵为首；嘉靖七子，建旗鼓于中原，梁公与焉，所尚富丽庄重，名“馆阁体”；驯至启祯政乱国危，奇伟非常之士出，抚时感事，悲歌当泣，黎、邝诸君，发为慷慨哀伤之音，而明祚亦遂终矣。明季粤故多名士，异乎弃掷沦落，不得见于用，诗文亦多散失，无可考。予少时所见先人蘧庐旧辑，得乡先辈诗数十首，因搜粤志并别集所载，择而手录之，曾不千百之什，一存其略而已。虽然，言为心声，诗者，性情所发，不可以伪。为伪者，固不能工；其工者，必共真者。观其言，可以知其人，可以论其世，此亦可以观矣。[2]

按：陈遇夫，字廷际，号交甫、雨村，广东新宁（今台山）人。据道光《广东通志》卷二百八十六《列传·十九》本传记载，陈遇夫为康熙二十九年庚

---

① 参光绪《广州府志》卷二十三《职官表·七》，光绪五年己卯刻本，第3a页。

② （清）陈遇夫：《涉需堂集》，光绪六年刻本，第7a~7b页。

午（1690）举人，雍正元年癸卯（1723）举孝廉方正，年七十一卒[①]。

又，该《岭海诗见序》无具体写作时间，考《涉需堂集》中有《菽园藏书记》一文，末署“戊寅（康熙三十七年，1698）秋八月晦记”，且位于《岭海诗见序》《乐府诗见序》《赋见序》三篇文章之后；若各篇严格按写作时间的先后编次，那么陈遇夫作《岭海诗见序》当不晚于康熙三十七年戊寅（1698），据此推测其编纂系列总集的时间，大致在康熙中叶。

从序文相关内容可知，《岭海诗见》所选范围主要是明代；文中提及的“黎、邝诸君”，即黎遂球、邝露，两人分别卒于顺治三年丙戌（1646）及顺治七年庚寅（1650），类似入清遗民可能多被收录，因此不妨将该书归入跨代清诗总集。

又，该序亦被收入吴道镕辑、张学华续辑之《广东文征》卷四十五，文字相同[②]。

三、《峤华集》，沈琦等辑，康熙五十七年（1718）刻

罗元焕撰《粤台征雅录》（又名“岁暮怀人诗”）第四首怀陈怀诗所附陈仲鸿注曾提到《峤华集》一书：

> 康熙戊戌（五十七年，1718），羊城沈奇玉琦，开粤台古迹八咏诗社于白燕堂，以浮邱井、陆贾祠、虞翻苑、望气楼、沉香浦、荔枝湾、素馨田、抗风轩为题，体皆七律，预书笺致于城乡吟侣，匝月闲共收三千余卷。奇玉本洪都人，侨寓于粤者也。时适全州蒋容江、南昌万字兆两太史，太康许苍岚明府，皆在粤，遂延致主于其家，同为评阅。选拔五百名，揭榜于桂香文昌宫，复开雕《峤华集》二卷。全作登集者十名，石樵（陈怀其号）先生与焉。居前者曰：梁无技、江渊、韩海、蔡道法、汪后来、梁文冠；居后者曰：黄朝举、麦穗、陈份。既又张燕召梨园侑觞，雅会于西郊长寿僧院，陈古村集中纪及之。亦一时之盛事也。《峤华集》后幅诗，则摘刻至百名以外，其馈赠谢教仪物，首名冠服全具，佐以银杯匕，及文房玩器数品。余视榜之高下重轻有差，自二百名后至榜末，概送丝履一緉云。粤中好为校诗之会，亦称开社，相传谓自明季番禺孝廉黎美周遂球礼闱之号。乡人艳之，遂启其风，至预布题，并订期收卷，列第揭榜，悉效浦江吴

---

① 道光《广东通志》，《续修四库全书》影印道光二年壬午刻本，第675册，第48页。有关陈遇夫中举人的时间，《清史列传》卷六十七本传及李灵年、杨忠两位先生主编的《清人别集总目》均作康熙十五年丙辰（1676），当以道光《广东通志》为准。

② （清）吴道镕辑，张学华续辑：《广东文征》，民国三十七年广东省文献委员会油印本，第15册，第12b～13a页。

清翁月泉吟社故事。惟易其送诗赏之名曰“谢教”，谦词也。诸吟卷不可效应试糊名，故皆隐其姓字，随意取片语为记，亦如月泉社中翁合老原署“蹑云”，周暕原署“识字耕夫”之类。榜上胪列，谓之“花号”，或曰：“言花者尚须更求其实云尔。”月泉吟社诗，王渔洋《池北偶谈》谓曾见有古刊本，后始见琴川毛氏本；今樊谢《宋诗纪事》亦采著于编，但体例以人系诗，故所录不尽依其原评名次，而有散见于异帙者，非如汲古阁之重镌古本矣。白燕堂《峤华集》，则视月泉社所纪为略，每幅惟书其人之名，缀以其或号而已，诸爵里及原署之花号，皆阙而不录。①

又，同书第六首怀吴世忠诗，附注中亦提及：“吴南圃，名世忠，字仲坡。南海人。……自少有谢庭兰玉之誉，诗名亦早著。白燕堂社列之十一，《峤华集》录其五首，皆杰作也。”②

按：此书为一部题咏类诗歌总集，主编者沈琦，籍贯江西洪都，生平不详。仅知其人曾经寓居广东，以倡导“粤台古迹八咏”诗社著称。从上文可以得知，《峤华集》所选乃“校诗之会”征集之作，皆为七言律诗，以咏八题为限。又知应征者诗多达“三千余卷”，编者最后厘定“五百名”，凡二卷；但是《广州市志·出版志》第一章“编辑出版”第一节“出版机构”中关于《峤华集》的介绍，却误作“收诗3 000余首，选拔500首”③。

虽然《峤华集》今已失传，但沈琦“开社”一事在当地成为佳话，直至咸丰年间谭莹仍有追咏之作，可参见《乐志堂诗集》卷十二《西堂吟社第一集，补和沈氏白燕堂“粤台古迹八咏”，同集者许涑文太史，陈兰甫、沈伯眉两学博，金堂孝廉，徐子远上舍》一诗④。

四、《献玉堂雅集诗》，钟瓒辑，康熙六十一年（1722）成书

上及《粤台征雅录》第九首怀钟狮诗之原诗及附注如下：

铁桥居士称鸿博，高卧南城一角春。
献玉堂开名宿在，粤台风雅共椎轮。

钟铁桥，名狮，字作韶。番禺人。雍正壬子（十年，1732）孝廉，乾隆丙辰（元年，1736）荐试鸿博，丁巳（二年，1737）成进士。时已告病在籍，栖息旧

① （清）罗元焕：《粤台征雅录》，《丛书集成初编》本，第2333册，第4～5页。
② （清）罗元焕：《粤台征雅录》，《丛书集成初编》本，第2333册，第10页。
③ 吴至强主编：《广州市志·出版志》，广州：广东人民出版社1997年版，第781页。
④ （清）谭莹：《乐志堂诗集》，咸丰九年己未吏隐园刻本，第5a～5b页。

庐，重与坛坫，悬车越三十年，卒于家。献玉堂，铁桥父萝山先生，名瓒，字勺金。太学。始由鹿步萝冈卜宅羊城之南，负郭而居，颜其曰："献玉。"周遭环植绯桃，花时灼灼出墙外。以九战棘闱，不售，遂肆情于诗。名流数十辈，时相过从倡和。寻以诸人前后题咏数百篇，合编为《献玉堂雅集诗》，少长丛列，铁桥诗亦与焉，东樵上人光鹫序之，与所著《萝山集》并刊行。[①]

按：此书是一部唱和类诗歌总集，编者钟瓒。上文末句交代《献玉堂雅集诗》曾有"东樵上人光鹫序之"，而考释光鹫（一名成鹫）《咸陟堂文集》[②]，未见相关序跋之类的文字。又该集编纂时间不详，暂以释光鹫康熙六十一年壬寅（1722）谢世作为下限。

又，道光《广东通志》卷一百九十八《艺文略·十》著录该书为"未见"，并误作编者为"钟狮"，误以"献玉"为其室名[③]，盖失实转载《粤台征雅录》而致。

五、《贯珠集》，李琯朗等辑，雍正十二年（1734）顷成书

罗元焕撰《粤台征雅录》第十二首怀李琯朗诗所附陈仲鸿注曾提到《贯珠集》一书：

李冬见，名琯朗，字崇朴。顺德人。太学。见《广州府志》文苑传。有《一篑山房诗集》，又纂辑见闻为《山书》。其先系传五世皆有诗，而各自为集，迨冬见汇刊之。济宁王书门观察为作总序，并冬见诗统名《贯珠集》。《山书》未梓行。[④]

按：此书是一部以丛刻形式编纂的宗族类总集，又名"岭南贯珠集"，李琯朗主编。光绪《广州府志》卷九十六《艺文略·七》著录有"《岭南贯珠诗文集》八卷"[⑤]。此集收录李琯朗一族"五世"，凡六位作家的诗文。又道光《广东通志》卷一百九十六《艺文略·八》即著录该六人别集，并提及各人在《贯珠集》中的排次，分别是李万龄撰《自家意思诗集》三卷，为"《岭南贯珠集》之

---

① （清）罗元焕：《粤台征雅录》，《丛书集成初编》本，第2333册，第13页。

② （清）成鹫：《咸陟堂文集》（二十五卷），《四库禁毁书丛刊》影印康熙刻本，集部第149册，第460～775页。

③ 道光《广东通志》，《续修四库全书》影印道光二年壬午刻本，第673册，第332页。

④ （清）罗元焕：《粤台征雅录》，《丛书集成初编》本，第2333册，第15页。

⑤ 光绪《广州府志》，光绪五年己卯刻本，第5a页。

一，末附李朝□《自鸣集》诗六首，为《贯珠集》之二”。按语称：“朝□，字公化，号梅石，万龄父。”① 李际明撰《风操堂集》十六卷，为“《岭南贯珠集》之三”②；李文灿撰《天山草堂集》二十二卷，为“《岭南贯珠集》之四”③；李殿苞撰《碧梧园集》九卷，为“《岭南贯珠集》之五”④；李琯朗撰《一篑山房诗集》十卷，为“《岭南贯珠集》之六”⑤。以上六人，前三人属于明代，其余均归入“国朝”。

此集成书的具体时间不详。据道光《广东通志》卷一百九十四《艺文略·六》“崇朴山书八十二种”条，按语称李琯朗“雍正癸卯（元年，1723），巡抚荐举博学鸿词科，以母老辞”⑥。可知其为康、雍间人。又据上文“济宁王书门观察为作总序”云云，考“王书门”亦即王元枢，曾于雍正十一年癸丑（1733）任嘉应州知州⑦，又于次年“旋以府道要缺题升”⑧；则其作“总序”时间，当在雍正十二年甲寅（1734）任职道员（即“观察”）以后。由以上两点可以推测，此集编纂时间大致在雍正年间。

另见民国《顺德县续志》卷十四《艺文》著录有“连珠集”，按语称：“郑观卿与子凤翔，辑列祖诗文，都为一集，郑际泰颜之曰：连珠。”⑨ 该处“连珠”疑即“贯珠”，“郑观卿”疑即“李琯朗”，二者盖以音近而误。

又，今人骆伟先生主编的《广东文献综录》著录有明代释真空撰《贯珠集》一卷⑩，系同名之书，与总集无涉。

六、《广东诗钞》，车腾芳等辑，乾隆二十九年（1764）始编

上及《粤台征雅录》第二十四首怀陈华封诗，相关附注提到：

康熙中，高士黄积庵尝辑《岭南五朝诗选》四十卷行世。至车蓼洲、罗石湖、何西池三家振响，每谓其搜罗未备，且锓板久亡，欲广辑新编以垂于后。缘

---

① 道光《广东通志》，《续修四库全书》影印道光二年壬午刻本，第673册，第304页。

② 道光《广东通志》，《续修四库全书》影印道光二年壬午刻本，第673册，第309页。

③ 道光《广东通志》，《续修四库全书》影印道光二年壬午刻本，第673册，第314页。

④ 道光《广东通志》，《续修四库全书》影印道光二年壬午刻本，第673册，第318页。

⑤ 道光《广东通志》，《续修四库全书》影印道光二年壬午刻本，第673册，第318页。

⑥ 道光《广东通志》，《续修四库全书》影印道光二年壬午刻本，第673册，第273～274页。

⑦ 参见光绪《嘉应州志》卷十八《官师表》，载《中国方志丛书》（华南地方第一百十七号），台北：成文出版社1968年版，第329页。

⑧ 光绪《嘉应州志》卷十九《宦绩》，载《中国方志丛书》（华南地方第一百十七号），台北：成文出版社1968年版，第308页。

⑨ 《顺德县续志》，载《中国方志丛书》（华南地方第四号），台北：成文出版社1966年版，第189页。

⑩ 骆伟主编：《广东文献综录》，广州：中山大学出版社2000年版，第539页。

俱齿暮，乃属番禺孝廉冯箕村启局于羊城咏仁堂以总其事，推复斋、章山操选政、撰小传，而后三先生为之鉴定焉。招与共事者，则有海阳罗吉人守戎，自戊午（乾隆三年，1738）登武榜后，即游寓省会，以能诗称。时方服官制军幕下，管理邮政，遂以《征刻〈广东诗钞〉引》付走卒，分投通省学博，讬其遍布以访求遗集。引书首事车腾芳、罗天尺、何梦瑶、冯公侯、陈华封、罗元焕、罗天相，凡七人；预分辑者，复有南海杨芦溪震青、黄秋畹呈兰、番禺文学李锦岩霮等数辈。其始事则乾隆甲申（二十九年，1764）首春也。既而远近以藏本驰寄者数年不绝。乃功未及半，而首事诸公相继殂谢，惟章山独存。遂有索还原帙者履常填户，不数月邺架为之一空。章山怃然若失，寻亦归里课儿，不复出矣。其纂录成编者，后皆散佚，闻者咸惜之。《征引》出章山笔，其略云："瓿覆溷投，惨同秦炬，烟销蠹蚀，厄类羽陵。遂使撚须呕血之遗，愁任风流而云散，由兹握椠操铅之辈，无从璧合而星联。维桑梓之必恭，古也有志，矧缥缃之是纂，今岂忘情？乡不没于先生，责难逃于后死。"又云："南园后劲陈秋涛之职志，仅及能征；《峤雅初编》区启图之杀青，未由复睹。拾遗补阙，迟候何年，填海移山，誓坚厥志。"全首载《章山文集》，此不具录。①

按：此书是一部关于广东省的通代诗歌总集，曾有数十人参与编纂。据上文所述，这次编纂活动的最初"发起人"是车腾芳（蓼洲其号）、罗天尺（石湖其号）和何梦瑶（西池其号）三家，冯公侯（箕村其号）受三人所托"总其事"，并由陈华封（复斋其号）、罗元焕（章山其号）二人负责"操选政、撰小传"。其他"与共事者"，还有"杨芦溪震青""黄秋畹呈兰""李锦岩霮"等人"预分辑"。他们大都是乾隆年间广东诗坛的名宿才俊，由此可以想见《广东诗钞》的编纂规模与水平。该书从"乾隆甲申（二十九年，1764）首春"开始编纂，最后因"首事诸公相继殂谢"而半路夭折。以至嘉庆年间温汝能在《粤东诗海》自序中，也都对《广东诗钞》未能成书表示遗憾②。但是，与该书关系重大的《征刻〈广东诗钞〉引》一文，或许有流传下来的可能。柯愈春先生的《清人诗文集总目提要》③著录有罗元焕《万石堂诗文稿》四卷，清刻本，今藏中山大学图书馆，其中极有可能收录《章山文集》此"引"。

上文提到了三部总集。一是"黄积庵尝辑《岭南五朝诗选》四十卷"云云，即黄登（积庵其字）的《岭南五朝诗选》，现存版本为三十七卷；二是"南园后劲陈秋涛之职志"，可能指陈子壮（秋涛其号）等辑《南园花信集》，道光《广东通志》卷一百九十八《艺文略·十》著录有黎遂球序，今该集附于《南园前

① （清）罗元焕：《粤台征雅录》，《丛书集成初编》本，第2333册，第31～32页。

② 温汝能辑：《粤东诗海》（上册），广州：中山大学出版社1999年版，第14页。

③ 柯愈春：《清人诗文集总目提要》（上册），北京：北京古籍出版社2002年版，第774页。

后五先生诗集》末，凡一卷[①]；三是“《峤雅初编》区启图之杀青”，即区怀瑞（启图其号）所辑《峤雅》。

七、《先友集》，陈恭尹辑，康熙十年（1671）顷序

陈恭尹《独漉堂集·文集·诗序》有《先友集序》，兹据郭培忠先生校点本辑录于此：

尹幼侍于先君，窃识其所与朋游讲习者，虽燕戏之间，未尝不及于治身忧民忠国也。人之有善，若庆云之出于天，醴泉之涌于地，亟亟然，唯恐不与众共见之。人有过，谆谆然曲导之，若垢衣之被其体，芒刺之集其背。闻饥寒之人，甚于其身受之也，必相与谋衣食之。政令之失，时事之非，既竭其力，而无以转移，犹为之累吁积叹至于不寐，自其为诸生已然。而一时交游，类皆伟人雄杰，卓然以当世自命，不欲下同于俗学。

先君既没，尹幸不为士君子所弃，其所与琢磨晨夕者，虽未得尽如先君时，亦自一时之选也。呜呼！自有识至今三十年间，计其姓名，盖十之六七死矣。方其放情抗论，下视先古，卑笑当世，若且欲快其意气。然更变乱以来，其间毙于桁杨，仆于草野，逃于浮屠方士者相继；而得毕命王事，自致青史者，亦往往不乏。人各有命焉，要其志皆为不苟矣。伏处无聊，每得其遗文于箧笥，把之叹息，想见其淋漓杯酒，掀髯唱酬，奋袂激昂之日。嗟呼！彼何时也？今一二存者，大致困饿穷山中，愊恻日暮，有所欲言，咀嚼齿舌间，周视四座之人，而后敢发。吁！自先君时，固已患士风滋不如古久矣，而今而后，又未知何如也？乃撰《先友集传》二卷，搜录遗诗文可观者，人为一编，而传系之，分两世之交为上下。[②]

按：陈恭尹为清初“岭南三大家”之一，曾编选多种清诗总集，如《番禺黎氏诗存汇选》二十卷[③]，以及本师朱则杰先生所考证的《广州诗汇》。此《先友集》据自序可知，收录陈恭尹本人与其父陈邦彦“两世之交”诗文，可归入清初遗民诗歌总集的范畴。至于此序的作期，据“自有识至今三十年间”推断，在陈恭尹四十岁左右，即康熙十年辛亥（1671），这应该就是此集成书的大致时间。

---

① 骆伟主编：《广东文献综录》，广州：中山大学出版社 2000 年版，第 204 页。

② （清）陈恭尹著，郭培忠校点：《独漉堂集》，广州：中山大学出版社 1988 年版，第 712～713 页。

③ 骆伟主编：《广东文献综录》，广州：中山大学出版社 2000 年版，第 542 页。

又，该序亦收入吴道镕辑、张学华续辑之《广东文征》卷四十四，文字相同①。

八、《玉醪春馆题壁诗集》，佚名辑，民国元年（1912）刻

民国间屈向邦之《粤东诗话》卷二有如下记载：

昨于友人案头见有《玉醪春馆题壁诗集》，佳作颇多，亦一时嘉话也。玉醪春馆者，民国初元，旧广府前最宏丽之酒家也，征诗题壁，阅卷者香山黄日坡（映奎）。第二名有才女士诗云："运甓轩前辟绮楼，清风明月菊花秋。坡公名翰卓仙骨，恽老遗图娱醉眸。文石画家嵌酒座，碧玻窗互隐糟邱。玉山岚翠入杯杓，倒吸春醪消古愁。"评云："诗笔雅近少陵，迥非时流所及。"论者谓日老独具法眼，真渔洋所谓："我所不解。"至第八名为番禺凌孟征（鹤书），一时戏作，窜改陈简斋《登岳阳楼诗》而成。凌诗起句适为墨污，未能录出，其下云："茶香酒熟夕阳迟。登临二邑中分地，酣醉三山欲暮时。岁值丰穰聊取乐，人经多难敢凭危。王郎拔剑高歌起，镜里何妨鬓已丝。"②

按：此书为广州一酒家之题壁诗歌总集，编者很可能就是"玉醪春馆"的主人。该集"阅卷者"黄映奎，字仲照，号日坡，广东香山（今中山）人，曾任民国《广东通志》分纂人，修《艺文略》十二卷③。这种"征诗题壁"与评阅、编选总集活动，可能出于某种商业目的，却也迎合了当时大众的需要，不妨作为上及《粤台征雅录》有关"粤中好为校诗之会"的另一注脚，由此可见民国初年广州地区的"开社"风气依旧不减清初。

附带关于"玉醪春馆"，当代著名作家欧阳山曾在小说《三家巷》里提到这家茶馆，可见它在当时的广州颇为深入人心。

九、《岭南后三家诗》，吴兰修辑，道光十三年（1833）顷序

张际亮《思伯子堂诗文集》卷二有《岭南后三家诗序》，兹据王飙先生点校本辑录于此：

① （清）吴道镕辑，张学华续辑：《广东文征》，民国三十七年广东省文献委员会油印本，第15册，第8a～8b页。

② 屈向邦：《粤东诗话》，民国三十七年诵清芬室铅印本，第4b～5a页。

③ 陈永正选注：《岭南历代词选》，广州：广东人民出版社1993年版，第257页。

岭南自昔多诗人。国初屈翁山、陈元孝、梁药亭三先生，以诗名一时。其友王蒲衣尝合为《岭南三家诗选》，其书盛行于世。自三先生后，岭南诗人益多，而乾隆、嘉庆间黎二樵、冯鱼山、宋芷湾三先生又最有名于时。三先生之没，近者且七八年矣。其诗虽各有专集行于其乡，而外间少传本。于是嘉应吴石华学博欲选为《岭南后三家集》，属余襄其别择，且各言其诗大略。

当乾隆、嘉庆间，诗道稍榛芜。或以论议考订为诗，或则轻佻浅鄙，无与于风雅之旨。然其人皆有盛名，弟子几遍南北，天下之为诗者多从风而靡矣。而二樵先生倔强海滨，独以其孤清之气，幽婉之情，奥折之思，宗法少陵、昌谷，卓然自成其体，可谓诗人之豪杰矣。鱼山先生早慧，通籍以后，未免以酬应累其诗。然笃于伦类，又游迹最广，其才气发扬矫健，固自有不可掩抑也。芷湾先生生平豪宕，其诗不能绳以格律，其雄骏疏快，时得放翁、东坡遗意。先生遇余于京师，有知己之言，尝曰："吾诗不能如君千门万户，然吾固独来独往也。"先生坦直自许，不为欺矫，卒亦无以易其言矣。

三先生之诗，视前三先生者，不无少异，而皆能不相依附袭取以自成其名，信可传于世也。而岭南二百年间，以诗名家，后先辉映于当代者如此，盖其乡先正流风遗韵，有以倡遵之故，历久而不衰尔。然则此后兴起者，当益有人。其进而益上，亦在善择所师焉而已。学博工古文，诗词皆清绝，留意时事，其言皆切实可用，乃徒以燕闲岁月，表章（彰）一乡文献，是可惜已。

余既将度岭而北，相与游于词林虞苑也，思渔洋与翁山、元孝宴集之日，慨然者久之。归，遂书此为《后三家集序》。①

按：吴兰修，字石华，广东嘉应人。嘉庆戊辰十三年（1808）举人，曾官信宜县训导，学海堂学长。他一生著述颇丰，诗文与经史兼治，尤擅填词和算学②。张际亮，字亨甫，号松寥山人，籍贯福建，嘉庆、道光间著名诗人。

又，该书收录冯敏昌（鱼山其号）、黎简（二樵其号）、宋湘（芷湾其号）三人诗作，并取名为"岭南后三家集"，以区别于清初王隼（蒲衣其号）辑屈大均、陈恭尹、梁佩兰诗歌之《岭南三大家诗选》。

又，该书的编纂时间，考上文"三先生之没，近者且七八年矣"一句中，"近者"当指宋湘，谢世于道光六年丙戌（1826）。据此可以推知，该书大致于道光十三年癸巳（1833）顷编选；另外，参见王飙先生之《张际亮年谱简编》有关该序的系年③，与上面推测的成书时间相同。

---

① （清）张际亮著，王飙标点：《思伯子堂诗文集》（下册），上海：上海古籍出版社 2007 年版，第 1302～1303 页。

② （清）陈璞：《尺冈草堂遗集》卷四，光绪十五年己丑刻本，第 7b～8b 页。

③ （清）张际亮著，王飙标点：《思伯子堂诗文集》附录之四《张际亮年谱简编》"道光十三年癸巳（1833）三十五岁"条，上海：上海古籍出版社 2007 年版，第 1512 页。

从岭南草木书写看岭南文化的变迁

王文艳①

岭南属东亚季风气候区，具有热带、亚热带海洋性季风气候的特点，终年高温多雨，易伤暑湿。正如屈大均所云："岭南之地，愆阳所积，暑湿所居。……以故一岁之中，风雨燠寒，罕应其候。其蒸变而为瘴也。……当唐、宋时，以新、春、儋、崖诸州为瘴乡，谪居者往往至死。"② 因此，自古以来中原人士往往谈岭南而"色变"，"蛮烟瘴雨"成为解读岭南的关键词。但与此同时，由于阳光雨水充沛，岭南草木繁盛，四季常青，百花争妍，植物资源非常丰富。嵇含曾云："凡草木之华者，春华者冬秀，夏华者春秀，秋华者夏秀，冬华者秋秀。其华竟岁，故妇女之首，四时未尝无华也。"③ 屈大均亦云"岭南花不应节候"，并举韩愈的诗为佐证："二年流窜出岭外，所见草木多异同。冬寒不严地恒泄，阳气发乱无全功。浮花浪蕊镇长有，才开还落瘴雾中。"④ 有别于湿热的气候给贬谪的中原人士留下的负面印象，"浮花浪蕊"的岭南多少带给中原人士别一番"惊艳"的感受。于是，书写岭南草木就成为认识岭南、感受岭南的一个重要角度。正如嵇含所云："南越、交趾植物，有四裔最为奇，周、秦以前无称焉……中州之人，或昧其状，乃以所闻诠叙，有裨子弟云尔。"⑤

一、诡谲神秘：嵇含的"想象岭南"

《南方草木状》一书，是西晋武帝时期襄阳太守嵇含以所闻岭南草木诠叙而成。全书分上、中、下三卷。卷上草类29种，卷中木类28种，卷下果类17种、竹类6种。书中介绍的80种草木，都是当时出产在南海番禺、高凉、交趾、合浦、桂林、九真、日南、林邑、扶南（即现在广东、广西大部，以及越南、老挝、柬埔寨广大地区）等地的植物。该著作对80种植物的形态、品味和用途，都做了具体的说明，被誉为我国最早的植物志。同时书中介绍和保存了早期岭南

① 【作者简介】王文艳，任职于广东工业大学通识教育中心。

② （清）屈大均撰：《广东新语》，北京：中华书局1985年版，第23~24页。

③ （晋）嵇含撰：《南方草木状》，广州：广东科技出版社2009年版，第24页。

④ （清）屈大均撰：《广东新语》，北京：中华书局1985年版，第652页。

⑤ （晋）嵇含撰：《南方草木状》，广州：广东科技出版社2009年版，第9页。

人民大量的用药经验，因此，该书也被誉为有关岭南中草药的重要著作。

然而，该书文学层面的特色以及意义却鲜为人关注。清代学者王谟曾提及该书“文笔固雅驯，而所引古籍，若陆贾《南越行纪》、东方朔《林邑记》《三辅黄图》《东观汉记》，亦极典博”①。但迄今为止，尚未再见对其文学性的关注。

《南方草木状》每一目短则十余字，多至数百字，总体上文笔相当简约，但描摹状物无不栩栩如生，文学意味浓郁，宛如一篇篇状物小品文。譬如甘蔗目云甘蕉“望之如树，株大者一围余。叶长一丈，或七八尺，广尺余、二尺许。花大如酒杯，形色如芙蓉，著茎末百余。子大，名为房，相连累，甜美，亦可密藏。根如芋魁，大者如车毂。实随华，每华一阖，各有六子，先后相次，子不俱生，花不俱落，一名芭蕉，或曰巴苴”②。

据《晋书》“嵇绍传”附从子含传记载，嵇含并未到过我国南方，他只是在洛阳时，曾与南方士人广泛接触。305 年，嵇含由襄城去襄阳投奔刘弘，曾在襄阳逗留半年以上。这期间，他接触到南方士人，有了许多了解南方物产的机会。但即使如此，作者对南方草木的精细逼真的描摹仍令人叹为观止，不得不佩服其非凡的文学想象力。除了对植物的形态、品味、用途的描摹，书中还涉及了岭南当时的风俗人情。譬如鹤草目云：“蔓生，其花曲尘色，浅紫蒂，叶如柳而短；当夏开花，形如飞鹤，嘴翅尾足，无所不备。出南海。云是媚草，上有虫，老蜕为蝶，赤黄色。女子藏之，谓之媚蝶，能致其夫怜爱。”③ 虽只有寥寥数笔，但情趣盎然，韵味无穷。

《南方草木状》虽然篇目短小，但正如王谟所提及，该书引用众多古籍，视野异常开阔。譬如耶悉茗目引用陆贾《南越行纪》：“南越之境，五谷无味，百花不香，此二花特芳香者，缘自别国移至，不随水土而变，与夫橘北为枳异矣。”巧妙地烘托出“南人怜其芳香，竞植之”④。荔枝目引《三辅黄图》：“汉武帝元鼎六年，破南越，建扶荔宫。扶荔者，以荔枝得名也。自交趾移植百株于庭，无一生者，连年移植不息。后数岁，偶一株稍茂，然终无华实，帝亦珍惜之。一旦，忽萎死，守吏坐诛死者数十，遂不复茂矣。”⑤ 既传达出当时汉武帝对岭南佳木的喜爱，又委婉地批判了统治者的暴政，传递出对累及民生的叹惋。

魏晋时期，文人好老庄，善清谈，“善持论且‘藻以玄思’，乃魏晋之文的最大特色”⑥。这在《南方草木状》中也有鲜明的体现。譬如水松目云：“土产众

---

① 朱晓光主编：《岭南本草古籍三种》，北京：中国医药科技出版社 1999 年版，第 17 页。

② （晋）嵇含撰：《南方草木状》，广州：广东科技出版社 2009 年版，第 9 页。

③ （晋）嵇含撰：《南方草木状》，广州：广东科技出版社 2009 年版，第 13 页。

④ （晋）嵇含撰：《南方草木状》，广州：广东科技出版社 2009 年版，第 11 页。

⑤ （晋）嵇含撰：《南方草木状》，广州：广东科技出版社 2009 年版，第 38 页。

⑥ 陈平原：《中国散文小说史》，北京：北京大学出版社 2010 年版，第 64 页。

香，而此木不大香，故彼人无佩服者。岭北人极爱之，然其香殊胜在南方时。植物无情者也，不香于彼而香于此，岂屈于不知己而伸于知己者欤？物理之难穷如此。"① 榕目云："榕树，南海桂林多植之。叶如木麻，实如冬青。树干拳曲，是不可以为器也；其本棱理而深，是不可以为材也；烧之无焰，是不可以为薪也。以其不材，故能久而无伤；其荫十亩，故人以为息焉。"② 从中亦可读出庄子在《逍遥游》中关于"无用之用"的论辩和思考。这种"藻以玄思"的融入，使得《南方草木状》于动人的草木描摹之外，也能激发关于生命情致的思考。正是"读其语言，晋人面目气韵，恍惚生动；而简约玄澹，真致不穷"③。

而《南方草木状》最独特的地方则是部分篇目运用了小说笔法，插入荒诞不经的神话或道听途说的逸闻。譬如诸蔗目引用了孙亮辨奸的故事，椰目插入了关于越王的传说等。

椰子俗谓之越王头，是云："昔林邑王与越王有故怨，遣侠客刺得其首，悬之于树，俄化为椰子。林邑王愤之，命剖以为饮器（南人至今效之）。当刺时，越王大醉，故其浆犹如酒云。"④ 传说与描述"剖之有白肤，厚半寸，味似胡桃，而极肥美；有浆，饮之得醉"⑤ 相得益彰。

而杉目、枫人目、荆目、棹目等条目则侧重于逸闻奇事，几乎完全跳脱了对形态、品味、用途的平实叙事。杉目云："合浦东二百里有杉一树，汉安帝永初五年春，叶落随风飘入洛阳城，其叶大常杉数十倍。术士廉盛曰：'合浦东杉叶也，此休征，当出王者。'帝遣使验之，信然。乃以千人伐树，役夫多死者。其后三百人坐断株上食，过足相容。"⑥ 枫人目云："五岭之间多枫木，岁久则生瘤瘿，一夕遇暴雷骤雨，其树赘暗长三五尺，谓之枫人。越巫取之作术，有通神之验；取之不以法，则能化去。"⑦ 荆目云："又彼境有牡荆，指病自愈；节不相当者，月晕时刻之，与病人身齐等，置床下，虽危困亦愈。"⑧ 无论是合浦"其叶大常杉数十倍""役夫多死者"的杉树，还是有"通神之验"的枫木、"指病自愈"的牡荆，都具有不可思议的魔力，嵇含在这里赋予草木"灵性"，描绘出一个奇幻神异的岭南草木王国。

安期生是秦汉期间方士活动的代表人物，传说他最后得道成仙，驾鹤仙游。在《南方草木状》中也有几处附会，并由此充分渲染出南方草木之"奇"。譬如

---

① （晋）嵇含撰：《南方草木状》，广州：广东科技出版社 2009 年版，第 31 ~ 32 页。
② （晋）嵇含撰：《南方草木状》，广州：广东科技出版社 2009 年版，第 26 页。
③ 陈平原：《中国散文小说史》，北京：北京大学出版社 2010 年版，第 220 页。
④ （晋）嵇含撰：《南方草木状》，广州：广东科技出版社 2009 年版，第 39 ~ 40 页。
⑤ （晋）嵇含撰：《南方草木状》，广州：广东科技出版社 2009 年版，第 39 页。
⑥ （晋）嵇含撰：《南方草木状》，广州：广东科技出版社 2009 年版，第 33 页。
⑦ （晋）嵇含撰：《南方草木状》，广州：广东科技出版社 2009 年版，第 25 页。
⑧ （晋）嵇含撰：《南方草木状》，广州：广东科技出版社 2009 年版，第 34 页。

菖蒲目云："番禺东有涧，涧中生菖蒲，皆一寸九节。安期生采服仙去，但留玉舄焉。"① 海枣目云："实甚大，如杯碗，核两头不尖，双卷而圆，其味极甘美，安邑御枣无以加也……昔李少君谓汉武帝曰：'臣尝游海上，见安期生，食臣枣，大如瓜，非诞说也。'"② 小说笔法的运用，使得部分章节或者具有摇曳多姿、引人入胜的叙事效果，或者氤氲着神秘诡谲的气息。

《南方草木状》作者嵇含生于西晋，"自晋讫隋，特多鬼神志怪之书"，因为"中国本信巫，秦汉以来，神仙之说盛行，汉末又大畅巫风，而鬼道愈炽；会小乘佛教亦入中土，渐见流传。凡此，皆张皇鬼神，称道灵异"③。这是《南方草木状》的草木书写也点染"鬼神志怪"色彩的原因之一，但更深层次的原因则源于中原人士对岭南的文化想象。

古代的岭南由于五岭阻隔，水路交通不便，成为相对封闭孤立的文化区域。中原文化虽自秦汉以来开始在岭南传播，但是传播速度十分缓慢，正如屈大均所云："粤处炎荒，去古帝王都会最远，固声教所不能先及者也。"④ 因此，古代的岭南基于独特的自然地理环境形成了富有自身特色的区域文化。而魏晋时期以嵇含为代表的中原人士对这种有别于中原文化的"异质性"，基本上缺乏设身处地的生存经验，在"道听途说"中，容易对岭南采取自我中心式的想象，把这种新鲜的"异质性"想象为奇异的、神秘的异域文化，也铸就了《南方草木状》丰富而独特的文学色彩。因此，这种富有奇情异彩的植物王国与其说是对岭南植物的真实描绘，倒不如说是中原人士对岭南文化传奇化的文学想象。同时也说明岭南文化当时在中原人士心中依然笼罩着神秘、新奇的面纱。

二、辨异与偏见：周去非的"走进岭南"

《岭外代答》是宋代周去非在广西钦州、桂林担任官职六年之后返回故乡，因倦于应酬，用以代答之作。周去非根据自己在广西的四百余条"随事笔记"，并参考了范成大的《桂海虞衡志》，在此基础上完成了该书。全书共 10 卷，20 门，294 条，是研究宋代广西、广东社会历史地理以及中外交通的重要文献。该书的花木门记载了岭南地区主要是广西地区的 43 种植物。与嵇含的《南方草木状》相比，其描写的草木较少，种类有所不同，但是不少条目比《南方草木状》的记载内容更丰富、全面。

以槟榔为例，两书均对槟榔的形态进行了描摹。《南方草木状》文字优美典

① （晋）嵇含撰：《南方草木状》，广州：广东科技出版社 2009 年版，第 15 页。
② （晋）嵇含撰：《南方草木状》，广州：广东科技出版社 2009 年版，第 43 页。
③ 鲁迅：《鲁迅全集》（第九卷），北京：人民文学出版社 2005 年版，第 45 页。
④ （清）屈大均撰：《广东新语》，北京：中华书局 1985 年版，第 321 页。

雅，描写细致，力图向未到岭南的中原人士呈现出槟榔的完整形貌：

树高十余丈，皮似青铜，节如桂竹。下本不大，上枝不小，调直亭亭，千万若一，森秀无柯，端顶有叶；叶似甘蕉，条派开破。仰望眇眇，如插丛蕉于竹抄；风至独动，似举羽扇之扫天。叶下系数房，房缀数十实，实大如桃李，天生棘重累其下，所以御卫其实也。味苦涩，剖其皮，鬻其肤，熟如贯之，坚如干枣。①

而《岭外代答》语言平实简洁："木如棕榈。结子叶间如柳条，颗颗丛缀其上。"对形貌的描写虽然简略，但进一步描写了不同时节采摘的槟榔的特点以及槟榔的分类："春取之为软槟榔，极可口；夏秋采而干之为米槟榔；渍之以盐为盐槟榔；小而尖者为鸡心槟榔；大而匾者为大腹子。"②

最精彩的是两书均对当地的食槟榔习俗进行了描写。《南方草木状》云："出林邑，彼人以为贵，婚族客必先进；若邂逅不设，用相嫌恨。一名宾门药饯。"③ 简洁生动。而《岭外代答》不仅在槟榔目中提到"海商贩之，琼管收其征，岁计居什之五。广州税务收槟榔税，岁数万缗。推是，则诸处所收，与人之所取，不可胜计矣"④，描述了槟榔的经济价值，还专门设置食槟榔条目对槟榔的食法、药用价值以及岭南人酷爱食槟榔的情景进行了生动的描摹："唯广州为甚，不以贫富，长幼，男女，自朝至暮，宁不食饭，唯嗜槟榔。富者以银为盘置之，贫者以锡为之。昼则就盘更啖，夜则置盘枕旁，觉即啖之。中下细民，一日费槟榔钱百余。"⑤

这种富有生活气息的描写真实地反映了宋代时期岭南地区百姓的生活习俗。此外，在《南方草木状》中出现的人物，如汉武帝、东方朔、安期生、越巫、术士等，在《岭外代答》中为省民、峒人、土人、南人所取代。在周去非笔下，那个氤氲着神秘诡谲气息的岭南开始褪去神秘的面纱，回到"人世间"。

与《南方草木状》的文学性相比，《岭外代答》更富有史家的求实辨异的精神。其桂目在区分了桂、桂枝、肉桂不同的药性后，指出"今医家谓桂年深则皮愈薄，必以薄桂为良，是大不然，桂木年深愈厚耳，未见其薄也。以医家薄桂之谬，考于古方桂枝肉桂之分，斯大异矣"⑥。食槟榔目则与医家探讨广人酷食槟

① （晋）嵇含撰：《南方草木状》，广州：广东科技出版社 2009 年版，第 37 页。
② （宋）周去非著，杨武泉校注：《岭外代答校注》，北京：中华书局 1999 年版，第 293 页。
③ （晋）嵇含撰：《南方草木状》，广州：广东科技出版社 2009 年版，第 38 页。
④ （宋）周去非著，杨武泉校注：《岭外代答校注》，北京：中华书局 1999 年版，第 293 页。
⑤ （宋）周去非著，杨武泉校注：《岭外代答校注》，北京：中华书局 1999 年版，第 235 页。
⑥ （宋）周去非著，杨武泉校注：《岭外代答校注》，北京：中华书局 1999 年版，第 287 页。

榔的原因，从医家的观点批判了槟榔能辟瘴的结论，指出“久食槟榔，则肺缩不能掩，故秽气升闻于辅颊之间，常欲噉槟榔以降气。实无益于瘴，彼病瘴纷然，非不食槟榔也”①。榕目则以科学精神对榕树的特性进行了描述，消解了传闻之“异”，指出“柳州柳侯庙，庭前大榕，有桄榔一株生其中，相传以为异，知者以为本榕子寄生桄榔上，岁久反抱合之，非异也”②。

在周去非笔下，对植物的描述，往往折射出经济、交通等更为宽广的社会层面，也体现出史家批判求实的精神。《岭外代答》呈现出的“岭南形象”逐渐去传奇化，去神秘化，呈现出本真的面目。这一方面与周去非在广西六年的客居生活有着密切的关系，这种“在地”的生活经验使其对真实的岭南有了具体而微的感知；另一方面，也和唐代以来张九龄在大庾岭开凿了梅关古道，岭南和中原开始有了较多的沟通往来，中原人士开始逐步接触到真实的岭南有着重要关系。

但是，在部分条目中，却可以感受到中原人士对待边缘地区的岭南文化的态度是傲慢、轻视、居高临下的。这种姿态阻隔了两种文化的相互沟通和理解，也遮蔽了岭南文化的真实。譬如，在食槟榔条目中，周去非指出：“有嘲广人曰：‘路上行人口似羊。’言以蒌叶杂咀，终日噍饲也，曲尽噉槟榔之状矣。每逢人则黑齿朱唇，数人聚会，则朱殷遍地，食可厌恶。”③ 言语间透露出对这种习俗的反感和轻视。在胡蔓草一目中，他则指出：

> 广西妖淫之地，多产恶草。人民亦禀恶德。有藤生者曰胡蔓，叶如茶，开小红花，一花一叶。揉其叶渍之水，涓滴入口，百窍溃血而死矣。愚民私怨，茹以自毙。人近草侧，其叶自摇。盖其恶气，好攻人气血如此。……人死焚尸，次日灰骨中已生胡蔓数寸。此等恶种，火不能焚，天之生物，有如此者！朝廷每岁下广西尉司除胡蔓，此亦人代天工之意，勿谓其不可去而一不问也。④

周去非“广西妖淫之地，多产恶草。人民亦禀恶德”之说，固然受到先秦时代“比德说”美学理论的影响，但这种对边缘地区、对边地人民“妖魔化”的表述，更体现出中心文化歧视和压迫岭南文化，而以“拯救者”自居的主人姿态，也彰显出中心文化的优越感。真实的岭南在“傲慢和偏见”的遮蔽下，还无法完全呈现出本来的面目并彰显出自身的特质。

---

① （宋）周去非著，杨武泉校注：《岭外代答校注》，北京：中华书局1999年版，第236页。
② （宋）周去非著，杨武泉校注：《岭外代答校注》，北京：中华书局1999年版，第290页。
③ （宋）周去非著，杨武泉校注：《岭外代答校注》，北京：中华书局1999年版，第236页。
④ （宋）周去非著，杨武泉校注：《岭外代答校注》，北京：中华书局1999年版，第343页。

三、维风正俗：屈大均“细说岭南”

《广东新语》是明末清初著名诗人、学者屈大均所撰写的地方史著作。全书共28卷，每卷述事物一类，即所谓一“语”，如山语、水语等。语下分若干篇，共869篇，内容涉及天文地理、山川风物、人文掌故、草木虫鱼等，包罗万象，被誉为广东的百科全书。

该书的木语、草语、香语共描述了岭南地区主要是广东省的150多种植物，描述植物种类之多、叙述之详细均超越了前两部著述，其中荔枝、槟榔、榕、素馨等篇目长达千余字。如荔枝篇不仅谈到荔枝的属性、形味、种类，还介绍了荔枝的种植保育方法、食法、交易方式、贮存方法等。因此，翔实丰赡是该书的突出特点。

此外，潘耒曾对该著作有过精辟的评价：“其察物也精以核。”① 这种“精以核”的洞察力和表现力，体现在屈大均真正把握了岭南植物的独特魅力，写出了岭南植物与岭南文化之间相互生发、相互映衬的和谐美感。

譬如荔枝篇云：“东粤故多荔枝。问园庭之美，则举荔枝以对。家有荔枝千株，其人与万户侯等。故凡近水则种水枝，近山则种山枝。有荔枝之家，是谓大室。当熟时，东家夸三月之青，西家矜四月之红。各以其先熟及美种为尚。主人饷客，听客自摘。或一客而分一株，或一株而分十客。各以其量大小，受荔枝之补益。莫不枕席丹肤，沐浴琼液。既饱复含，未饥先擘，或辟谷者经旬，或却荤者连日。其有开荔社之家，则人人竞赴，以食多者为胜，胜称荔枝状头。少者有罚，罚饮荔枝酒数大白。”② 生动地传达出岭南地区百姓对这一岭南佳果的喜爱，以及由此衍生出的“荔枝文化”，凸现了岭南文化的独特魅力。

又如素馨篇谈及昔日粤人爱素馨，种素馨，买素馨，戴素馨，以素馨制食入酒、制作美容护肤品以及制作素馨灯、素馨花艇、素馨球以娱情的种种雅事，彰显出人与植物之间的惺惺相惜，传达出人性对美孜孜不倦的追求：

珠江南岸，有村曰庄头，周里许悉种素馨，亦曰花田……花客涉江买以归，列于九门。一时穿灯者、作串与璎珞者数百人，城内外买者万家，富者以斗斛，贫者以升，其量花若量珠然。花宜夜乃开，上人头髻乃开，见月而益光艳，得人气而益馥，竟夕氤氲。至晓萎，犹有余味，怀之辟暑，吸之清肺气……花又宜作灯，雕玉镂冰，玲珑四照，游冶者以导车马。故杨用修云：粤中素馨灯，天下之

① （清）屈大均撰：《广东新语·潘序》，北京：中华书局1985年版。

② （清）屈大均撰：《广东新语》，北京：中华书局1985年版，第623页。

至艳者。儿女以花蒸油取液，为面脂头泽，谓能长发润肌。或取蓓蕾，杂佳茗贮之，或带露置于瓶中，经一宿，以其水点茗，或作格悬系瓮口，离酒一指许，以纸封之。旬日而酒香彻，其为龙涎香饼香串者，治以素馨，则韵味愈远……广中七七之夕，多为素馨花艇，游泛海珠及西濠、香浦。秋冬作火清醮，则千门万户皆挂素馨灯，结为鸾龙诸形。或作流苏，宝带葳蕤，间以朱槿以供神。或当宴会酒酣耳热之际，侍人出素馨球以献客。客闻寒香，而沉醉以醒，若冰雪之沃乎肝肠也。以挂复斗帐中，虽盛夏能除炎热，枕簟为之生凉。①

这种“对粤中之清丽物”的痴迷而衍生的“素馨文化”，表现了粤人对自然美的情感体验达到了诗化的境界，充满了生动和真挚的情感内涵。而自然对象之所以让人感到美，引起人们的情感愉悦等反应，是和人们的生活、道德品质及人格理想相关的。粤人对素馨清丽之美的追求，实际上也是对人格清洁美好的追求。“素馨文化”呈现出古代明清之际岭南文化高雅精致的一个面向，具有“维风正俗”的效果，有力地批驳了中原人士心目中自秦汉以来岭南文化“落后”“蛮荒”的印象。

屈大均以诗闻名，和陈恭尹、梁佩兰并称“岭南三大家”。其诗作被认为“继承屈原、李白浪漫主义的艺术风格而别开生面”，“写自然景色，壮观奇伟，雄豪奔放；写小物，至如花、鸟、虫、鱼、一草一木，精巧艳丽，文理密致”。②这种评价同样适用于其散文创作。屈大均描写岭南一草一木，熔状物、写景、叙事、议论为一炉，或清新别致，或瑰丽妩媚，使得岭南文化之奇、岭南文化之秀，灿然于笔端，随意著笔皆成妙作，表现出才学兼优的特点。正如潘耒所言：“游览者可以观土风，仕宦者可以知民隐，作史者可以征故实，摛词者可以资华润。”③

屈大均之所以能够细说岭南，并传递出岭南文化的精髓，与其生平经历有很大关系。屈大均生于广东番禺，是地道的广东人。他生于斯，长于斯，对广东各种植物以及相关的民情风俗有着深刻的体验。荔枝篇谈及屈氏曾为荔枝小贩，走街串巷，品尝荔枝，“自酸而食至甜，自青黄而食至红，自水枝食至山枝，自家园食至诸县。月无虚日，日无虚晷”④。这种生命体验使得屈大均叙述地方风物“如数家常”，带着一种亲切自然的风度。潘耒曾言，屈大均在写作之前，“考方舆，披志乘”。屈大均对广东文献、方物、掌故进行过系统的收集整理，编纂过《广东文选》，并参加过《广州府志》《定安县志》《永安县次志》等多种地方志

① （清）屈大均撰：《广东新语》，北京：中华书局 1985 年版，第 695 ~ 696 页。
② 冼剑民、关汉华：《试论屈大均对岭南文化的杰出贡献》，《暨南学报》1996 年第 4 期。
③ （清）屈大均撰：《广东新语 · 潘序》，北京：中华书局 1985 年版。
④ （清）屈大均撰：《广东新语》，北京：中华书局 1985 年版，第 625 页。

的修撰，这些都为撰写《广东新语》提供了扎实的史料准备。他同时又“验之以身经，征之以目睹”，把史料和实地调查结合起来，这种严谨的作风使得该书的描写具有扎实的根基，使得“丰赡详细”既建立在科学的基础上，同时又融入了自己的“真情实感”和“现场感”。

此外，屈大均曾云游四方，奔走于吴越、幽燕、齐鲁、荆楚、秦晋大地，博闻广识，对自然风物、人文地理有了横向和纵向的比较，这使得屈大均对岭南风物的“异质性”获得了更深入的思考。因此，在150多种植物中，屈大均重点描写了木棉、榕树、菩提、蒲葵等，视之为岭南植物的代表，并高度概括了它们的属性：

南中多怪木，巨者惟木棉。柯作女珊瑚，丹葩烧天边。开时无一叶。一一烽火然。光如十日出。吞吐海东偏。么凤巢蕊中，血染绿毛鲜。复有细叶榕，交阴连陌阡，根须亦倒生。合抱为一椽。纵横作广厦，户牖相盘旋。腹大容十牛，亦可藏舟船。皮肤左右纽，瘿瘤以万千。士女所婆娑，伏腊拜必虔。菩提更神怪，与之难比肩。大士昔灌溉，甘露流涓涓。左与诃子接，右与苹婆连。蒲葵居门外，其寿亦彭钱。下滋达磨井，上蒙虞翻园。肥沃多火膏，咸气不能宣。菩提所覆被，细草皆芊绵。累石作香台，虫蚁愁攀援。①

精彩的概括使得这些植物从众多植物中脱颖而出，既焕发出独特强烈的个性，又集中反映出岭南地区独特的人文地理。“岭南印象”也在这些典型植物辉映下呈现出更鲜明的色彩。

屈大均曾说：“广东者，吾之乡也。一桑梓且犹恭敬。况于文章之美乎。”②除了对家乡的热爱，屈大均还提到“广东居天下之南……天下之文明至斯而极。极故其发之也迟。始然于汉，炽于唐于宋。至有明乃照于四方焉。故今天下言文者必称广东。盖其地当日月之所交会……生其地者，其人类足智而多文，固日月之精华所吐噏而成者”③。言语间，洋溢着强烈的自信和自豪感。这种情感有着岭南社会发展变动的现实基础。明代的岭南地区，经济已获得了较大的发展，岭南文化开始兴盛，涌现了一批在全国有一定影响力的学问家。哲学上有陈献章、湛若水等理学家，史学上有黄佐、郭棐等史学家，文学上有南园五子等文学家。到了清代中期，岭南社会经济空前繁荣，海外贸易昌盛，岭南地区成为中国重要的经济区域，文化获得了前所未有的兴盛。

在这样的背景下，岭南文化的述说和呈现终于获得了一种足以与中原文化相

---

① （清）屈大均撰：《广东新语》，北京：中华书局1985年版，第620页。
② （清）屈大均撰：《广东新语》，北京：中华书局1985年版，第319页。
③ （清）屈大均撰：《广东新语》，北京：中华书局1985年版，第316页。

媲美的力量。在周去非笔下，广人食槟榔“口似羊”；在屈大均笔下，“日食槟榔口不空，南人口让北人红。灰多叶少如相等，管取胭脂个个同”①。周去非曾言岭南地区为“妖淫之地，多产恶草”②，而屈大均则多次盛赞广东物华天宝，如荔枝篇言：“伊尹言，丹山之南，有凤丸。沃民所食，凤丸必荔枝也，所谓仙人之美禄非耶。”③ 在社会经济的推动下，岭南人把握了自己言说岭南文化的权利，以自信和豪迈的情怀，道出了真实而独特的岭南。

草木作为自然环境中人类生存的基本生态要素，在人类文化建构中具有重要意义。历代文人对于岭南草木富于美感的描述，既呈现出岭南文化因其特定的自然条件培育出的绚丽多姿的地域文化内涵，同时也揭示出岭南文化经历了一个历史祛魅的过程，这是我们研究岭南文化时一个不可忽视的向度。

① （清）屈大均撰：《广东新语》，北京：中华书局1985年版，第629页。
② （宋）周去非著，杨武泉校注：《岭外代答校注》，北京：中华书局1999年版，第343页。
③ （清）屈大均撰：《广东新语》，北京：中华书局1985年版，第625页。

清中叶岭南四家笔下的岭南风情[①]

张 琼[②]

清中叶岭南四家，指张锦芳、黄丹书、黎简、吕坚四位诗人。张锦芳(1747—1792)，字粲夫，一字药房，号花田，广东顺德龙江人。黄丹书(1757—1808)，字延授，号虚舟，又自号芋洲居士，广东顺德大良人。黎简(1747—1799)，字简民，号二樵、狂简等，广东顺德弼教村人。吕坚（1742—1813)，字介卿，号石帆，广东番禺人。他们活跃在岭南诗坛，“是广东诗坛中兴的杰出人物”[③]，在岭南文学史上前承岭南三大家，后启岭南近代诗歌，具有重要的历史地位。

岭南四家一生大部分时间是在家乡度过的，他们热爱自己的家乡，熟悉这块土地，笔下时有描绘。“生理朝来问旧乡，年华物色共相徉。熏人市有糟床气，近水门多茧族香。桑叶雨余堆野艇，鱼花春晚下横塘。新丝新谷俱堪念，力作端能补岁荒。”[④]“日弄烟光上白沙，雨殷霞气变青瓜。海咸土黑宜群植，溪转门开瞰万花。五月蚬塘栽子母，晚潮龙户送鱼虾。吾乡合有岁时记，未敢题诗忘物华。”[⑤] 他们对家乡倾注满腔深情，诗作中洋溢着浓郁的岭南气息，以下就他们作品所涉及的物产、内河航运和风俗进行分说。

一、物产

岭南地处亚热带季风性湿润气候区，水、土、光、热和生物资源极其丰富，“兼中外之所产，备南北之所有”[⑥]，荔枝等水果是岭南特有之物。“香来庐橘杨

---

① 本文为广东省哲学社会科学2013年度项目“清代岭南布衣诗人群体研究”（课题号：GD13CZW01）阶段成果。

② 【作者简介】张琼，湖南祁阳人，广东财经大学中文系教授，博士，主要从事明清文学研究。

③ 陈永正：《岭南诗派略论》，《岭南文史》1999年第3期，第13～15页。

④ （清）张锦芳：《逃虚阁诗钞》之《村居》，清嘉庆四年刊本。以下凡出自此书者，只注诗名，不另出注。

⑤ （清）黎简撰，梁守中校辑：《五百四峰堂诗钞》之《吾乡》，广州：中山大学出版社2000年版，第20页。以下凡出自此书者，只注诗名，不另出注。

⑥ 《邱文庄公集》卷八《南溟奇甸赋有序》，转引自司徒尚纪：《广东文化地理》，广州：广东人民出版社2001年版，第3页。

梅外，诗带蛮烟瘴雨痕。梦落陂塘凉似水，荷花菱叶绕江村。”“西园瓜果擅江城，飞堕红云片片明。豪并大官堆火齐，薄如野老送朱樱。”（张锦芳《送周肃斋荔枝二首》）“玉荷包，南方荔枝尔先熟。年年三月先樱桃，才过清明晚花节。”（黎简《玉荷包歌》）龙眼也是岭南特有的水果，经诗人的生花妙笔一描述，也快人耳目：“龙眼花时蜂满村，溪流浓绿涩堤痕。花光畹晚云狼借，故作骄晴故昼昏。”（黎简《己酉四月绝句三首》）

四家笔下大量描绘的首推花卉。四家都是爱花、惜花、护花之人，所以他们笔下时有各类鲜花出现，如桃花、梅花、藤花、夜合花、素馨花、石榴花、缨珞花、蓟荼花、水仙花、含笑花、佛桑花、柳花、木棉花、石竹秋花、菊花、李花、桂花、棠棣花、白荼花、兰花、梨花、玫瑰花等，蔚为大观。当然由于各人的兴趣不同，描写的花卉也不一样。

张锦芳爱木棉，对这种躯干高耸入云、花艳如火的岭南特有植物非常喜欢，一咏再咏，《南海神庙木棉花五首》可为代表：

二月扶胥新涨时，海神祠外帆轻飔。祠前牙纛皆烽火，不数金支与翠蕤。榕叶团阴柳散丝，高红飞点碧参差。孤亭正上初生日，照做扶桑晓浴枝。赤城标起瘴江涯，黄木湾宽受落霞。未雨解催花信早，十围铜鼓不停挝。古殿灵风不作寒，晴光烘染露痕干。落红添得桃花涨，更拟珊瑚出网看。野人家本近棉园，分得花光照竹轩。倚桌海珠看不足，又寻唐碣到祠门。

木棉素有“英雄花”之称，在张锦芳笔下，木棉的英雄豪气得到了淋漓尽致的表现。

黄丹书则酷爱梅花与菊花，请看他的《斋中梅花二首》之一：

一株兀立古墙隅，拔土移根手自栽。惯是诗人觉春早，等闲雪意到南来。湖山未筑巢居阁，清净何如般若台。暂欲凭君洗尘障，澹烟微雨破愁开。

再如黄丹书的《白菊》：

一种秋花品独清，更无颜色着繁英。霜天露地不容滓，玉盏银盘漫与名。送酒人衿衣雅称，写生我爱墨勾成。素心莫惜迟迟发，要共寒梅见性情。

黄丹书爱梅花与菊花的美丽姣好，其实他是借花来表明心志，礼赞花的高洁，更是借此自励。

吕坚笔下更青睐于平常的小花。例如，水仙花：“海上青峰是汝家，渡江还泛羽人槎。汉皇交甫原留佩，洛水神妃定解珰。”（《仙馆水仙花和主人三首》）月季：“佳名真似守宫砂，秋老春残早破瓜。见汝有情言不得，息夫人庙白桃花。”（《白月季》）百日红：“朱樱小颗刺杨梅，汤沸蔫红换劫灰。”（《百日红》）紫藤花：“休问新花与旧花，可怜滋蔓寄人家。”（《题紫藤花二首》）桃花：“笑靥蜂媒引，含情蝶梦撩。”（《门前一树桃花》）绯桃：“非梅亦非杏，如火复如丹。”（《陈寄亭园内咏绯桃》）竹子花：“又有午时花，向日葵相似。孔楷及尧蓂，亦苐尊图史。谓籲兆年荒，智力狗桑梓。”（《竹米》）竹子开花本非常人所能见，可见诗人爱花之殷勤。

对鲜花描写着力最多的当属黎简。黎简笔下的花卉品种之多、姿态之美当在四家之首。有“鸭头力破重胎绿，鱼子深团一撮黄”（《夜合花》）的夜合花，“午月攒星玉，微阳结粟金”（《五月一日庭前桂花》）的桂花，“露丛愁蓊蔚，风处眼迷离。浅白照别酒，无言低怨颐”（《李花十二句》）的李花，“夜色银屏锁儿女，晓寒粉蝶落风裙”（《梨花》）的梨花，“中边星月银湾晓，浊泽琼瑶玉水香”（《绣球花》）的绣球花，“多生离恨诸天上，弱梦情人三月中”（《柳花》）的柳花，“芙蓉花叶两轻明，青紫葱昽碧水冥”的芙蓉花（《首夏见芙蓉花》），还有“瘦叶纤藤自相当，娟娟窥得及肩墙。不胜月露难为色，要感心魂始与香”（《素馨》）的素馨花，“佛桑汝亦雪为球，天末看渠及广州”（《见佛桑花感咏》）的佛桑花，“碎分篱菊月，秾借石榴霞。叶弹扶还舞，茎纤故自斜”（《客居所移故园石竹秋花十六韵》）的石竹花，“翠叶凉堪惜，黄英秋可疑”（《棠棣》）的棠棣花，“红冰浊泽玲珑水，白露雕锼沆瀣杯”（《玉蝶梅》）的玉蝶梅……

更值得一提的是，黎简除了对花卉大加描写外，还写出了岭南尤其是顺德陈村花卉交易的繁荣场景。“花密不知舟可通，舟行九曲路未终”（《后离居行，从许周生索芙蓉种并寄平叔》），当年“村前弥望皆为花”的景象跃然纸上，俨然布下了一个花卉的迷宫，船在花中行。“花溪出夜船”（《中夜》），花市看好，船来船往，不舍昼夜。“一帆烟雨满船花”（《黄淑亭佛山相过三绝句》）、“花船桨急各飞分”（《戏寄谢剑池三首》）、“倘问花船有路通”（《香山别方应复天根刘善翱学海还佛山为挈家归村庄之计》）、“岁晚花船百里中”（《其詹得台湾兰寄我》）、“江干便有花船农”（《后离居行，从许周生索芙蓉种并寄平叔》）、“蜂蝶喧颠亦伤别，趁人花艇送将归”（《杂诗绝句十首》），花船，即运载鲜花（或花秧）的船只随处可见。而“买花船入橹声迟”（《芙蓉近已作花盖周生所乞藩府种》）描写了乘船买花的情景：进入花卉产区，船速减慢，以便精挑细拣，买到称心如意的鲜花。“花重艇争还（自注：来吾乡买花者）”（《朝景》），顾客满载而归，船是重多了，但心情不错，划起船来特别起劲。“向晚棹花春浪软，香云先渡白鹅潭”（《广州歌》），描写的是当年从城外的花田运载鲜花至广州城区的情景。这些诗句一一见证了岭南的花卉文化。

二、内河航运

岭南南临大海，境内河网纵横，联系西南、岭北的主要通道是西江、北江等水路，水与岭南人生活息息相关。古代岭南先民“陆事寡而水事众”，“短绻不绔，以便涉游；短袂攘卷，以便刺舟”。[①] 一方山水养一方人，靠水吃水，生活在水乡中的人们，自然离不开一个“水”字，这在岭南四家的诗歌中得到了全面的反映。

“城西十里访陈三，又买扁舟过水南”（吕坚《春日访陈三旸谷不遇》），水乡的人们，水里来水里去，舟楫便是岭南人的主要交通工具。“隔水招春渡”（黎简《雷冈渡头》），以前，架桥的能力有限，河流成为阻隔两岸的天然鸿沟，人工摆渡、凭船过江就成了一道亮丽的风景。“操舟不学吾能识”（黎简《同梁生村口藕塘作》），“春江打两桨，言是卢家妇”（黎简《柳波秋柳和黄药樵鲲》），“黑白帕头挑水娘，蛮音官话笑迎将。看渠真有情如水，火急送郎归故乡”（吕坚《江行漫兴四首》），无论男女老少，多识水性，多能驭舟。

岭南人借助舟楫从事耕作。“两篙夹船船上田，一篙插泥泥上船。”（吕坚《五日挐舟归南村漫兴》）

岭南人借助舟楫打鱼。“隐约门前舣钓舟”（黎简《李生相访移舟溪曲饮我四松下作歌赠之》），“迷路渔船依港树”（黎简《西潦涨甚即消，喜其大助田壤，晚丰可知》），“湖上鱼舠兼载鹤”（黎简《制笠》），“涛头江压饱帆鳀”（黎简《泊都宁》），“野鸭欲沈山鹝飞，塘鱼枯瘠海鱼肥。个侬好到衡湘去，此处网多禾稻稀”（吕坚《五日挐舟归南村漫兴》）。

岭南人借助舟楫进行商业活动，如运输大米、布匹等货物。“次日牵江但西上，米船翻到古邕州”（张锦芳《既事七首》），“连樯吉贝皆南下，莫惜鲤鱼通一双”（张锦芳《泷中杂诗八首》），“连船吉贝雪霜浮，柔橹齐名下岳州”（张锦芳《汉江绝句五首》），“蓬头女儿十岁强，沿途掠卖不还乡”（张锦芳《既事七首》），“鱼塘海阔估船多”（黎简《鱼塘海棹歌词》），“报道米船至”（黎简《鼓腹诗》），“络绎报米舶”（黎简《返里诗》），“虹光知有米家船”（黎简《赠别沈见亭广文奎还长洲》）。

岭南人借助舟楫出游。“故人舣棹长须报，苇岸松汀妥病翁（自注：林挺基书来邀避暑江上）”（黎简《夏日》），“买棹出村还入村，挽臂小船登大船”（黎简《林秀才挺基（公环）、何孝廉铸颜（炎光）连日画舫治具，避暑观涨，作歌招诸公同作》），“隐约门前舣钓舟，谁知花里临溪馆”（黎简《李生相访，移舟

① （汉）刘安：《淮南子》，北京：中华书局1989年版，第234页。

溪曲，饮我四松下，作歌赠之》），“两负词翁邀我饮，空幔碧油开翠舲”（黎简《村口偶泛观涨》），“冻蜡歌尘喧水阁，清尊愁绪入江乡”（吕坚《有客舟中招饮和黎二樵细雨原韵》），“一叶扁舟觅水村，北亭南下小山门”（吕坚《卜宅南村舟中得句五首》），“信舟蚁南宅，幽赏意未足。隔岸夜灯明，人声出林麓”（吕坚《南坨》），“朝停欹湖舟，晚寻北坨竹。回首一欣然，南山发新绿”（吕坚《北坨》），“人间那得一心人，柳有千条月有痕。江上楼边弄长笛，最无情处最销魂”（吕坚《与伍和轩江上论诗有赠》）等，反映的是乘船出游的文人雅兴。其中“林挺基书来邀避暑江上”“连日画舫治具，避暑观涨”“移舟溪曲，饮我四松下”相当于今天的水上休闲娱乐活动。

除了揭示船的用途外，四家还描写了行船的艰险与无奈。“幸收一帆弱，不与风雨敌”（黎简《入门》），“横江风浪舟楫少”（黎简《寄苏啸泉》），“峡互丛林起怒涛，钝根顽石竞风号”（吕坚《丛林峡偶占》），选择水路，就等于与风浪、风雨结伴。“舟行半月无轻风，担篙溯流愁柁工”（张锦芳《韶阳舟夜》），“船石舂撞多苦辛，灵祠瞻拜俯嶙峋”（张锦芳《泷中杂诗八首》），“行至苍梧关，一步快一步。远近苦不敌，未敢计前路”（吕坚《舟行杂占》），顺风顺水、风平浪静往往成为一种奢望。“卧篙木马最郎亢，倒爬不爬头尾扛。上流铜铅下流谷，只此三般船打帮”（吕坚《江行漫兴四首》），这种进退两难的处境在行船时绝不少见。“后夜月迟归棹急”（黎简《咏寒月》），“花溪出夜船”（黎简《中夜》），人们为了生计而夜以继日，同时夜中行船也因为这个时段才天气凉快、江面开阔而便于行船。“横江风紧浪淘沙，江上征人可忆家？粤女无端亦皱眉，恨人何事到天涯”，“横江渡口雨霏霏，尽日杨花不肯飞。风吹多少愁多少，夜夜江波人未归”（黎简《横江词》），迫于生计，男子常抛妻别子，远涉江海，留守的妇人自然孤苦，常年为夫君操心。

三、风俗

岭南四家文学的地域属性也体现在他们对岭南民风民俗的充满人情味的叙述之中。这类描写主要涉及以下方面：

1．婚俗与求子

黎简《鱼塘海棹歌》之三描写渔家婚俗：“东南云净月团圆，水枝花头光满船。横江独树嫁渔女，打鼓和歌来雁田。”屈大均《广东新语·诗语·粤歌》对这种风俗有如下记载：“粤俗好歌，凡有吉庆，必唱歌以为欢乐。……其娶妇而亲迎者，婿必多求数人与己年貌相若而才思敏给者，使为伴郎。女家索拦门诗歌，婿或捉笔为之，或使伴郎代草。或文或不文，总以信口而成，才华斐美者为贵。至女家不能酬和，女乃出合。”瑶族更有独特的婚配方式：“出门逢郎哥，迎面叫呖妹。唉唉女歌发，窈窈男讴会。风远声断续，野阔听茫昧。腾喧春云热，炙汗晴雨腻。遣句狎乃接，抒情捷为贵。称调凄以愉，考意冶而孌。知诚和逾促，信好睁故背。词竭互自私，言交始通馈。朝暾墟填集，夕日山憔悴。同人各有偶，纳子遂把臂。黑黑松柏深，奔奔岩穴配。或敦新知乐，或从去年契。鳏雄避木叶，弃雌窜荒蔚。”（黎简《大排三十韵》）吕坚《越女谣》两首也写出了岭南其他一些地方的婚姻习俗：“郎嗔不却扇，诘朝调笑君。同心苏小小，湔损石榴裙。嫁恐论家计，无筋不畏狼。莫怜新妇小，生长摸鱼乡。”诗中有自注云：“新嫁归宁，则盟姊妹取其亵裙、牏，亲浣之。”这也是岭南独特的风俗。

至于黎简的《追和梁公普金花庙迎神歌二首》就写出了粤人在金花庙求子的风俗：“袖中灯带拜神回，船尾杨花渡海来。”诗人对此加了这样的自注：“剪彩为灯，四角垂带，四幅为裙，求子者私撷灯带而归，以为兆也。”关于金花庙还有个古老的传说，“金花神，相传南汉时女巫溺死于宫池，今人祀以求子，甚验云”（黎简《金花庙仿李长吉》），这无疑是岭南风俗的再现。屈大均《广东新语·神语·金华夫人》载：“广州多有金华夫人祠，夫人字金华，少为女巫不嫁，善能调媚鬼神，其后溺死湖中，数日不坏。有异香，即有一黄沉女像容貌绝类夫人者浮出，人以为水仙，取祠之，因名其地曰仙湖，祈子往往有验。妇女有谣云：‘祈子金华，多得白花。三年两朵，离离成果。’”

2. 祭祀与禁忌

四家关注最多的岭南风俗，还是要数那些与水有关的。珠江上风里来雨里去的先民们用以支撑对生的信念、对幸福的渴望的，是强健的体魄与娴熟的行船技艺，还有祭祀与禁忌。岭南境内的多条水路都以险恶闻名，如西江航道上，羚羊峡、铁垆顶、白马角、鼓涌滩、龙门滩、横石矶、秀才滩、火烟角、飞龙滩等险滩一个接一个，但是在当时，人们别无选择，只能冒险行舟。这使船夫们的行船技艺得到淋漓尽致的发挥，也上演了一幕幕悲壮的人生舞剧。“武溪水与墨江连，艇子纤纤百丈牵。”“开头三老健如猿，指秃�篙踝血痕。”（张锦芳《武溪谣》）“侬家别有绮寮住，不遣郎来犯怒涛。”（张锦芳《浪淘沙五首》）温情的私语中道出了航行的危险，只要有一条生计，他们是不愿去行船的。“沙堤买泷船，未入愁欲绝。”（张锦芳《泷船》）“劝侬莫近滁泷泊，一听滩声能白头。”（张锦芳《泷中杂诗八首》）水路险象环生，与水有关的祭祀与禁忌也就应运而生。

先说祭祀。“船石舂撞多苦辛，灵祠瞻拜俯嶙峋。赛神亦有泷头吏，莫困当年问路人。”（张锦芳《泷中杂诗八首》）“古庙喧箫鼓，神鹰各羽翰。舟人祈祷拙，持橛欲行难。”（张锦芳《望湖亭阻风》）“庙前三老散福酒，衫湿酒醒船渐平。”“山飞地转浮生死，树老风高啸鬼神。一簇浪花三十里，醉横三百马留人（自注：舟下滩，必以其村人为滩师，每舟艄舵二人，必以祭肉饮食之。舟之大者恒饮至二三十人，有饮至二三日者，操舟则水中暗石分寸可指）。”“手挽腥余脚踏烟，回神江步别江船。入门自媚山妻笑，今日囊中足酒钱（自注：滩下江步曰‘回神步’以生肉少许与之，所谓‘回神’言‘回家祭于神’也）。”“侧帆半入水，舟势始一摆。吾知彼舟人，百命投一殆。……侮水南人性，濒死乃畏鬼（自注：渡船百余人几覆，风水既，乃设醮以祭水云）。”（黎简《乌蛮滩竹枝歌》）这些诗句都是对船夫们设醮以祭水神的描绘，他们的此类举动无非是为了求得保佑。

接下来谈行船时的禁忌。由于航运这个职业的从业条件异常艰辛，加之又存在着太多的不确定因素，因此行业禁忌出奇的多，形成了丰富多彩的航运禁忌文化。这在四家诗歌中也有所反映。“沿堤十里采江蓠，叶叶兰桡向晚移。记取玉溪红豆句，六帆花底数相思。”（吕坚《韩江杂咏》）诗人在诗中自注道：“潮船皆五篷，帆则六。土音读‘帆’为‘篷’，始知向来之误。”岭南航运界忌说“帆”，应该是因为“帆”与“翻”谐音。行船万万不能“翻”，人同此心，心同此理。黎简则写到“鼓涌滩”又名“哑滩，舟师云：吆喝则盘涡起”，因为担心“吆喝则盘涡起”，久而久之就把该滩叫作哑滩。风雨晦暝，这对餐风宿露的船夫是生命不可承受之重。① 以上反映的都是以行为表现出来的禁忌心理。

---

① 黎简诗作中有大量作品涉及祭祀与禁忌，在曾建生《开门即扁舟，有去无处所——黎简诗歌中的岭南航运文化》一文中已有详细论述，见《沧桑》2009 年第 1 期，第 241 ~ 243 页。

《唐人赋钞》与粤秀书院

张　巍①

唐代是汉魏六朝之后中国辞赋发展的又一重要时期，唐赋有着自身鲜明的特色并具有独特的价值，但关于唐赋的专门性的选本却并不多见。而在这为数不多的唐赋选本中，清代嘉庆年间广东人邱先德、邱士超叔侄编选的《唐人赋钞》，则是篇幅较长且较为重要的一种。

一、《唐人赋钞》编选刊刻考略

清嘉庆十八年（1813），广东番禺人邱先德在广州粤秀书院院长任上，其侄邱士超亦在书院就学。为了提升作赋水平，邱士超广泛阅读唐赋后选录了三百余篇，邱先德在此基础上又删选其半，邱士超则对筛选后的一百六十余篇唐赋予以笺释，《唐人赋钞》一书基本定型。邱先德与广东学政程国仁相商准备刊印此书，程国仁认为可行，并对原书稍作增改。时至仲夏付梓之前，邱先德在粤秀书院的御书楼中为全书作序，在序中记述了这一经过。而稍前于此，邱士超也请前惠州知府伊秉绶为全书作序。

邱先德序成之后，此书即随之刊刻，这是《唐人赋钞》的初刻本，即嘉庆十八年羊城允经楼刊本，此后又有同治七年（1868）粤东翰宝楼重刊本及同治十三年（1874）两仪堂重刊本。《唐人赋钞》还有光绪二十三年（1897）麟书阁刊本，广东省立中山图书馆、上海图书馆有藏。② 此本纸质及印刷俱较前三本精善，且有以下长处：其一，更正了此前刻本中的一些误字；其二，邱士超原书每篇赋行间有夹批，赋后有总评和注释，此本夹批、总评及注释的内容均有所增加；其三，开头处增加了朱批，即所谓的“眉批”。朱批者身份原书未载，今亦

---

① 【作者简介】张巍，甘肃庆阳人，华南师范大学文学院教授，岭南文化研究中心教授，中国古代文学专业、中国古典文献学专业硕士生导师，兼任刘禹锡学会副秘书长。主要研究方向为唐宋文学、中国赋学，出版专著《杜诗及中晚唐诗研究》，主持教育部人文社科项目、高校古委会项目等科研项目五项，在《文学遗产》《北京大学学报》等刊物发表论文四十余篇。

② 此外，据贾晋华《香港所藏古籍书目》（上海古籍出版社 2003 年版）载，《唐人赋钞》有清同治五年文玉楼刻本，今藏香港中文大学图书馆。据天一阁博物馆编《清防阁・蜗寄庐・樵斋藏书目录》（上海辞书出版社 2010 年版），《清防阁藏书目录》中著录有《唐人赋钞》清同治十三年木樨香山馆刻本，今藏天一阁博物馆。二者均为六卷六册。

不可考。但从朱批文字看，朱批者对科场程式之文的作法及教法极为熟悉。考虑到此书对于科举应试的参考作用，朱批者也有可能是书院中人。

《唐人赋钞》共六卷，每卷开始处除标明卷数外，均有“江南程国仁鹤樵、汀州伊秉绶墨卿鉴定，番禺邱先德选，门侄邱与凡笺”字样。然就此四人对《唐人赋钞》的成书所起作用而言，邱士超贡献最大，其初步决定选目并笺释全书。邱先德虽排名在前，但其实是在邱士超初选的基础上再予以删选，然后为全书作序。因此，在方志之中，《唐人赋钞》被列入《顺德县志》邱士超名下而不见于《番禺县志》邱先德名下，阮元《广州通志·艺文略》中也是如此。程国仁对全书内容稍有增改，但增改处今已不可知，伊秉绶则仅为作序而已。下面对此四人生平作一简单考察。

（一）邱先德

邱先德，同治《番禺县志》有传，光绪《广州府志》亦据《番禺县志》立传，二者均云：

> 其先由闽杭迁粤，籍梅州。父某幕游羊城，遂著籍本邑。先德生而岐嶷，有夙慧。乾隆四十二年丁酉，选拔成举人，五十二年成进士。……粤中大吏重其名德，延主粤秀书院讲席。续又主讲惠州、韶阳、凤山、龙溪、禺山诸书院，年八十二卒。著有《学殖草堂未定稿》及《滋畬制义》《赓飏集》《粤秀课艺文征》等书。①

据此可知邱先德生平始末，但其行事与《唐人赋钞》相关尚需详考者有二，一为其著述，二为其主讲粤秀书院之始末。

《番禺县志》本传中所载邱先德著述有四种，其实还有另外两种。《粤秀书院志》其传中云：

> 生平最邃于《易》，尝取安溪李先生《观象》一书，手加丹黄，就已见别为论说，蝇头小字密注横阑上，荟萃之即可成编。在院时又尝采集毗陵邵子湘《古今韵略》之说，而参以其师大兴翁覃溪、南昌彭云楣两先生及大埔张崖所著音韵诸编，详增简载，为《增定韵文辨同》五卷，别有《学殖草堂稿》，并未刻而藏于家。②

---

① 同治《番禺县志》，广州：广东人民出版社 1998 年版。
② （清）梁廷枏：《粤秀书院志》，清道光丁未抄本。

《粤秀书院志》为顺德梁廷枏所撰，时梁任粤秀书院监院，全书有清道光丁未（1847）抄本。梁廷枏在邱先德传后缀按语曰："至《易》《韵》两书，则以近方代校，故知之审也。"则此二书是梁廷枏所亲见并曾代为校勘的。

邱先德青年时期曾就读于粤秀书院，与同门张日珣合编有《赓飏集》十六卷，为五言排律选本。此书今尚存，北京大学图书馆、中国人民大学图书馆均有藏。

邱先德所编《粤秀课艺文征》今存否不可知，但韩崶为之所作序尚存于《粤秀书院志》当中，此《课艺序》中云："余因偕滋畲山长，裒集己巳以来课文，择之醇雅者刻之，题曰'文征'。"序末署作"嘉庆十八年癸酉六月抚粤使者韩崶序"，则此书的编成大致同时而稍晚于《唐人赋钞》，为学院诸生习作之选本。

邱先德主讲粤秀书院之缘起，《番禺县志》谓为"粤中大吏重其名德，延主粤秀书院讲席"，此"粤中大吏"即广东巡抚韩崶。《粤秀书院志》邱先德传中云："韩公桂舲崶先后抚粤七载（自嘉庆十三年至十九年），旧与先生同谱，官又同部，交最洽雅，重非朝夕矣。比再晤言，悉先生宦情已淡，遂留主院席。"邱先德任粤秀书院院长时间为嘉庆十四年（1809）至嘉庆十八年（1813）底，与韩崶任职时间大致相当，亦可见二人关系之密切。《唐人赋钞》为邱先德在其离任前主持刊刻而成，也带有某种纪念意味。

（二）邱士超

邱士超的生平记载散见于咸丰《顺德县志》、民国《顺德县志》，此外还可从其他方面考订。邱士超之女邱掌珠工诗善画，撰有《绿窗庭课吟卷》一卷，有光绪二十二年（1896）龙山邱园刊本，后收入《粤闺诗汇》当中。全书由"粤东七子"之一黄培芳作序，序中有邱士超生平的相关记载：

余老友顺德邱与凡茂才，性高洁，耽吟咏，隐于乡园，日以著述为事，校雠一出其令媛之手。兼工诗词，年甫及笄，已裒然成集。茂才寄其《绿窗庭课吟卷》属余点定。……时嘉庆二十一年丙子秋粤岳山人黄培芳序。

除黄培芳序之外，张维屏《艺谈录》中也有关于邱士超的简单记述，原文如下：

邱士超，字与凡，诸生。

与凡著《伦常模楷》百六十卷，有关人心世道。(《岭海诗钞》)

摘句：高矣严君平，王凤不能致。(《杂诗》)[1]

邱士超之著述，咸丰《顺德县志》所载有以下七种：《唐人赋钞》六卷、《历代诗钞》十二卷、《岭南鼓吹》若干卷、《信芳山馆骈文》一卷、《晚香圃吟稿》六卷、《菊花百咏》一卷、《诗赋合璧》一卷。[2] 此外据邱先德《唐人赋钞序》，可知邱士超还撰有《信芳馆律赋》与《伦常模楷》二书。但阮元《广州通志·艺文略》中邱士超名下所载只有《唐人赋钞》和《历代诗钞》，看来其著述中仅此两种影响较大。

邱士超编选《唐人赋钞》时是粤秀书院学生，这是他第二次进入粤秀书院就读。《粤秀书院志》卷十一《人才表》当中，邱士超的名字分别被列入“陈院长观楼门下”和“邱院长滋畬门下”。陈观楼即陈昌斋，字宾臣，据《粤秀书院志》卷九《师席表》可知其嘉庆四年（1799）至嘉庆五年（1800）在任，邱士超当在其时早已进入书院。从陈昌斋嘉庆五年离任到邱先德嘉庆十四年就职，前后相距近十年，邱士超何以会两进书院读书？比较可能的解释是邱士超虽本早已在书院中肄业，但后又因叔父邱先德任书院院长，遂又重入书院中。

（三）程国仁

《广东通志·职官表》“学政”条下云：“程国仁，河南商城籍，安徽人，已未进士，十五年以御史任。”《粤秀书院志》卷八《长官表》中的记载与此相同，《明清进士题名碑录索引·历科进士题名录》中所载亦为嘉庆四年己未科（1799）及第。《唐人赋钞》编选时程国仁正任广东学政。程国仁为安徽人，因此《唐人赋钞》中题名作“江南程国仁鹤樵”。但他属河南商城籍，清代商城县治属光州，光绪《光州志》卷九《仕贤列传》中有程国仁传，节录如下：

程国仁，字济棠，商城人。少孤家贫力学，嘉庆甲寅领乡荐（引者按：嘉庆年间无甲寅，此甲寅属乾隆五十九年），己未成进士。以二甲第一名改庶吉士，散馆授职以御史退巡漕江淮，粮艘运转迅速，役竣即奉督学广东之命。[3]

（四）伊秉绶

伊秉绶曾任惠州知府等职，颇有政绩，《清史稿·循吏传》《广东通志》和

---

① （清）张维屏编撰，陈永正点校，苏展鸿审定：《国朝诗人征略》，广州：中山大学出版社2004年版，第831页。

② 顺德市地方志办公室点校：《顺德县志》（清咸丰、民国合订本），广州：中山大学出版社1993年版，第568、1212页。

③ （清）杨修田：《光州志》，清光绪十三年刻本。

光绪《惠州府志》中俱有其传。伊秉绶之墓表见于赵怀玉《亦有生斋文集》卷十六，张维屏《国朝诗人征略》初编卷五十有所引录，其要如下：

伊秉绶，字组似，号墨卿，福建宁化人。乾隆五十三年进士，官扬州知府。有《留春草堂诗钞》。……（嘉庆四年出守广东惠州）倡修学宫，建丰湖书院，课诸生有程法。尝修朝云墓，于苏文公祠沼得德有邻堂砚。……工诗，尤善隶法，好蓄古书画，而以前贤手迹为重。颇究性命之学。①

伊秉绶有诗名，著有《留春草堂诗钞》七卷，有嘉庆十二年（1807）刻本、嘉庆十七年（1812）广州秋水园刻本等，前有嘉庆九年（1804）法式善所作序。伊秉绶书法成就极高，包世臣《艺舟双楫》卷五《国朝书品》中，将清代一百余位著名书家之字分为“神、妙、能、逸、佳”五品九等，伊秉绶之行书即列于“逸品”之下②。其书法作品集有民国时期影印本《伊秉绶自书诗册》《默庵集锦》等。

二、《唐人赋钞》的体例

《唐人赋钞》几种版本虽小有差异，但全书结构大致相同。开始系伊秉绶及邱先德二序，继之为全书目录，目录后为邱士超所作《唐人赋钞总论》（凡例附），此后是全书正文。其中卷一收赋 25 篇，卷二 28 篇，卷三 27 篇，卷四 30 篇，卷五、卷六均 28 篇，计共收赋 166 篇。

《唐人赋钞》卷三载《土牛赋》一篇，署名作“陈师道”，显然有误。《文苑英华》卷二十五录有《土牛赋》三篇，其一为陈仲师所作，其二、其三均无作者姓名，当是佚名之作。《唐人赋钞》所选者为其中第二篇，而将其误系于陈仲师名下，又将“陈仲师”误作“陈师道”。事实上此篇作者无考，当依全书之例署曰“阙名”。

《唐人赋钞》几乎每篇赋题下都有题解以阐释题意，赋后有评语以总评全篇，有注释以诠释字词，赋正文行间有小字夹批用于评点字句，并有评点符号圆圈即“。”及逗点即“、”，其中圆圈用于点定句读及标明佳句，逗点亦多用于标明佳句及点明较小的间隔停顿。朱批本《唐人赋钞》则在天头处增加了眉批，主要是分析段意；与之相应，也增加了评点符号“—”，即用短横线划分段落，使全赋结构分明。同时还增加了三角符号以标明律赋题下所限之韵字，三角符号

---

① （清）张维屏编撰，陈永正点校，苏展鸿审定：《国朝诗人征略》，广州：中山大学出版社 2004 年版，第 717～718 页。

② （清）包世臣撰，李星点校：《包世臣全集》，合肥：黄山书社 1993 年版，第 392 页。

有时也用于标示引领下文之发端虚词，如卷一白行简《五色露赋》中“嘉其”“未若”“是知”等虚词下皆有三角符号。

下以朱批本《唐人赋钞》卷三中所录王棨《江南春赋》为例说明全书原貌，限于排版原因仅录文字而略去各种评点符号，但据文中横线之标示分段，并将眉批列于每段之后，夹批置于文中用括号标出。赋仅录起结两段，赋后注释亦仅选录二例。

江南春赋

王　棨

［题解］柳恽《江南曲》：“汀洲采白苹，日暖江南春。”

丽日迟迟，江南春兮春已归。分中元（和）之节候，为下国之芳菲。烟幂历以堪悲（秀媚天然），六朝故地（笼江南）；景葱笼而正媚，二月晴晖。

［一］唐人起结多散体。此起妙，缈缥；结妙，正大。

悲夫！艳逸无穷，欢娱有极；齐东昏醉之而失位，陈后主迷之而丧国。今日并为天下春（结法得体），无江南兮江北。

［七］末段曲终奏雅，警戒备至，但应试体如何收场？看他一笔挽转，大海回澜，冠冕堂皇，试律极则。此赋在当时极有名，《唐文粹》所载陈黯《送郎中序》最激赏末二语。

［总评］秀骨天成，铅华洗去，而丰致嫣然。唐赋起结，高出者少，如《日五色》《铸剑戟为农器》《性习相近远》之起，为当时所称。而此篇之结，即李程之“吾君是则”、裴度之“制群生于良治”，未能过也。

［注释］洪流——《蜀都赋》：“若云汉含星而光照洪流。”

兰泽——《古诗》：“兰泽多芳草。”

三、《唐人赋钞》与相关应试选本之比照

律赋在清代也是科举考试的内容之一，《唐人赋钞》一书与科举应试有着密切的关系。《唐人赋钞》是粤秀书院师生合作的产物，并得到了当时地方主管官员的支持。而全书的刊刻缘由，按邱先德《唐人赋钞序》中的记载，是“诸生以唐赋近无专本，而此选为稍详，请梓之为及门式”，也即是应书院学生的请求，为了便于书院学生学作律赋而刻。因此，《唐人赋钞》可以说带有一些粤秀书院教学参考书的性质。而邱士超的评笺与此后的朱笔评点，也都是应制思想指导下

的产物，具有浓重的科举考试评阅的色彩，是以说八股之法评唐赋。将《唐人赋钞》与和粤秀书院相关的其他三种应试诗文选集作一比较，就可以更加清楚地认识到这一点。

（一）《赓飏集》

邱先德就读于粤秀书院时，曾与同门张日珣合编了一个应试诗的选本《赓飏集》，后称作《国朝五言长律赓飏集》，《清史稿·艺文志》著录作《国朝赓飏集注》，书前有广东布政使姚成烈及广东学政汤先甲序。二序之后为《例言》，对全书的编选情况加以说明。据《例言》可知，此书“以八韵为主”，“专为制科标准”，完全是为准备科举考试而编辑的学习范本，这与《唐人赋钞》相类似。而邱先德此时也是书院学生，亦与邱士超编选《唐人赋钞》时相同。

《唐人赋钞》与《赓飏集》有一个共同的典范，即纪昀的排律选本《庚辰集》。邱士超在《唐人赋钞总论》（凡例附）中谈到自己的笺注时说：“此注虽比坊刻为稍详，然不能原原本本，遗漏实多。阅晓岚先生之《庚辰集》，不免望洋叹矣！”邱先德与张日珣的《赓飏集》，也正是广泛阅读了《庚辰集》等应制应试诗选后的产物。在《例言》中，邱、张列举了“馆阁应制诸选”和“应试诸选”的书名后，说明此书的编选缘起是“顾卷帙浩繁不能尽坊刻而有之，兹编合诸公选本汇录成书，均就平日师友所讲求而究切者录之”。可见《赓飏集》的选目来源是当时的各种应制应试诗选，而《庚辰集》则是其中极为重要的一种，《例言》即坦然承认：“纪晓岚学士《庚辰集》笺评最为详尽，率多因之。”

邱氏叔侄如此推重《庚辰集》绝非仅出于纪昀之名望。作为应制应试诗选，《庚辰集》确有优胜之处。纪昀《庚辰集序》交代了此集的编选经过：

> 余于庚辰七月闭户养疴，惟以读书课儿辈。时科举方增律诗，即点定《唐试律说》粗明程式，复即近人选本日取数首讲授之，阅半岁余，又得诗二三百首。儿辈以作者登科先后排纂成书，适起康熙庚辰，至今乾隆庚辰，止因名之曰“庚辰集”。①

《镜烟堂十种》所收《庚辰集》封面书名下，有“康熙庚辰科至乾隆庚辰科馆阁诗并试卷行卷”字样，极简明地道出了全书内容。书中卷一至卷四为馆阁诗即应制体诗，卷五为试卷行卷即应试诗。据纪昀书后跋语所称，“六十年馆阁之诗，益以试卷行卷，仅录二百余首”，“二百余首之诗注，至十七万余言”，可知其选诗之精审与笺释之详尽。而此书又正值纪昀编成《唐人试律说》这样一个

① （清）纪昀编：《庚辰集》，清镜烟堂十种本。

唐代应试诗选本后所为，故又极为切合规范。而虽然文体有别，《唐人赋钞》与《赓飏集》的关系，也正如《唐人试律说》与《庚辰集》，一为唐代之优秀范文，一为时人之帖体佳作，均为便于准备科举应试而编集。

《赓飏集》的编撰体例是“诗以类编，取便翻阅”，“务使阅者披卷了然，而作者之先后未遑考定”①，也即采用类编而非序齿的编排方法。全书分天文、地志、岁时、治道、花木、鸟兽等部，所收应试诗依内容不同分别列入其中。诗题下有题解，诗后有笺评与注释，与《唐人赋钞》的笺评方法基本一致。

应试诗文极重破题与发挥题意，故题解极为关键，据此可明了作者为文之用心及全篇之立意所在。笺评对结构脉络及章法用笔予以剖析，便于阅读者揣摩仿效。注释则重在注明典故语句出处，既有助于弄懂原文，也可积累相关材料。此三者最为重要，故《唐人赋钞》《庚辰集》与《赓飏集》均有此三项。唯律赋虽不过三四百字，但终究八韵排律为长，故又有夹批予以详细分析。

（二）《粤秀课艺》

粤秀书院不少院长离职之前都会将在任期间书院学生的优秀科举习作汇编成集，是为《粤秀课艺》。今存有道光二十八年（1848）何文绮所编一种，此时何为院长，梁廷枏任监院。

何文绮所编《粤秀课艺》成书日期距邱先德《粤秀课艺文征》编成之嘉庆十八年（1813）不过三十余年，且性质相同，二者面貌应该相差不大。《粤秀课艺》录八股文共八十四篇，试帖诗附于其后。其中八股文所用评点符号同样有识别句读及标示警句的“。”与“、”，以及划分段落的“—”，行间有夹批，文末有总评，这些均与《唐人赋钞》相同，不过没有题解和注释。因为八股文以经书为题，举子们对此自然熟悉，且是代圣贤立言，用典较少，故无须题解与注释两项，评选的重点在于揭示文章的层次结构与作法。如卷上录有《就有道而正焉可谓好学也已》一篇，署名作“超等四名周汝中”。文中夹批如“措语自精密”“浸沈秾郁，神味自洽”“握‘学’字作主，累累如贯珠”，文末总评曰：“清思绵邈，灵气纵横，曳清汉之飞霞，泛明河之皎月，觉杳然天界高也。”这些均与《唐人赋钞》中评语的口吻笔调十分相像。八股文后所附试帖诗中的评点符号仅有“。”与“、”两种，也只有夹批而无总评，且极为简单，但总体来看同样与上述律赋的评点相差不大。

（三）《粤东书院新艺》

晚清戊戌变法后，出于救时之急需，策论非常受重视，时称“新艺”，其实

---

① （清）张日珣、邱先德：《赓飏集·例言》，清乾隆五桂堂刻本。

此刻已在科举考试废除前夕。《清史稿·选举志》载："光绪二十四年，湖广总督张之洞有变通科举之奏。二十七年，乡、会试首场改试中国政治史事论五篇，二场各国政治艺学策五道，三场《四书》义二篇、《五经义》一篇，其他考试例此，用之洞议也。行之至废科举止。"① 从光绪二十七年（1901）开考政治史事策论至光绪三十一年（1905）从袁世凯、张之洞奏废除科举，时间不过数年，但也产生了一些相关应试选本。广东省立中山图书馆藏有《粤东书院新艺》一种，为光绪二十九年（1903）集成堂刊本。其中卷二《史论》中收有《姚崇宋璟论》一篇，署作"粤秀超等张寿南"，当亦是粤秀书院学生的优秀习作。书中评点符号亦有圆圈、逗点二种，此文末评曰："引证详明，论断平允。非能明当日时势，安能出此。尤妙在真气贯注，故能畅所欲言。""真气贯注"等说法，也与上述各体文章评论相近。可见无论何种文学体裁样式，一旦与科举考试相关，都会被纳入内容翔实、层次分明、文脉贯通、语句工整的文章学考评范围之内。

科举文体的评点其实是一种文章学评点，其重心在于厘清层次，点明章法，分析作者如何切定题目来组织全篇，其最终目的还是提高应试水平。但它自然地借用了文学评点的术语和方法，这是文学批评的合理延伸。然而文学评点与文章学评点毕竟目的有异，其方法一旦进入文章学评点的领域，有时也可能产生一些错位。如《粤秀课艺》中对八股文进行评点时运用了诗歌批评中常用的"意象批评"法进行审美描述，但我们今天阅读时很难产生评点者所言的那种审美感受；而单独看那段评语，也难以想象这是对于八股文的评述。与其说这是因为我们与清代塾师举子的阅读经验差别过大，不如归因于八股文本身就不可能具备这种审美品格，这里只不过是评点者用文学评点中习有的语句来表达个人赞叹。

应试诗赋自然也是一种文学创作，但是在限定题目、限定时间、限定场合、限定用途下进行的写作，且要接受考官的统一评审而非普通读者的一般阅读，因此可以说受到了重重的约束限制，是戴着镣铐在舞台上跳固定舞步。这就决定了它先天的不足性。即以唐人而言，其应试诗赋中都难以出现优秀的作品，更何况后世的仿作。但这并非说它的创作及批评毫无价值可言，恰恰相反，这种从"功用论"衍生出的文学创作与相应的批评正好提供了一个特殊的样本而有其自身的独特价值，它可以丰富我们对于中国古代文学创作和批评的认识，更何况它在文学史上是一个巨大的客观存在，而且长期以来被纳入当时社会文学主流话语的体系，因此非常值得我们关注，《唐人赋钞》正是为我们提供了这样一个范例。邱士超学识颇为丰富，非普通书院中人可比，书中的评笺皆极为精当，对唐赋也有着较为深入的见解，这些都决定了此书的价值之所在。

---

① 赵尔巽等：《清史稿》（第十二册），北京：中华书局1977年版，第3153页。

文化研究

关于莞香研究的文献综述

杜国明　黄晓晴[①]

一、莞香研究的重要意义

莞香别名牙香树、女儿香，为瑞香科沉香属乔木，属国家二级保护植物，是中国树木中唯一以东莞命名的树木，历史悠久。其树脂结块可作香料，以能沉于水底者为上品，故又名沉水香、土沉香。据屈大均《广东新语》载："莞人多种香，祖父之所遗，世享其利，地一亩可种三百余株，为香田之农，甚胜于艺黍稷也。然可种之地仅百余里，他处弗茂且弗香。"自古以来，莞香作为岭南地区向朝廷进献的珍贵贡品，历时千年而不衰，对岭南地区的社会经济、商业贸易、手工业制作以及经济作物的种植与栽培等发挥了积极的促进作用。

作为岭南历史上独具特色的文化遗产，莞香承载了极其丰富的历史文化信息和极高的精神价值。同时，莞香的历史及文化特质决定了其所具有的极佳的研究价值。莞香是有着重大影响的岭南特产，曾经是古代对外贸易史上的重要货品，是历史上名噪一时、在广泛的区域内有着良好声誉的稀世之物。莞香于2007年获得广东省非物质文化遗产称号，在现有的省级非物质文化遗产中，它是历史留存最少的一个。

二、相关研究的主要内容

多年以来，对在岭南历史上享有盛名的莞香，学术界都予以持续的关注。研究主要体现在以下几个方面：

（一）莞香的历史由来

1. 莞香产生的朝代

关于莞香树的来源，有文献认为"据史书记载，是唐代从越南传入的，最初

---

① 【作者简介】杜国明，华南农业大学人文与法学学院教授，博士，主要研究方向为农林经济法；黄晓晴，华南农业大学人文与法学学院科学技术史专业硕士研究生。

种植在广东南路（北宋时期的雷、化、高、窦州，相当于现在的广东湛江、茂名地区），到宋代才在广东普遍种植”①。而《熏香·沉香·莞香》一文对此说法提出疑问。首先所谓“据史书记载”未见出自何书。再者唐代及以前的史籍早已记载广东有蜜香树，如《集成》引刘宋《广州记》云：“肇庆、新兴县多出香木，俗名木香。”南朝人竺法真《登罗山疏》谓：“沉香叶似冬青，树形崇竦，其木枯折，外皮朽烂，内乃香。山虽有此树，而非香所出。新会、高凉土人砍之，经年肉烂尽心则为沉香。”唐代刘恂《岭表录异》云：“广管罗州多栈香，树身似柳，其花白而繁，其药如橘皮，堪作纸，名为香皮纸。”唐代罗州在今广东廉江一带。

从古至今，关于“莞香”一词产生的时间众说纷纭，论述“莞香”一词产生朝代的文章不在少数。雍正《广东通志》卷五二《物产》引《广州志》有云：“南粤老香诸山并香林、香洲，盛产异香，自东莞人种，而香山、香林皆废。”罗香林结合清代探花陈伯陶编的民国《东莞县志》卷一四《舆地略》十二《物产》中有“莞香至明代始重于世”一说，认为“莞香”一词产生于明代；而在其他一些今人论著中，杨宝霖的《“女儿香”今昔谈》一文引用广东最早的方志——陈大震元大德《南海志》的记叙，推论莞香“始重于世”是在大德八年之前的若干年，也就是元代。② 此外，《港、九前代考古杂录》一文提出莞香源自元代一说，③ 按《永乐大典》广字号云：“榄香，东莞县茶园所产白木香，亦名青柱头。其水浸渍而腐者，谓之水盘头。雨浸经年凝结而坚者，谓之铁面。惟榄香为上，即白木香珠，上有蛀孔如针眼，剔白木留其坚实。小如鼠粪，大或如指，如榄核，故名。其价旧与银等。”饶宗颐认为“香港”一名明时已见于记载，而香木之种植可追溯至元，非始于明也审矣。此外，《宋明时期佛寺兴衰的经济史考察——以广东东莞为例》一文引用大德《南海志》卷七《物产》记载的莞香“其价旧与银等，今东莞县地名茶园人盛种之，客旅多贩焉”，认为莞香种植与贸易，至迟在元代已经兴起。④《古代岭南地区土沉香的生产及其社会影响》一文认为宋代以后是香料需求急剧增长的时期，为满足市场对土沉香的需求，我国岭南出现了人工栽培的白木香，即莞香。因栽培香料比种植水稻等粮食作物获益要多，人们都乐于种香。⑤ 明清时期，广东土沉香的人工生产已颇有规模。

2. 莞香的产地

莞香历来是东莞的特产，大岭山、寮步等镇是主要产地，特别是大岭山镇在

① 姜蔚：《熏香·沉香·莞香》，《南方文物》2008 年第 3 期。
② 杨宝霖：《“女儿香”今昔谈》，《岭南文史》1993 年第 1 期。
③ 饶宗颐：《港、九前代考古杂录》，《岭南文史》1985 年第 2 期。
④ 包国滔：《宋明时期佛寺兴衰的经济史考察——以广东东莞为例》，《中国市场》2010 年第 18 期。
⑤ 严小青、惠富平：《古代岭南地区土沉香的生产及其社会影响》，《史学月刊》2007 年第 4 期。

明代以前已广泛种植，以鸡翅岭、龙岗、马蹄岗、金桔、大沙、梅林、百花洞一带较为知名。大沙、大朗、寮步、茶山等圩市为主要集散地，其中，以寮步的香市最为著名。

据成书于明代的鸡翅岭村汤氏族谱记载，“女儿香名，其种异于他处，故九州之远，京师之人，无不以为天下第一香也”。到明末清初，东莞产女儿香之地，转移至东莞大岭山一带，屈大均在《广东新语》载：“莞香，以金钗脑所产为良。……其香种至十年已绝佳，虽白木与生结同。他所产者在昔以马蹄冈，今则以金桔岭为第一，次则近南仙村、鸡翅岭、白石岭、梅林、百花洞、牛眠、石乡诸处，至劣者乌泥坑。然金桔岭岁出精香仅数斤，某家有精香多寡，人皆知之。马蹄冈久已无香，其香皆新种无坚老者。”清末史学家陈伯陶编《东莞县志》又载：“莞香，先辨土宜，土宜正者。白石岭、鸡翅岭、百花洞（今大岭山镇）、牛眠石诸处亦不失为正；若乌泥坑、寮步则斯下矣。”因东莞一带的土质特别适合莞香树的生长，出产的香料品质极好，名闻全国，是上贡的佳品。早在400多年前的明代，东莞香市就与广州花市、廉州珠市、罗浮药市一同被誉为广东四大名市，其中以买卖土沉香的香市最为兴旺。明代，广东每年的贡品都有莞香。今香港新界沙田、大屿山等地古属东莞，亦产莞香。中山市的五桂山地区以前也广泛种植沉香，从而有“五桂飘香”之说，中山也有了“香山”的美称。

（二）香港名字由来以及与莞香的关系

莞香在古代已价格不菲，《广东新语·香语》中云：“当莞香盛时，岁售逾数万金。”当时莞香不仅畅销内地，而且经加工后由人力挑到香港出售，并大量远销东南亚。当时广东地区商品经济发达，外销的莞香多数先运到九龙的尖沙头（今香港尖沙咀），通过专供运香的码头，用小船运到石排湾（今香港仔）集中，再用大船运往广州，销往中国内地、南洋以及阿拉伯国家等地。由于莞香被堆放在码头，香飘满堂，尖沙咀古称“香埠头”，石排湾这个转运香料的港口，也就被称为“香港”，其后延伸到整个地区总称为香港。这是香港名称由来的重要说法之一。

关于历史上香港与莞香的关系，现今对其进行论述的著作和文章颇多。1959年，历史学家罗香林和张月娥在《香港前代史：一八四二年以前之香港及其对外交通》一书中对香港之名源自莞香的说法进行了考证，书中“香树的种植与出口”一章专门介绍了莞香树的栽培以及香市的繁荣景象。港九前代史事，向以嘉庆年间王崇熙修之《新安县志》及宣统年间陈伯陶纂《东莞县志》为主要依据资料，《香港前代史》即以二书为本，参以新界族谱演绎和篇。此外，许锡挥等所著的《香港跨世纪的沧桑》、刘泽生所著的《香港古今》等书籍或论文都对历史上香港与莞香的关系进行过相关的论述。

（三）莞香的生产制作工艺

莞香树的枝干或根部受虫蛀或砍伤后，真菌侵入伤口，受伤部位就会生瘤，结出的瘤子即是药用部分，有特别的香气，成为莞香。清初记莞香生产情况者有多家，其中屈大均《广东新语》、钱以垲《岭海见闻》最为详细。

种香之法，钱以垲以为："先辨土宜。土宜正者虽历年少而佳，不正者虽愈久而无用。如金钗脑、马蹄冈、金桔岭等乡，土宜之上也，次则白石岭、鸡翅岭、百花洞、牛眠石诸处亦不失为正。"① 屈大均更把香的生长环境与香的质食的关系论述清楚："凡香先辨所出之地，香在地而不在种，非其地则香种变。其土如鸡子黄者，其香松而多；水熟沙黑而多土者，其香坚而多生结，能耐霜雪；又以泥红名朱砂管者，或红如面粉者，晓确而多阳者为良土。"② 近年来关于莞香生产和制作方面的专业性的研究越来越多，且多属于生物科学技术的研究，在此不作详细介绍。

（四）莞香对岭南经济发展的影响

《莞香对岭南社会经济的影响》一文阐述了莞香的由来并总结了莞香对岭南社会经济的三个方面的影响：促进了岭南商业经济的发展，促进了地方手工业的发展，促进了岭南地区经济作物的种植与栽培。③《浅议明清深圳经济的海洋特色》提到东莞商人较早在江南活动的主要交易商品就是莞香，据《江苏省明清以来碑刻资料选辑》附录记载，苏州最早的广东会馆就是明天启五年（1625）由东莞商人在苏州阊门外半塘建立的东莞会馆。④ 屈大均在《广东新语》卷二十六《香语·莞香》中记载了明代广东商人贩运莞香到今江苏销售的情况："莞香度岭而北当莞香盛时，岁售逾数万金，苏、松一带，每岁中秋夕，以黄熟彻旦焚烧，号为薰月。莞香之积阊门者，一夕而尽，故莞人多以香起家。"另外，杨宝霖先生《"女儿香"今昔谈》中也提到明代莞香的远销情况，明代秦淮名妓董小宛就非常喜爱女儿香即莞香。《明清珠江三角洲农业商业化与墟市的发展》一文认为农业发展商品化的程度愈高，经济循环过程给社会劳动力提供的就业门路也愈广泛、愈多样。例如清初，东莞以种香为业的地方，"人无徒手，种香之人一，而胃香之人十，熟香之人且千百"，反映了莞香对岭南社会经济的促进作用。⑤

---

① （清）钱以垲撰：《岭海见闻》卷三《莞香》。

② （清）屈大均撰：《广东新语》卷二十六《香语》，清木天阁刻本。

③ 白芳：《莞香对岭南社会经济的影响》，《深圳大学学报》（人文社会科学版）2008 年第 4 期。

④ 刘正刚：《浅议明清深圳经济的海洋特色》，《探求》2006 年第 2 期。

⑤ 叶显恩、谭棣华：《明清珠江三角洲农业商业化与墟市的发展》，《广东社会科学》1984 年第2 期。

（五）古代政策对莞香发展的影响

1. 清初“迁海令”

全面论述清初“迁海复界”经过的著作有李龙潜的《明清广东社会经济研究》、许锡挥等的《香港跨世纪的沧桑》。前者论述了“迁海”的经过及其对社会经济的影响，并且进一步说明“迁海”是清初广东社会经济发展缓慢的因素之一；[①] 后者则对“禁海”、迁界与复界的全过程进行了详尽的描述。[②] 此外，萧国健《清初迁海前后香港之社会变迁》、马楚坚《有关清初迁海的问题——以广东为例》等著作也就“迁海令”对广东地区的影响做过详细的描述。

李龙潜和李东珠在《清初“迁海”对广东社会经济的影响》一文中认为清初“迁海令”对广东社会手工艺生产的影响主要反映在对广东盐业和制香业发展的破坏上。[③]《浅议明清深圳经济的海洋特色》一文认为清初为了对付台湾郑成功，朝廷在东南沿海实行大规模迁海，人为制造了沿海无人区，对素以海洋为生的深圳沿海经济发展是一次浩劫。此外，《读屈大均〈广东新语〉》提及自离乱（迁界）以后，种香业衰落，屈大均对受苦难的群众表示同情。[④] 清初“迁海令”对莞香发展的影响目前还散见于一些文献中，如韦庆远所著的《论康熙时期从禁海到开海的政策演变》、陈柯云所著的《论清初的“海禁”与资本主义萌芽》等，但大部分都只是略略提及，并没有更深入的研究。

2. 古代繁重的香税政策

上乘莞香产量极低，即使在盛产地金桔岭也是“岁出精香仅数斤”，因此社会对香料需求量的增长与莞香产量极低的现状之间的矛盾日益尖锐。购香者为了牟取暴利，对莞香进行竭泽而渔式的破坏性采伐。大量的香料朝贡，像其他苛捐杂税一样，也给岭南人民带来了灾难。

提到古代香税方面研究的文章很多，但都不尽完整。如《莞香对岭南社会经济的影响》一文利用国家第一历史档案馆收藏的广东地方官吏向皇室进献贡品的《进单》《贡档》中关于贡献莞香的档案记录以及万历年间朝廷制定的相应的税收政策，阐述了繁重的香税带给岭南人民沉重的负担，阐明此举是导致莞香资源日渐枯竭的重要原因。[⑤] 清代此类情况更是愈演愈烈。

《古代岭南地区土沉香的生产及其社会影响》列举了部分朝廷制定的香税条

---

① 李龙潜：《明清广东社会经济研究》，上海：上海古籍出版社 2006 年版。

② 许锡挥等：《香港跨世纪的沧桑》，广州：广东人民出版社 1995 年版。

③ 李龙潜、李东珠：《清初“迁海”对广东社会经济的影响》，《暨南学报》（哲学社会科学版）1999 年第 4 期。

④ 李默：《读屈大均〈广东新语〉》，《广东社会科学》1997 年第 5 期。

⑤ 白芳：《莞香对岭南社会经济的影响》，《深圳大学学报》（人文社会科学版）2008 年第 4 期。

目。以万历十七年（1589）为例，“奇南香（一种品质上乘的土沉香）每斤税银二钱四分；土沉香每十斤税银一钱六分”。岭南地区土沉香交易量很大，如果加上其他香料的税银，朝廷每年的香税收入不会太少。一些贪官污吏不仅低价收购香料，还巧立名目，将缴纳土沉香的任务分配到每个“香户”，以此来牟取暴利。[①] 土沉香还是岭南向朝廷进贡的特产，香民难以承受重负，予以反抗，就发生了“杀里役数人”“秃其树”等事件，使土沉香的生产“至雍正初，盖一跌不复振”（见陈伯陶民国《东莞县志》卷十四引《周志》）。

此外，关于古代香税政策的文章还包括以下几篇：王金梅的《近代本溪的制香业》一文指出香铺纳的税捐主要是制香税和商业税，比香磨的税捐要高得多，尤其是香的商业税，一般都在70%～80%。[②] 戴建国的《香料对宋代社会生活的影响》提到了宋代朝廷加重对香料的赋税等信息。文中提到宋代香料主要来自南海诸国，香料成为官家垄断物品以及士大夫阶层、有钱阶层的消费品。[③] 这些文章大多都从不同的角度阐述了古代香税的繁重，但没有提及其对莞香发展的影响。实际上，清代莞香的衰落很大程度上是受到香税政策的影响的。

总之，自清代中后期开始，贪官酷吏大肆搜刮香农，加上连年战乱、时局动荡等原因，大批香农迫于生计背井离乡，莞香生产贸易陷于衰落，兴盛一时的香市自此没落达百年之久。

（六）莞香的文化价值

作为岭南历史上独具特色的文化遗产，莞香承载了极其丰富的历史文化信息和极高的精神价值。香树在东莞的兴盛，自然有偶然和必然条件的因素，但其中“以人力补之”的主体精神作用，却是根本之所在。屈大均为此写道：“盖自有东莞所植之香，而诸州县之香山皆废矣。昔之香生于天者已尽，幸而东莞以人力补之，实之所存，反无名焉。……东莞香田，盖以人力为香，香生于人者，任人取之，自享其力，鬼神则不得而主之也。”[④] “香生于天者已尽”，“东莞以人力补之”。屈大均的评点，无意间涉及了对莞香文化价值的分析。

近年来，越来越多的学者开始研究莞香的文化价值，其中，张承良《论莞香的文化价值及其当代实现》一文从莞香所代表的贸易传统、莞香所代表的中国香文化传统、莞香所代表的“以人力补之”的主体精神三个方面分析了莞香的文化价值。[⑤] 刘建中《论莞香文化的历史渊源及其特点》一文从理论上对莞香文化概

---

① 严小青、惠富平：《古代岭南地区土沉香的生产及其社会影响》，《史学月刊》2007 年第 4 期。

② 王金梅：《近代本溪的制香业》，《兰台世界》1998 年第 7 期。

③ 戴建国：《香料对宋代社会生活的影响》，《文史知识》2000 年第 4 期。

④ （清）屈大均撰：《广东新语》，清木天阁刻本。

⑤ 张承良：《论莞香的文化价值及其当代实现》，《岭南文史》2010 年第 2 期。

念的影响、莞香文化实质及其历史渊源、时代背景、特点等进行了探索。①

三、研究评析与展望

回顾学术史研究进程，对莞香历史发展的研究成果不在少数，但相关研究较多停留在研究莞香的历史发展概况、栽培方法、利用价值以及莞香对古代岭南社会经济的影响等方面，其中也提到莞香在由盛转衰的过程中受到繁重的赋税政策以及清初的“迁海令”的影响，但整体来看，研究较为细碎，缺乏全面、系统的对莞香发展历史及其对经济社会发展的影响的研究。今后研究的重点应当侧重于不断挖掘、完善莞香发展的历史研究，阐述莞香包含的丰富的历史文化信息以及精神价值，全面分析明清时期赋税政策以及清初“迁海令”等政策对莞香的发展产生的影响，为当代莞香的发展以及相关政策的制定提供借鉴意义。

---

① 刘建中：《论莞香文化的历史渊源及其特点》，载刘建中主编：《东莞文化建设研究》，广州：广东人民出版社 2009 年版。

论海山仙馆的文化遗产价值

赖寄丹①

海山仙馆是我国晚清时期盛极一时、名扬海内外的岭南私家园林。但是其当下的知名度，不仅无法与颐和园、承德避暑山庄、拙政园、留园等中国名园同日而语，即使与广东四大名园——梁园、可园、清晖园、余荫山房相比，也相形见绌。笔者在网络上输入关键词“海山仙馆”进行搜索，发现这一词条的半数以上的条目，内容都是浙江舟山某旅游点一家拥有 9 间客房的三星级家庭旅馆的介绍。显然，海山仙馆的名气和影响远不够大，没听说谁把颐和园、拙政园用来命名家庭旅馆。9 间客房的家庭旅馆“海山仙馆”竟与清道咸年间的岭南第一名园“海山仙馆”在网络搜索条目数量上平分秋色。

中国园林从风格上可分为北方园林、江南园林和岭南园林三大系，颐和园和拙政园分别被公认为北方园林和江南园林的代表，而岭南园林却没有一个认同度较高的代表作。广东四大名园——梁园、可园、清晖园、余荫山房，虽各有千秋，体现了岭南园林的特色，但在园林规模、文化底蕴等方面，不具备与颐和园、拙政园相提并论的分量。其实，从集岭南园林文化艺术大成的角度，能够与集北方园林文化艺术大成的颐和园、集江南园林文化艺术大成的拙政园三足鼎立的，正是海山仙馆。

作为中国古典园林之首的颐和园和作为江南园林之首的拙政园，早已于 20 世纪 90 年代末被列入《世界文化遗产名录》，其文化遗产得到很好的传承。而时至今日，岭南园林的巅峰之作——海山仙馆的文化遗产价值仍然被严重低估，成为岭南园林文化艺术传承的一大缺憾。

一、景观规模居冠的岭南私家园林

晚清时期，由于一口通商、经济崛起、富商聚居等原因，岭南私家园林的兴建，在珠三角地区达到鼎盛。其中最为著名、居岭南私家园林之冠的，是十三行富商、文化名人潘仕成建于道光年间的“海山仙馆”，其得名缘自该馆门上的一副对联：“海上神山，仙人旧馆。”

---

① 【作者简介】赖寄丹，华南理工大学教授，从事文化传播研究。

海山仙馆的前身是唐荔园。清嘉庆年间，广州绅士邱熙在荔枝湾建造了一座竹亭瓦舍、荔林丰茂的园林，名为“虬珠园”。道光初年，两广总督阮元之子阮福到此游赏，认为该园布局巧妙，景致优美，可与唐代荔园媲美，故题名“唐荔园”，并写下《唐荔园记》一文。清代画家陈务滋曾经画过两帧《唐荔园》，卷上收有名人士子四十多人的诗与题跋，画卷中的唐荔园荔林层叠，河网交织，风光绮丽，其园林规模已不可小觑。

道光十年（1830）后，唐荔园由盛而衰，被潘仕成购作园宅，时称“潘园”。当年的十三行四大富商伍、潘、卢、叶，均是富甲天下，潘仕成的身家据说有2 000万银两。买下唐荔园后，潘仕成不断修园、扩建，使得园林占地之阔、建筑之豪华，令赏游者无不称叹。咸丰十年（1860），一名法国人到海山仙馆作客，并将其观感发表在《法兰西公报》（*Gazette de France*）上。文中写道：“我最近参观了广州一位名叫潘庭官的中国商人的房产。他每年花在这处房产上的花费达300万法郎……这一处房产比一个国王的领地还大。……整个建筑群包括三十多组建筑物，相互之间以走廊连接，走廊都有围栏和大理石铺的地面。……这花园和房子容得下整整一个军的人。房子周围有流水，水上有描金的中国帆船。流水汇聚处是一个个水潭，水潭里有天鹅、朱鹭以及各种各样的鸟类。园里还有九层的宝塔，非常好看。”

海山仙馆旧址在今荔湾湖公园一带，原馆早已被拆卖损毁，其面貌只能在所存不多的史料中有所展现。清代著名画家夏銮应潘仕成之邀所绘的《海山仙馆图》，是海山仙馆整座园林的全景；法国人于勒·埃及尔于1844年拍摄的三幅照片，是海山仙馆主楼的特写。虽然岁月的久远使图片模糊泛黄，但我们不难从夏銮的画中看出海山仙馆苍山碧水、亭台楼阁、廊桥水榭、连绵十里的迤逦多姿，也不难从于勒·埃及尔的老照片中看出临湖而筑的海山仙馆主楼高栋飞甍、轩窗敞宇、长廊跨湖、蜿蜒曲折的雄伟气势①。

清代俞庆洵《荷廊笔记》对海山仙馆有如此描述：“该园占地面积辽阔，园中有一小山，山上松柏苍郁，拾级而登，石径曲折迂回，俨然苍岩翠岫矣。山旁有一大池，广约百亩，与江水相同，隆冬不涸，微波荡漾，可以泛舟。在池塘之旁，又有一堂，回廊曲径，雕花栏杆，十分精致，离堂散步之外，为娱乐场所，每于台中作乐，则音出水面，飘飘渺渺，有如仙山琼阁，令人为之陶醉。在堂之西面，接有小桥为水榭，轩窗四开，一望空碧。三伏天时，藕花香发，清风徐来，暑气全消。在宽敞花园里，遍种荔枝树，绿阴处处，丹荔垂垂，高阁层楼，曲房密室，掩映在绿树丛中，仿如世外桃源，人间之仙境。”海山仙馆的蔚为壮观由此可见一斑。

---

① 章文钦、管亚东：《一组近代广州的历史照片》，《羊城今古》2000年第3期。

据考证，该馆范围大致是在如今的荔湾湖公园一带，对比当时的周边景致，可知其南至蓬莱路，北至泮塘，东至龙津西路三叉涌，西至珠江边，地广数百亩。作为私家园林，海山仙馆的面积和规模之大，虽然不可与颐和园、承德避暑山庄等皇家园林相比拟，但可与同样是私家园林的一些名园相比较。苏州的拙政园面积为78亩，留园面积为35亩，狮子林面积仅2.25亩；广东四大名园中，梁园面积7.5亩，清晖园面积3.3亩，可园面积也为3.3亩，余荫山房面积仅2.24亩。而海山仙馆，仅“山旁有一大池”，就“广约百亩”。占地面积如此之大，在私家园林中是罕见的。难怪，在海山仙馆，是可以乘坐骡车游园的①。

海山仙馆不仅规模宏大，而且集中体现了岭南园林建筑艺术的成就与特色。潘仕成曾为海山仙馆自撰对联曰：“荔子光阴，荷花世界。”简短八个字，点出了该馆的自然特征。海山仙馆为青山碧水所环抱，山上绿树扶疏、红荔满枝，水上碧叶如盖、莲荷万柄，这样得天独厚的自然风光，使得园林建筑中亭台楼榭的设计和安排具有充分的自由度，随处有绿可衬、有荫可依、有景可借，无须太多的人工雕琢。这也正是岭南园林的特点之一。与时行的一些精雕细琢的庭园相比，海山仙馆更贴近自然，园内遍种荔枝树、龙眼树、黄皮树等果树，养有孔雀、鸳鸯等各种各样的禽类。关于海山仙馆的面貌，《番禺县续志》卷四十《故迹园林》中有这样的描述：“池广园宽，红蕖万柄，风廊烟溆，迤逦十余里，为岭南园林之冠。”又有：“跨波构基，万荔环植，周广数十万步，一切花卉竹木之饶，羽毛鳞介之珍，台池楼观之丽，览眺宴集之胜，诡形殊状，骇目悦心，玮矣，侈矣！”

海山仙馆集中了岭南古典园林的最高成就，成为豪华雅集之地。当时来广州的外商都以能进海山仙馆一游为幸。广东高官及钦差大臣亦多借海山仙馆会见外交使节。于勒·埃及尔就是应潘仕成之邀，带着照相机到海山仙馆作客时，为这座名园拍下了上述的三张珍贵照片。

海山仙馆之大，还有两件事可从旁佐证。一是当时长期在海山仙馆内服务的就有杂役30多人、婢女80多人，潘仕成的50多个妻妾都生活在海山仙馆内②。显然，如此庞大的家庭架构，不是相当规模的园林何以能够承载？二是海山仙馆后来被抄没拍卖，正是因为地广款巨，无人能够独立承商。最后官方迫不得已将海山仙馆拆分投标，由诸商分段缴款，各自经营改建。海山仙馆经此分拆变迁，故原筑无存。

毋庸置疑，海山仙馆无论在其所处广州的风水宝境、占地面积池广园阔，抑或在集中体现岭南园林建筑成就、荟萃中西园林之珍奇等方面，在当时的岭南园林中都堪称巨擘，独一无二。

---

① 倪明：《“海山仙馆”有复园可能》，《广州日报》，2006年8月18日。

② 杨宏烈编著：《广州泛十三行商埠文化遗址开发研究》，广州：华南理工大学出版社2006年版。

二、文化含量极丰的岭南私家花园

中国园林的文化底蕴并非单纯包含花草树木、亭台楼阁，所谓“山不在高，有仙则名”，其魅力还来自其文化信息的承载量。海山仙馆不仅在亭台楼阁、回廊曲径、雕栏玉砌、小桥水榭以及山光水色、红荔香荷、奇羽珍鳞、名花异卉等方面集岭南园林之大成，潘仕成作为一代文化名流，还在收藏、石刻、刊印、陶艺等方面的文化传承上，居功至伟，令人折服，使海山仙馆成为当时引领文化潮流的岭南文化雅集之地，其辐射力直至海内外。

海山仙馆内收藏了大量古玩文物，如其中有一颗原本由龚定庵珍藏的汉武帝时钩弋夫人的玉印，据邵阳魏季子《羽熺山民逸事》所言：“钩弋玉印，山民极宝贵之，后归岭南海山仙馆潘仕成氏。山民次子宝祺为予言：同治初，潘氏籍没，此印不知流落何所。”又如海山仙馆碑石中，有南汉马氏二十四娘墓山券一方，是难得的南汉历史文物。还有诗人韦应物旧有之唐天蠁（响）古琴，也收藏在海山仙馆中。

海山仙馆内建有“文海馆”，藏书数万卷，多为宋元版本。潘仕成不惜花费巨资刊刻“海山仙馆丛书”，丛书共56种485卷，装订成120册。除收入经史著作之外，丛书还收入西方传来的数学、地理学、医学等方面的近代科学书籍，如《几何原本》《同文算指》《圜容较义》《勾股义》等，纵览古今，博采中西。潘仕成在丛书的序中表示，“收入其术数、医药、调燮、种植、方外诸家者流，亦有可观不妨兼采，惟游戏无益之作，文虽精妙，多从刈爰”。这种务真求实、兼容并蓄的态度，开岭南现代科学风气之先，在学界产生了深远影响。

海山仙馆内的石刻，更是自晚清以来一个多世纪，一直为近代文人墨客、金石专家和方志学者所念念不忘。岭南著名女学者冼玉清曾撰文描述，言及海山仙馆“亭台楼阁无多，而游廊曲榭，环绕数百步。沿壁遍嵌石刻，皆晋、唐以来名迹，暨当代名流翰墨，贵交来往手牍。如游碑林，目不暇给”。

位于今广州市法政路30号三号楼的阅览室，是汪精卫旧宅“湖海亭”遗址。长期以来，镶嵌于室内墙壁上的石刻被石灰水涂抹，前几年因清刷墙壁才展露出历史原貌。细读石刻内文，方知这些文字原本都是致“德畬先生”“德隅大人”“德舆阁下”的石刻书信，而“德畬”“德隅”或“德舆”，正是海山仙馆主人潘仕成的别号。这些石刻共计59石，每块约32cm×88cm，分15行5排，整齐地镶嵌在四周墙壁上，现已移至广州美术馆碑廊。

海山仙馆的石刻镌自清道光九年（1829）起至同治五年（1866）止，历时37年。潘仕成收藏了许多珍贵的汉晋碑帖、历代书法家的名迹法帖以及当时的名流显贵的书信手迹，他将这些珍贵的名帖手迹分为“摹古”“藏真”“遗芬”

三类，延请名匠飨凿成一千多块石刻，大多镶嵌在园内回廊曲径的墙壁中，并把这些名迹石刻拓本编印成《海山仙馆丛帖》68 卷、楔叙 2 卷，为清代著名法帖。经专家考证，海山仙馆石刻原有《藏真初刻》（拓本 16 卷）、《藏真续刻》（拓本 16 卷）、《藏真三刻》（拓本 14 卷）、《藏真四刻》（拓本 6 卷）和《尺素遗芬》（拓本 4 卷）等，均有海山仙馆石刻丛帖合编本或单行本刊行于世①。

由于辗转相传流入汪精卫家宅，原存于广州法政路汪精卫旧宅“湖海亭”遗址的 59 石石刻，经用海山仙馆《尺素遗芬》（拓本 4 卷）与之对照，证实为《尺素遗芬》石刻，基本保存完整。《尺素遗芬》只有 59 石，其镌作亦历时 8 年。可想而知海山仙馆的一千多块石刻动用之资财人力和所费心血之巨！

《尺素遗芬》石刻文字计 130 余篇，其内容主要是潘仕成在嘉庆至同治年间所受贵交和亲友的书信短文、旧体诗和对联等。石刻手书作者计 113 人，均系清代鸦片战争前后的名流显贵、地方政要和科第才子。其中著名的如钦差大臣、两广总督林则徐，荣为殿撰以后成为植物学家的吴其浚，代表清廷签署中英《南京条约》、中法《黄埔条约》、中美《望厦条约》的相国耆英，镇压太平军首领石达开的骆秉章等。达官显贵之多，科第才子之众，远非一般碑林、碑窟、碑廊所及。书信中虽然只有三言两语，可是内容涉及时事政治、经济贸易、文化艺术、世态人情等社会生活的方方面面。由于这一百多位手书作者不少是翰林之士，所以石刻中不乏文采与书法俱佳之作。而这些石刻均是潘仕成长期专雇精工细刻而成，笔功墨韵能够基本再现。因此，《尺素遗芬》的史料、书法和文学价值均系不可多得。

《尺素遗芬》不过占海山仙馆石刻约二十分之一，《尺素遗芬》中潘氏友人所赞馆中石刻和藏书“极石刻之大观，洵艺林之秘藏”之言，实为不虚。海山仙馆成为当时达官显贵、名流雅士、中外豪商聚集的乐土名苑，甚至连外国使节与政府高官的会晤也常常假座于此，其厚重的文化含量所构成的吸引力是显而易见的。海山仙馆集岭南园林建筑之大成和中国文化底蕴之深厚于一身，其人文价值非一般私家园林可比。

一百多年前，法国人发明摄影术，摄影以广东为跳板传入中国。中国最早的摄影作品拍摄的就是广州海山仙馆，可见海山仙馆在当时是颇具影响力的标志性园林建筑②。

三、园主身世至奇的岭南私家花园

私家园林是高端奢侈品，建造一座豪华的私家园林必须有两点作为基础：一

① 陈以沛：《“海山仙馆”〈尺素遗芬〉石刻考实》，《广州史志》1987 年第 6 期。

② 张演钦、陈靖文：《中国摄影作品最早出自广州　作品为“海山仙馆”》，《羊城晚报》，2007 年 8 月 15 日。

是雄厚的财力，二是高尚的文化品位。这两点潘仕成恰恰都兼而有之。更难得的是，这个物质与精神的大富翁，能够醉心于以毕生财力与心血建造自己梦想中的家园——海山仙馆。

潘仕成家业的兴盛与衰败，是广州近代史的一个真实写照和传奇故事。潘仕成生于清嘉庆年间，字德畬、德舆或德隅，祖籍福建，世居广府。其先世以盐商起家，潘仕成承受家业之后，经年经营洋务，成为广州巨富。道光十二年（1832），潘仕成参加顺天乡试，中副榜贡生，因捐资赈济北京地区灾荒饥民，荣获钦赐举人。鸦片战争期间，潘仕成因承办海防军工，捐制火炮、水雷，协助筹防、筹饷，又加获布政使衔，并被授为两广盐务使、浙江盐运使。

潘仕成是洋务派先驱，他曾有三次机会离粤北上，履任新职，但都被时任钦差大臣、两广总督的耆英奏请清廷将其留任广东。耆英在奏折中称，潘仕成“久任部曹，极知轻重，生长粤东，明习土语，且于连年善后安内，因购夷炮，招致夷匠，创造20枚水雷，与米利坚（美国）商人颇多熟悉，亦素为该国夷人所敬重”。在清廷面对夷患、人才奇缺的当时，潘仕成是极为难得的外交、海防、贸易等全能型人才，他在国家的外交、海防、贸易等事务上发挥了重要作用。

潘仕成平生交游甚广，轻财重义，乐善好施。他为京城、广东等地多次赈济捐资，多者一次竟达13 000两白银。抢修广州贡院，他捐资13 500两白银。他还出资为小北门至白云山铺设石路。1842年，潘仕成以重金6 500两白银聘请美国人壬雷斯来华研制水雷，获道光皇帝嘉奖。

潘仕成不仅是十三行的大富商，还是收藏极丰、蜚声海内外的文化名流。晚清时期，岭南性好藏书而盈屋者，有鼎鼎有名的“粤省四家”，潘仕成居四家之首，其他三者，是南海伍崇曜、康有为、孔广陶①。而潘仕成所藏金石、古帖被誉为“南粤之冠”。其刊印的“海山仙馆丛书”是当时岭南出版业的标杆之作。

潘仕成的个人影响力，还可以从“潘壶”上得到印证。潘氏家传嗜茶，在宜兴订制专属砂壶，一则自用，二则馈赠亲友。潘氏订制的砂壶有固定形制，且惯于将印款落于盖沿之上，所用印款均为阳文篆字“潘”字印。由于潘氏声名卓著，人们就将此一形制之壶称为“潘壶”②。

潘仕成祖籍福建莆田，当地人因以潘氏为荣，在女儿出嫁时必以一潘壶作为嫁妆，寓意女儿相夫教子，能像潘仕成一般荣华富贵。这种随嫁的潘壶通常并不用作泡茶，而是置于梳妆台上装盛发油。女主人百年之后，还将此壶作为陪葬物，以示感念娘家养育之恩。

官人，商人，文化人，三位一体，使潘仕成在社会地位上、财富水平上、文

---

① 易奇：《岭南藏书楼史话之二：潘仕成与海山仙馆》，《南方都市报》，2005年10月3日。

② 蒯威等：《海山仙馆　昔时苏舸今何在　只知饮客不知潘》，《南方都市报》，2005年12月9日。

化视野上都达到相当的高度，使他构建的海山仙馆之内涵与气质的丰富性远远超越一般的私家园林，而集官之豪气、商之奢华、文化之典雅于一身。作为官人和商人的潘仕成，布政使衔、两广盐务使、浙江盐运使这些身份，使他能够干更多的事，赚更多的钱，积聚巨大的财富，构筑起海山仙馆这个豪华的平台；而作为文化人的潘仕成，又在海山仙馆这个豪华的平台上挥洒出岭南文化史上浓墨重彩的一页。潘仕成独特的人生传奇所赋予海山仙馆的丰富文化历史内涵，是一般私家园林所无法企及的。

同治年间，潘仕成终因盐业亏累而破产，财产被官方抄没拍卖。海山仙馆因经年分拆变迁，原筑损毁，藏书金石径自散去。人去楼空，活生生就是曹雪芹笔下的“石头记”，海山仙馆的衰败失落，是岭南文化最惨重的一场损失。

潘仕成是十三行巨商。在关于十三行行商庭园的研究中，有专家指出，由于其他行商庭园的遗址早已演变成民居密集区，要原址复建不太可能，而海山仙馆的遗址就在荔湾湖公园一带，因此，修复的原址、原真性可以满足①。从这一点上看，海山仙馆又多了一层价值和意义。与广东四大名园不同，由于与外商的交往，行商庭园具有充当外交、商务谈判场所的功能，相当于“国宾馆”；在庭园建设上也引进了更多的西方元素。据专家考证，当时只有北京皇家园林圆明园和行商庭园最早引进西方机巧器物和新兴材料，而圆明园是西方人亲自参与设计施工的，一切都循从西式，海山仙馆却是中国工匠所为，主要将外来文化灵活运用于室内装潢上②。

1998 年，政府出资重建海山仙馆主楼“贮蕴楼”，由已故著名建筑园林大师莫伯治负责设计。据广州市园林建筑规划设计院副总工程师陈守亚介绍，“当年的‘海山仙馆’已经无迹可寻，莫伯治根据史书记载和图片，把岭南建筑的传统元素融汇到自己的设计思路中”③。

我们从重建的“贮蕴楼”中已经难以看到海山仙馆曾经的神韵，形貌上都相去甚远，更何况馆内的文化、文物等。笔者认为，究其原因，主要是海山仙馆的文化遗产价值一直被大大低估了，所以其修复的力度才会如此不痛不痒、轻描淡写，让人只看见“海山仙馆”这几个字样标签。

笔者以为，复原海山仙馆，不应只是重建两三座仿真建筑，而是要尽心尽力展现岭南文化之精粹及再现岭南古典园林文化之最高成就。只有从这个高度上去复原，海山仙馆的重建才真正具有历史价值和现实意义。

---

① 严丽君等：《海山仙馆开门迎客》，《南方日报》，2008 年 1 月 6 日。

② 倪明：《“海山仙馆”有复园可能》，《广州日报》，2006 年 8 月 18 日。

③ 倪明：《“海山仙馆”有复园可能》，《广州日报》，2006 年 8 月 18 日。

清代广东与日本船舶贸易中的汉籍交流初探①

李杰玲②

康熙二十四年（1685），清政府废除迁海令，颁布展海令，允许人民出海经商。随着这一鼓励政策的推行，中日商业贸易日益繁盛，直至晚清。何如璋作为首任驻日公使出使日本而作《使东杂咏》时，对繁荣的中日港口贸易仍有生动的描述："东头吕宋来番舶，西面波斯闹市场。中有南京生善贾，左堆棉雪右糖霜。"（《南京生》）广东临海，是重要的对外贸易地区之一，商品经济一直较为发达。晚清时期，广东与日本的船舶商品贸易仍在频繁地进行着。黄遵宪对此有详细记载：

一望高高下下田，旱时瑞穗亦云连；归装要载良苗去，倘学黄婆种絮棉。其土宜稻，九州所产，时有输入广东者。闻有旱稻，近印度苦旱，移植颇宜。曾向故内务卿索取，今译其说曰：旱稻有粳三种，有糯五种。性宜腴沃，瘠土埆田，则宜培粪之。分苗插秧，深耕易耨，法与他种同。择地以英吉利人华氏所制寒暑针二十度以上为宜。播种于谷雨、立夏间。其收获也，早在九月，迟在十月。若六七十度热地，则春种夏收，岁可两熟。其地多雨，虽暑及百度可无伤。否则择卑湿处，久旱亦不至枯槁。凡三百步地，岁获一石四五斗，大熟可得七八斗。粳宜作饭，糯宜造饼云。余客日本，知其濒海多雨，其土又宜种植，故因山为田，梯级云上，亦不忧旱荒。古名瑞穗国，殆有由然。今谓种于旱地，宜择湿土，则如频年晋、豫之灾，虑亦无济于旱，若五岭以南，或者迁地能良也。他日归，当携购其种。即不得如占城之稻、印度之棉普利无穷，苟少有裨益，亦当传播耳。所愿有心农学者试验之。③

黄遵宪在《日本杂事诗》中说，日本临海多雨，其土宜稻，"九州所产，时有输入广东者"，他甚至想到要购买稻种，在五岭以南推广种植，以益民生。说

---

① 本文为广东第二师范学院2013年博士专项科研课题"日本所藏广东清诗文献整理与研究"（编号：2013ARF20）阶段成果。

② 【作者简介】李杰玲，广西梧州人，文学博士，广东第二师范学院讲师，苏州大学中国语言文学流动站博士后。研究方向：古典诗学、中日文化比较、日藏清诗文献整理与研究。

③ 黄遵宪著，钟叔河校点：《日本杂事诗（广注）》，长沙：岳麓书社1985年版，第776页。

起来，广东省的广州市又称“五羊城”，简称“穗”，向来重视稻米种植。据清人屈大均《广东新语》卷五载：

周夷王时，南海有五仙人，衣各一色，所骑羊亦各一色。来集楚庭。各以谷穗一茎六出，留与州人，且祝日，愿此阛阓，永无荒饥。言毕腾空而去，羊化为石。今坡山有五仙观，祀五仙人，少者居中持粳稻，老者居左右持黍稷，皆古衣冠。像下有石羊五，有蹲者、立者，有角形微弯势若抵触者，大小相交，毛质斑驳。观者一一摩挲，手迹莹然，诸番往往膜拜之。薰以沉水，有烟气自窍穴中出，若石津润而生云也。

粮食贸易只是广东与日本港口船舶贸易的一部分。关于广东与日本的贸易状况，《日本国志》卷二十《食货六·商务》还有补充，曰：“古无商贾，第以有易无而已。至显宗时铸造银钱。商业盖权舆于此。自通使大唐，唐物麇聚，特于太宰府设唐物使一官，舶至则遣藏人检查货物，命出纳司辨给价值。其珍异之品朝廷或以献上皇，然卒以天主教倡乱，悉绝互市。并禁造大舶。禁帆用三桅，漕船外不得过五百石，著为永例。外舶抵港不许上陆，而国民出海虽遭风难。民归亦处斩。二百余年兢兢墨守。专以锁港为国是，终德川氏之世，惟长崎开港，许中国与和兰通商而已。当时输入之货绵糖、绸缎、书具、文籍为多，输出之货铜为大宗，余则昆布、鳆鱼及铜、漆、杂器耳。”书具和文籍是清代广东与日本船舶贸易的重要商品，而且“日人甚喜购书，为世界上出名之一事”①，这也促进了中日书籍交流。广东与日本的港口商贸往来频繁，这一形势无疑可推动中日汉籍交流。尤其是在晚清时期日本推行明治维新，西学盛行而汉学衰落，汉籍受到空前冷落的背景下，中日港口城市的船舶贸易对汉籍的交流和汉文化的传播，起着不可替代的作用。港口船舶贸易是清代中日书籍交流的重要途径，在探讨汉籍及汉文化在东亚文化圈的传播时，广东无疑是一个重要的研究对象。

一、晚清广东船务与中日文化交流

广东作为沿海大省，港口船舶贸易向来较为发达，而船舶的制造，也相应地处于领先地位。《广东新语》卷二曰：“粤东濒海。其民多居水乡，十里许，辄有万家之村，千家之砦。”卷十八曰：“诸蛋以艇为家，是曰蛋家。其有男未聘，则置盆草于梢，女未受聘，则置盆花于梢，以致媒妁。婚时以蛮歌相迎，男歌胜则夺女过舟。其女大者曰鱼姊，小曰蚬妹。鱼大而蚬小，故姊曰鱼而妹曰蚬云。

① ［日］清水茂著，蔡毅译：《清水茂汉学论集》，北京：中华书局2003年版。

蛋人善没水，每持刀槊水中与巨鱼斗，见大鱼在岩穴中，或与之嬉戏，抚摩鳞鬣，俟大鱼口张，以长绳系钩，钩两腮。牵之而出。”20 批留欧学生中，在甲午战争前结业回国的，不到 200 名。福建船政局第一批留欧学生 35 名，第二批 10 名，第三批 33 名。从这些留欧学生的专业来看，在 1866—1895 年间，学习工科军用方面，即造舰和驾驶的人数最多，分别为 15 人和 22 人。船政局派出的首届毕业回国留学生，除了 16 名在局供职外，其他被各省机器局和矿场罗致，其中，广东船厂就有福建船政局留学生任职的记录。① 到了近代，广东的船业和教育等都随着船舶贸易的发展得到更为广阔的传播。在服部源次郎的《一个商人的支那之旅》里，有关于广东船舶贸易、居民、教育等方面的生动记录：

五月七日，朝五时，从香港向广东出发，上午九时，船溯幅员二里之珠江而行，有大大的十条街道的石岛，在岛上还不时可见炮台。正午，入黄埔，在河之南的日清汽船码头停靠。广东的船型特别有趣（见图 1），有三四层的，比香港的驳船要大，船内既有祭坛也有牌位，有狗也有猫，船内也养鸡，哎呀，果然是祖先代代在水上生活的……主船里，有小蒸汽船侧腹系着拖曳前行。舢板被称为“夫拉瓦波多”（音译），很漂亮。尤其特别的是船头全是妇女与少女，因为实行男性禁止。（看到这些）我们觉得新奇高兴是自然的。船内的装饰布置很周全，一面还挂着照片之类的。不可思议的还有车船。船的后部摆舵处有一个很大的水车。数人踏车，发出“咕噜咕噜”的声音，踩水而进，对于当时的人来说，这已是最先进的机械船了。广东是水军大本营，水运发达。据说没有户籍而生活在水上者，广东就有十五万人。中国真是一个有意思的大国。日清汽船的汽艇就在叫“沙面”的居留地着陆。在海岸边榕树茂盛葱郁的大道上漫步，海上花船的黑脸女子频频打招呼，（我）碰到了去广东小学校的校长柏森功先生，他是去年五月从台湾来的，夫人作为训导也与他一起致力于学校教育工作，学生两个年级有二十一名，通常六年后就转到日本内地的学校去……

图 1　近代广东港口及舰船
（服部源次郎　摄）

① 孔令仁、李德征主编：《中国近代化与洋务运动》，济南：山东大学出版社 1992 年版。

广东……大正十二年度[①]贸易输入七千七百一十四万两，输出七千零八十一万两，输入棉丝布八百五十万两，砂糖、石油各三百万两，海产百三十五万，输出生丝、绢布五千万两，其他还有花莛、爆竹、烟草、药材等。[②]

大庭修[③]教授在研究江户时代的中日商船带来的书籍传播时也指出：日本方面的输入品，有生丝、织物、药材、砂糖、矿物、染料、涂料、皮革、唐纸、书籍等，其中织物和药材是尤为重要的输入商品。[④] 可见从江户时代一直到近代，广东与日本的港口船舶贸易状况有许多相同的地方。

服部源次郎继续观察着当时的广东：

图2　原广东大学图书馆（服部源次郎　摄）

广东省是南中国最大的需求地……教育尤其发达，很早就已经讴歌民主主义……五月八日，早上十点在领事代理有久直忠的带领下，去了广东大学[⑤]。昨天是国耻纪念日，一万名学生在集会，进行慷慨悲愤的演说，从正门到讲堂，挂着孙文的影像和昨日干部委员会的身姿。教授理学士费鸿年[⑥]走来，他毕业于东京帝国大学，（我们）在二楼的接待室短暂交谈，（他说）本大学去年十二月才逐渐成为大学。由于以前的关系，这里小学、中学一应俱全，全部学生有一千五百人，实行预科二年本科三年制，英美教师较多。图书馆[⑦]前面的两棵槟榔树比图书馆还高，长得很茂盛（见图2）。校舍规模虽然

---

① 即1923年。

② ［日］服部源次郎：《一个商人的支那之旅》，东京：东光会大正十四年（1925）版，第250～258页。

③ 大庭修（1907—2002），文学博士，曾任日本关西大学教授、东西学术研究所所长，皇学馆大学教授、校长，大阪府立近飞鸟博物馆馆长，中国社会科学院历史研究所客座研究员，北京大学历史系兼职教授。

④ ［日］大庭修：《江户时代接受中国文化之研究》，东京：同朋舍昭和五十九年（1984）版，第29页。

⑤ 即今中山大学前身。

⑥ 费鸿年（1900—1993），中国生物学教育家、水产科学家。浙江省海宁县人。1916年赴日本留学，1921—1923年在日本东京帝国大学深造。回国后先后在北京大学、广东大学（现中山大学）、武昌大学、广西大学等院校任教。其间创建了广东大学和广西大学生物系。中华人民共和国成立后，历任农业部参事、水产部副总工程师、南海水产研究所研究员兼副所长等职。

⑦ 这里指当时的广东大学图书馆。

不大，有三百坪[①]左右的晴雨天体操场和体育馆两栋。是相当古老的学校，属广东政府国营的学校，每年经费额度达七十万圆。广东的教育状况是，中学程度以上的学校有五十七所，教师四百零四名，学生七千一百六十九名，这方面的经费有一千一百九十六万圆。博士所需的《四库全书》是三千七百卷的大著作，据说广东也有。[②]

这些对当今研究近代广东经济、教育等，都是不可轻视的史料。这些资料出自一位日本商人之手，从中我们可以感受到清代到近代广东与日本港口船舶贸易在中日文化交流方面的重要作用。

二、船舶贸易中的汉籍传播

说到中日汉籍交流，不得不说到大庭修教授的成果。大庭修教授几十年来致力于研究中日文化交流和中国文化对日本的影响。在汉籍交流方面，他指出：清朝顺治十八年（日本宽文元年，1661），清政府为诛灭郑氏[③]而发布迁界令，禁止一切船舶出海，使得临海五省，即山东、江苏、浙江、福建和广东的居民不能与郑氏进行交易。结果，除了个别官方默许的购铜船偶尔出洋外，海外贸易深受影响。直到二十四年后，即康熙二十三年（日本贞享元年，1684），清廷才因前年郑氏的降服而撤销了迁界令，代之以展海令，但此前对东渡唐船是加以限制的。从康熙二十四年（日本贞享二年，1685）起，来航唐船的数量急剧增加。江户时代著名的出港地有山东、南京、舟山、普陀山、宁波、台州、温州、福州、泉州、厦门、漳州、台湾、沙埕、安海、潮州、广东[④]、高州、海南（广东省）等。来自福建、广东的船被统称为“中奥船”。

在日本元禄元年（1688）入港的193艘唐船中，有广东船17艘、潮州船6艘、高州船4艘。来日唐船的起锚港的分布状况为福建省86艘、浙江省40艘、广东省30艘、江苏省23艘、南方地区14艘。值得注意的是，商船的出发地并不等于其船籍，比如，有宁波船先往广东高州，后自高州来日，故称为高州船。类似的事例在《华夷变态》中屡见不鲜。[⑤] 因此，对广东商船数量的统计，并不

---

① 坪：土地和建筑物的面积，一坪约为3.306平方米。

② ［日］服部源次郎：《一个商人的支那之旅》，东京：东光会大正十四年（1925）版，第250～258页。

③ 此处之“郑氏”即指当时据守台湾的郑成功。

④ 综观上下文，这里所言“广东”，主要指今广州。

⑤ 可参考［日］大庭修：《江户时代接受中国文化之研究》，东京：同朋舍昭和五十九年（1984）版，第23～28页有详细论述。另外，戚印平、王勇、王宝平据1986年第二次印刷本将该书翻译为《江户时代中国典籍流播日本之研究》，杭州：杭州大学出版社1998年版，读者亦可对照参考。

是绝对准确的。

据大庭修教授的调查统计，随着商船贸易输入日本的广东方志的年代和数量分别为：

元禄十四年（1701，康熙四十年）：一部，《廉州县志》；

享保六年（1721，康熙六十年）：一部，《广东通志》；

享保十年（1725，雍正三年）：两部，《潮州府志》《平远县志》；

享保十一年（1726，雍正四年）：三部，如《顺德县志》；

享保十三年（1728，雍正六年）：三部，如《翁源县志》；

享保十六年（1731，雍正九年）：一部，《惠州府志》；

享保十七年（1732，雍正十年）：八部，如《南海县志》；

享保十八年（1733，雍正十一年）：三部，如《番禺县志》《东莞县志》；

宽政八年（1796，嘉庆元年）：一部，《新兴县志》；

文化三年（1806，嘉庆十一年）：十二部，如《增城县志》《新会县志》《三水县志》《仁化县志》《英德县志》《博罗县志》《龙川县志》《揭阳县志》《海阳县志》《吴川县志》《灵山县志》等；

文化四年（1807，嘉庆十二年）：一部，《阳江县志》。①

地方志的大量输出，与船舶商业贸易发展和当时地方志比较容易购得有关。虽然在清代，尤其晚清，广东与日本的船舶来往以货品贩卖为主，又由于明治维新之后汉学衰退而西学兴盛，对汉籍的需求大为减少，甚至达到日本人以极为低廉的价格出售原来珍藏的一些汉籍的地步，但是，我们不能否认，汉籍交流并未随着明治维新而消失，它依然是广东的港口城市与日本长崎等地贸易的一部分，只是比重和交流的方向有了很大改变。原来，汉籍是由中国输入日本的，且日本儒学家对汉籍渴慕不已，不惜重金购买。后来，由于日本人崇尚西学而弃汉学，将其所藏汉籍低价出售，部分汉籍珍本倒流回中国。对此，黄遵宪在《日本杂事诗》中有相关记载：

五经高阁竟如删，太学诸生守兔园。犹有穷儒衣逢掖，著书扫叶老名山。

学校诸书，自西学外，日本书有舆地学，有史学；中学则唐宋八家文、《通鉴揽要》《二十一史约编》，而五经、四子，皆束之高阁矣。从《日本国志·学

---

① 此组数据主要参考［日］大庭修：《江户时代接受中国文化之研究》，东京：同朋舍昭和五十九年（1984）版，数据和书名据第50页和第281页图表而成。

术志》中，我们还可以看到这样的情景："维新以来，广事外交，日重西法，于是又斥汉学为无用，有昌言废之者。虽当路诸公知其不可，而汉学之士多潦倒摈弃，卒不得志。夫日本之传汉学也如此其久，其习汉学也如此其盛，而近日几几欲废之。复见夫西人之枪炮如此、轮船如此。闻其国富强又如此，则益以汉学者流为支离无足用，于是有废之之心。"① 对于明治时期汉学的衰退，张伯伟教授在研究清诗话东传日本时也意识到了。他说："以文学和学术而言，到了明治时期，欧美文学的势力不断加强。时人'变而购美人诗稿，译英士文集矣'，汉诗风气也日趋式微。"② 正是在这样的风气之下，驻日公使黎庶昌才得以辑成《古逸丛书》，将许多汉籍珍本传回国内；杨守敬也才得以购买汉籍，包括部分国内已经失传了的贵重书籍，整理回国，成《日本访书志》：

铁壁能逃劫火烧，金绳几缚锦囊苞。彩鸾《诗韵》《公羊传》，颇有唐人手笔钞。佛寺多以石室铁壁藏经，秘笈珍本，亦赖之以存。变法之初，唾弃汉学。以为无用，争出以易货。连樯捆载。贩之羊城。余到东京时，既稍加珍重。然唐钞宋刻，时复邂逅相遇。及杨惺吾广文来，余语以此事，并属其广为搜辑，黎莼斋星使因有《古逸丛书》之举，此后则购取甚难矣。③

幸而，"明治十二三年，朝廷又念汉学有益于世道，有益于风俗，于时有倡'斯文会'者，专以崇汉学为主。开会之日，亲王大臣咸与其席，来会者凡数千人"④。另外，清代诗歌在日本明治时期颇受重视，也是值得注目的一个现象："在他（山本北山，1752—1812）以后，不少汉诗人却学清诗，特别是学袁枚（1716—1797），当时日本人读明诗或者清诗的目的，不只是欣赏。而且要学着做，从而使自己的诗提高。"⑤

除了清代诗作在日本明治时较受欢迎之外，中日之间汉籍的东传和回流，是一项颇为艰巨的课题，其中涉及的，不仅有清代的港口船舶贸易，还有战争的因素。战争中，许多汉籍流失海外，严绍璗教授曾对此做过初步统计，⑥ 兹不赘述。关于清代，尤其是在晚清广东与日本的港口船舶贸易中，有多少汉籍流传；在商品贸易中，汉籍有多少是作为礼物赠品而传到日本的；现存于日本各大藏书

① 黄遵宪著，钟叔河校点：《日本杂事诗（广注）》，长沙：岳麓书社1985年版，第651页。

② 张伯伟：《清代诗话东传略论稿》，北京：中华书局2007年版，第291页。

③ 黄遵宪著，钟叔河校点：《日本杂事诗（广注）》，长沙：岳麓书社1985年版，第678页。

④ 黄遵宪著，钟叔河校点：《日本杂事诗（广注）》，长沙：岳麓书社1985年版，第651页。

⑤ 此话出自［日］清水茂著，蔡毅译：《清水茂汉学论集》，北京：中华书局2003年版，第461页。另外，关于明治时期日本崇尚、学习清诗的情况，拙文《广东诗人与清诗东渐——从明治文献出发的考察》已有较详细的论述，此不重复。

⑥ 严绍璗：《日本藏汉籍珍本追踪纪实》，上海：上海古籍出版社2005年版，第487～492页。

机构中的关于广东经济、教育、文学、历史等的丰富汉籍中，有多少是通过清代船舶贸易而传出去的等，仍有待日后继续探索。限于篇幅，本文仅列举清代几部汉籍，聊作管窥：

地志类：《广东图说九十二卷》《广东图二十三卷》，清·瑞麟、李福泰辑，清刊本，共21册；《广东广西舆地全图》，清·张人骏编，光绪二十三年，石印本，共2册；《广东海图说一卷》，清·张之洞撰，光绪十五年，广东广雅书局刊；《广东舆图十二卷》，清·蒋伊等撰，康熙二十四年刊本。

文学类：《广东文选二十一卷》，清·屈大均编，清刊本，共20册；《广东文选四十卷》，清·屈大均编，康熙二十六年序刊本。

考古类：《广东考古辑要四十六卷》，清·周广等辑，光绪十九年刊本。

课艺类：《广东试牍卷七》，佚名，清刊本。

经济类：《广东财政说明书十六卷》，宣统二年铅印。

诗文类：《诗韵集成十卷》，清·余照撰，咸丰元年刊；《广州游览小志一卷》，清·王士祯撰。

港口船舶贸易活动，不仅维系了汉籍东西交流，也带动了中日诗人、文人的来往，这些交际又是推动汉籍交流的一个重要因素。比如明治时期冈千仞乘船游历中国，写下了不少旅行记与汉诗，记载了他与中国文人、诗人的交流，其中就不乏广东雅士："广东何璞山、黄公度，香港王紫诠，皆与先生（笔者按：此指冈千仞）交深。"[①] 在与广东友人的交往中，冈千仞获得了一些赠书，而这正是中日汉籍交流的一个重要现象："余求书志纪风土者。广濑姓寄《羊城抄古》六卷，曰搜索书肆，仅得此书。乃柬希道，借纪广东风土书，寄致《广东通志》。余以谓所借，作书答谢。希道答曰：'分家藏书，赠呈左右。'余深感厚义。"[②] 诸如此类在中日人际交往中出现的书籍交流，也值得研究。

三、小结

关于江户时期和明治时期日本对汉籍和中国文学的态度与接受概况，清水茂教授也做过考察："从十七世纪到十九世纪前半叶，是日本所谓江户时代。这一时代接受中国文学的情况，从诗文到白话小说，是很全面的。江户时代以前，就日本来说，中国文学是唯一的外国文学（朝鲜士大夫文学也是汉文、汉诗）。明治维新以后，中国文学已经不是日本唯一的外国文学，而成为与欧美文学等并列

① ［日］冈千仞著，张明杰整理：《观光纪游　观光续纪　观光游草》，北京：中华书局2009年版，第162页。

② ［日］冈千仞著，张明杰整理：《观光纪游　观光续纪　观光游草》，北京：中华书局2009年版，第178页。

的外国文学之一。但在传统上，文人们关于中国文学的素养依然很深。”① 清水茂教授举了夏目漱石和芥川龙之介的汉诗文为例。另外，“明治的日本汉诗人搜集清诗别集，也很流行”②。这是清代及近代中日汉籍交流中的一项重要内容。从藤原佐世《日本国见在书目录》中所记载的汉籍来看，日本接受汉籍初以儒家经典为主，诗文则相对较少。而到了明治时代，清诗的交流颇为繁荣。从出生于商人家庭的汉诗人石川鸿斋身上，可看出这一点：

石川鸿斋，吉田人，家世为商，鸿斋不屑为利，专意于学，盖其所用力，专在诗文，而练磨刻厉，技大进。遂擅名于乡邑，后来，在东京以著述为业。鸿斋出入清使馆。与公使何如璋及随员张斯桂、沈文荧等诸人，俱相款洽。③

明治汉学家、诗人石川鸿斋与清代诗人的唱和，是汉籍（此特指诗文方面的）在明治时期的日本仍受欢迎的一个例证。此外，还有一个值得关注的现象是，明治时期涌现了一批汉诗人。他们熟悉中国文化，汉文造诣较深，有的除了研读儒家经典之外，还在教育机构中担任教职，从事汉文学、文化的教学、传播工作，比如奥平谦辅（1840—1876）、大须履贺（1841—1912）、土屋弘（1814—1926）、竹添光鸿（1842—1917）、田边为三郎（1865—1931）等。“在以‘脱亚入欧’为时尚的近代日本，强大的西学潮流将汉学逐渐挤出主流圈，儒学教养及汉诗文技能等也随之处于弱势地位。但它作为一种底（暗）流，仍作用于社会的方方面面。”④ 此外，清代也是和刻汉籍西传中国的全盛期，其中较著名的例子是《吾妻镜》的西传。黄遵宪《日本杂事诗》有诗曰：“纪事只闻《筹海志》，征文空诵送僧诗。未曾遍读《吾妻镜》，惭付和歌唱《竹枝》。”朱彝尊收藏此书，并有《吾妻镜跋》一文，“此书与其后的《七经孟子考文》《古文孝经孔氏传》一样，大概由江南海商携入中土”⑤。因此，清代的中日汉籍交流在沿海城市的船舶商贸中是一个不容忽视的现象，虽然汉籍交流已不复昔日繁荣，但有识之士都深刻地认识到：“中国的古典知识是学问的基础所在，如欲研究日本，必先熟悉中国。”⑥ 清代汉籍交流对日本近代的中国学研究的生存与发展，也有不可低估的作用。

---

① ［日］清水茂著，蔡毅译：《清水茂汉学论集》，北京：中华书局 2003 年版，第 436 页。

② ［日］清水茂著，蔡毅译：《清水茂汉学论集》，北京：中华书局 2003 年版，第 513 页。

③ ［日］太田才次郎：《旧闻小录》（卷下），东京昭和十四年（1939）版，第 29 ~ 30 页。

④ 王宝平主编：《东亚视域中的汉文学研究》，上海：上海古籍出版社 2013 年版，第 366 页。

⑤ 王勇、［日］大庭修主编：《中日文化交流史大系 · 典籍卷》，杭州：浙江人民出版社 1996 年版，第 277 页。

⑥ ［日］大庭修著，戚印平、王勇、王宝平译：《江户时代中国典籍流播日本之研究 · 大庭修中文版序》，杭州：杭州大学出版社 1998 年版，第 1 页。

清初广东市舶司的建置与沿革①

周海霞②

市舶司是我国古代管理海外贸易的专门机构，其产生、发展、繁盛直至消失的过程与我国古代海外贸易政策的转变息息相关。市舶司制度在古代经历了宋、元、明、清初等多个时期。然而，关于市舶司，一些具有历史常识性的工具书在解释时往往只注重其在宋、元、明代的辉煌历程，而对其在清初的存在只字不提；③有的甚至直接认为清朝不存在"市舶司"这个机构，如《辞海》《中华文化辞典》"市舶司"条解释均为"官署名……清代不设"④。但从极少量的清文献记载来看，清廷初期曾按照明朝旧例在广东设立过市舶司。

关于清初的广东市舶司，已经有部分论著提及，如彭泽益《清代广东洋行制度的起源》、陈国栋《清代前期的粤海关（1683—1842）》、黄国盛《鸦片战争前的东南四省海关》等,⑤ 但都只是一笔带过，甚至存在与现存文献记载相左之处。笔者特撰此文，希望通过对清初广东市舶司建置沿革的梳理，能更清晰全面地认识清初的海外贸易政策。

一、清初广东市舶司的建置

关于清初广东市舶司的建置，清文献中鲜有提及。究其原因，则要归于清初的"海禁""迁海"政策，如梁廷枏在《粤海关志》卷一《皇朝训典》中即以"海禁"一词简略概括清初粤海关成立前的海外贸易政策；⑥ 再如《皇朝经世文编》卷八十三《兵政十四·海防上》所收录文章《澳门图说》认为，"国初以海

---

① 本文已发表于《湖北社会科学家》2014 年第 10 期。

② 【作者简介】周海霞，湖南桃源人，韩山师范学院历史系讲师，主要研究方向为明清社会经济史。

③ 臧云浦、朱崇业、王云度：《历代官制、兵制、科举制表释》，南京：江苏古籍出版社 1987 年版，第 221 页；傅立民、贺名仑主编：《中国商业文化大辞典》，北京：中国发展出版社 1994 年版，第 662 页；张政烺主编：《中国古代职官大辞典》，郑州：河南人民出版社 1990 年版，第 376 页。

④ 夏征农主编：《辞海》，上海：上海辞书出版社 1999 年版，第 995 页；冯天瑜主编：《中华文化辞典》，武汉：武汉大学出版社 2010 年版，第 362 页。

⑤ 彭泽益：《清代广东洋行制度的起源》，《历史研究》1957 年第 1 期，第 6 页；陈国栋：《清代前期的粤海关（1683—1842）》，台湾大学硕士学位论文，1980 年，第 5 ~ 6 页；黄国盛：《鸦片战争前的东南四省海关》，福州：福建人民出版社 2000 年版，第 15 页。

⑥ （清）梁廷枏总纂，袁钟仁校注：《粤海关志校注本》，广州：广东人民出版社 2002 年版，第 1 页。

氛迁界，凡沿海地，皆弃弗收税”。查阅清代文献，存在着很多这样的言论。这种概述无疑影响到了现代学者，如有学者认为，从顺治元年到康熙二十三年实行严厉的海禁政策，废弃唐宋以来的市舶建置，关闭对外口岸。① 这种推论同时导致上述现代工具书对清初广东市舶司的建置持有忽视甚至否定的态度。

其实，清朝入关推翻明朝政权之初，并未实行海禁政策。② 而且在海禁政策实施之前，清廷就已按照明朝惯例在广东设有市舶司并对广东沿海贸易船只丈抽收税。据《清文献通考·征榷一·关市》与《粤海关志·贡舶二》互见记载，“康熙二十四年，监督伊尔格图奏言，‘粤东向有东、西二洋诸国来往交易，系市舶提举司征收货税……我朝未禁海以前，洋船诣粤，照例丈抽’”。

清初广东市舶司建置后，其职官设置起初亦沿袭明末惯例。据顺治四年五月初三日两广总督佟养甲题《准许濠镜澳人通商贸易以阜财用本》载，明末广东市舶事务“往例设海道兼督市舶提举专理”，并请“仍复古例”设置此职，以“裕广省之饷，益中国之赋”。③ 查“海道”在明代全称为“提刑按察司巡视海道副使”，或称“巡察海道副使”“巡视海道”“巡视副使”等，“从开始设置，海道副使就以朝廷监察系统‘外台’命官身份，处理沿海地方海防等事务，在广东、福建等省份还兼管贸易、外交，取代原有相关专职机构的职能，变成拥有多种职权的省级海防长官”④。据《广东巡抚李栖凤题报澳门夷目呈文投诚祈请同仁一视等情本》载，顺治八年正月时清廷已出现“整饬兵备广东巡视海道兼市舶事”一职，兼有市舶、海防之功能。⑤ 这表明，清初广东市舶司职官设置仍沿用明朝官制，由巡视海道兼管。清初广东市舶司是否曾有市舶提举专官的存在？现代学者持否定态度，认为“入清以后，广东对外通商并未按历代旧例设立市舶提举专官，而是由盐课提举司专管”⑥。但据清金光祖《广东通志·职官上》载，在顺治十七年已有正式的广东市舶提举，由同安人卜兆麟出任。⑦ 可见清廷后来

---

① 周雄：《论我国海关的起源与发展》，《上海师范大学学报》2001 年第 3 期，第 53 页。

② 黄启臣：《清代前期海外贸易的发展》，《历史研究》1986 年第 4 期，第 151 页；黄国盛：《鸦片战争前的东南四省海关》，福州：福建人民出版社 2000 年版，第 11 页。

③ 中国第一历史档案馆、澳门基金会、暨南大学古籍研究所合编：《明清时期澳门问题档案文献汇编》（一·档案卷），北京：人民出版社 1999 年版，第 23 页。

④ 李庆新：《明代海道副使及其职能演变》，载陈春声等编著：《杨国桢教授治史五十年纪念文集》，南昌：江西教育出版社 2009 年版，第 405 页。

⑤ 中国第一历史档案馆、澳门基金会、暨南大学古籍研究所合编：《明清时期澳门问题档案文献汇编》（一·档案卷），北京：人民出版社 1999 年版，第 23 页。

⑥ 梁方仲：《中国经济史讲稿》，北京：中华书局 2008 年版，第 483 页；葡萄牙中国学院澳门研究中心金国平教授于《“盐课提举”（Taquessi，Mandarim do Sal）在澳职权重构》一文中引用梁方仲先生的观点，载郝雨凡、吴志良、林广志主编：《澳门学引论——首届澳门学国际学术研讨会论文集》（下册），北京：社会科学文献出版社 2012 年版，第 502 页；彭泽益《清代广东洋行制度的起源》中持有相同观点，本文下文中有提及。

⑦ （清）金光祖纂修：《广东通志》卷十三《职官上》，康熙三十六年刻本，第 66 页。

停止了巡视海道对市舶司事务的兼管，而是设立市舶提举专管市舶事务。市舶提举专官的设立无疑表明了清廷对广东海外贸易的重视。

清初广东市舶司所管理的海外贸易为何形式？众知明代海外贸易实施的是以“朝贡贸易”为主的海外贸易制度，即寄市舶于贡舶，明王圻在《续文献通考》卷三十一《市籴考》中将之描述为“凡外夷贡者，我朝皆设市舶司以领之，许带方物，官设牙行与民贸易，谓之互市。是有贡船即有互市，非入贡即不许其互市”。从现有文献来看，清初所设立的广东市舶司承袭明制管理朝贡贸易，对各国朝贡贸易的贡期、贡道都有严格规定。如《粤海关志·贡舶》载，暹罗贡期为三年一贡，荷兰贡期为八年一贡，贡道俱由广东入，“所携货物在馆交易，不得于广东海上私自货卖”。另外，广东市舶司还承袭明朝的惯例，负责澳门港口的自由贸易管理并征收高额舶饷。关于澳门舶饷的征收，据清顺治九年刊《广东赋役全书》之《广东市舶提举司·夷舶饷》条载：“夷舶饷原额银二万六千两，续因缺额太多，万历三十四年该司道详议两院会题，准允减四千两，尚实额二万二千两。”《全书》附注并载，“市舶司夷舶饷原额乃万历间原额”①。

综上所述，清初广东市舶司建置后，其职官设置、海外贸易管理形式基本都承袭于明末。

二、清初海禁政策与广东盐课市舶提举司的归并、废除与恢复

顺治十二年，为了封锁盘踞于东南沿海诸岛屿的郑氏势力，切断郑氏在大陆的供给来源，清廷开始下达“禁海令”：“海船除给有执照许令出洋外，若官民人等擅造两桅以上大船，将违禁货物出洋贩往番国，并潜通海贼，同谋结聚，及为向导，劫掠良民；或造成大船卖与番国；或将大船赁与出洋之人，分取番人货物者，皆交刑部分别治罪。至单桅小船，准民人领给执照，于沿海附近处捕鱼取薪，营汛官兵不许扰累。”②顺治十三年谕：“凡沿海地方口子，处处严防，不许片帆入江，一贼登岸。”③但令清廷失望的是，这些禁令收效并不大。④顺治十八年，为了对付郑氏势力，清廷又下达迁界令：“闽海以成功故，历年用兵，捐师糜饷。苏纳海议曰：‘蕞尔两岛，得遂猖狂者，实恃沿海居民交通接济，今将山东、浙江、闽广海滨居民，尽迁于内地，设界防守，片板不许下水，粒货不许越疆，则海上食尽，鸟兽散矣。’从之。于是分遣满员督迁各省。”⑤

---

① 转引自李龙潜：《明清广东社会经济研究》，上海：上海古籍出版社2006年版，第214页。

② 光绪《钦定大清会典事例》卷六二九《兵部·绿营处分例·海禁一》。

③ 光绪《钦定大清会典事例》卷七七六《刑部·兵律·关津·私出外境及违禁下海二》。

④ 顾诚：《清初的迁海》，《北京师范大学学报》1983年第3期，第60页。

⑤ （清）夏琳撰，林大志校注：《闽海纪要》，福州：福建人民出版社2008年版，第58页。

清初严格的海禁政策，对广东市舶司的沿革产生了重大影响。“康熙初，议定外国非贡期不得贸易。”① 除此之外，澳门舶饷也被迫停征，“自康熙元年禁海，粤门迁置界外，船饷停征”②。澳门商舶贸易的停止与贡舶贸易的稀少导致广东市舶提举司的提举专官、吏目、门皂各役等成为闲置人员，广东市舶司因此于康熙五年被归并。据《清圣祖实录》载，康熙五年七月辛卯，“裁广东韶州高州二府同知、市舶提举司”。清金光祖《广东通志·职官上》载，“市舶提举，康熙五年裁革……市舶吏目，康熙五年裁革”。《清文献通考·职官考九·直省官员》载，“初设广东市舶提举，于康熙五年裁，并盐课提举司”。整合上述史料可知：康熙五年，广东市舶提举司这一机构被裁撤，与此同时，市舶提举、市舶吏目职位也被裁撤；广东市舶提举司归并于广东盐课提举司。据金光祖《广东通志》中《公署》与《职官上》载，合并后的机构名为“广东盐课市舶提举司”，由广东盐课提举统一管理。

不仅如此，清初的海禁还曾一度导致广东盐课市舶提举司被废除。据杜臻《粤闽巡视纪略》载，“国朝不设市舶提举，兼领于盐课提举司，禁海并罢。复通后，令番舶驻前山寨，陆运货物至香山，令番幕一员监，今遣部属董其事”③。清初的禁海不仅对广东的对外贸易产生重大影响，亦严重破坏广东盐业。海禁后，广东所有沿海盐场基本上全部停止生产。④ 广东盐课市舶提举司的废除也属于情理之中，《粤闽巡视纪略》的记载应比较可信。

康熙十八年，澳门界口陆路贸易开通，广东盐课市舶提举司复置。据李士桢《请除市舶岙门旱路税银疏》载，康熙十八年，应葡萄牙贡使本多·白勒拉的请求，清廷同意在海禁解除之前开通澳门界口陆路贸易，由市舶司征收货税。“其时海禁未开，粤门仍属界外，内地商民禁止不许至粤，其外来船只到粤洋货，乃商民货船到香山县，俱由旱路运至界口贸易，不许海路行走，令市舶司征收，即旱税也。”⑤ 澳门界口陆路贸易的开通，说明了清廷对全面海禁政策的动摇，但对于海路贸易的开通，据该疏记载，清廷还是抱着“俟灭海贼之日”的态度。

澳门界口陆路贸易开通后，学术界存在着广东市舶提举司独立“恢复”一说。如台湾学者陈国栋在其 1980 年所写的硕士学位论文中认为，“广州在海禁之前原设有市舶提举司，禁海之后由藩王负责贡舶贸易，归广东盐课提举司兼管。康熙十九年尚之信的势力被铲除，清廷撤平南王藩，恢复市舶提举司。自此至粤

---

① （清）王庆云：《石渠余纪》卷六《纪市舶》，台北：文海出版社 1973 年版，第 551 页。

② （清）李士桢：《抚粤政略》卷二，台北：文海出版社 1988 年版，第 212 页。

③ 杜臻：《粤闽巡视纪略》卷二，台北：文海出版社 1982 年版，第 24 页。

④ 李龙潜、李东珠：《清初“迁海”对广东社会经济的影响》，《暨南学报》1999 年第 4 期，第 49 页。

⑤ （清）李士桢：《抚粤政略》卷二，台北：文海出版社 1988 年版，第 212 页。

海关设立时为止，由宜尔格图担任市舶使，他后来即为第一任粤海关监督”①。此后，陈国栋在其2006年出版的《东亚海域一千年：历史上的海洋中国与对外贸易》一书中陈述了相同的观点。② 但遗憾的是，在陈国栋所著的这两本论著中，关于广东市舶提举司独立的恢复都没有提供文献来源。大陆学者黄国盛持有类似观点，认为“康熙十九年，广东尚之信的势力被铲除，清廷撤平南王藩，恢复市舶提举司，由宜尔格图任市舶使；清政府暂许与外国在澳门进行陆路贸易。此时三藩之乱已平定，明郑势力已成强弩之末”③。与陈文一样，黄文也没有注明文献来源。

笔者查阅《清文献通考·职官考》、清金光祖《广东通志》的“职官篇”与“公署篇”、清阮元《广东通志》的《职官表》与《古迹略》中，均未发现关于康熙十八年后“广东市舶提举司”恢复以及“市舶提举”专官设置的记载。与此对立的是，在李士桢（康熙二十一年夏至二十六年冬任广东巡抚）所撰《抚粤政略》中提到一个机构，即“盐市提举司”，能对“广东市舶提举司”独立恢复一说提供相反证据。“盐市提举司”是什么机构？它的管辖范围是什么？《抚粤政略》中的两条奏疏有较为明显的答案。据《抚粤政略》卷七《奏疏·议覆粤东增豁税饷疏》（写于康熙二十一年十月二十九日）记载，“臣查市舶一款……自二十年正月起至年终止，据报共收银一万二千二百七十余两，臣又查出该司提举官张溱并各蠹役私抽侵欺银七千九百八十余两；又二十一年正月起至六月终止，查出税银七千九百余两，官蠹私抽侵欺银五千余两，已另疏题参，既出之于商力，应归之于公家，嗣后自应归入正饷，是年可得税银二万二百余两矣”。这篇奏疏提及康熙二十年、二十一年掌管市舶事务的提举官名为张溱，并提及张溱并各蠹役私抽税银一事，已“另疏题参”。经过笔者查询，“另疏题参”之“疏”为《抚粤政略》卷七《奏疏·特参提举司官克扣税饷疏》，写于康熙二十一年七月，该疏明确记载，张溱的职务为“盐市提举司提举”。整合以上两条奏疏，可看出张溱作为“盐市提举司提举”管理市舶税务，并能利用职权之便侵吞澳门界口陆路贸易的市舶税银，那么疏中所提“盐市提举司”应该就是“盐课市舶提举司”的简称。关于“盐市”为“盐课市舶”的简称，清金光祖《广东通志·公署》也曾应用，“盐课市舶提举司，旧盐课提举在府学左，市舶提举在府城外西南一里……国朝盐市归并，迁大新街，今在内城承宣街”④。综上所

---

① 陈国栋：《清代前期的粤海关（1683—1842）》，台湾大学硕士学位论文，1980年，第5～6页。

② 陈国栋：《东亚海域一千年：历史上的海洋中国与对外贸易》，济南：山东画报出版社2006年版，第192页。

③ 黄国盛：《鸦片战争前的东南四省海关》，福州：福建人民出版社2000年版，第15页。

④ 关于“盐市提举司”，清阮元《广东通志》也有所提及：“粤东未设盐院之前，只盐市提举司监之。”参见（清）阮元：《广东通志》卷一百六十五《经政略八》，续修四库全书本，第529页上。

述，在康熙十八年后，广东市舶事务依然在广东盐课市舶提举司的管辖范围之内，广东市舶提举司并未“恢复”独立。

值得注意的是，李士桢在《抚粤政略》中多次提到“市舶司”这一机构，如仅《请除市舶岙门旱路税银疏》这篇奏疏中就五处提及“市舶司”。[①] 这又该作何解释？澳门史研究专家汤开建认为，“清初因明旧制，仍设市舶。但将市舶与盐课合并为一司，管理盐务和贸易。只不过这时的市舶司却是盐课提举辖下的一分支机构。而管理澳门的仍是市舶司。李士桢言：‘商民货船到香山县，具由旱路运至界口贸易，令市舶司征收。’李氏文多次提到市舶司，可证明盐务、市舶合并后，市舶司仍存在，只是不设市舶提举，而由盐课提举总管”[②]。就目前已有的材料来看，笔者比较同意这一观点，即在盐课市舶提举司制度下，广东市舶司只是作为其分支机构存在。

三、粤海关的成立与广东市舶司的终结

澳门界口陆路贸易的开通和广东盐课市舶提举司的复置，成为清廷全面开放海禁的前奏。康熙二十三年，东南战事平息，清廷开放海禁，允许沿海商民出海捕贸，规定“山东、江南、浙江、广东各海口，除夹带违禁货物照例治罪外，商民人等有欲出洋贸易者，呈明地方官，登记姓名，取具保结，给发执照。将船身烙号刊名，令守口官弁查验，准其出入贸易”[③]。康熙二十四年，设粤、闽、浙、江四海关，管理沿海对外贸易。

清廷开放海禁设立粤海关后，贸易形式发生重大转变，除了继续以前的朝贡贸易形式外，同时也进入了正式与海外各国通商贸易的时期。据李士桢《抚粤政略》载，粤海关设立之后，接替了广东市舶司在海禁政策实施前的澳门贸易舶饷征收职能，“今开海之后，现在到粤洋船及内地商民货物，俱由海运直抵岙门，不复仍由旱路贸易”[④]，“一切舶饷税务，奉有钦差吏部郎中臣宜、户部员外郎臣成，临粤监督管理”[⑤]。

值得注意的是，粤海关成立后，广东市舶司这一机构并没有被立即裁撤。据李士桢《抚粤政略》卷二《奏疏》载，此后清廷并未放过岙门界口陆路贸易这块税收肥肉，认为“市舶司所征银两系落地旱税”，要求广东盐课市舶提举司对澳门旱路界口贸易“仍行照旧征收”。李士桢认为“今日监督征收海上出入洋船

① （清）李士桢：《抚粤政略》卷二，台北：文海出版社1988年版，第211页。

② 汤开建：《明清士大夫与澳门》，澳门：澳门基金会1998年版，第215页。

③ 光绪《钦定大清会典事例》卷六二九《兵部·绿营处分例·海禁一》。

④ （清）李士桢：《抚粤政略》卷二，台北：文海出版社1988年版，第215页。

⑤ （清）李士桢：《抚粤政略》卷二，台北：文海出版社1988年版，第213页。

之货税，即是市舶司昔日禁海时征收在旱路界口贸易之货税，原是一项，在未开海以前则由陆而不由海，既开海以后，则由海而不由陆，此收则彼停，乃理之必然者也”。为此特具《请除市舶岙门旱路税银疏》（写于康熙二十五年）、《请豁市舶旱路税饷疏》（写于康熙二十六年四月）二疏，要求朝廷废除广东盐课市舶提举司的岙门旱路饷额。另据阮元《广东通志》卷一百六十五《经政略八》载，“粤东未设盐院之前，只盐市提举司监之”。查盐院为巡盐察院署，亦称巡盐御史衙门。据《潋水志林》卷十《盐法》、同治《兴国县志》卷十六《盐课》等方志互见记载，康熙三十年，广东才开始设立巡盐御史总管盐务。这表明直到康熙三十年，广东市舶司仍作为广东盐课市舶提举司的分属机构存在。

广东市舶司究竟什么时候被裁？据阮元《广东通志》载，“盐课市舶提举司废署在外城大新街，迁承宣街。谨案：国朝并盐课提举，为一司，故只设一署，今裁”①。可见，市舶司是和盐课司一起被裁并的。那么盐课提举司的裁撤或许能为我们提供答案。据金光祖《广东通志》卷十三《职官上》“盐课提举司”条记载，盐课提举司所属之员包括盐课提举、盐课吏目、广盈库大使、批验所大使、归德场大使、东莞场大使。但据《清圣祖实录》载，康熙三十二年，应广东巡盐御史沙拜要求，吏部改设广东盐政人员，盐课提举司所有属员中，盐课提举、盐课吏目被裁，广盈库大使、批验所大使归属于盐运司，各盐场大使亦成为盐运司分司官吏。② 广东盐课提举司所属成员被清除一空，可见广东盐课提举司在康熙三十二年被彻底裁撤。“皮之不存，毛将焉附？”市舶司作为盐课提举辖下的一分支机构，应该在康熙三十二年也被裁撤。

---

① （清）阮元：《广东通志》卷二百十八《古迹略》，续修四库全书本，第 572 页上。

② 《清圣祖实录》卷一百五十八，康熙三十二年三月乙卯条，北京：中华书局 1986 年影印版，第 742 页。

19 世纪初至 20 世纪初基督新教在广州之发展[①]

贺璋瑢[②]

基督新教传入广州始于清中叶。1807 年，英国伦敦传道会派传教士罗伯特·马礼逊（1782—1834）来华传教。他是基督新教第一个进入广州的传教士。马礼逊在中国传教达 25 年之久（1807—1834 年，其间曾返英休假 3 年），他没有建立任何教会，由他私下洗礼的信徒不过 5 人，但他毕生的工作却为新教在广州乃至中国后来的发展起了重要的铺垫作用。至 20 世纪初，传入广州的外国差会共有 15 个，其中美国 9 个，英国 3 个，德国 2 个，美国、加拿大联合 1 个。各差会在广州争相发展势力，扩充传教地盘，其活动区域从十三行一带向全市各个方向发展，先后在广州市建立起教堂 30 多间。经过几十年的艰苦努力，基督教在广州的传教事业终于呈现出一片繁荣兴旺的景象。

从 19 世纪初至 20 世纪初，基督新教在广州的发展大致分为两个阶段：

1. 第一阶段：1807—1842 年

这是新教在广州的艰难草创时期。此时正处在鸦片战争前夕，西方正企图打开中国的大门，而清朝政府昧于世界大势，对外采取“闭关”政策，使中国处于与世隔绝的状态。清廷只允许西方人在广州一口作短暂居留和贸易，其居住与活动范围也仅限于十三行而已，对于传教则严加禁止。清廷三令五申其禁教令，对信徒缜密巡捕和压抑，这无疑使得传教事业在中国困难重重，难以开展。1835 年，传教士史蒂芬在《中华丛报》上撰文，提出在华宣教的 4 点困难：①束缚外人的法律；②禁止外国宗教的法例；③中国的教育系统；④语言。对传教士而言，文化、语言的问题均可以凭一己之力用时间来解决，唯独政治的障碍无法凭一己之力改变。因而一方面，传教士们对中国的闭关政策作出严厉的抨击，并主张传教事业攀结于商业和军事扩展突入中国，正是这种态度使早期传教士与后来发生的中国与西方国家的冲突、战争产生纠缠不清的关系，一再成为后人对其批评与指责的根据；另一方面，传教士将传教场所转移至华人聚居而又临近中国的南洋一带，在那里建立起对华传教的根据地。

---

① 本文已发表于《世界宗教研究》2001 年第 2 期。

② 【作者简介】贺璋瑢，华南师范大学历史文化学院教授。

正因为以上原因，自马礼逊于1807年抵达广州，至1842年签订《南京条约》，此35年间进入广州的传教士只有24人，这24人中又有一些后来去了澳门、南洋等地。24人中较有影响的有英国伦敦会的马礼逊、美国美部会的裨治文（1801—1861）、卫三畏（1812—1884）、伯驾（1804—1887）等，他们大多借助在广州的外国驻华商业机构任职之便，进行秘密传教。至1840年，广州先后受洗的华人不过7人，但评价新教早期传教成就的标准，并不在于它吸收了多少信徒，而在于它为后来的工作所奠定的基础。马礼逊等人的工作，主要围绕以下几个方面展开：

第一，文字布道，“无声传教”。基督教的全部思想来自《圣经》。“工欲善其事，必先利其器”，所以《圣经》的翻译是一件刻不容缓的事务。马礼逊来华之后就致力于此事。从1807年开始，马礼逊历时5年之久，将《新约全书》译成中文，并在广州秘密排印两千部。从1814年起，马礼逊与另一位传教士米伶（1785—1822）合作，又用了5年的时间，将《旧约全书》译成中文，基督教的《圣经》因而得以完整地被介绍入中国。在译经的同时，马礼逊以非凡的毅力着手编撰《英华字典》，于1822年编完并出版，历时14年，合计三卷六大本4 594页，此字典成为中国英汉字典的嚆矢。裨治文是第一位受美国美部会派遣来华的传教士，他继承了马礼逊的事业，注重译经。由于他从原文逐句直译，而不在意文辞典雅，因此与伦敦会意见相左。他后来另起炉灶，与美国的克睦存、文惠廉两位牧师另行重译，分别于1857年与1862年译就《新旧约全书》。中文《圣经》的翻译，大量中文传教书籍的准备，使得传教士们以文字布道成为可能，他们借派发书刊的方法，使人从阅读入手逐渐接受基督之信仰，此种文字工作因而被称为“无声传教”。

第二，医药布道。传教士在接受海外传道训练时，为传教之方便，一般都要学习基本医药常识，以借施医赠药之便传播福音。马礼逊力倡将施医赠药的方式作为布道手段。他于1820年在澳门开设中医诊所，聘一擅长中医中药的华人为主治医生，为贫苦百姓治病，此为基督教在华行医施药传教之始创。1827年，裨治文受其影响，极力呼吁美部会派医药传教士来华。1834年，毕业于耶鲁大学的伯驾受美部会的派遣到达广州，他是第一位来华的医生传道士。伯驾来广州后发现广州患眼疾的人相当普遍，据统计仅广州一地就有4 750名盲人，还有许多患其他眼疾的病人。1835年11月，伯驾在广州租得十三行内的新豆栏街丰泰行3号开设眼科医局，又称新豆栏医局，这是西方传教士在广州也可以说是在中国开设的第一所西医医院（这所医院即是著名的博济医院的前身）。据说开诊六周内约有450人来求诊，病人不仅要求治眼疾，也要求治疗别种疾病。在医局开设后的第一年，一共诊治病人2 152人次，其中眼疾有47种，其他疾病有23种。

第一年求医者日增，每日平均就诊者 200 ~ 300 人不等，多时竟达 600 人。[①] 林则徐曾因患疝气病间接求诊于伯驾，其获治后对该院至为嘉许。伯驾在医治病人的同时施行布道。他邀请第一个华人牧师梁发来他的医院布道。伯驾非常敬佩梁发的布道本领，说："他用极其动听的话，诉说救主的生平和遗教，并指挂在墙上的《病者获愈》的图画，对他的听众说，那些病人之所以获愈，乃由于救主的赐福和医生们能遵守耶稣的诫命及其遗法以治病之故。"[②] 为了推动医药传教事业的发展，1838 年 2 月，在东印度公司医生郭雷枢的倡导，裨治文、伯驾等人的共同努力下，英美在华商人纷纷捐款响应，在广州成立了中华医药传教会。该协会设立之目的即"本以基督仁慈之爱心，藉医疗疾病对中国人民宣传福音"。协会呼吁各国传道会派遣医生来华支持该会开设医院之工作。为扩大联系，该会还在英国的伦敦、爱丁堡，美国的波士顿、纽约、费城等地设立代理处，向英美各界人士一再陈述向中国派遣医药传教士的重要性。医药布道对中国人民逐渐接受西方文明，进而熟悉、了解基督之信仰产生了重要影响。

第三，个人布道，即以传教士与华人交往之关系、人情之建立作为传播信仰的媒介。由于各种可想而知的原因，传教士在华直接对中国人传教比较困难，最早的中国基督新教徒都是在南洋一带受洗入教，然后回国来帮助传教士发展传教事业的。近代早期基督新教最著名的信徒是梁发。1811—1812 年，他经手印刷马礼逊所译的"路加福音"与部分新约书信，由此开始了解基督之信仰。他后来受马礼逊的派遣，随传教士米伶前往马六甲的一家印刷所工作，并在那儿受米伶付洗成为基督徒。1820 年，梁发为其妻付洗，黎氏成为中国第一位基督女信徒。1823 年，马礼逊按立梁发为伦敦会宣教士，他是第一位拥有中国国籍的新教宣教士。从 1831 年开始，梁发在广州为人宣教付洗。1840 年，他先后为 7 人秘密付洗，这 7 人中有 4 人是女性。早期中国基督徒中另一位较出色的人士为何进善，他也是在马六甲受洗并接受神学训练，后来回广州开展传教工作的。

2. 第二阶段：1842—1910 年

这是新教在广州的蓬勃发展时期。1842 年，中英《南京条约》签订后，广州作为 5 个通商口岸之一，对外开放。传教士也获得了自由传教的官方认可，其传教事业因而出现较大的改变。尤其在 19 世纪后 40 年，广州的基督教会在各项不平等条约制度的保护之下，获得了前所未有的发展，表现在以下几方面：

（1）广州的传教差会与人数明显上升。鸦片战争前，进入广州的差会只有前面提到过的两个，即英国伦敦会和美国美部会。鸦片战争后至清朝末年的 70 多年间，进入广州的差会共有 15 个，其中较为重要者有以下几个：

---

① 李志刚：《基督教早期在华传教史》，台北：台湾商务印书馆 1985 年版，第 248 页。

② ［新西兰］麦沾恩著，胡簪云译：《中华最早的布道者梁发》，上海：广学会 1931 年版。第 230 ~ 231 页。

北美长老会：1844 年，该会派第一位传教士哈巴牧师来广州，不久他去澳门办书馆。1847 年，哈巴与花莲治将书馆迁到广州故衣街，翌年成立广州中会，哈巴任会长。1849 年，租屋宣道，不久闭会。1860 年，该会复入广州，1862 年建立一支会（逢源堂前身），1872 年建立二支会（仁济堂前身），1881 年建立三支会（中华堂前身）、四支会（双门底福音堂前身），1891 年建立五支会（芳村堂前身）、养济支会及黄沙堂。该会在广州创办的社会事业有柔济女医院（柔济医院前身）、端拿护士学校、夏葛医学校、疯人病院（市精神病院前身）、明心书院（专收失明儿童）、真光书院（真光女子中学前身）、培英学校（培英中学前身）、格致书院（岭南大学前身）等，并从美部会伯驾医生手中接办了博济医院。北美长老会所办教堂、医院、学校及其他慈善事业颇多，在广州影响较大。

美南浸信会：1844 年，美南浸信会罗孝全、叔末士两牧师相继从香港抵达广州，在联兴街鸭栏铺设简易教堂布道，并引荐在澳门受浸的信徒杨庆助理教务。1846 年，该堂毁于火灾，罗租用南关东石角一地建堂，称粤东浸信教会。1847 年，洪秀全就是在此听到基督教义并结识罗孝全的（罗后来在南京一度当过洪秀全的顾问）。罗还另购紫洞艇在珠江河面作浮水讲堂。1854 年，该会再派牧师基律夫妇来广州，两年后，纪好弼牧师也接踵而至。1858 年，基律在东横街租屋设堂宣教，纪好弼在小北状元桥租铺设宣道所。1860 年，该会组织两广浸信联会，并成为联会成员。其在广州进行的宣教事业和文化教育、医疗慈善等公益事业，影响较大。

信义会：原名巴陵会，与巴色会、巴勉会统称“三巴教会”，属德国信义宗。1844 年，郭士立牧师在香港组织德华传道会来广州传教。同年，郭士立创立了“福汉会”，这是近代中国最早的向中国内地民众布道的团体。1846 年，福汉会在广州设立了分站。1851 年，郭士立逝世后，德华传道会由“三巴教会”接手分管粤穗教务。1856 年，柏林信义会牧师何必力来广州传道，初在油栏门设堂，名“信义堂”，并创办德华书院和男女学堂。该会在广州先后创建教堂 3 间，会址设在下芳村礼拜堂。其社会事业侧重于教育和医药两方面。

英国循道公会华南教区：原系英国卫斯理宗的循道公会。1851 年，该会传教士小卑士奉派来广州传教，初在西堤粤海关附近租屋流动传道，散发福音书。1861 年，迁南关增沙购屋作礼拜堂，并设华南教区办事处。1862 年，又建十甫堂和高第堂，发展教务。

同寅会：原名“群兄弟会”。1898 年，美国人巴色占来广州开设基址，先在洲头嘴设福音堂、医院及学校，后迁歧兴里。

基督复临安息日会：又名“六日会”，因其会以礼拜六为安息日，在此日守礼拜，故名。1897 年，该会在东山梅花村一带的三育路、福音路（今福今路）、农林下路等处开设教会、医院、学校。该会注重基督复临的教理，教规很严，教徒均不得饮酒吸烟。

鸦片战争后，来广州传教的传教士人数也有明显增加。另外一个前所未有的变化即是陆续有女传教士来穗开展传教工作，比较著名的有以下几位。美籍女传教士赖玛西于1882年创立明心书院，专收失明女孩。美籍女传教士那夏理（即著名传教士那夏礼之妹）于1872年创办真光书院，只收女生，这所书院是广州市最早的教会女中——真光女子中学的前身。美籍女传教士富玛利于1899年创办柔济女医院，该院以妇产科出名，当时闺妇名媛就医者不少。1902年，富玛利得赖端拿夫人捐助，又创办了端拿护士学校，1905年又得夏葛先生捐助建女医学校暨宿舍，名“夏葛医学校”。属于美南浸信会的女传教士惠理敦于1872年来广州传教，1909年创办慕光瞽目院。著名传教士纪好弼于1888年偕夫人来广州，纪夫人是其丈夫开展传教工作的得力助手，后来惠理敦女士因病回国后，她接管了慕光瞽目院。还有基伶夫人，她于1891年与丈夫基伶一起抵广州任传道士职务。1909年，她在东山觅得一小屋，招收学生8人，开办妇女爷经学校，这即是后来有名的培贤妇女圣经学校的前身。

（2）这一时期，传教士们通过不同的工作来传播基督信仰，开堂布道，宣讲教义，而医疗、文字出版、教育、慈善等工作则成为整个传教事业的核心。

①设堂布道，发展信徒，开展多种多样的宗教活动，扩大影响。广州市最早的基督教堂是由美南浸信会传教士罗孝全创建于东石角的粤东浸信会堂。至1910年，广州有教堂29间。基督新教的宗教活动除经常在教堂举行的聚会（主日崇拜、祈祷会、布道会等，由牧师或者传道士负责进行宗教宣传，非教徒亦可参加）外，还有如下几方面：

第一，家庭聚会，以探访教友的名义在教徒的家中进行聚会，间或有牧师进行讲道。

第二，研究会，由牧师主持，内容有查经讲道及问题的讨论等。

第三，女传道会，每周有周会，进行查经讲道，另外还有祷告会、研究会等。

第四，主日学，主要对象为儿童，差不多每个教堂都有举办，按年龄及文化水平分班，讲授简单的宗教道理，教唱诗歌。

第五，奋兴布道会，吸收教徒与非教徒举行，主要对象为非教徒，每年有一至十次不等，每次数天或一个星期，其内容都是宣传宗教，通过这种集会集体发展信徒。

第六，文字布道会，出版书刊会刊。

基督教在广州的宗教机构还有两广浸信会神学院（1880年由纪好弼牧师创办，原名“教学圣经班”，1903年改名为“传道学校”，1915年又改名为“神道学校”）、信义圣经学院（1866年由韩士伯、何必力创办）、培贤女子神学院

（1908年创办，属两广浸信联会，次年改名为“培贤妇孺学校”）。

②教会医疗卫生事业。为广州教会系统的医疗卫生事业作出特别贡献的，除早期创业的美部会医生传教士伯驾之外，还有北美长老会牧师嘉约翰（1824—1901）。他于1854年来中国，次年接掌伯驾主持的眼科医局，不久回国。1858年，他再来广州，重开医局，命名为“博济医院”，这是中国早期的教会医院之一。嘉约翰任该院院长达44年之久。嘉约翰的贡献有三。第一，扩大医院的规模。他利用在国内募得的资金，另觅新址，于1866年建成一所新的医院。1898年，他在广州建立了近代中国第一所精神病院。第二，编写医学教材和书籍，介绍西医知识。1859年出版的《种痘书》虽只有6页，但对于推广种牛痘以及预防天花起了普及知识的作用。1871年，嘉约翰所编的《西医略释》《眼科撮要》《割症全书》《炎症》和《化学初阶》相继问世。此外，早在1868年，嘉约翰就在广州发行《广州新报》，介绍西医常识。1884年，该报改为《西医新报》月刊。1887年，文惠廉倡议成立了中华博医会，嘉约翰为会长，并创办了《博医会报》，这是19世纪下半叶在华出版的唯一的西医学术刊物。第三，培养西医人才。1862年，博济医院开始招收男生。4年后，由嘉约翰创办的南华医学校正式招收医科男生。1879年，首次招收3名女生入校学医。嘉约翰一生共培养了西医约150人，编译西医医书34种，共诊治病人74万人次，施行手术49 000人次。[①]他实现了其“为了基督，要爱病人如同兄弟”的誓言。

另一位在广州介绍西方医学的著名传教士，是英国伦敦会牧师合信（1816—1876），他在广州译著并出版了医学书籍三部。第一部是《全体新论》，此书详细介绍了人体骨骼主要部位、脏腑、脑、肌肉及五官的功用，特别介绍了哈维之血液循环说。第二部是《博物新编》，是一部主要集合地质、天文及鸟兽昆虫的博物学著作。第三部是《妇婴新说》，与华人管茂才合撰而成，概要论述了妇产科和儿科治疗学，对妇女妊娠记载尤详。合信还在上海译著并出版了主要医书两部。这五部书又被称为《西医五种》或《合信五种》。[②]

基督新教这一阶段在广州所办的著名医院除博济医院以外，还有1848年合信在沙基开设的惠爱医局和1899年成立的柔济医院。尤为值得一提的是前面提到的女传教士富玛利，她于1899年在广州莲源西街创办了广东女医学校，当时该处是长老会一支会，与柔济医院并端拿护士学校相邻，1905年得到美国慈善家夏葛氏巨款捐助，遂以其名命名该校。早期广东的女医生多由此校培训，在20世纪20年代，该校被公认为全国两所甲级女子医学院之一。

③教会文字出版事业。自马礼逊始，传教士历来重视文字出版事业。鸦片战

① 顾长声：《从马礼逊到司徒雷登——来华新教传教士评传》，上海：上海人民出版社1985年版，第178～185页。

② 赵璞珊：《合信〈西医五种〉及在华影响》，《近代史研究》1991年第2期。

争前，由于广州严禁出版传教书籍，传教士的文字出版基地主要在南洋一带，其所著述的中文书籍及小册子，以宗教性质的居多，也有少量介绍西方历史、文化、天文、地理之常识的出版物。1833 年，创办“福汉会”的郭士力牧师在广州创办了《东西洋考每月统计传》杂志，郭自述创办这一杂志的宗旨是为消除中国人对西方人的偏见，便于中国人了解西方的艺术、科学和教义。这个杂志所登载的内容十分丰富，包括新闻、宗教、历史、地理、哲学、时论、工艺、商贸等方面，该杂志一时间影响很大，还被带往北京、南京等城市散发。1834 年，广州的外侨成立了一个名为“益智会”的团体，裨治文为秘书。该会的宗旨就是在中国刊行中文书籍，推广实用知识，开启中国人的思想。裨治文在 1835 年提出过一个出版计划，准备印行世界通史、世界地理和世界地图。鸦片战争后，教会的文字出版事业有了较大的改观，介绍西方实用知识的书籍报刊也随之增多，出现了专门的教会书店。如长老会在双门底（今北京路）办圣教书楼（该书楼后来被卖给耶稣救世教会，改称“救世书楼”），广东公理传道会也在十八甫办星导书楼。尤为值得一提的是 1898 年湛罗弼牧师在沙面创办的广州美华书局。1902 年，该书局创办了《真光杂志》，在教内外产生了一定影响。该书局还在仁济路建起名曰“光楼”的五层大楼，其楼下设立南华基督教图书馆。美华书局曾一度因厂房大、设备好、工人多（百余人）而执广州印刷业的牛耳。20 世纪 20 年代，该书局迁往上海。据统计，书局在广州时就已有出版物逾百种，销售书籍达十万册。另外，各教会团体和教堂还先后不定期地出版宗教月刊，较有影响的有东山浸信会的《朝曦》月刊、长老传道会的《自理》月刊、仁济堂的《仁济》月刊等，促进了教会图书事业的发展。

④教会教育事业。一般认为，中国近代化的新式学校是由西方传教士首倡的，广州的情况也是如此。传教士在广州办教育有一个发展过程，起初主要是应传教的需要，为教会培养各类传教人员，后来随着教会的发展和广州教徒乃至社会的需要增加，尤其是当传教士们发现纯粹的传道进展非常缓慢时，便进而提倡以办学来辅助传教。1877 年，在第一届全国传教士大会上，美国长老会传教士狄考文作了题为“基督教会和教育的关系”的著名发言，指出基督教和教育之间存在着“强烈的天然的亲和力，这使它们紧密地联系在一起”。他认为通过教育可以“使基督教的信仰和伦理道德渗透到整个社会结构中去”，从而“使中国基督教化”。① 他的发言较为完整地表达了主张以办学方式推进基督教福音事业的传教士们的心声。广州的教会也行动起来了，开始独立兴办近代的初级、高级小学、中学、高中、女子学校、师范学校及教会大学等，其中比较著名的学校有

① Yates, M. T. *Records of the General Conference of the Protestant Missionaries of China*. Shanghai: Presbyterian Mission Press, 1877, pp. 171 - 180.

格致书院。1884年，美国长老会的哈巴牧师在广州筹建教会学校，并回美国筹款，为此成立了纽约董事局，最后在广州沙基金利埠租赁校舍开学，名为“格致书院”。该校1888年开课，最初只有学生十余人，学校的宗旨是“本诸基督精神设施最高水准之教育”。1893年，格致书院纽约董事局向纽约州立大学请求立案，使在广州之格致书院成为纽约大学的附校，确定以英语教学为主，照搬纽约大学的课程，学生毕业可领纽约大学的证书。1900年，义和团起义，学校迁至澳门，中文校名改为“岭南学堂”。1904年，岭南学堂迁回广州，广州各教会正式宣布它为广州基督教之最高学府。这所岭南学堂即是岭南大学的前身。

传教士们在广州创办的著名中学有培英中学（美国长老会那夏礼牧师于1882年创办，只收男生）、圣三一中学（英圣公会于1909年创办）、中德中学（信义会于1898年创办）等。著名教会女中有真光女子中学（广州最早的教会中学，由那夏礼牧师的妹妹那夏理女士于1872年创办，当时名“真光书院”，只收女生，1901年改称“真光学堂”，1912年更名为“私立真光女子中学”）、培道女子中学（1888年美南浸信会的容懿美女士创办于五仙门，后迁至东山）、协和女子中学（1909年，碧卢夫人创办慈爱保姆传习所，后来美国长老会、加拿大长老会等相继加入，改名为“协和女子师范学校”，后又改名为“协和女子中学”）。此外，传教士们在广州办的小学也有十几间。

在教会学校中，传教士为了传播近代的知识，在课程上设置了不少西学的内容。同时为了使培养的人才能顺利地踏入社会步入仕途，他们也刻意安排了一些有关中国古典文史的课程。如培正中学最初的课程设置为圣经、数学、格致、地理、四书、五经及时文等，后来增加天文、英文、历史三科，再后来又增加化学一科。培道女子中学最初课程比较单一，以后又增设了地理、算术、卫生、英文等课程。

⑤教会慈善事业。传教士在广州创办的较为著名的慈善机构有明心书院（又名“瞽目学校”。1882年，北美长老会的女医生传教士赖马西创办该院，专收失明女孩，后来也收失明男孩。这些学生毕业后或当传教士、教员，或凭手工谋生，均能自食其力）、慕光瞽目院（1909年，浸信会女宣教士惠理敦创办该院，后来由著名牧师纪好弼的夫人接手办理，该院学生由院终生给养。学生功课有宗教、音乐、织工等，院方还将学生制品出售以助经费）、两广浸信会孤儿院（1906年，两广浸信会联合开会，湛罗弼牧师倡议在广州开办孤儿院，收养信徒的遗孤，给予教养，该提议获得通过。后来在东山培正小学南侧建院，该院对入院儿童除给予抚养外，还办小学给予正规教育，毕业后经考试合格可以免费进培正中学或培道中学学习）等。

综上所述，西方传教士来华正值中国社会新旧交替的时期，腐朽的满清王朝正在走向衰亡，近代化的中国社会正在孕育诞生。传教士们一方面担负起传教的使命，另一方面则从事了许多世俗活动。他们通过建医院、印行书刊、办教育、举办慈善事业等工事，多方协助中国社会中下层的民众，开启民智，传播西方近代科学文化知识，推广医疗卫生常识，介绍西方学术思想，移风易俗，这些工作均在非常艰难困苦的环境中创设与扩展开来。西方传教士不同程度地参与了当时中国社会生活的各个方面，对中国社会的近代化产生了重要影响。历史事实表明，传教士的社会、政治影响要大于宗教影响，他们是中国近代化事业的同道者、参与者与促进者。

首先，他们把属于西方文化和宗教传统的宗教信仰带到了中国，在他们的教区范围内建立了基督教会，发展了众多的信徒（到1900年，广州已有信徒近5 000人），使基督教在中国社会扎下了根，其后基督教在华传教虽也经历了难以言表的无数艰辛，但基督信仰却代代传承下来。

其次，教会的医疗卫生事业，不仅输入了西方近代的医术和西药，以及近代的医院制度、医学教育（包括护理教育），同时也培养出了广州最初的一批西医人才，他们成为广州乃至广东医疗事业发展的骨干与中坚力量。中国早期医史专家陈邦贤在《中国医学史》一书中对教会的医疗卫生事业作出了公正的评价。他说：“……逐渐证明：外国医院组织充实，尤优于中国，外国医术减轻人民痛苦，救免夭亡，同时中国人反对基督教之偏见亦渐消除……各医院之功绩不独为人治愈疾病，减少死亡率，而训练甚多中国助手，翻译西国书籍为汉文，传布西国医学知识于中国，其功亦不少也……各省著名之教会医院，皆资本雄厚，规模极大，驰名全国，每年活人无数，使中国医学，日渐欧化。”①

再次，传教士“来华传教，对中国最大贡献，实在于知识之传播，思想之启发，两者表现于兴办教育与译印书籍，发行报刊……举凡世界地理、万国史志、科学发明、工艺技术，亦多因西洋教士的介绍而在中国推广”②。教会的教育事业开启了中国近代新式教育的先声。国人通过教会教育，对西方的敌意和误解大大减少，西方的知识逐渐为人们所接受。同时，传教士将西方先进的科学文化课程（包括体育课等）和近代的教育理论与方法带进学校，对广州乃至广东的教育近代化起到了促进作用。教会学校还在一定程度上弥补了近代广州教育落后造成的学校不足和资金缺乏的困难，培养了大批各方面的人才。最重要的是，受教育者从教会学校中受到的影响并不仅仅来自教材的内容和课程的设置，而且来自其受教育的氛围中的一种精神、气质的培养和熏陶，甚至包括教育者的人格感召。20世纪初广东以孙中山为首的革命党人个个都是基督徒，就是一个明显的例子。

---

① 陈邦贤：《中国医学史》，北京：商务印书馆1937年版，第109页。

② 林治平主编：《近代中国与基督教论文集·序》，台北：宇宙光出版社1981年版，第3页。

最后，传教士倡导男女平等，他们鼓励妇女摆脱一些封建传统习俗，如缠足、歧视女婴等。德国传教士花之安在 1864 年来广东以后，即以中国古代儒家经典比附基督教教义，撰写了贯通中西的《自西徂东》。在这部书中，他借用中国古代儒家的思想，糅合基督教的观点，对缠足予以激烈的批评。此书于 1888 年以广学会名义重印，在当时产生过很大影响。传教士提倡女子教育，开办女学，到辛亥革命前夕，可以说，新教教徒设立的女学，在当时的中国是使妇女受教育的机会与中国男子大体相当的仅有之类型的学校。教会女校培养了广州最早的职业女性和妇女人才。在一个被男女有别的文化观念所笼罩的国度，教会女校的活动对广州的近代妇女解放运动产生了深刻持久的影响。

广东香山盛氏家族考略[①]

张建军[②]

明清时期，随着澳门成为诸番旅泊之所和葡人鸠居之地，香山（今中山、珠海、澳门及邻近部分地区）的地理位置日趋重要，不少人应征迁播海裔，且耕且守，世代繁衍，成为香山的世家大族，盛氏就是其一。香山盛氏产生了一些有影响力的人物，如买办人物盛世丰、留美幼童盛文杨、著名作曲家盛家伦等，我国著名的动画艺术家盛特伟[③]也是香山盛氏的后人。据说盛特伟1994年自沪上来故乡寻根，南溪村人语焉不详，犹如问道于盲，寻觅先祖遗迹更是四顾茫然[④]。盛氏在香山曾盛极一时，在近代史上留下了一定的印迹，其十八世迁离故土仅六十余年即已不为人所知，令人感慨系之。

本文在已有的研究[⑤]基础上，结合近年来的考古调查，对香山盛氏第十五世买办人物盛世丰、盛氏在香山的世系和居地、有关盛氏的文化遗存与文献资料等予以述论，以补充地方史的研究资料，敬请教正。

一、买办盛世丰

据研究，近代买办中的不少人来自广东香山县[⑥]，且早在鸦片战争之前，即已有大批香山人在各地商行里充当买办，对香山籍买办的研究历来受到学者们的重视。目前学术界对香山的著名买办如郑观应、唐廷枢、徐润、莫仕扬等人物及其家族的关注较多，对一般买办的研究则乏人问津，像盛世丰这位一度曾在汉口茶行“领袖众商”的买办人物，至今缺乏详细的研究。

---

① 本文原刊于王远明、胡波、林有能主编：《被误读的群体：香山买办与近代中国》，广州：广东人民出版社2010年版，有改动。

② 【作者简介】张建军，珠海市博物馆馆长、研究员。

③ 盛特伟，原名盛松，1915年8月22日出生于上海，中国早期著名漫画家，中国美术电影事业家，中国动漫艺术的一代宗师，1990年、1994年两次来粤寻根。

④ 参见张元章：《珠海盛氏家族：显赫大家浮出水面》，《珠海特区报》，2009年1月18日。

⑤ 目前仅见广东省珠海市前山中学刘志明先生于2008年7月3日撰写的《南溪村盛氏的资料搜索与研究》一文（未刊）。

⑥ 参见胡波：《香山买办与近代中国》，广州：广东人民出版社2007年版，第5页；马学强、张秀莉：《二十世纪前期买办及其社会生活状况研究》，《社会科学》2007年第12期，第119页。

盛世丰，香山盛氏第十五世祖，生于道光四年（1824），卒于光绪二十一年（1895），一名翰，字仕贤，号恒山[①]，诰授中宪大夫，候选分巡道，加二级军功，赏戴花翎，尽先选用道并赏加按察使衔，香山南大涌（今珠海市前山镇南溪村）人，开创了南溪盛氏的家业。其父盛伟任，一名猷，又名逸泉，廉谨持己，忠厚待人，积善惜福，勤俭起家。生六子，以三子丰出继伟伯为子，据说后来“以出继子世丰贵”[②]。盛世丰自幼就禀赋独异，聪颖逾常。十四岁的时候执意随其二兄盛世清在澳门学书算、习英语，不到数月即通晓。他本人从小独立性就很强，加之在澳门见多识广，培养了较强的社交才能。这为他后来在商业方面取得成就打下了基础。

年长之后，盛世丰到十三行充当通译，由于他灵敏诚朴，蔼然可亲，信用益著。其间有英商想在福州创设茶行，欣赏他的才干，就聘请他出任经纪人。在福州，他凭借自己在茶叶鉴别等方面的努力赢得了洋商的高度信任，生意逐渐兴隆，家道渐裕，在福州的商业领域有了一定的影响。后来他因故辞去福州的一切事宜，处理完福州家业，安置好香山家事[③]，和同乡挚友唐某赴当时商务繁华的著名都会上海，凭借自己的才能和经验，在上海的商业经营方面很快闯出了自己的新天地，并具有一定的规模。从福州到上海，是盛世丰在商业领域独立创业的早期阶段，可以说是一帆风顺的，他所取得的成效基本上改变了自己和家族的经济面貌。

盛世丰从小志向远大，敬慕古代的豪侠之风，喜欢和士大夫及文人雅士交游，关心家国大事，敬慕诗书，一心想成就一番事业，并不以积储财富为人生的最终目的。在上海经商期间，他为江南督师张国梁报效军械时深受器重，就借此把自己的四弟盛世廉、五弟盛世昌、六弟盛世德推荐到军营，先后任守备、都司等职。他则于咸丰八年（1858）把自己在上海的商业全部委托给同乡唐某司理，自己则希望在仕途上有所尝试。

然而事情的发展却并不尽如人意。由于唐某经营不善，不久盛世丰在上海的商业亏损严重，更为不幸的是其五弟盛世昌在江南大营陷落后阵亡。这固然是意外的祸患，但给盛世丰带来了极大的痛苦和悲伤。他随即改变了以前的人生规划，很快把自己的四弟盛世廉和六弟盛世德召集到自己身边来，并应英商的邀请前往汉口，开始襄理茶务，专营商业。

---

① 参见胡波《香山买办与近代中国》第94页“近代香山部分买办一览表”，此表缕列近代香山买办的姓名、生卒年和洋行任职情况，对研究者很有意义。但其将盛世丰与盛恒山并列，且缺少生卒年，似有待于订正、补充。

② 《南溪盛氏家谱》之《先三伯恒山观察公家传》，民国十九年铅印本，第23页。

③ 离开福州之前，盛世丰邀请他的二兄计划家事，给予十万金携归，并嘱咐：“父母年高，稍购田宅使安居，子媳责令孝养，祖坟族谱宜速修，子弟读书尤不可缓，此根本大计也。”

后来的事实证明盛世丰的这一转变是有成效的，纵观盛世丰一生的成败，在汉口经营这一时期是盛世丰人生的一个辉煌阶段。在汉口营办茶务之初，他根据当时社会形势不稳定的特点，大胆向各山茶农预支定金，保证了充足的货源，以致骤赢二十余万金，群相惊服。

由于盛世丰在福州和上海这两个商业都会都有经历，因此武汉的官员经常向他咨询有关洋务的事宜，对此他都尽力相助，逐渐被各级官府倚为左右手。这些社会关系和他在商业上的经营活动相得益彰，使得他的茶务很快发展起来，一度成了汉口茶叶行会的重要领导人物。

据研究，19 世纪 60 年代的汉口不仅是华中地区主要的商业城市，也是当时的世界性商业都市，是一个商品丰富的国际贸易港口。当时这里广东籍买办的人数和业绩都非常突出，他们专营茶叶，而茶叶是汉口对外贸易的核心，所以广东买办们在汉口对外贸易中扮演着重要的角色，成为汉口的城市经济和社会生活中的精英。当时汉口的六个茶叶行会是按省籍划分的，后来合并为一个茶叶公所，又称作“六省行会”，盛世丰因其影响和威望被公推为领袖。徐润的记载称：

同治七年……又于汉口设立茶叶公所，由湖南、湖北、江西广帮各茶业中公推恒山、张寅宾等，会同上海董事，互为维持。①

美国历史学家罗威廉（William T. Rowe）曾对中国城市史特别是近代汉口社会史进行了细致而深入的研究，剖析了 19 世纪汉口的城市结构、社区状况、各阶层的处境和冲突以及官方和地方精英对城市的控制等。他也分析记载了盛世丰的发迹及发达的情形，据称：

汉口茶业公所的主要创办人是盛恒山，他与徐润一样，也是琼记洋行的雇员：他们在汉口的首席买办。这说明买办常常是中国商业社团中的领袖人物，但这并不意味着在当地行会组织中存在着外国势力的不正当影响。实际上，1861 年的黑茶行事件，使我们对买办的独立与自私自利留下了更为深刻的印象，同时也反映出这些买办较之于此前更把自己看作中国商人。对中国人来说，汉口茶叶公所是一个中国人的组织，盛恒山在其创立过程中无疑主要是以个体商人的身份发挥作用的。据徐润说，参与创立汉口茶业公所的第二个成员是张寅宾，则显然从未受雇于外国公司。与盛恒山不同，在此后 20 年里，当西方商人是行会活动

---

① 徐润：《徐愚斋自叙年谱》，载中国史学会主编：《洋务运动》（八），上海：上海人民出版社 1961 年版，第 101 页。

的主要目标的时候，他成为行会的著名领导人。①

（盛世丰）先后担任巡检和按察使司照磨，在汉口时他出人意料地成为刑部的一位低级官员。不管怎样，随着时光流逝，几年后，他用“盛恒山”的假名成了汉口的一名独立商人，并用“阿和”之名当了宝顺洋行（Dent & Co.）的汉口买办。虽然他拒绝承认，但他确实是盛裕泰钱庄背后实际的主要股东，而且外界广泛传闻说他的朋友和恩主、前湖广总督官文也是大股东之一。出于各种原因，官员们在汉口开办私人企业喜欢隐瞒其投资——比如，盛世丰开设的两家当铺就是用他六岁儿子的名字注册的。②

何炳棣教授在研究中国城市史时曾经指出，不同省份与地区的商人在汉口经营商业到一定时期之后，都不可避免地和汉口地方社会建立了紧密的联系，因为寓居者的情感和个人身份认同感都倾向于客居的地方，盛世丰的情形完全如此。他融入了汉口的商业社会之中，凭借丰富的商业经历、诸多香山同乡的关照，以及官场上的一些关系，在汉口各界游刃有余，茶务经营方面规模越开越大，社会地位也很高。

除此之外，盛世丰在汉口还承办汉关银号，征收土药税厘，设茶号、绸庄等，号称百万，财富积累很快。他为人豪爽，仗义疏财，对读书绩学之士敬礼有加，无不厚赠，在汉口很有声望，这一时期，可谓盛世丰从事买办事业的鼎盛时期。

可是令人深为惋惜的是厄运不期而至，“某年汉镇大火，延烧数千家，公所设茶号等，悉付一炬”③。所幸他曾有筹饷之功以道员归部前选用，复加按察使衔。同治八年（1869）因云南匪乱，他受命募金数万购西洋枪械，次年三月护解至云南，滇乱遂平，又协助安抚遗黎，召集商贾，规复书院，稳定社会，因功获赏二品顶戴。虽然自身生计没有问题，但他的事业和命运骤然走向衰落。

光绪二年（1876），盛世丰随何璟赴闽，此后长期留闽委任于通商局，后因故被罢归。其间“被人恿怂，重赴汉埠经营茶务，不幸茶市暴落，大遭失败，负债十数万金”④，于是彻底放弃经商，在上海盛鸿焘处寓居少许之后，即归隐于家乡香山南溪，六十岁时三子文甲出生，六十四岁时四子文申出生，光绪二十一年（1895）正月二十七日，盛世丰病逝于家乡，年七十三岁。当时家境似已不景

---

① 参见［美］罗威廉著，江溶、鲁西奇译：《汉口：一个中国城市的商业和社会（1796—1889）》，北京：中国人民大学出版社2005年版，第172页。

② 参见［美］罗威廉著，江溶、鲁西奇译：《汉口：一个中国城市的商业和社会（1796—1889）》，北京：中国人民大学出版社2005年版，第253页。

③《南溪盛氏家谱》之《先三伯恒山观察公家传》，民国十九年铅印本，第24页。

④《南溪盛氏家谱》之《南溪老人自述记》，民国十九年铅印本，第37页。

气，离世的时候两个孩子尚年幼，半年之后被盛鸿焘、盛鸿勋分别带离香山，远赴广西贺县和上海等地漂游谋生。从此以后，南溪盛家愈发后继乏人。

盛世丰生于唐家，是南溪盛氏家族创业人。罢归之后，在南溪建宗祠，相坟地，修房屋，置田产，供子侄读书。他一生经历丰富，壮年亲近儒士，知晓书史大义。他长期提携和教导兄弟子侄，如其四弟盛世廉、五弟盛世昌、六弟盛世德均以战功荐保千总和守备等职。他自恨早岁失学，对后辈的教育专以读书为急。同治初年曾岁资数千金令后辈移居省城广州，聘请名师读书授业，盛鸿焘、盛鸿勋、盛文彪、盛文杨等有所成就，实际上都是他培育启迪的结果。盛世丰一生共有五子一女，其女早殇，其五子分别是盛文湘（早殇）、盛文霖（十八岁在闽病故）、盛文芳、盛文甲、盛文申。

盛世丰及后人在修缮唐家围墙和三庙以及前山福善堂时多有捐助，这些资料在现存碑刻中都有记载，详见后文。

目前，我们对盛世丰的成长过程、家族关系等有所了解，族谱、家谱的记载内容和地方志、碑刻资料的记载可以相互印证，脉络较为清晰。但是，我们对盛世丰在汉口、福州的经营情况和具体活动情况了解仍然很少，这是研究盛世丰买办生涯的重点所在和意义所在，需要进一步深入研究。

二、盛氏在香山的世系和居地

香山盛氏的始祖为盛德华，江南常州府宜兴县人，明洪武年间与毛、王、蔡、马等十二姓同分发香山为守御官，世袭百户侯。香山城南建有世勋祠，家族世居邑城，后迁居恭都外沙和南大涌等地，到民国初年已经历十八代，丁口共百余人①。从香山始祖德华公到十八世后人，盛氏在香山期间宗支繁衍，人才辈出，井然有序，后全部迁往外地，值得研究关注。因其家族规模不大，层次分明，现统计其第一世至第十八世部分人物如下：

香山盛氏家族第一世至第十八世部分族人统计

第一代：华原；

第二代：伯贤、伯通、伯章；

第三代：景、昺、昌；

第四代：庚、灿章、灿远、灿兴、灿海；

第五代：绍勋、绍德、绍宗、绍和、绍平、绍桂、绍祥；

第六代：康、杰、宏、蓝田、心田、佐田、应章；

① 厉式金：《香山县志续编》卷三《氏族》。

第七代：信、奕、翘楚、翘望、翘高、翘德、翘冬、翘重、翘英；

第八代：瑞呈、瑞祥、瑞国、允师、世桢、以赞、世宾、政观、世佐、世彦、世奇、以进、以柏、以秀；

第九代：观茂、观明、观显、观达、观海、际虞、行三、文楫、文溢、文耀、文征、文参、文行、文平、宇庸、道成、道升、廷兰、文弼；

第十代：富生、富文、秀凤、秀锦、秀良、秀德、秀略、会遇、会新、会庶、时资、时茂、时应、时迈、时聚、时御、会朝、时介、时隆、时济、时褒、时章、瑞滔、会尧、会舜、会武、会高、振明、志广、志富；

第十一代：朝宾、朝章、调宇、朝宽、朝德、朝弼、朝信、嘉锡、嘉应、奋及、充及、泽及、广及、廷灿、嘉宪、嘉猷、嘉志、周麟、嘉相、嘉勋、朝客、嘉元、朝弼、应有、大有、大观、敦临、鸣谦、大来、裕和、裕朝、悦辉、显立、悦谓、喜贤、喜凤；

第十二代：北惠、北进、北汉、品参、连英、乌、品成、品富、品达、品才、鹤鸾、端士、五德、在宜、柄宜、永才、丙相、慧临、宝临、炳湘、接奇、接和、敬昭、瑞举、运、润举、赞举、岳昭、顺昭、赞勋、国勋、瑞显、瑞明、兆举、恒举、瑞畅、瑞英、溢传、溢才；

第十三代：始富、始基、始芳、始生、始发、苟、华、泽、超兴、赞洲、显洲、柄南、应周、绥、鳌、宝、锡庆、九、锡爵、锡安、大振、大观、星（升）、贤书、永发、贤声、贤泰、贤芳、安、伦、灿彬、绍文、启文、怀、辞、应震、协全、协珍、协兰、协蛟、协溶、协德、行轩、秀荣、荣贵、秀章、其辉、大振、大耀；

第十四代：伟端、牛、成有、钟、伟肩、伟高、伟泰、伟配、伟任、伟伯、裔开、成业、金、伟意、伟亮、斗、辉文、亮文、爵文、茂、长、炜、鸡、如松、培吉、光、畅、贵、祐、德、全、显成、连、帝元、银在、社霖、华焕、焕彩、君大、君义；

第十五代：库、本、福、连第、亮、同、昌、世功、世清、世廉、世昌、世德、世丰、有、才、润邦（启）、回、敬章、平章、德章、有章、礼章、挽、苟、世安、世彪、川、仁、镇邦、启禄；

第十六代：羽、文超、文琚、文光、文康、文滔、文熙、文修、文英、文湘、华昆、华玉、华满、允、佳、庸、余、强、泽、求、阿补、朝满、荣业、文桓、文恩、文珍、文扬、文植、文彪、文瑞、文霖、文芳、文甲、文申；

第十七代：社大、阿文、宗溶、宗璆、宗璙、宗瑚、宗璠、宗瑜、宗淮、宗濂、宗淇、宗鹏、宗福、宗昆、宗声、宗番、宗唐、宗虞、宗丞、宗刚、宗灵、宗泰、宗璜、宗舜、宗兴、宗瀛、宗洪、宗刚、宗松、宗杰、宗侠、宗达、宗强；

第十八代：家驹、家伦、家聪、家发、家宝、家耀、家烨、家骢、家萱、家龄、家钱、家潜、家松、家椿、家骥、家骏、家骝、家骧、家禄。

以上世代统计由两部分组成，第一部分是同治五年（1866）编修《香山盛世族谱》时香山盛氏各支派的族人资料，第二部分是民国十九年（1930）编修《南溪盛氏家谱》时九世祖观海以下的全部族人资料。盛观海同宗兄弟共有十九人，除了他本人之外，其余十八人及其后人在同治五年时的资料已经统计，但其以后的繁衍生息资料由于缺乏记录则全部阙如。这份统计仅仅是盛氏族谱和家谱统计资料的对比，对盛家世代概况的分析和主要人物的关系或有助益①。

根据族谱记载，香山盛氏主要分布在香山城、唐家乡、外沙村、横琴村、澳门等处，香山城是盛氏最早的家族居住地，后来逐渐迁播到唐家乡等处。

（一）香山城

今中山市石岐。景后庚下派绍德以下、昺后灿章下派、昺后灿远下派、翘楚后以赞下派、翘望后政观下派、翘望后世佐下派、翘高后以进下派、翘重后以柏下派、周麟后丙相下派、周麟后慧临下派、嘉锡后鹤鸾下派、嘉宪后柄宜下派、嘉勋后炳湘下派、大有后敬昭下派、敦临后瑞举下派、敦临后润举下派、敦临后赞举下派、大来后赞勋下派、裕和后瑞显下派、悦谓后锐畅下派、绍祥之以下、昺后灿兴下派、翘望后世宾下派，共二十三个支派。

（二）唐家乡

今属珠海市唐家湾。景后庚下派绍勋以下、信后瑞呈下派、信后瑞祥下派、奕后瑞国下派、朝宾后兆进下派、调宇后连英下派、朝德后品富下派、朝宾后兆汉下派、朝章后品参下派，共九个支派。

（三）外沙村

今属珠海市金鼎。宇庸以下、翘望后世奇下派、应有后接奇下派等四个支派。

---

① 盛鸿焘在《南溪盛氏家谱》之《世系图》中称，本次编修家谱，“由始祖华原公叙起，至五世祖绍勋公迁居唐家乡，绍勋公生二子，长康次杰，余家为杰公之后，故六世祖接续杰公，至九世祖观海以下，尽行叙入，为余家一脉相承，以清眉目，其余各族，俟将来重修族谱再行整理”。

（四）横琴村

今属珠海市横琴新区。梅彬以下、翘英后以秀下派、喜贤后溢传下派、喜贤后溢才下派，共四个支派。

（五）澳门

充及后五德下派、十世会新一枝共两个支派。

其中大来后国勋下派居地不详，有待考证，或不在上述地区。

由上述可见，香山盛氏主要居地以香山城最为集中，有二十三个支派；其次是唐家乡，有九个支派；外沙村和横琴村各四个支派，澳门两个支派。

从我们目前的初步了解来看，暂时没有发现香山城、外沙村、横琴村和澳门等处的盛氏历史遗存，有待进一步深入调查，遗憾的是上述这些地方的盛氏后人都难以找到。

三、历史遗存

香山盛氏并不是完全销声匿迹，经过多次细致调查，在唐家文史专家唐有淦先生等珠海文史工作者的大力协助下，笔者对当年唐家盛氏支派的一些历史遗存，以及他们迁往南溪之后的一些痕迹进行了多次调查，发现了不少线索。根据目前的初步了解，其中有些是此前已经存在但没有引起注意的资料，有些则属于调查的新发现。

（一）唐家祖屋

居住于唐家的盛氏，系香山盛氏景后庚下的一个支派，从盛氏五世祖绍勋公开始迁来唐家。盛绍勋，字调燮，生于明正德四年（1509），卒于清嘉靖四十年（1561），他无意功名，让弟弟盛绍德袭先祖之职，而自习医道，遍游恭、谷两都，另外开创家业。盛氏就是从他这一辈开始迁来唐家乡东生门内，世代生息①。由此可知，珠海的盛氏最早迁入的时间是在明正德四年以后，且唐家东生门内是盛氏在珠海的始迁地。盛绍勋对他迁来唐家生活有一段说明：

釜涌境风俗醇良，人事朴检，遂侨居釜涌境东生门外。娶妻熊氏，生二子，长名康，次名杰。余闻之：君子不轻去其乡。乃釜涌境亦香山县地，离城八十

① 《香山盛氏族谱》之《重修盛氏世谱序》记载：“庚公妣郑氏，生二子，长绍勋，例袭父职，而志成高尚，无意功名，让职其弟德，公业医济世，侨迁于县城东釜涌，遂家焉。”同治五年刻本，第15 页。

里，与故居咫尺之路。兄弟往来，可以朝发夕至，有何有离居之患焉！①

从盛绍勋开始，盛氏开始在唐家生息繁衍。但岁月沧桑，人事更迭，目前唐家的盛姓仅剩下盛社昆一户人家，老太太对旧事记忆模糊，其子女久在澳门，对先祖事宜更是茫然。所幸家谱记载详细，经过多次探访，终于找到唐家盛氏的祖屋，这是盛氏家族在唐家生活的唯一一处重要遗迹。据《南溪盛氏家谱》记载：

唐家祖屋不能放弃，因重要祖山俱在唐家附近，留有祖屋，派人看守，方克保全。现借予从堂兄弟阿昉哥居住，代为看山。各宅平时回乡，或清明祭扫，俱住祖屋。此乃根据要地，倘有妄倡别议，或暗中舞弊者，各宅须联合制止，永保庐墓，切勿有负先人。②

另据家谱中的祖屋图可见，其南北分别为石街和后街，西南为梁家祠堂后面，东北为梁家屋，东邻梁浩昭屋，西为空地。祖屋由长房（九坑）、厅（十七坑）、厨房（十三坑）及屋前空地等组成，格局清楚，尺寸详明。据家谱记载是经过盛润琳、盛毓才两位后辈先后施丈绘图，并将丈尺注明图内而成。

编修家谱的时候，已经是民国十九年（1930）前后，此时唐家盛氏家族的主要成员已经迁往南溪，唐家似乎已经没有人了，因为祖屋都借给了别人居住，但在家谱中却仍反复强调祖屋这一根本要地的意义，要求后世子孙“只有扩充，不能废弃”③，号召各宅要联合保全，不得妄倡别议，如有违背则全族共同对付，可见祖屋和宗族观念在其心目中的重要性。

2008 年 6 月中旬，笔者在唐有淦等人的大力协助下，经过多次勘察比照，终于在曲折蜿蜒的小巷中找到位于佩玉直街的盛家祖屋。祖屋已无人居住，杂草丛生，满目荒凉，墙角隐蔽处竖立简易棺材一口。据村民说前不久房顶和部分门墙刚刚塌陷，但平面结构很清楚。对着家谱的绘图，祖屋的厅、厨房、长房的布局依然如旧，门窗的位置都没有改变，尤其是房屋和左邻右舍的位置，以及各房的九坑、十三坑、十七坑数目都能够一一对应，盛氏后人不禁感慨万千④。

不久，笔者又通过在这间祖屋出生的盛氏后人盛北月，找到了以盛世丰之名办理的该祖屋的土地房产所有证，充分证实了唐家盛氏祖屋的真实性。

盛绍勋始迁唐家的东生门似已不可确知，是否就在现存的唐家旧屋附近，尚

---

① 《香山盛氏族谱》之《盛氏族迁居釜涌境初定世谱自序》，同治五年刻本，第 13 页。

② 《南溪盛氏家谱》之盛鸿焘文，民国十九年铅印本，第 95 页。

③ 《南溪盛氏家谱》之《重修家谱增订条例八条》之二，民国十九年铅印本，第 3 页。

④ 参见上引张元章《珠海特区报》文：“二十年来，盛家人曾经多次回南溪、唐家寻根问祖，但一直没有找到任何家族踪迹，感到非常遗憾。这次听说找到了祖屋，就赶紧回来看看了。”

需进一步勘察考证。但无论如何，这一处淹没在唐家旧村的院落，承载盛氏家族若干世代在唐家期间繁衍生息的历史，值得重视和保护。

（二）南溪遗迹

南溪盛氏是从五世祖盛世丰开始发端的。盛世丰在光绪十二年（1886）迁居于此，修建房屋，建造祠堂，为家族和子孙做久远之计。因为盛氏祖山都在唐家，所以他每岁清明必回唐家拜祭。此外的时间，他一直在这一个环境优美的地方经营家业，教育子侄，长期休养，以图久计。

南溪旧称为“南大涌”，位于珠海市上冲检查站附近，过去和梅溪、沥溪、福溪、新溪[①]并称为“五溪”。五溪一带山川秀美，又邻近商业中心长沙墟，交通便利，文化发达，是香山的一个重要的村落群，清末民初有“北山宗祠、南溪大庙”的说法，南溪大庙的庙会至今仍被南溪的一些老人称道不已。盛氏在此约有几代人数十年的光景，建房修祠，一度兴盛，但后来随着时势的变化，子弟逐渐外出谋生不还，以致家族后继无人，日渐萧条。盛鸿焘在民国十九年（1930）编修家谱的时候，面对这种情形特别提出：“凡我子孙，务必眷念前型，发奋立业，勤俭成家，决计还乡，田园聚处，庶几宗祧世守，永为门户之光也夫!”

生于南溪村、如今已定居美国的七旬老人薛锦寰[②]年幼时曾在南溪盛家大屋游玩，对其院落结构耳熟能详，老人凭回忆画出了一幅盛家大屋平面布局图，显示其左为容家，右为吴家，有大厅、书房、长房、天井、露天走廊、大平台、阁楼、厨房、耳房等多间，以及一口老井，大屋“门口之前有蓬屋檐，檐下有浮雕画”[③]。据现场勘察，容家和吴家的雕花老屋仍然完好无损[④]，“但盛家所在地已经耸起新式楼房，只有那口井依旧，有人在井边洗衣服”[⑤]，古井现在位于公共场所，已经成为公用井。

据记载，“盛氏合族大宗祠原在香山城内拱辰街，今恒山观察拟择地重建，其祠宇图形，合当汇入……建祠之地及修造年月并详注其后”[⑥]。家谱中的祠堂结构严肃，规模宏大，但目前难觅踪影，据说“文革”的时候已经被拆毁，变卖了木料。仅有南溪村口石狮子一对，据村中老人说是当年从盛家祠堂门口搬出来的，但是从家谱中的“南溪祠堂全图”和“南溪祠堂对面园地图”中却看不

---

① 新溪已并入梅溪，但最早五溪之称实与之有关。有将东坑改称东溪加入五溪凑数，似为不当。

② 据说是民国合作运动的导师薛仙舟的后人，参见苏振华：《旅美华侨撰15万字回忆录　填补珠江南溪村史空白》，《珠江晚报》，2009年4月28日。

③ 参见薛锦寰“盛家大屋平面图”（未刊），收藏于珠海市博物馆，刘志明先生提供。

④ 参见香洲区文化局文物普查小组：《百年容家老宅藏南溪，颇具岭南建筑风格，老宅主人或与容闳同祖先》，《珠江晚报》，2009年3月24日。

⑤ 参见上引张元章《珠海特区报》文。

⑥ 参见《南溪盛氏家谱》之《凡例一》，民国十九年铅印本，第7页。

到门口标有石狮子，只是有“石甲”一对。石狮子是否来自盛氏祠堂，除了传说之外，尚缺乏充足的依据，故不敢贸然推定。

另外，家谱所记载的南溪、东坑、红山及附近地区的盛家贞节牌坊和盛世丰等人墓葬等历史遗存，经过多次调查，都已无处寻觅。一个在南溪村盛极一时的家族已消失无踪，盛鸿焘在民国十九年（1930）号召后辈子孙决计还乡、田园聚处的愿望终究未能实现。

（三）碑刻

目前发现共有六通碑刻记载了盛氏在香山的有关事迹，分别是唐家嘉庆九年《重修三庙碑记》、道光七年《重修三庙碑记》、咸丰四年《重修旧墙围碑》、同治二年《重修三庙碑记》、南溪《香山县示》告示碑，以及前山《倡建福善堂签题碑记》。

1. 嘉庆九年《重修三庙碑记》、道光七年《重修三庙碑记》、咸丰四年《重修旧墙围碑》、同治二年《重修三庙碑记》

在唐家湾镇大同路有唐家三庙（分别是圣堂庙、文武庙、金花庙），年代久远①，香火不绝，已被公布为香洲区文物保护单位。圣堂庙俗称“唐家祖庙”、唐家三圣庙，又称“唐家大庙”，供奉三宝佛，毗邻的文武庙供文昌、关帝，第三庙供奉金花夫人，将佛、道和地方神祇一起供奉，历来是唐家百姓乡民重要的精神场所。碑文记载显示唐家围墙在咸丰四年（1854）重修过，唐家三庙分别于乾隆四十年（1775）、嘉庆九年（1804）、道光七年（1827）、同治二年（1863）做过重修。

这些碑刻记载了唐家修缮三庙和围墙时乡民的捐资情况，按照时段来看，大致可分为三个时期：

前期：即嘉庆、道光时期，主要是香山盛家第十四世时期的情况。嘉庆九年《重修三庙碑记》中就有“盛伟沛”②之名，道光七年《重修三庙碑记》中有盛世丰的父亲“盛伟任”的捐资记载③，这为唐家盛族最早参与捐资修缮三圣庙的记载。

中期：即咸丰、同治时期，主要是盛家第十五世的活动情况。咸丰四年（1854），唐家重修唐家村的围墙时，盛家众多的人士参加了捐助，其中盛世丰以

---

① 嘉庆九年《重修三庙碑记》称：“立庙或宋或元或明，遐哉邈乎其详不可得闻矣。”

② 盛伟沛，疑即盛伟配。盛伟配，调宇后连英下派，香山盛氏第十四世祖，世居唐家乡。生于乾隆三十一年（1766）七月，终于道光二十二年（1842）正月，葬沙冈，嘉庆九年（1804）本次重修三庙碑时为三十八岁。

③ 参见道光七年《重修三庙碑记》，现存唐家三庙。

捐银三百大元名列个人捐款首位[1]，另一位为盛英贤[2]，捐资两元。

后期：即九年后同治二年（1863）的三庙重修工程，盛伟任的几个儿子几乎都参与了此事。盛世丰的捐助也是最多的，列为捐款芳名之首位，当时他还是汉口劝捐首事。参与捐资的盛家人有“盛英贤”[3]“盛中权”[4]“盛达贤”[5]“盛滋贤”[6]“盛接贤”[7]“盛教贤”[8]等，除了陈、程、鲍、李、刘、谭、林、黎、马、黄、卓、卢、陆、蔡、周、阮、冯、胡、欧阳等小姓之外（冯姓最多，为五人，别的姓多为两人），其余百余名捐资者全部为唐、梁两大姓。对比起来，盛家参与捐资的有七人，盛世丰的捐资名列首位，达白银一千两正。盛家其余兄弟中除盛英贤捐银五两之外，其余则更少，这样盛世丰的捐资就显得凤毛麟角，引人注目。这充分印证了盛世丰当时事业的发达，也显示了以盛世丰为首的唐家盛氏家族的家乡情怀。

值得一提的是，笔者去年前往抄碑，几位世居唐家的老人提及盛世丰捐资修缮唐家祖庙的往事，仍然称道不已，并一一指出唐家本族之人在本次修缮中的捐资数目，以唐广善的捐资数目与之对比[9]。

这四通碑刻是香山盛氏三代人从嘉庆九年至同治二年约六十年间在唐家捐资修墙修庙的重要物证，是记载香山盛氏事迹的重要实物资料。不难看出，盛世丰这一代，是香山盛氏家族实力最强盛的时期，他在发展家族经济、提携子弟、捐资家乡等方面，都取得了前辈不可企及的成绩。后来在南溪的几代后人，也只能望其项背，在家族建设方面似未见有太多的建树。这些碑刻现存于唐家三庙中。

2. 光绪二十三年（1897）南溪《香山告示》碑

此碑共420字，主要记载南溪五位乡民请求禁止砍伐山松获准一事，是一通

---

① 参见咸丰四年《重修旧墙围碑》，现存唐家三庙。

② 疑为盛世昌，字钦贤（唐家人读钦为 yem，读英为 eng），号兰荣，军功六品顶戴，监生，候补千总加守备衔，咸丰十年（1860）在江南大营阵亡。赐恤荫嗣子盛文康袭云骑尉，祀昭忠祠，文康卒后再由嗣子盛文彪（改名鸿球）袭云骑尉，参与修筑南溪盛家祠并定居于此。

③ 盛世昌在咸丰十年（1860）就已经战死于南京金陵大营，唐家三庙本次修缮在三年之后。此处仍出现其名，疑本次捐资或早在咸丰十年之前已经着手筹款，而盛世丰、盛世昌兄弟已经捐助，所以如实记载捐资者。此仅系推测，拟或盛英贤另有其人，有待进一步研究。

④ 盛中权其人不详，但为唐家祖庙修缮捐资，似应都是唐家盛氏之支派。

⑤ 即盛世德，号俊廷，改名达贤，盛世丰之六弟，军功六品顶戴，赏戴蓝羽，广东督彪侭先守备，加都司衔，组织编修《香山盛氏族谱》。

⑥ 疑为盛世清，字滋贤，号兰轩，盛世丰之二兄，授奉政大夫。

⑦ 即盛世功，盛伟任之长子，盛世丰之长兄，字接贤，号树屏，军功六品顶戴，赏戴蓝羽。

⑧ 即盛世廉，字教贤，号让轩，盛世丰之四弟，军功侭先补用，赏戴蓝羽。

⑨ 唐广善是洋务运动要员唐廷枢、唐廷植兄弟的父亲，他捐助的300大圆据核算仅相当于200多两白银，约是盛世丰捐助的五分之一。

重要的护林告示碑。这种碑刻以湖南和北方地区较多，在广东一些地方亦有发现[①]，但目前在珠海发现较少，其在昭示民众、约束乱砍滥伐、保护森林资源和环境方面的作用是显而易见的。此外，此碑对考证福溪、沥溪的地名亦有意义。鉴于其被发现不久，目前新修订出版的《珠海市文物志》未能及时著录。碑文云：

香山县示……现据南溪乡耆民郑耀锦、绅士吴汝清、何公迈、区禅楠、盛鸿球等禀称，□耆等聚居恭常都南溪乡，后山屏列，由宋迄今遍植老松千百余株，合乡仰赖山松为后障，至乡邻一名果福缘乡，即福溪；一名白沥溪乡，即沥溪，左右各有深坑，分界各管各地，所植山松原于乡邻无碍，耆等乡人以山松为风水所关，故樵采者维一林半株不敢盗砍。讵有远邻乡人因寄居于本山之阳，该山松无碍彼赖胆敢砍去山松百余株，耆等力为劝阻，奈何恃强不恤，只得乃忍息事，厥后潜采盗砍者亦复不少。耆等劝阻无能，亟筹弭患，诚恐异乡强辈蜂拥砍伐，一经众觉，忿□不平，势必彼此斗争，酿成巨祸……批准如所请……谕该乡远近村邻诸邑人等知悉，南溪乡后山松树，由宋迄今历数百年，为合乡风水悠关，自示之后，无论何人不准擅行伤毁砍伐。倘有敢故违，一被该南溪乡绅耆指名禀控，定即饬拘，严惩不贷。各宜懔遵毋违特示。光绪二十三年十月十二日示。[②]

此碑保留了南溪盛家盛鸿球参与保护林木、维护家乡生态环境事务的历史往事，是一块重要的护林碑。原碑立于南溪后门山，碑文已漫漶难辨，20世纪80年代被移至南溪公园内供人参观。

3. 前山《倡建福善堂签题碑记》

福善堂是清末香山前山一带重要的慈善机构之一，据光绪二十七年（1901）《倡建福善堂签题碑记》碑文罗列的“倡建同人”名单可知，共四百七十二人、六十三姓参与了此事[③]。其中有诸多是香山名士，如徐润、杨镇海、郑思贤、郑观应等，盛氏家族的盛鸿焘、盛鸿球也名列其中，他们共同参与了香山前山一带慈善救助事业的筹备事宜。

此碑刻显示了香山盛氏第十六世盛鸿焘、盛鸿球的捐资事宜，这是香山盛氏家族最后一次参加家乡捐资的实物遗存。原碑于2005年5月在前山星桥街被发

---

① 广东护林碑如光绪十五年仁化县《严禁本村后山树木碑记》、乾隆二十一年乳源县《封山育林禁约山界碑》、光绪十九年肇庆《禁伐鼎湖山林木碑》、光绪二十二年博罗县《严禁砍伐山林碑》，参见谭棣华等编著：《广东碑刻集》，广州：广东高等教育出版社2001年版，第112、149、696、806页。

② 此前有人抄录了此碑碑文，但个别字句有误。为不致以讹传讹，2009年10月30日珠海市博物馆重新拓片，抄录碑文。文中□为不可辨识的字。

③ 厉式金：《香山县志续编》卷四云：“福善堂在下恭镇前山厦村之间，光绪二十一年，由白石鲍启明等倡建，联合恭、谷士绅及各埠商捐助而成，禀官立案，以赠医施药惠济困穷为宗旨。”

现，共四块，现收藏于珠海市博物馆。

由上述可见，香山盛氏家族在同治初年可谓盛极一时，这与盛世丰赴闽沪开阔眼界、经理商务，赴汉口经营实业、充当买办有直接的关系。因此，盛世丰的生平事业，是研究香山盛氏家族兴衰脉络的核心。

四、文献资料

记载香山盛氏历史的基本资料是其族谱和家谱。这两份文献结构简单，篇幅不长，但弥足珍贵。它们是香山盛氏家族的生命史，不仅记录着家族的来源、迁徙轨迹，还记录着家族生息、繁衍、婚姻、族规、家约等历史文化。其对盛氏宗族的世系、人物、迁徙、事迹以及在唐家和南溪的祖屋、祠堂、祖山、墓葬等历史图籍都有详细的保留。经过认真研究，笔者发现其中记载的一些重要的人物和史事，都能与《香山县志》印证和比照，尤其对历史细节的记述大大弥补了县志的相关记载，且纂修者文笔质朴，其记述都是依据史实直书，未发现有如一些族谱那样总是攀比或附会名人的现象①，故可谓信史。它们完整、系统地记述了盛氏家族入粤以后的变迁过程，是明清香山历史文献的重要组成部分，是盛氏家族遗留下来的珍贵历史文化遗产，值得重视和研究。

（一）《香山盛氏族谱》

共一卷，盛俊廷修纂，清同治五年（1866）刻本，辽宁省图书馆藏。这是香山盛氏在清代刊刻的第一部族谱，共分为谱序（一篇）、谱跋（一篇）、凡例（共七条）、原序（四篇，以及十六世子孙的八代宗派用字“洪基隆永，守业维勤”②）、诰敕文（七篇）、家传（含旧有七篇及新加二篇，共九篇）、各房各枝谱系（第一世至第十七世）等。

据考证，在这份刻本之前，香山盛氏的第五世祖盛绍勋在嘉靖年间就编撰了一份盛氏族谱，是香山盛氏最早编修的族谱，又称为原谱。据说该谱“巨细靡遗，用心良苦……惜体例未备，支派漫无区别，阅者茫然，罔知端绪”③，后来虽经过增修，但“岁久缺残，仅存大略”④，体例粗备，未堪付刻。

到了盛氏第十五世时，盛世丰在汉口经商有成，就多次致书其六弟盛世德

---

① 据《香山盛氏族谱》之《凡例》称：“今盛氏族谱断自明初始迁香山之祖，其于先代名贤，未尝攀附，即明初有以功封南雄侯者，实与之同时，亦不敢妄为牵扯，可谓得体。读原序足以知其大凡矣。”同治五年刻本，第9页。

② 《南溪盛氏家谱》中改之为“文宗家庆，守业维勤”，民国十九年铅印本，第4页。

③ 参见封少霞同治五年仲春《重修香山盛氏族谱序》，载《香山盛氏族谱》。

④ （清）袁铨撰：《香山盛氏族谱》之《盛氏族谱跋》，同治五年刻本，第1页。袁铨，广西平南会一里进士，道光二十七年（1847）刑部主事。

(俊廷)，敦促建祠修谱，尤其要谨慎编修族谱。盛世德亲自补编了部分内容之后，认为兹事重大，就拜请友人封蔚礽为其订正。封蔚礽，字少霞，广西容县人，咸丰二年（1852）成进士，入直中书省协办侍读事，曾"修举坛庙，编订州乘"①，与郭嵩焘等都有交往②，堪称名士大家，当时正好侨寓穗城。他不堪盛世德的再三恳求，遂按照族谱的编修体例，删繁就简，重新编排，使其纲举目张，有条不紊，终于协助盛世德完成了盛世丰的愿望，修成了现存的《香山盛氏族谱》。

由此可见，《香山盛氏族谱》虽为盛氏五世祖绍勋公所创修，后经过十五世盛世德的补充，但最终修订成稿乃是名士封少霞完成的。其谱条理清楚，世代分明，文字简练，详略得当，保存了许多细致的家族史和地方史资料，在香山现存历史文献中应具有较为重要的价值。

(二)《南溪盛氏家谱》

共一册，盛鸿焘等修，民国二十年（1931）铅印本，国家图书馆藏。这是南溪盛氏的一份家谱，但实际上并不局限于南溪，对唐家盛氏的很多人物和事迹都有详细记载。

盛鸿焘，生于咸丰七年（1857），卒于光绪二十五年（1899），原名文英，号蔚堂，盛世德之子。光绪八年（1882）本省乡试第四名举人，报捐浙江知县，特授永嘉县知县。历署乐清、瑞安、天台、钱塘、石门等县知县，以直隶州用。晚年承其父业，倾心重修家谱，撰写先祖家传与事略多篇，记载了很多家族往事。

此家谱包括盛鸿焘撰南溪盛氏重修家谱序、重修家谱增订凡例八条、原族谱重订香山盛氏族谱序、旧族谱各序、盛鸿焘撰先二伯兰轩公家传、盛鸿焘撰先三伯恒山观察公传、盛鸿焘撰先君俊廷府军妣唐恭人家传、盛鸿焘撰节妇盛胡氏家传、附录浙江巡抚刘秉璋为节妇盛胡氏请旌原稿、附录胡观察凤丹送六女云秀赴闽七绝十四首、盛鸿焘撰先兄藻裳公家传、盛鸿焘撰先从弟耀云事略、盛鸿焘撰先从弟文扬事略、盛鸿焘撰南溪老人自述记、世系图等。

值得注意的是，家谱之后附录诸多实地勘测图，对于考证其遗存很有意义，唐家祖屋就是据此发现的。附录内容包括唐家乡祖屋图、南溪祠堂全图、南溪祠堂对面园地图、吊蔄埔山（又名蟹地）图、牛地山图、龙葱（又名炉忽山）图、白石仔山图、风吹罗带山图、冈头山图、羊寮三脚金山图、羊寮大横坑山图、菴山图、东坑山图、象地山图、长沙墟山图、造贝村须禾头顶山图、梅溪村大石鼓

---

① （清）易绍德修，封祝唐撰：《容县志》卷十八《列传》，光绪二十三年刊本，载《中国方志丛书》（第196号），台北：成文出版社1974年版，第728页。

② （清）郭嵩焘：《郭嵩焘日记》（第二卷），长沙：湖南人民出版社1981年版，第168页。

后土名清花坑山图、银坑山图及盛鸿焘对后辈的训示等。其中一些地名目前已经消失或有改变，但方位比较明确，可以对比研究，寻找其历史遗存。

家谱的编撰者删去了原族谱中的诰敕文，补录了家族中女性的名字、年岁及嫁与何人等，显示出编撰者观念的进步。此外，家谱增加了盛氏重要人物的传记。盛文扬系晚清留美幼童，但对他的生平事迹和后人情况缺乏了解，所幸盛鸿焘有此记载，弥足珍贵，可供晚清留美幼童史研究者参考，特摘录如下：

从弟讳文扬，号葆臣，先四伯世廉公次子……光绪元年，清政府考取幼童赴美留学，弟年十一，由恒山公保送，选派第四批赴美留学生。精通英文，习电学，惜未毕业，全体学生奉撤归国。光绪九年，派充福州电报局领班生，整理报务，井井有条。旋升任福州电报局长，援例报捐知县，仍分发福建补用，充洋务局委员。庚子拳匪之变，闽省迭出仇杀教士、焚毁教堂重案，事平后各国领事要挟严惩祸首，株连甚多，索赔款无量数。当道被迫窘甚。弟以洋务委员独当一面，与各国领事开议，条分缕晰，详查事实，据理力争，领事无以难，遂得和平议结，商订文稿概出其手，上游大加赏识，即升任洋务局总办。能名卓著，而遽以积劳致疾，一病不起，年仅四十，论者惜之。遗孤四人，皆成立。长宗藩，更名昌华，盐务总署主事，充任两准扬子栈栈长，三宗熙，更名宗虞，盐总署科员，次宗唐，四宗丞，皆有职业，前途尚远为之舟慰焉。①

（三）《香山县志》

《香山县志》是记载香山历史最重要的综合文献。据统计，其中记录的香山盛氏共十一人。在当时的社会环境下，一个家族能有十余位人物被载入史册，殊非易事。其记载可分为三类：

第一类是关于盛氏迁香山的始祖、迁徙缘由及居地的记载：

盛（德）华，宜兴人，从军升南海卫总旗，洪武二十六年升百户即调来。孙庚，正德十六年以思恩功升副千户。②

仁都盛族始祖德华，江南常州府宜兴县人，明洪武间与毛、王、蔡、马等十二姓同分发香山为守御官，世袭百户侯。城南建有世勋祠，世居邑城，后迁居恭都外堂、南大涌等地，现历十八代，丁口共百余人。③

---

① 参见《南溪盛氏家谱》之《先从弟文扬事略》，民国十九年铅印本，第35页；又参见《研究者在〈盛氏家谱〉发现“洋务局总办”是南溪人》，《珠江晚报》，2009年6月8日。

② 嘉靖《香山县志》卷五《官师志》之《百户》。

③ 厉式金：《香山县志续编》卷三《氏族》。

(香山)县治前有十二所公祠，考明洪武初定卫所之制，香山置守御千户所、百户所，其官多世袭，军士亦父子相继，祠盖是时千户、百户等子孙流寓本境，联各姓建此，以奉其先者也，有盛氏亦居其一云。[①]

第二类是关于盛氏各辈主要建树的人物的记载，包括盛绍德[②]、盛世昌[③]、盛鸿焘[④]、盛鸿球[⑤]、盛鸿勋[⑥]、盛世丰[⑦]等人详略不一的记载或传记。

第三类是关于盛氏家族中女性的记载，共两位，分别为盛世丰之子盛文霖的未婚妻胡氏[⑧]，以及盛鸿勋的女儿盛宝琴[⑨]，表彰的都是守节和孝道之类的事宜。

五、小结

明洪武年间，常州府宜兴县盛华原只身从军入粤，到清末民初五百余年间，其后人一直稳定地居住在香山，并在此繁衍生息，至少应有十八代数百人口。光绪中叶，盛氏家族子弟率多外出谋生[⑩]，不复返粤，至民国后期南溪盛家则仅剩盛宗淇一人，寄居于祠堂，穷困潦倒，无以为生，后不知所终。

盛家由盛转衰有很复杂的原因。其家族最初的发迹是依靠先祖们的军功，后来的发展是依靠盛世丰在汉口的买办经营，此外未见各支派有较大的建树。没有在香山扎下很深的根基，没有创下丰厚的家业，特别是没有留住家族子弟在香山安居创业，这是盛氏家族发展中最大的缺憾。盛家前辈们在外宦游者不少，众多的子弟被带出去谋生，不复返乡，其个人或有发展，但大大削弱了家乡的宗族势

---

① 《香山乡土志》卷七《氏族》，中国科学院图书馆藏抄本。

② 嘉靖《香山县志》卷三《政事志·庙坛》记载："天妃像在官船厂备倭官船湾泊之所，正德中千户盛绍德立，后废。"按盛绍德为香山盛氏第五代世祖。

③ 同治《香山县志·忠义》："盛世昌，字兰荣，唐家乡人，迁居澳门……上谕赠都司衔以都司例，赐恤荫，嗣子文康袭云骑尉，祀昭忠祠。"

④ 厉式金:《香山县志续编》卷九《选举表》："盛鸿焘，原名文英，南溪人，字伟堂。八年壬午科第四名，报捐浙江知县，特授永嘉县知县，历署乐清、瑞安、天台、钱塘、石门等县知县，以直隶州用。赏戴蓝翎，弟鸿球。"

⑤ 厉式金:《香山县志续编》卷九《选举表》："盛鸿球，原名文彪，南溪人，字耀云。十一年乙酉科第十四名，世袭云骑尉，兼恩骑尉。"

⑥ 厉式金:《香山县志续编》卷九《选举表》："盛鸿勋，原名文炘，号藻裳，十八年授广西岑溪县知县，历署北流、天河、融县、贺县知县，蓝翎四品衔，升用直隶州。"

⑦ 厉式金:《香山县志续编》卷十一《列传》。

⑧ 厉式金:《香山县志续编》卷十三《列传》。

⑨ 厉式金:《香山县志续编》卷十三《列传》。

⑩ 参见《南溪盛氏家谱》之《南溪盛氏重修家谱序》："光绪中叶，子弟率多外出，或求学于津沪，或宦游于桂浙，或执业于商场、铁路，皆散处四方，职务羁身，末由返里，乡居者曾无几人。"民国十九年铅印本，第7页。

力。当然，清末民初香山时局的动荡、宗族观念的逐渐淡薄以及子弟们经济状况的局限都是不容忽视的因素。但无论如何，香山盛氏的发展和变迁史是耐人寻味的，值得深入研究。

与明清时期香山其他宗族的人口发展和地域扩张情况相比，盛氏算不上一个很大的家族，更不是豪门望族，家族势力相对微弱①，但其家族的发展和变迁涉及香山历史研究的一些重要内容。如其迁粤始祖盛华原系军户移民，其相关资料有助于对明代香山军户的研究，可以说盛氏家族是从明初军户移民发展成香山宗族的典型个案；第十五世盛世丰在汉口作买办的情况，西方学者都有深入的研究，我们研究香山买办似不能漠视之；第十六世盛文扬的生平和事迹，有助于对晚清留美幼童历史资料进行补充；盛氏家族的人口资料基本完整，居地、生卒和葬地较为清楚，这对明清时期香山移民史和人口史的研究大有裨益。希望能引起有关论者的关注和深入研究。

① 据盛鸿焘在描绘盛伟任之墓的《风吹罗带山图》后注云："风吹罗带祖坟后面界址于前两年被唐姓某公着人拔去，既未与我家理论，又不竖立新界，从此搁置。某公做事无常，恐已忘却，故暂不向理，将来再无动静，可将旧界竖还，如有事再向交涉。酌量定界，尽可和平了解。"盛伟任系唐家盛氏十四世先祖，盛世丰的父亲，其坟界受到唐姓侵扰时采取忍让求全、息事宁人的态度。

抗拒与屈从：自梳女对婚姻的矛盾心态[①]

杨锦銮[②]

女子自梳是盛行于近代珠江三角洲地区的特殊婚嫁习俗。中国旧时，未嫁女子的发式为梳辫，已嫁则为梳髻。一般在出嫁当日，由母亲或大妗姐等长辈为其改梳云髻，以示身份的转变。近代珠三角地区的一些女子，为抵抗封建婚姻的束缚，在经济上获得独立后，毅然选择独身终老。和出嫁一样，她们也通过一系列独特的仪式，自行易辫为髻，以此向社会表明不言婚嫁的决心，这种仪式被称作"自梳"或"梳起"，梳起的女子被称为"自梳女"。

"自梳女"这一独特的民俗事象，曾引起海内外学者的关注，相关研究成果亦不少。检视这些成果，可以看到，它们主要集中于对自梳风习出现的原因、自梳的性质和意义等进行探讨。近年来的研究视野虽有拓展，但一个与自梳女联系密切的话题——自梳女与婚姻的关系，还缺乏系统细致的梳理。其实，自梳女与婚姻之间有着割舍不断的牵连。自梳女对婚姻一直怀着既逃避、抗拒又屈从、妥协的矛盾心态，这一矛盾心态在其日常生活习俗、行为规条中多有体现，反映在自梳女的行动上就是在坚持独身的同时，又采用类似婚嫁的身份象征[③]。本文拟就自梳女对婚姻的矛盾心态及其表现作一梳理，以期理清其基本面相，从而深化对自梳女现象的认识。

一

自梳女的起源是复杂的，由历史、经济、社会习俗等多方面因素构成，但对封建正统婚姻的逃避和反抗无疑是其自梳不嫁的内在驱动力之一。正是基于此，人们对自梳女的认识或许就是抗婚独身的形象。其实，这一粗略的印象大体也是没错的。中国传统社会是以男性为中心的封建宗法社会，男尊女卑的观念根深蒂固。女性"未嫁从父，既嫁从夫，夫死从子"，一生都处于遭受歧视、欺压的从属地位。尤其是婚姻，可谓主宰着她们的命运。而中国传统婚姻是典型的盲婚哑嫁，婚姻的缔结不需要当事人的意愿参与，决定权在"父母之命，媒妁之言"。

---

① 本文已发表于《岭南文史》2008 年第 4 期。

② 【作者简介】杨锦銮，华南师范大学历史文化学院副教授。

③ 李宁利等：《自梳女的"婚嫁"象征》，《广西民族研究》2004 年第 3 期。

因此，封建婚姻制度下女性的命运多是悲惨的。近代珠三角地区就流传着这样一首民谣："鸡公仔，尾弯弯，做人媳妇甚艰难：早早起身都话晏（晚），眼泪唔（不）干入下间（厨房）。下间有个冬瓜仔，问过老爷（家翁）煮定（或）蒸？老爷话煮，安人（家姑）话蒸；蒸蒸煮煮都唔中意，拍起台头闹（骂）一番。三朝打烂三条夹木棍，四朝跪烂九条裙！"① 这就道出了出嫁女在夫家的卑微地位及其辛酸处境。在自梳女盛行的顺德还有这样一个故事代代相传：很久以前，顺德容奇镇有一胡姓人家，养了五个女儿，大姐嫁给有钱人成为"守墓清"（即嫁给已死的男人）；二姐嫁给富商做妾，过门不到一年，不堪大婆、丈夫打骂和家公的调戏而跳井自尽；三姐嫁给一个穷石匠，丈夫采石时跌断了脚，家无生计，被逼拖儿带女上街乞食；四姐嫁给穷耕仔（雇家），生活重担使她未及三十岁便面黄鬓白；五姐不想重蹈四个姐姐的覆辙，二十六岁仍不愿相亲，最后决定永生不嫁人，父母无奈，只得卖一亩桑基，在村头置一小屋让她独居。从此五姐自梳发髻，自食其力，在当地遂成风气。② 封建婚姻中女性的不幸在这些歌谣、传说的流传中得到强化（实际上女性婚姻幸福也不乏其例），它们在珠三角的长传不衰，反映出自梳女的出现与女子反抗传统婚姻和封建礼教关系尤大。

旧时广东还有出嫁女开"叹情"（即"哭嫁"）的民俗③，她们在嫁前哭叹身世，有如生离死别。哭唱的内容之一就是诉说出嫁女如何被男家欺负、在男家如何没有地位等；有些女子甚至宁死不嫁，在婚前自尽。这些例子使那些尚未步入婚姻的女子对婚姻产生恐惧。为了逃避封建宗法家庭的虐待，摆脱夫权的摧残，她们不惜牺牲美好的青春，以终身幸福为代价，选择自梳终老。

香港学者叶汉明博士提出，"沙头自梳女都表示对男性有偏见，并有强烈的婚姻和生育恐惧感。和邻近地区一样，这儿的自梳女都有许多关于已婚女性亲属受丈夫、家姑、姻亲等虐待，自杀死后化为厉鬼复仇的恐怖故事。这些故事在自梳女群中一代一代流传下来。她们在少年时代已从'女仔屋'中听过这些故事，并接受自梳女长辈独身观念和自立精神的熏陶，也透过同辈间的相互影响建立彼此相约不嫁的姊妹情谊纽带"④，"她们视婚姻为奴役和屈辱，有性交恐惧，并以生育为不洁罪愆。这些共同观念在她们的社群中代代相传，形成一套固定的价值意识，通过宗教崇拜、民俗仪式、节庆活动、故事歌谣等形式表达出来"⑤。

---

① 陈遹曾、黎思复、邬庆时：《"自梳女"与"不落家"》，载中国人民政治协商会议广东省委员会文史资料研究委员会编：《广东文史资料》（第十二辑），广州：广东人民出版社 1964 年版，第 173 页。

② 欧阳婉娆：《珠江三角洲"自梳女"风俗初探》，《广西民族研究》1992 年第 2 期。

③ 屈宁、高丽、冯惠棠访录，屈宁整理：《梳起走四方：广东顺德自梳女人生追踪》，载李小江主编：《让女人自己说话：文化寻踪》，北京：生活·读书·新知三联书店 2003 年版，第 98 页。

④ 叶汉明：《主体的追寻——中国妇女史研究析论》，香港：香港教育图书公司 1999 年版，第 192 页。

⑤ 叶汉明：《主体的追寻——中国妇女史研究析论》，香港：香港教育图书公司 1999 年版，第 218 ~ 219 页。

自梳女对婚姻的抗拒意识还能在自梳女群体中盛行的“迷夫术”中找寻到踪迹。“迷夫术”是一种巫术，据说能置心存贰志的自梳女的丈夫于死地。若有自梳女中途变志，其金兰姊妹便会设法取得其丈夫的生辰八字，作法念咒将他魇死。充斥着神秘色彩的“迷夫术”通过加害于变节者的丈夫，以惩罚背弃诺言的自梳女，同时对其他自梳女起到训诫的作用，从中不难看到自梳女对男性的厌恶感以及由此而产生的对男性和婚姻的诅咒。

自梳女对婚姻的抵抗还可从她们所信奉的神灵的形象得到求证。作为自梳女信奉的主要神灵，天后、观音、七姐等大都是抗婚的典范，“自梳女的守护神观音就是贞洁的象征。传说中的观音为了逃避婚姻的不洁净，违抗父命坚持不嫁，结果为父所杀”①。其他民间传说也有特别流传于自梳女中的版本，比如，她们所拜的“七姐”的传说，强调的就不是长期流传的主题——牛郎和织女的爱情，而是七姐妹的不嫁和相互之间的情谊：“七个女子，大家是好姊妹。而牛郎喜欢了排行第七的女子，但七人决定不嫁，眼见牛郎痴心，所以容许他一年见七姐一次而已。”② 这些神灵都把独身和贞洁奉为价值观念的核心。很显然，自梳女们所信奉的（尤其是经她们改编过的）神灵身上寄托的是自梳女的价值取向和人生追求。

二

尽管自梳女对婚姻心存厌恶、恐惧甚至绝望，但她们在日常生活中又实在无法彻底摆脱千百年来为人们所普遍认可并遵从的婚姻生活形态的影响，从而表现出对婚姻的妥协、屈从乃至还有那么一点说不清、道不明的神往之意。

按照珠三角的风俗，女儿是不能死在娘家的，死后也不得葬在娘家，否则会给娘家带来晦气（是为“驮衰家”）。身为自梳女，即使平时能被容许留在父母家（实际上，不少自梳女担起了父母家的养家重担，“父母把她们当作宝贝儿子一样对待”③。她们被俗称为“把家姑婆”。按照当地传统的宗法观念，“把家姑婆”有权视母家为己家，以操持母家之事为己任，兄嫂弟妇辈不敢非议，即便有些专断之行，母家亲属也只能忍让，否则要遭到乡亲的指责，非万不得已，不能迫使她们离开家庭④），但到年老病危时，她们还是得搬离家。“按照传统族规，她们临终时要搬出家外，在山脚或溪边的棚屋里等死。她们的神主牌位也不能供

① 叶汉明：《主体的追寻——中国妇女史研究析论》，香港：香港教育图书公司1999年版，第219页。

② 马建钊、乔健、杜瑞乐主编：《华南婚姻制度与妇女地位》，南宁：广西民族出版社1994年版，第134页。

③ 叶汉明：《主体的追寻——中国妇女史研究析论》，香港：香港教育图书公司1999年版，第193页。

④ 叶春生：《岭南民间文化》，广州：广东高等教育出版社2000年版，第193页。

在父母家中"①，有些则被抬到姑婆屋，死后葬在姑婆山，神位也被安放在姑婆屋。虽然自梳女的身后去向有了着落，但由于迷信观念作祟和传统观念影响，很多自梳女还是为此忧心忡忡，无法释怀。为了避免沦为无人祭拜的游魂野鬼，她们千方百计地寻求解脱之法。

于是，一些自梳女通过"不落家"取得夫家，也有些女子受父母胁逼，无法"自梳"，只好采取假婚的方式。《中华全国风俗志》记载番禺、顺德地区皆有"不落家"之风，"不落家者，即云女子已嫁，不愿归男家也"②。按照传统俗例，新娘三朝要"回门"，但"不落家"女子虽过门行礼，却不与丈夫同寝，三朝回门后即不复返回男家，不到夫家落户。③

为了保全新娘的处子之身，在新婚之夜，自梳姐妹还"发明"了一套特别的防御之法：她们制作了一套上下相连的紧身衣服让新娘穿上，为的是不让新郎轻易扯开。对此，自梳姐妹们事后还要"相验"："于将成礼之日，先将嫁者之衣服脱去，用布袋将其上下体遍加束缚，更密缝之，以为符记。及次日新妇归母家，诸女伴乃验其带裹线缝之封识，若不符原式者，必相聚而痛殴之，虽父母无如何也。"④ 贞洁在自梳女群体的价值世界中占据着无可替代的地位，为了保全贞洁，新娘甚至不惜以命相抗，因此有些自梳女会携带剪刀、绳子等自尽工具，防止新郎逼近自己的身体，若新郎施以暴力，新娘则大声呼救，乔装成从嫁的大妗姐的自梳姐妹便应声而出，解救新娘于危难之中，助其全冰清玉洁之身。很显然，姐妹群的集体意志和力量对自梳之风的形成起到了推波助澜的作用。

因为自己不能尽为妻之责，"不落家"的自梳女会给夫家一些钱物，供丈夫纳妾之用。由于自梳女仍旧保留主妇身份，遇重大节日或夫家有红白喜事时，夫家例必派人迎回，尤其是翁姑及夫婿丧事，她们必须回去"上服"尽"孝"。此外，她们与夫家则几乎没有什么干系，直至身老病重、无可救药时，才被抬回夫家待死。而"弥留期间的饮食、医药以至身后的一切殓葬、招待费用，俱由女方自备，不用婿家破费一文，且多有遗产留给其妾及庶出子女，婿家亦必以主妇礼丧送"⑤。

除采取"不落家"的形式之外，自梳女还借助"守墓清"等方式来寻求某种解脱。"守墓清"亦称"嫁鬼""守清白"或"买门口"，即通过名义上嫁给一个已死去的男人，寻求一个死后灵魂栖身之所。

---

① 叶汉明：《主体的追寻——中国妇女史研究析论》，香港：香港教育图书公司 1999 年版，第 193 ~ 194 页。

② 胡朴安：《中华全国风俗志》（下编），石家庄：河北人民出版社 1986 年版，第 390 页。

③ 刘志文主编：《广东民俗大观》（下卷），广州：广东旅游出版社 1993 年版，第 508 页。

④ 胡朴安：《中华全国风俗志》（下编），石家庄：河北人民出版社 1986 年版，第 388 页。

⑤ 陈遹曾、黎思复、邬庆时：《"自梳女"与"不落家"》，载中国人民政治协商会议广东省委员会文史资料研究委员会编：《广东文史资料》（第十二辑），广州：广东人民出版社 1964 年版，第 178 页。

无论是通过“不落家”还是“守墓清”，自梳女都可算作夫家族中的一员，可以名正言顺地葬在夫家的祖坟，其神主牌位也理所当然地放到夫家的宗祠，接受夫家人的祭拜。这样，令自梳女备受折磨的身后归宿的难题才得以勉强解决。自梳女们虽然有着非凡的反封建勇气，但在传统礼俗的无形围攻下，最终还是不得不缴械屈就。

造成自梳女这种既抗婚又结婚（其实是“假婚”）的生活状态的内在根源，在于珠江三角洲地区迷信观念的炽盛，以及传统社会下封建礼教的桎梏。封建婚姻强加给妇女的沉重的枷锁和传统礼教的无形绳索，使自梳女们对独立和自由有着强烈的渴望，因而表现出顽强抵抗封建传统的姿态，但中国社会由来已久的传统观念仍无时无刻不在折磨着自梳女这一选择了不同寻常的人生道路的女性群体，使她们在挣脱婚姻的束缚、获致独立自由后依旧得不到内心的安宁，而必须为身后事千思百虑、费尽心机。为此，自梳女不得不对自己的婚姻态度作出调整，从而表现出对传统婚姻的无奈屈从和妥协，甚至在日常生活中不经意地流露出对婚姻生活的一丝憧憬和向往。这在她们的梳起仪式、契姐妹间的契约行为、收养继承问题等方面都有所体现。

作为抗婚群体，自梳女选择自梳其实意味着终生与婚姻绝缘，但颇为耐人寻味的是，在梳起时，她们也要举行严格、庄重的仪式，与女子出嫁的仪式极其相似。梳起前夕，准备梳起的女子提前三天戒吃荤食，日子到了再以黄皮叶煲水的香汤沐浴净身，自梳姐妹会还要对即将自梳的女子传授“心法”：如何坚持独身、自立以及姐妹间如何互相扶持，这与一般女子在婚礼前听从母亲教导在婆家应如何为人处事如出一辙。正式梳起之前，也需先请风水先生挑选吉日良辰。梳起仪式一般在神庙进行，由知心姐妹陪同前往，带备新衣、新鞋、新袜、红头绳、镜妆以及烧猪肉、鸡、生果、元宝、香烛、酒菜等祭品。到神庙后，摆开祭品、衣物，点燃香烛，向神像三跪九叩，发誓起盟，然后由已梳起的姐妹为她解开作为姑娘身份标识的辫子，改梳辫为梳髻，并换上新衣，再向神像叩拜，接受姐妹的祝贺。仪式完毕，就算梳起，表示不再嫁人。有些经济富裕的自梳女，还会摆酒设宴，接受亲友的贺礼，俨然视梳起为人生的一大喜事，跟结婚喜礼一样。如果家庭不同意梳起，仪式后则托“老姑婆”代为转达，并将祭品分送亲友食用，有如派喜糖一般。亦有自梳女因家贫或其他因素，梳起仪式会简单一些，仅到神庙里拜过神明，然后请长辈易辫为髻，自梳仪式便算完竣。对于梳起一事，当事人都相当慎重，因为一经梳起，即成铁案，日后如有翻悔，则会受到来自乡规的严厉责罚，重者要“浸猪笼”。①

---

① 陈遹曾、黎思复、邬庆时：《“自梳女”与“不落家”》，载中国人民政治协商会议广东省委员会文史资料研究委员会编：《广东文史资料》（第十二辑），广州：广东人民出版社1964年版，第174页。

自梳意味着与异性和婚姻划清界限。对于生活在姑婆屋中的自梳女来说，日常生活里所能接触的便只有一同起居劳作的姐妹了。在岁月的沉淀中，情谊渐深的自梳女之间便有了“义结金兰”“金兰契”“契相知”等更亲密的一层关系。张心泰的《粤游小识》就有这样的记述：“广州女子多以拜盟结姊妹名金兰会。女出嫁后，归宁恒不返夫家，至有未成夫妇礼，必俟同盟姊妹嫁毕，然后各返夫家。若促之过甚，则众姊妹相约自尽。……近十余年，风气又复一变，则竟以姊妹花为连理枝矣。且二女同居，必有一女，俨若蒿砧者，然此风起自顺德村落，后传染至番禺沙茭一带，效之更甚，即省会中亦不能免。又谓之拜相知，凡妇女订交后，情好绸缪，逾于琴瑟，竟可终身不嫁。”① 自梳女“义结金兰”时，须订立“金兰契”，立契场面之热闹、隆重丝毫不亚于婚礼，“如双方颇有意，其一方必先备花生糖、蜜枣等物为致敬品，以为意思之表式。若其他方既受纳，即为承诺，否则为拒绝。至履行契约时，如有积蓄者，或遍请朋侪作长夜饮，而其朋侪亦群往贺之”②。立契后的自梳女，“坐卧起居，无不形影相随”③，俨然夫妻一般。契姐妹间必须相互忠贞，否则会受到众姐妹的鄙视乃至惩罚：“女子在室订为契姊妹者，不得他约，有他约则共其遂之，谓之打相知。”④

在对异性及婚姻绝望后，自梳女坚持独身不嫁，但是，和任何鲜活的生命个体一样，自梳女在生活中也渴望爱的慰藉。为了排解内心的孤寂，在清一色的同性生活环境中，这种爱只能指向朝夕相处的姐妹。在日复一日的单调生活中，就不免会出现与男欢女爱相类的生活内容：“按二女同居，虽不能具有男女之形式，实具有男女之乐趣，或云适用摩擦力，或云适用机械的。”⑤ 透过不多见的此类记载，我们可以约略窥探到，在自梳女情感世界最隐秘的那个角落，还存留着一丝对异性、对婚姻淡淡的向往。

金兰姐妹非常强调从一而终，义结金兰的姐妹犹如夫妇一般，绝不容许第三者插足。在自梳女群体中盛行的、为防止姐妹中途变志而创造出来的“迷夫教”，则成为自梳女的桎梏，自梳女以此互相恐吓，使之不敢有违。这些在自梳女中被极力崇尚的行为规范与传统婚姻中对忠贞的道德要求何其相似。

由于没有子嗣，一些自梳女为了日后能有人给自己养老送终，有的会收养子女，有的则“择继”，即选择年青的自梳女为“徒弟”。而当自梳女“徒弟”者，事师须唯孝唯敬。师傅有疾病，须躬侍汤药；师傅去世后，须上孝着服，承担殓

---

① 张心泰：《粤游小识》卷三《风俗》，转引自叶汉明：《主体的追寻——中国妇女史研究析论》，香港：香港教育图书公司 1999 年版，第 278 页。

② 胡朴安：《中华全国风俗志》（下编），石家庄：河北人民出版社 1986 年版，第 390 页。

③ 胡朴安：《中华全国风俗志》（下编），石家庄：河北人民出版社 1986 年版，第 390 页。

④ 同治《番禺县志》卷六。

⑤ 胡朴安：《中华全国风俗志》（下编），石家庄：河北人民出版社 1986 年版，第 390 页。

葬、立（神）主供奉、春秋祭扫等义务。而师傅遗下的金钱、衣物、房屋等一切资财，亦统由“徒弟”继承。另外，也有的选择“过继”，即选择兄弟的子女作为自己的继承人。[①] 从自梳女有关宗法继承的一系列做法中，可以看到她们参照的其实还是传统婚姻的继承制度，不同的是她们不是基于血统的次序，但在继承的权利与义务对等一体等方面则并无二致。可以说，这也是自梳女依照传统婚姻的模式对其缺位婚姻的独特生活状态的一种自我调适。

三

自梳女对正统婚姻既抗拒又屈从的矛盾交织的心态在她们的日常生活中多有体现。如之前所说，在宗教信仰上，她们所信奉的形形色色的神灵（有的明显经过了她们的改编和创新），大都是抗婚的典范，视贞洁与生命同等重要。这样，她们的独身行为就变成了跟随神明的榜样指引，具有了某种“合法性”和神圣感，可以规避某些来自世俗社会的反对和压制。她们的多神崇拜本身也说明独身给自梳女带来的不安全感十分强烈。她们因恐惧结婚后的生活而选择独身，独身后又恐惧各种社会力量的排斥和孤立。因此，她们信仰各种各样的神，希望得到多方面的庇佑和保护，以此排解抗婚的“异端”行为与主流文化不相融合所带来的不安全感。[②] 作为特殊的不婚人群，自梳女要获得外界的认可，必须作出一系列与传统观念相适应的行为调整，如通过类似嫁娶仪式的自梳仪式来获得模拟的已婚身份；不想成为连累族人的不祥之人，以“不落家”“守墓清”的方式，获得死后身葬的归宿，以免与传统观念的忌讳相抵触，如此等等。正因为这样，自梳女“虽置身于婚姻制度之外，却仍为社会所认受”[③]。叶汉明博士将其归纳为“主次文化既相异又相容的吊诡情况”[④]。

自梳女以自己独特的方式抗拒着当时的正统婚姻，这种颇具叛逆性的生活方式在明清之际资本主义萌芽比较发达的珠三角一带逐渐衍成风习，绵延数百年而不绝，生成为一道独特的民俗文化景观。在当时特定的历史条件下，自梳女的存在本身无疑是对中国传统社会中正统婚姻文化体系的一次无情的破坏，表现出她们敢于与传统决裂的巨大勇气。但是，为了选择和维持这种生活方式，自梳女要承受常人难以想象的巨大压力，立誓不嫁只是她们对正统婚姻的一种逃避，对根

---

① 陈遹曾、黎思复、邬庆时：《“自梳女”与“不落家”》，载中国人民政治协商会议广东省委员会文史资料研究委员会编：《广东文史资料》（第十二辑），广州：广东人民出版社1964年版，第185页。

② 肖冰：《解读广东顺德自梳女的宗教信仰》，《顺德职业技术学院学报》2004年第1期。

③ 叶汉明：《主体的追寻——中国妇女史研究析论》，香港：香港教育图书公司1999年版，第218页。

④ 叶汉明：《权力的次文化资源：自梳女与姊妹群体》，载马建钊、乔健、杜瑞乐主编：《华南婚姻制度与妇女地位》，南宁：广西民族出版社1994年版，第71页。

深蒂固的传统礼法而言，它并不具有颠覆的意义；相反，为了使这种选择被承认和合理化，经过内心的挣扎，她们依旧回归传统礼俗的轨道，甚至无条件地接受着许多正统的价值观念。实际上，她们抗拒的只是婚姻的形式，对于传统思想中对不婚女子的歧视根本无心、无力也无从抵抗。

为了摆脱封建婚姻的枷锁，自梳女采取了不婚不嫁的消极态度。从某种意义上讲，这未尝不是一种人性的扭曲：她们抗拒了婚姻，却放弃了对真正的生命本体意义的追求。这样的反抗，正如叶春生教授所说，毕竟不能彻底改变妇女的命运，只能是一种病态的畸形的反抗。①

① 叶春生：《珠三角的“自梳女”》，《西江大学学报》2000 年第 4 期。

波罗诞：从国家祭祀到民间庆典[1]

徐燕琳[2]

一、以时谨祀，鼓舞祀神

波罗诞源于拜祭南海神的国家祭祀。清仇巨川《羊城古钞》谓："南海神庙在城东南扶胥之口，黄木之湾。庙中有波罗树，又临波罗江，故世称波罗庙，祀南海神。……神自唐开元时祭典始盛，册尊为广利王。宋康定中，加号洪圣王。皇祐二年，以侬寇遁，赖神功，加号昭顺。绍兴七年，加号威显。元至元二年，加号广利灵孚。明洪武三年，始封南海之神。国朝屡遣官致祭、重修，封南海昭明龙王之神，每岁二月上壬日致祭。"这段话大致描述了南海神庙祭典的情况。

南海神庙的修造始于隋。《隋书·礼仪志二》："开皇十四年闰十月，诏……东海于会稽县界，南海于南海镇南，并近海立祠。"以后历朝南海神祭祀礼制愈加谨严。唐韩愈《南海神庙碑》云："海于天地间为物最巨。自三代圣王莫不祀事，考于传记，而南海神次最贵，在北东西三神、河伯为上，号为祝融。天宝中，天子以为古爵莫贵于公侯，故海岳之祝，牺币之数，放而依之，所以致崇极于大神。今王亦爵也，而礼海岳尚循公侯之事，虚王仪而不用，非致崇极之意也。由是册尊南海神为广利王，祝号祭式，与次俱升。因其故庙，易而新之，在今广州治之东南海道八十里，扶胥之口，黄木之湾。"北宋治平四年（1067）章望之《重修南海庙碑》称："立夏之节，天子前期致祝册文，命郡县官以时谨祀，牺牲器币，务从法式。罔或不恭，典刑其临。"元至正十五年（1355）牛继志《代祀南海庙记》云："廷臣陛请：'岳镇海渎，岁有恒祀，宜遣香如旧礼。'皇帝嘉其奏，手香于额，分授使者，若曰：'往敬之哉！'"明洪武二年即开始遣使徐九皋祭祀南海，"将事惟谨"，之后多次进行。清代亦"特遣专官，式循旧典"（《波罗

---

① 基金项目：教育部人文社会科学研究规划项目"岭南戏曲与岭南文化生态研究"（12YJA760077）、广东省普通高校人文社会科学研究项目"文化体认与地方构建：岭南戏曲史研究"（11SKLY30）、广州市社科联第十三次社会科学研究项目"岭南戏曲与岭南社会研究"（11WYXM015）。本文已发表于《羊城今古》2012年第1期。

② 【作者简介】徐燕琳，华南农业大学人文与法学学院教授。

外纪》卷六《碑牒》)。裘行简《承祭南海庙礼成述事》谓:"熙朝盛典重祇告,每逢国庆专官遣。春秋二祀礼乃备,陪以六侯与课荐。"(《波罗外纪》卷八)

元至元三十年(1293),王献所作《祀南海庙记》记录了一次祭祀的过程:

至元癸巳春三月戊寅,中奉大夫御史台侍御史郑制宜、侍仪司承奉班都知扬弥坚奉皇帝命,捧御香、锦幡、银合等物,驰驿至广州,俾有司备仪礼致祭南海广利灵孚王。

越翼日己卯,乘舟诣祠所。方时雨愆期,甫及半途,云兴雷作,嘉澍遂降。既至,斋宿庙下。庚辰昧爽,乃陈牲币荐醴,齐笾豆,静嘉庭实,旅百乐具。既奏,登降有数,云軿停雨,风驭敛飙,烛光辉映,瑞霭氤氲。而神之格思,福禄来崇,有不可度者。礼成而竣,风潮送舟,雨云逐幔,桨夫和歌,欢声动荡,何和气之熙熙也如此![①]

二、香火万家市,烟花二月时

南海神的祭祀作为庄严的国家典仪,"历代严奉"(清叶名琛《重修南海神庙碑记》)。与此同时,南海神诞也成为珠三角一带重要的民俗庆典——"波罗诞"。

早在南宋时,已有刘克庄《即事》诗描述波罗诞盛况:"香火万家市,烟花二月时。居人空巷出,去赛海神祠。""东庙小儿队,南风大贾舟。不知今广市,何似古扬州。"[②] 清崔弼《波罗外纪》卷二记载甚详:"波罗庙每岁二月初旬,远近环集如市。楼船花艇,小舟大舸,连泊十余里。有不得就岸者,架长篙、接木板作桥,越数十重船以渡。其船尾必竖进香灯笼,入夜明烛万艘与江波辉映,管弦呕哑嘈杂,竟十余夕。连声爆竹,灯火通宵,登舻而望,真天宫海市不过是矣。"十三日为正诞,拜神者络绎,"庙门填塞不能入"。"庙前作梨园剧一棚。近庙十八乡各奉六侯为卤簿,葳蕤装童男女,作万花舆之戏。自鹿步、墩头、芳园,皆延名优,费数百金以乐神。"庙前广场"搭篷作铺店。凡省会、佛山之所有日用器物玩好、闺阁之饰、儿童之乐,万货荟萃,陈列炫售,照耀人目"。诸物中尤以波罗鸡为胜。村民"糊纸作鸡,涂以金翠或为青鸾彩凤,大小不一,谓之'波罗鸡'。凡谒神游剧者必买符及鸡,馈遗邻里,谓鸡比符尤灵,可以辟鸟雀及虫蚁作护花铃云"。丘逢甲《波罗谒南海神庙》亦载:"神寿知几何?云是神诞辰。香烟霭高空,广庭杂羞珍。鱼龙进百戏,曼衍何侁侁。是时庙市集,蛮语争蛮银。泥鸡绘丹彩,妙若能鸣晨。终岁妇孺工,罄售未浃旬。年年荷神庥,

---

① 冼剑民、陈鸿钧编:《广州碑刻集》,广州:广东高等教育出版社2006年版,第331页。

② 王云五主编,吴之振、吕留良、吴自牧选编:《宋诗钞》,北京:商务印书馆1935年版,第2356页。

近庙民不贫。”①

南海神诞的活动，包括海上狂欢、陆上集会和四乡会景。每年农历二月十一、十二、十三日是波罗诞，其中十三日是正诞。是日，广州附近和珠三角各县村民提前划船来到南海神庙附近。船上彩旗飘扬，罗伞缤纷，有的还搭设舞台表演节目。入夜灯烛闪闪，星河璀璨，陆上则有各种游艺杂耍、粤剧演出、摊档买卖。人山人海，游人如鲫。会景当天，四乡百姓以神庙为中心，敲锣打鼓，燃放鞭炮，手持香火，抬着神像四出巡游。每年波罗诞期间，十五个乡的乡民家家蒸糕裹粽，以祀神和赠送亲友。②

关于“波罗”得名的来由众说纷纭，一说以树名，又说以江名。清范端昂《粤中见闻》卷十二：“由珠江而东至扶胥之口、黄木之湾，南海神庙前有波罗树二根，因名其江为波罗江。”③ 道光三十年庚戌（1850）谭莹等乡绅《呈请重修南海庙文》：“南海神庙与府同在城东南八十里扶胥之口，黄木之湾。庙中有波罗树，又临波罗江，故世称波罗庙。”④ 曾锦初等编撰的《龙川文薮》甲编张竹人《游波罗庙赠石云上人》诗注引《通志》谓，南海神庙因在波罗江之上，故称波罗庙。⑤ 又说“波罗”是梵文“波罗密多”的音译，意为“到彼岸”，并有“办事成功”之意。古代外国商船经历惊涛骇浪，来到广州，船员遥望神庙时很是兴奋，欢呼“波罗密多”，所以将此庙称为“波罗庙”。⑥ 民间又有“番鬼望波罗”的传说。宋代许得已作《南海庙达奚司空记》谓其乃达摩的三弟，随同来穗，并载其神迹。⑦ 明人汤显祖亦有《有达奚司空立南海王庙门外》一诗。清仇巨川《羊城古钞》“达奚司空”条言：“相传波罗国贾舶泊此，一人携波罗子二枚种之；风帆忽举，众置之以去，其人望且泣，遂立化于山上。后人漆其身，加以衣冠，称达奚司空，祀于庙左。又有谓奚为达磨之弟，入中土死此，为神，其像以真身塑。”⑧ 檀萃《楚庭稗珠录》卷三《粤囊下》“南海神庙”条载：“中门之左，有达奚司空立像，黧面白眼，跂而前望，若有所招呼。司空外蕃波罗人，随贾舶来，泊黄木湾，携波罗子植于庙，回望舶已举帆去，且望且泣，立化于此。庙人因其身加衣冠而像之。至今千年，勃勃如生。树追今茂，故庙与江且因以易名。”⑨ 该庙原来主要供奉南海神，后配以六侯，第一名便是“助利侯

① （清）丘逢甲著，冯海荣选注：《丘逢甲诗选》，上海：华东师范大学出版社 1992 年版，第 165 页。
② 刘志文主编：《广东民俗大观》（上卷），广州：广东旅游出版社 1993 年版，第 574 ~ 576 页。
③ （清）范端昂撰，汤志岳校注：《粤中见闻》，广州：广东高等教育出版社 1988 年版，第 126 页。
④ 广州市地方志办公室编：《南海神庙文献汇辑》，广州：广州出版社 2008 年版，第 199 页。
⑤ 曾新华、陈国忠、曾锦初编撰：《龙川文薮》，深圳：雅园出版社 2002 年版，第 369 页。
⑥ 何薇编著：《广东旅游文化风情录》，广州：广东经济出版社 2006 年版，第 38 页。
⑦ 广州市地方志办公室编：《南海神庙文献汇辑》，广州：广州出版社 2008 年版，第 173 页。
⑧ （清）仇巨川纂，陈宪猷校注：《羊城古钞》，广州：广东人民出版社 1993 年版，第 157 页。
⑨ （清）檀萃著，杨伟群校点：《楚庭稗珠录》，广州：广东人民出版社 1982 年版，第 109 页。

达奚司空”。叶春生认为，扶胥江、南海神庙和神诞“波罗”之名均来源于此。[①]

三、“第一游波罗，第二娶老婆”

随着波罗诞的复兴，“第一游波罗，第二娶老婆”的俗谚也重新被提起。一般人往往将其理解为“将‘游波罗’放在娶老婆这样的人生大事前面，显示了对波罗诞的重视”。考张守常所辑《中国近世谣谚》，此说不正确。

民国时人邬庆时《南村草堂笔记》刻本（有1920年邬庆时序）卷一第一篇《番禺之风俗》，其中第7页载俗谚曰：“第一游波罗，第二娶老婆，第三绒线柜，第四担纱箩。”张守常认为：“盖谓猎艳也。”他解释说，二月十三日为波罗诞。前后三日，城乡士女皆结队往波罗，谒南海神。游人如鲫，闺秀毕集，故为第一。新郎初至妇家，合乡妇女无少长贫富皆聚观于门外，谚曰：“新女婿，逆面睇。”此之谓也。然所见不过妇家之一乡，不若游波罗之广也，故为第二。中人之家，其妇女不亲自到商店买物，有小贩肩负绒线柜，手持碌鼓，上街卖绒线，少女环柜而观者常如堵，然非少长贫富皆出而欢迎也，故为第三。旧日纺织之业，皆女工为之。业纱者，以箩担纱，沿门收放，纺织之女，蚁附其旁。然皆小家碧玉，又不若绒线柜甚矣，故为第四。然此四者，至光宣间已大不如前，盗贼充斥，而波罗之游渐稀；洋纱流行，而纱箩之业竟绝；妇女习染自由，买卖交际毫无畏缩，而绒线柜亦零落以尽。所余唯娶老婆一端，然自有所谓文明结婚，睇新女婿之风亦渐冷淡矣。[②]

根据全文判断，此谚说明的其实是波罗诞人流如织、士女杂沓的盛况。又有黄世仲1906年发表之《娼界月令》，描写妓女一年四季生活，其中有言：“仲春之月，桃夭，游波罗。”[③] 亦可说明这是当时人们普遍热衷参与的活动。

与波罗诞有关的俗语还有不少。如波罗诞热卖的波罗鸡之所以艳丽可爱，主要是因为粘在坯上的五颜六色的鸡毛。因此，又衍生出歇后语：“波罗鸡——靠黏。”意谓占人便宜。波罗诞期间正是波罗庙里的红棉盛开之时，甚为壮丽美观，于是有“波罗诞到红棉开”的谚语，描述诞期盛景。还有“蓝海驾帆来，深情长系波罗庙”[④]，反映波罗庙客商云集的状况，以及广州城中外经济文化交流的悠久历史和友好往来。

---

① 叶春生：《岭南民间文化》，广州：广东高等教育出版社2000年版，第42页。

② 张守常辑：《中国近世谣谚》，北京：北京出版社1998年版，第667页。

③ 颜廷亮：《黄世仲与近代中国文学》，兰州：甘肃人民出版社2000年版，第92页；方志强编著：《黄世仲大传》（生平·作品·研究集），香港：夏菲尔国际出版公司1999年版，第81、82页。

④ 中国民间文学集成全国编辑委员会、中国民间文学集成广东卷编辑委员会编：《中国谚语集成》（广东卷），北京：中国ISBN中心1997年版，第393页。

广州古代蕃坊的外籍人管理研究①

毛国民②

蕃坊，又作“番坊”“蕃巷”，是指唐宋时期阿拉伯、波斯穆斯林等侨民在华的聚居区，是这些外籍人在中国的早期组织形式。当时来华的阿拉伯（大食）、波斯商贾被称作“蕃商”“蕃客”，故名。广州、扬州、泉州等港口城市均有设置。

广州蕃坊是这些古代蕃坊中成型最早、规模最大的，其“北至擢甲里，南至大市街（今惠福路），西到人民路，东到普宁巷，即清代蒲宜人巷，宋时称中贤横巷，因元初蒲氏宜人所居得名”③，也就是位于现代广州城外西郊，范围包括今广州市中山路以南、人民路以东、大德路以北、解放路以西一带，以光塔街及其附近为中心。蕃坊内居住着来自阿拉伯、波斯、印度等各地的蕃商，他们基本上保持着原有的生活习惯和宗教信仰，伊斯兰教、佛教、摩尼教、袄教在蕃坊内皆有传播。美国汉学家谢弗说：“在广州的外来游客中，有许多人居住在城内专门为外国人划定的居住区内……来自文明国家的公民（例如大食人、僧伽罗人等）与文化教养较低的商贾们（例如白蛮、赤蛮等）都居住在这里，而且他们之间的交往都很密切。在这里，你还会发现信奉正统宗教的外国人与信仰异教的外国人之间的关系相处得也很融洽，例如印度的佛教僧侣与什叶派穆斯林之间的关系就是如此。”④

---

① 基金项目：2013年度教育部人文社会科学研究规划基金项目“外籍人聚集区治理模式创新研究——以广州古代蕃坊和当代外籍人聚集区管理经验为例”；广东省哲学社会科学“十二五”规划2012年度学科共建项目（GD12XSH02）；2012年广东省高等院校人文学科建设一般项目（2012WYXM_0028）。

② 【作者简介】毛国民，安徽无为人，中山大学哲学系博士生，广东外语外贸大学政治与公共管理学院副教授，从事政治哲学、政治社会学研究。

③ 曾昭璇：《广州怀圣寺光塔兴建时代考》，载中元秀、马建钊、马逢达编：《广州伊斯兰古迹研究》，银川：宁夏人民出版社1989年版，第350页。

④ ［美］谢弗著，吴玉贵译：《唐代的外来文明》，北京：中国社会科学出版社1995年版，第26~27页。

一、古代广州蕃坊形成的条件与变迁

安史之乱后，广州蕃坊兴起。汉府（广州）成为“中国最大的港口”[①]，并逐渐成为阿拉伯、波斯等国蕃商的重要集聚之地。当时，“海外杂国，若耽浮罗、流求、毛人、夷宜之州、林邑、扶南、真腊于陀利之属，东南际天地以万数，或时候风潮，朝贡蛮胡贾人，舶交海中”[②]。

唐朝末年，广州蕃坊进入成熟期。仅在越秀光塔路一带形成的“蕃坊”，人数便已达12万，呈现“蕃药珍宝，积载如山”的盛况。众多蕃商在广州开设店铺，销售货物，逐渐定居下来。最初其聚居之地，多为广州西郊的沿海地区。正如顾炎武所记，“自唐设结好使于广州，自是商人立户，迄宋不绝；诡服殊音，多流寓海滨湾泊之地，筑室联城，以长子孙”[③]。随着蕃商人数的不断增多，也出现了“广人与夷人杂处”的局面。

降至宋代，广州蕃坊步入其繁华期。“坊”为城市街区的基本单位，民间却呼城市街区为巷，故蕃坊又称作“蕃巷”。由于城市居民面街而居，沿街开设铺店，坊墙被拆除，各种不同身份的居民混杂相处。

但是，在宋末元初，广州港衰落下去，广州的蕃坊也就萧条了。

二、古代广州蕃坊的管理特征与模式

（一）古代广州蕃坊管理的组织机构和职责

1. 蕃坊管理的组织机构

蕃坊设置蕃长、教长或主教，分管行政、商业与宗教等事务，并在蕃坊中设立其自治管理机构“蕃长司”。

蕃坊内设置有清真寺、养育院、市场、公共墓地等，领袖称“蕃长”或“都蕃长”，由唐政府设立一名，负责处理蕃坊内部事务。蕃长的产生程序是以海外贸易中贡献较大且德高望重者为候选人，由众蕃商推选，然后上报唐政府，最后由皇帝或政府委托广州地方官员予以任命。蕃长就任后，与中国官吏享受同样待遇，并须穿中国官服，“巾袍履笏如华人”。关于蕃长设置有多处记载，其中朱彧的《萍洲可谈》记载最详：“广州蕃坊，海外诸国人所居住。置蕃长一人，管勾蕃坊公事，专切招邀蕃商入贡，用蕃官为之，巾袍履笏如华人。蕃人有罪，诣广州鞫实，送蕃坊行遣，缚之木梯上，以藤杖挞之，自踵至顶，每藤杖三

---

① ［阿拉伯］伊本·胡尔达兹比赫著，宋岘译注：《道里邦国志》，北京：中华书局1991年版，第14页。
② （清）董诰等编：《全唐文》卷五百五十六《送郑尚书序》，北京：中华书局1983年版，第5626页。
③ （清）顾炎武：《天下郡国利病书》卷一〇三《杂蛮》，上海：上海古籍出版社2012年版，第2472页。

下，折大杖一下。盖蕃人不衣裈袴，喜地坐，以杖臀为苦，反不畏杖脊。徒以上罪则广州决断。”①《广东通志》中也有记载：“宋时商户巨富，服饰皆金珠罗绮，器用皆金银器皿，有凌虐土著者，经略使辄严惩之，土人有投充番户者，必诛无赦。天圣后留寓益伙，其首住广州者谓之番长，因立番长司。熙宁中，番使辛押陀罗授怀化将军，乞统察番长司公事，诏广州裁处。其后户绝，遂立番坊。番人有居琼管者，立番民所。”②

蕃坊还设有教长或主教。教长，又称主教，阿拉伯文为 Shagkh，其性质是伊斯兰宗教领导人，负责一个清真寺的宗教事务。清真寺数量多的城市还设有总教长，即 Shagkh al-Islam，他们是由外国教徒推选出来的。教长与蕃坊、蕃长无直接的对应关系。除了伊斯兰教之外，其他如基督教徒居住处也都有代表教会的主教，或总主教，掌管教务。

2. 蕃坊组织的职责与权力

蕃长必须经皇帝任命，与唐代官吏享受同样的待遇，并穿官服，巾袍履笏如华人。蕃长无世袭权，且若未得皇帝授命，任何蕃商不得过问蕃坊公务。

蕃长的主要职责是管勾蕃坊公事，专切招邀蕃商入贡。其对内职责有以下几项。第一，代表政府行使行政管理权，即掌管蕃坊内部各项事务，包括传达和执行上级官府的政令，处理蕃坊日常政事，管束外籍居民。第二，维护蕃商利益，促进商业活动。第三，代表政府行使部分司法权，解决蕃坊内民事纠纷。如果蕃商做出了违法行为，蕃长要按照唐律对其进行处置，“化外人，谓蕃夷之国，别立君长者，各有风俗，制法不同。其有同类自相犯者，须同本国之制，依其俗法断之；异类相犯者，若高丽之与百济相犯之类，皆以国家法律，论定刑名”③。一般来说，蕃长既通晓本国的俗法，又精通唐代的法律条文，因此，办案比较公平，“判官为人正直，听讼公平……故伊拉克商人来此地方者，皆颂声载道也”④。第四，如果蕃长兼任教长，还负责主持仪式，提供活动场所，“判官每星期必有数日专与回民共同祈祷，朗读先圣戒训终讲时，辄与祈祷者共为回教苏丹祝福”⑤。节日时，蕃长兼教长率众礼拜、为众讲经、为其国君（苏丹）祈福；平日则在其办公机构蕃长司中，依据《古兰经》及伊斯兰教法处理蕃商穆斯林之间的矛盾与纠纷，中国官员一般不予干涉。

蕃长的对外职责主要有以下几项。第一，协助官府管理对外贸易。唐时“南

---

① （宋）朱彧：《萍洲可谈》卷二，载《四库全书》，上海：上海人民出版社 1999 年版。

② 道光《广东通志》卷三三〇《列传》六三《岭蛮·外蕃附》，载《四库全书》，上海：上海人民出版社 1999 年版。

③ 刘俊文点校：《唐律疏议·名例·化外人相犯条》，北京：法律出版社 1999 年版，第 133 页。

④ 张星烺编注，朱杰勤校订：《中西交通史料汇编》（第二册），北京：中华书局 1977 年版，第 198 页。

⑤ 张星烺编注，朱杰勤校订：《中西交通史料汇编》（第二册），北京：中华书局 1977 年版，第 198 页。

海舶，外国船也。每岁至安南、广州……至则本道奏报，郡邑为之喧阗，有蕃长主领”①。宋时“南海官员及经过使臣多请托市舶官，如传语蕃长，所买香药多亏价直”②。第二，协助办理外交事务，沟通中外双方政府之间的联系。大使来到广州，由蕃长辨其身份，译制表章，朝廷则根据蕃长的表章，予以接待。第三，作为官府与海外商人之间的中介人，专门负责召引蕃商来广州贸易并向朝廷“进奉”。唐宋政府利用蕃长谙熟海外情况、联系面广、经验丰富的优势，令之专切招邀蕃商入贡。

关于教长的职责与权力，阿拉伯商人苏莱曼曾说：“中国商埠为阿拉伯人麇集者曰康府。其处有伊斯兰教掌教一人，教堂一所……各地伊斯兰教商贾既多居广府，中国皇帝因任命伊斯兰教判官一人，依伊斯兰教风俗，治理穆斯林。判官每星期必有数日专与穆斯林共同祈愿，朗读先圣戒训。终讲时，辄与祈愿者共为伊斯兰教苏丹祝福。判官为人正直，听讼公平。一切皆依《古兰经》、圣训及伊斯兰教习惯行事。故伊拉克商人来此地方者，皆颂声载道也。”③

实际上，蕃坊内居住着来自阿拉伯、波斯、印度等各地的蕃商，他们基本上保持着原有的生活习惯和宗教信仰，伊斯兰教、佛教、摩尼教、袄教在蕃坊内皆有传播，各宗教都有各自的教长或主教。例如，伊斯兰教教长的职责主要有以下几项。第一，主掌清真寺政。第二，组织宗教活动，主持宗教仪式。伊斯兰教徒信教甚笃，宗教活动不可一日或缺，尤其在每年斋月，教主遇斋，率众诵经，西向罗列，但有膜拜而无供养，此教之大凡也。第三，协调处理教徒之间的纠纷，主持教徒的婚丧仪式。第四，代表教徒办理与官方的交涉事宜，维护宗教利益。如元时泉州清净寺因废坏不治，其徒累抗于官，墨口不决有年矣；至正九年，摄思廉不鲁罕丁命舍剌甫丁·哈梯卜领众分诉；宪公审察得情，任达鲁花赤高昌锲玉立正议为之。第五，征收天课，组织慈善救济公益事业。在阿拉伯世界，“司法官只管理穆斯林的诉讼，一切非穆斯林，都在自己的宗教领袖的领导下，享受自治权利”④。

由此可见，蕃长实际上是中国封建政府中的成员，具有行政、司法、商务、外交诸方面的职能。而教长则是一个宗教首领，其职能未超出宗教性质的活动，以教长为首的各级人员不过是一个单纯的宗教集团。

3. 蕃坊的组织功能

第一，经济管理职能。唐政府任命蕃长或市舶使，配合岭南节度使，对海外

---

① （唐）李肇：《唐国史补》卷下，载《四库全书》，上海：上海人民出版社 1999 年版。

② 《宋会要辑稿·职官四四之三》，载《四库全书》，上海：上海人民出版社 1999 年版。

③ 张星烺编注，朱杰勤校订：《中西交通史料汇编》（第二册），北京：中华书局 1977 年版，第 201 页。

④ ［美］菲利浦·希提著，马坚译：《阿拉伯通史》（第十版），北京：新世界出版社，2008 年版，第 226 页。

贸易管理负有全权职责。“唐始置舶使，以岭南帅臣监领之。设市区，令蛮夷来贡者为市，稍收利入官。”①唐代，蕃商在进行商业活动的过程中要向地方官员缴纳市场交易税，如“市易之税”、动产税和人头税等。另外，“诸外蕃与缘边互市，皆令互市官司检校，其市四面穿堑。及立篱院，遣人守门。市易之日，卯后，各将货物畜产，俱赴市所，官司先与蕃人对定物价，然后交易”②。

第二，社会管理职能。在法律方面，侨民犯徒刑以上重罪者，由中国地方政府判之，若为徒刑以下轻罪，则直送蕃坊，一任蕃长处断。蕃商喜欢席地而坐，所以刑罚时以杖臀为苦，反而不怕杖脊。834 年，政府规定“死波斯及诸蕃人资财货物等，伏请依诸商客例，如有父母、嫡妻、男女、亲女、亲兄弟元相随，并请给还”，这里的“依诸商客例”，即按照唐代蕃商死亡后的规定来分割遗产，具体办法为：“父母、嫡妻、男、亲侄男、在室女，并合给付。如有在室姊妹，三分内给一分。”③在具体实施过程中，先由地方政府代管死亡蕃商的财物，待确认身份后再移交给财产继承人。但如果“波斯及诸蕃人身死，若无父母、嫡妻、男及亲兄弟元相随，其钱物等便请勘责官收”④。

（二）古代蕃坊制度的特征

根据古代广州蕃坊的上述管理职责和功能，我们可以得出如下结论：

第一，政府为外国人划定地方，外籍人可集中聚居在蕃坊。这在美国学者谢弗处得到确认，他明确指出：在广州的外来游客中，有许多居住在城内专门为外国人划定的居住区内。

第二，古代蕃坊设置蕃长、教长，具有高度的社区事务自治权，特别在宗教事务和部分法律事务上。

第三，政府采用人文管理，即尊重法律制度和风俗习惯。在政治上，尊重当事人所在国的法律制度和风俗习惯；在经济上，赋予外国侨民一些本国商民都不能享有的特权。

第四，唐宋的坊既是城市街区的基本单位，又是最基层的行政单位，每个坊“皆有正以司督察”⑤。

---

① （清）顾炎武：《天下郡国利病书》卷一二〇《海外诸蕃》，上海：上海古籍出版社 2012 年版，第2491页。

② ［日］仁井田升著，王占通等编译：《唐令拾遗 · 关市令第二十六 · 五条》，长春：长春出版社 1989 年版，第 643 页。

③ （宋）窦仪等撰，吴翊如点校：《宋刑统》卷十二《户婚律 · 死商钱物（诸蕃人及波斯附）》，北京：中华书局 1984 年版，第 199 页。

④ （宋）窦仪等撰，吴翊如点校：《宋刑统》卷十二《户婚律 · 死商钱物（诸蕃人及波斯附）》，北京：中华书局 1984 年版，第 200 页。

⑤ 《唐六典》卷三《户部尚书》，载《四库全书》，上海：上海人民出版社 1999 年版。

三、社区管理视角下的广州蕃坊经验与教训

（一）古代广州蕃坊的社区治理特点

（1）古代广州蕃坊的社区治理目的十分清晰。官府的治理就为维护广州蕃坊社会秩序、促进蕃坊社会和谐、保障蕃商安居乐业，为当时的经济与上贡等营造了良好的社会环境。但因文化与宗教差异，蕃坊治理主要以蕃商利益主体为本，尽量满足其利益需求的独特化、多元化的实践诉求，这些理念与当时社会稳定与经济繁荣的现实诉求相一致。

（2）古代蕃坊社区治理的参与主体二元化，即以政府管理为主，蕃坊自治为辅。很显然，在以农业社会为主体的古代中国，几乎无市场和社会组织参与蕃坊的治理；在高度专制的古代中国，外籍人仍然保留可以选择是否来中国的权利，但一旦踏上中国国土，其可选择的权利将只能缩小到蕃坊之内。

（3）古代蕃坊社区管理模式为“双头型”，即政主经辅型＋政府外部专制与蕃坊内部自治型。一方面，政府是最高权威主体，它具有至高无上的命令权和控制权，市场与社会都隶属于政府行政体系。政府与市场、社会之间是统治与被统治、管理与被管理的关系，政府管理体现为自上而下的单一管理模式，三者之间并不具有互动性，这种关系也被称为市场、社会被国家化，或者是行政吸纳市场、社会。而另一方面，蕃坊设置蕃长和教长等外籍人管理者，实现在内部事宜和部分外部事宜上，特别是在宗教与文化事宜上的自治。

（4）古代蕃坊社区管理理念辩证化，即“皇权至上＋蕃人自治”。整个社区模式，是以重秩序稳定、轻公平效率和公平正义为核心的。社区自治也只不过是“皇权至上”下的蕃坊自治。从经济上看，政府对蕃坊的管理重经济效率和上贡，持“以利制义”的理念，不同于儒家的“以义制利”原则。

（5）古代蕃坊社区采用“两手抓”的治理手段。“一手硬”，即蕃坊外以采用正式手段为主，包括政治行政、经济市场、法律制度等。“一手软”，即蕃坊内主要采用非正式、非制度化的手段，如伦理、道德、宗教、习俗等。

总之，古代广州蕃坊社区治理模式具有治理目的清晰化、参与主体二元化、管理模式“双头型”、管理组织复杂化、管理理念辩证化，以及“两手抓”的管理特点。

（二）广州蕃坊社区管理的成功经验

1. 拥有朴素的权益保障机制

针对外籍人的管理，蕃坊对他们的宗教信仰、文化习俗、财产权益以及婚姻等都有切实的保护。如在宗教信仰上，由于宋代蕃坊人口的主力是波斯人和阿拉伯人，因此政府建起了中国第一座清真寺——怀圣寺。在文化保护上，宋代蕃坊内设有“蕃学”[①]，这是应蕃人的要求，由地方政府兴办的学校。诸“蕃”子弟均可入学，学习内容为中国文化。在蕃坊历代外侨中，不乏学者型大儒。他们的子女在广州上学，学习汉文化，并融入社会上层。阿拉伯人李彦升曾赴唐朝京城长安参加科举考试，高中进士，并被任以官职。还有其他外商也被中国朝廷封以官职，如南宋时外商海达被任命为广东盐司提举；泉州外商蒲寿庚被任命为泉州市舶司提举；其兄弟蒲寿宬曾任梅州知州7年之久，为官公正清廉，颇得民心。因他在任期间建亭保护水井，解决民众吃水问题，后人曾赋联讴歌：“曾氏井泉千古冽，蒲侯心地一般清。”他们的民情风俗给广州注入了一种奇特的异国情调。这里有“绕耳皆穿孔”、戴20多枚耳环的波斯妇女，有“西装革履”的欧洲人，还有嗜嚼槟榔、“唾地如血”的东南亚人——这种习俗在广州本地居民中的影响也延续到新中国成立前。[②]在财产保护方面，政府对蕃商在财产继承、债权关系、遗失物品保护等方面，都有优待的法律规定。

2. 拥有朴素的矛盾调处机制

蕃长和教长的设置、蕃坊自治为蕃商提供了方便。一方面，蕃长以蕃官和蕃酋的双重身份管理外国侨民，所以具有更大的权威性。另一方面，蕃坊的独立设置，更是为蕃商在商业活动和生活上提供了很大的方便。因此，在汉蕃或蕃人内部出现矛盾时，蕃长和教长可起到很好的沟通与桥梁作用。

3. 拥有朴素的利益诉求机制

唐末，黄巢起义军攻占广州以前，一位原籍是呼罗珊的蕃商从伊拉克采购了大批货物，运到广州去卖。他来到广州之后，在一些货品交易的价格上，与前来选购舶来品的市舶使宦官发生了争执，最后蕃商拒不出卖自己的货物。宦官却依仗皇帝对自己的宠信，竟采取强制手段，把蕃商带来的好货全部拿走了。蕃商为了讨回自己的物品，千里迢迢到都城长安告御状。在皇宫里，皇帝接见了他。翻译向他询问案情，他就把怎样同宦官发生争执，宦官又怎样强行夺走货物的事情一一报告了。皇帝当即派人调查此事，证明蕃商所述属实。于是皇帝召回了当事的宦官，并对宦官说：“你简直该当死罪。你教我落到去召见一个（吝啬的）商

---

① 北宋蔡絛《铁围山丛谈》云：“大观、政和年间，天下大治，四夷响风，广州、泉州请建蕃学。”

② 卜松竹：《宋代广州就有八大“卫星城”》，《广州日报》，2010年9月21日B4版。

人的地步。他从我国（西部）边境的呼罗珊，到阿拉伯，然后从那里经过印度各国，来到中国。他是来我国寻求恩惠的。可是，你却希望他回去的时候，向各地的人说：‘我在中国遭到无情的虐待，财产也给强占去了。’”最后，皇帝下令没收了宦官的财产，并将其发配到皇陵做看守。

从上述案件可见，市舶使宦官的贪婪对蕃商造成伤害时，其上诉渠道是通畅的，甚至从皇帝那里讨回了公道。

（三）蕃坊管理的不足与教训

古代蕃坊社区管理中也存在一些歧视因素，其主要的不足表现在以下几个方面：

1. 蕃商权益机制不公平，政治地位和经贸活动受到极大的限制

经济上，蕃商经贸活动受到极大的限制。他们在商业活动中虽相对自由，但仍受到种种限制。蕃商需缴纳“舶脚、收市、进奉”三种税项，还要缴纳市场交易税、动产税、人头税等。据记载，“海道商舶始至，异时帅府争先往，贱售其珍”①；“南海舶贾始至，大帅必取象犀明珠上珍，而售以下直”②。

政治上，蕃商的地位也受到限制。蕃商皆来自国外，人生地疏，加上身份又是商人，因而很少有人能在广州地方政府中担任官职，掌握实权。况且，在唐政府“重农抑商”思想的指导下，对待蕃商，主要是取其利而已。因此，蕃商在中国虽能富有，却不能获得相应的政治地位，在诸多方面均要受制于地方政府。

2. 诉求表达机制不科学，地方官员及豪酋的剥削与压迫较为普遍

唐天宝年间，鉴真等一行漂泊至万安州，住在州大首领冯若芳家，若芳每年常劫取波斯舶两三艘，取物为已货，掠人为奴婢。其奴婢居处，南北三日行，东西五日行，村村相次，总是若芳奴婢之（住）处也。若芳会客，常用乳头香为灯烛，一烧一百余斤。其宅后，苏芳木露积如山；其余财物，亦称此焉。

3. 权益保障机制严重缺位，存在弱势群体

广州的蕃商贫富两极分化，对于那些生活本来就很窘困的蕃商来说，战乱使其更加落魄，甚至有病无钱医治，只能客死他乡。另外，“外国之商人船主，皆遭虐待侮辱及掠夺。国内商品制造厂皆被摧毁”③。

4. 战乱年代，蕃坊矛盾调处机制缺失

安史之乱后，蕃商曾遭受到大规模的屠杀，“乃平广州，商舶之徒，多因晃

---

① （宋）欧阳修、宋祁：《新唐书》卷一百八十二《卢钧传》，台北：台湾商务印书馆2010年版，第5367页。

② （宋）欧阳修、宋祁：《新唐书》卷五十八《韦正贯传》，台北：台湾商务印书馆2010年版，第4937页。

③ 张星烺编注，朱杰勤校订：《中西交通史料汇编》（第二册），北京：中华书局1977年版，第208页。

事诛之，嗣恭前后没其家财宝数百万贯”①。这种动乱时代的不可抗力，客观上使蕃商权益无法保障。据记载，“当暴行在中国人中间发生的时候，虐待和侵害也公然落到阿拉伯的船主和船长的头上了。他们强迫（阿拉伯）商人承担不合理的义务，没收他们的财产，甚至往日规章所不容许的行为，也都受到纵容”②。

仅在唐代，广州就曾发生过两起蕃商暴动事件，即大食和波斯人武装作乱。684年7月，“广州都督路元睿为昆仑所杀。元睿暗懦，僚属恣横。有商舶至，僚属侵渔不已，商胡诉于元睿；元睿索枷，欲系治之。群胡怒，有昆仑袖剑直登厅事，杀元睿及左右十余人而去，无敢近者，登舟入海，追之不及”③。758年9月，“广州奏大食国、波斯国兵众攻城，刺史韦利见弃城而遁”④。

四、小结

联系当代广州社区管理经验，我们不难发现：古代广州蕃坊与现代广州外籍人聚集区有着某些近似性，如它们都是“地域社区”和“精神社区”的高度统一体，成员虽来自不同国家，但有着共同的宗教信仰，同属一个社会群体或阶层，具有一定的血缘和地缘关系，都采取集聚与散居相结合的居住方式等。

在这些近似性的基础上，我们完全可以发现蕃坊的社区管理与现代社区管理的理念有着某种可对接性，如蕃长、教长与现代民主选举外籍人聚集区负责人；蕃坊自治与现代外籍人聚集区相对自治；坊内设置的清真寺、养育院、市场和公共墓地，与现代提供的公共服务；蕃坊人文管理与现代尊重外籍人宗教信仰和风俗习惯；以及官府为外国人划定集中聚集区蕃坊与现代政府引导、市场推动外籍人相对集中居住等。

总之，由于这些社区形态高度的近似性以及社区管理理念的可对接性，我们完全可以在蕃坊模式的传承与推进基础上，在以夷“治”夷式成功经验的启发下，思考现代广州外籍人聚集区管理模式。

---

① （后晋）刘昫等：《旧唐书》卷一百二十二《路用恭传》，北京：中华书局1975年版，第3500页。

② 穆根来等译：《中国印度见闻录》，北京：中华书局1983年版，第97～98页。

③ （宋）司马光：《资治通鉴》卷二百三《唐纪十九·则天后光宅元年七月条》，载《四库全书》，上海：上海人民出版社1999年版。

④ （后晋）刘昫等：《旧唐书》卷十《肃宗纪》，北京：中华书局1975年版，第253页。

从女神崇拜到观音信仰

——广州世居满族文化重建过程中的信仰变迁

关溪莹[①]

第五次人口普查数据显示，2000 年，广东满族人口有 17 972 人，主要聚居在广州市，是乾隆二十一年（1756）分批从北京和天津一带派驻广州的八旗官兵的后裔。据《驻粤八旗志》记载："清康熙十八年（1679），三藩难平，中原大定，分遣八旗驻防边腹，二十年（1681）广州派京旗汉军三千，挈眷来粤。后经七十五年，迄至乾隆二十一年（1756）裁汰汉军之半，调京旗满洲兵一千五百名，挈眷来粤合驻，将汉军出旗名额，即以满兵顶补。"

按照其生活区域的变更，可以将他们的发展划分成三个阶段：

（1）东北生活阶段。从建州女真南迁开始（1423），经努尔哈赤进驻辽沈地区（1625），到皇太极建立大清国，改族名为满洲（1636），至满人入关之前。

（2）京津生活阶段。从清军入京建立清王朝（1644）到满汉八旗兵被派驻粤（1756）之前。

（3）广州生活阶段。1756 年至今，满族八旗兵丁落户广州两百余年，成为世居满族。

生态环境的急遽变更和时代风潮的几度变幻，重新模塑了这个城市世居少数民族的民俗世界，他们在广州生息的两百多年中，有的传统民俗逐渐消亡，与广州社会趋同，有的已发生较大变异，但观音信仰一直深深扎根于他们的精神世界里，今天仍然活跃在广州世居满族民众的民俗生活中。

一、广州世居满族信仰的流变

信仰是一个民族的灵魂，是保存民族特征、延续民族意识的重要民俗事项。满族民众在离开东北之前一直以信奉萨满教为主。萨满教是满—通古斯语民族信奉的一种自然宗教[②]，因满—通古斯语民族各部落的巫师被称为"萨满"而得

---

① 【作者简介】关溪莹，华南农业大学人文与法学学院副教授。

② 操通古斯语、信奉萨满教的民族有满族、赫哲族、鄂温克族、鄂伦春族、锡伯族、蒙古族、达斡尔族、土族、裕固族等。

名。它的祭礼崇奉的神祇、神谕、神器以及主祭人——萨满都是氏族内世代相袭的。其所尊崇的神祇可分为自然神祇、动植物神祇、英雄祖先神祇。自然神祇包括日、月、星辰、光、水、雷、电、雹、雪、风、雨、石、山、河、海等自然物和自然现象，以火神为首神；动植物神祇有虎、豹、狼、水獭、蟒、蛇、鹰、雕、乌鸦、喜鹊等，以鹰神为首神；英雄祖先神祇有的是部落英雄，有的是氏族祖先。萨满教的核心是萨满巫术和萨满："萨满教的祭祀把超自然对象当作遵从和服侍的目标，而萨满巫术却把这些对象当作为现实需要服务的中介力量，并相信人能掌握并以实践上的操作技巧控制这些超人间的力量，从而为现实的某个人或某个群体的利益服务。"

满族入关后对本民族的宗教信仰采取双重策略进行改革。一是规范萨满教。经过努尔哈赤、皇太极直至康熙、乾隆诸帝王相继努力，在满族各姓氏原来的祭祀传统上，以民族宗教大法形式制定了《钦定满洲祭神祭天典礼》。这是萨满教的第一部全民性祭祀法典，对满族民间的萨满祭礼产生了深刻影响，简化了祭祀程序，割断了诸姓氏与远古蒙昧祖先的联系，确立了满族各姓趋于一致的家祭传统。二是引入汉族神祇。清初最受满族统治者推崇的汉族神是关羽。关羽是中国传统文化中忠义的典型人物。清统治者为使满族汉化步伐加快，提高民族的道德观念，培养忠义之士，以关羽为典型加以崇拜，于各地建关帝庙，悬挂"义高千古"的匾额。顺治九年（1652）册封关羽为"忠义神武关圣大帝"，清代历代最高统治者不断予以加封，以每年五月十三日为祭日，祭祀时行三跪九叩礼。

因此，在京津的八旗军营中，民间信仰呈现出比较复杂的状态。金启孮先生在《京旗的满族》中记载的京旗满族信仰的神主要有四位：关帝、财神、灶王和茅姑姑。

用满汉神祇杂糅共处、功能共享可以概括京旗满族民众的信仰状态。虽然身处汉族地区，上层文化也极力推崇某些汉族神祇，但古老的、具有显著民族性和地域性的民间信仰并没有立即消失，而是改头换面，重新做"神"。神异作祟的狐仙成了财神，专管家畜的茅姑姑也专司针线了。京旗满族民间信仰的另一个特点是信众与神祇的交流互动明显强于汉族的民间信仰。为了防止灶王爷上天庭告状，信众用关东糖粘住他的嘴巴，还不放心地叮嘱："灶王爷上天，好话多说，不好话少说。"把"上天言好事，下界保平安"的颂扬变成用实际行动来告诫；京旗的小姑娘给茅姑姑送自己做的第一双小鞋的时候，也要说："茅姑姑教我巧，我给茅姑姑做到了；茅姑姑教我拙，我给茅姑姑拆了窝！"满族先人一直地处边域，受汉文明的浸染较浅，思想上没有礼教的重负，对神祇的尊崇中夹带了些许戏谑成分。而且满族是个非常善于学习和创造的民族，他们会想方设法激发神祇的"工作热情"，而不是仅仅被动地等待和承受。

广州满族没有沿袭京城旗营中的信仰，他们的信仰与东北先人和京旗满族有很大不同，既难以看到萨满教的遗存（仅在祭祀时有点影踪），也不能用满汉神祇杂糅的多重崇拜来概括。他们自己的概括是“广州满人虽无特定和统一的宗教信仰，但一般多是信神和信佛的，特别是崇拜观音菩萨”。笔者通过调查得知，满族人对广州本土的神祇都很尊重，但是他们对观音的信仰远比当地汉人虔诚，观音信仰的强化是从旗营时期开始的。

二、广州世居满族观音信仰现状

驻防广州的满族在清代时就有一间观音楼，位于西濠街（今海珠中路）与大市街（今惠福西路）交界处，是一间跨街的木楼阁。此阁于明朝末年建造，满族八旗官兵来粤驻防时，把这间阁楼改作观音楼。楼内供奉的观音像是一个木雕鎏金座式的偶像。关于这尊观音像的来历，有两种传闻：第一种是根据楼内墙壁上的碑记记载，它是清初的平南王尚可喜从北方带来的；第二种则是旗营中的说法，说这个偶像是满洲八旗官兵在北京出发的时候，皇上特命内府颁赐给他们的，叫他们把它带到广州来供奉，表示皇上对他们的关怀和无微不至的照顾。在笔者的访谈中，所有人都持第二种观点，而且都说：“我们都信观音。”可见观音信仰在广州满族中根深蒂固。

观音楼初名“万善宫”，到咸丰年间改为“万善禅院”，因坐落在满洲正红旗驻防地段，一向由正红旗管理。旗营时期它一直是满族的香火庙，供奉从北京带来的木雕观音像，农历二月十九和十一月十九观音诞，这里香火极盛，有僧侣坐坛讲经，唱观音出世。新中国成立前，广州世居满族民众经常到观音楼祭拜观音。

现在观音楼不再是香火庙，而成为广州市满族联谊会驻会场所，在“妙吉祥室”（观音楼别名）的正厅，墙上悬挂着观音像，下面供奉着一座木质观音坐像，周围摆满了联谊会获得的各种奖状和奖杯。满族联谊会的老人们一再向笔者强调他们对观音的崇敬，信仰观音成为广州世居满族的精神纽带和特征之一。

当前广州的满族同胞没有集体祭拜观音的仪式，香火庙也不复存在，但是他们对观音的崇拜并没有减弱。满族民众家中都供有观音像，佛龛一般有三层：上层是观音，中间是祖先，下层是土地神。观音是居于满族民众的祖先神和广州当地神祇之上的最高神，可见他们对观音的敬仰之情。他们认为“菩萨吃素”，所以“供水果、素菜、清香一炷”。“节日时上香，有节令也拜，儿女回来先给观音和祖宗上香。”满族民众供奉观音的功利色彩很淡薄，“求大小平安，平安值千金，一团和气，都有团结的意思。我们常说心到神知，劝人不做坏事，正直做人”。没有集体祭拜仪式，他们就到附近的寺庙里和当地汉族民众一同祭拜观音。“农历二月十九和十一月十九观音诞，我们都到六榕寺听讲经，和其他人一起拜。”①

三、广州世居满族观音信仰解析

在史料中，笔者找不到任何乾隆帝赐驻粤八旗兵观音像的记载，但是广州的满族老人都肯定地说“观音是落广祖从北京带来的”。旗人称观音为“南无大慈大悲救苦救难的观自在菩萨”，他们说：“信观音因为观音一路保佑我们，她受得住艰苦，牺牲自己救别人，为大家受苦难。”② 可见，广州满族民众视观音为保护神。

满族人崇拜观音从明代建州、海西女真南迁时已经显露痕迹。他们定居于与汉族民众直接接触的辽东地区后，受到先进的农业文化影响，汉族民间的神祇——如来佛祖、观世音菩萨、关帝也进入女真人的信仰世界，尤其是英勇善战、忠君信友的关羽。当满族由华夏之东北一隅挥师中原的时候，正需要一位极具感召力的人格神取代萨满教中那些脱胎于鹰、犬、虎、豹的原始战神，来充实民族精神和斗志，因此他们尊关老爷为护国神，对其崇拜之虔诚甚至胜于汉人。不过，在广州满族民众所构造的历史记忆中，面对即将长途跋涉，驻守南疆，为清帝国保驾护航的八旗子弟，乾隆帝没有赐予他们护国神，却特别地封赐他们观世音菩萨。

据他们回忆，当初落广祖来粤时“挈妻子、背父母、离乡井、别契友，名虽生离，实同死别，由陆路集体来粤，逾山越岭，长途步履跋涉，备尝艰辛，中途死亡，为数不鲜，统治者以少数之粮饷，驱使八旗人员，服役南滇，类同充边，倘有不服从调遣者，治以抗旨之罪，施以极刑”。在这样艰苦的环境中，他们认为有观音菩萨“一路保佑”，观音信仰成为支撑他们抵达目的地的精神支柱。在陌生的环境中安家落户，随后的两百余年中，他们的命运几经沉浮，但信仰观音支撑他们“受得住艰苦，牺牲自己救别人，为大家受苦难”，团结一致，互相帮助，渡过一次又一次的难关。在他们心目中，观音是保佑他们的满族皇权的力量化身，是他们的保护神。如今无法考证驻粤八旗兵营中的观音像究竟是不是御赐之物，笔者倾向于认为观音信仰是广州世居满族民众自主选择、自发强化的一种宗教信仰，这成为他们彰显皇族血统、获得精神慰藉的有力手段，是他们构筑族

---

① 访谈对象：关向欣，女，满族，1920 年生。她出身于官宦人家，祖父是广州满族旗营里的官员，父亲曾是中国八位海关总监察长中唯一的中国人。她在广州长大，1950 年开始做街道工作，也做过零工、代课老师、讲解员和工人，1994 年 3 月开始到满族联谊会工作。在笔者访问她的四个月以后，她在广州逝世，病故前的半个月还在满族联谊会组织“三八节”妇女活动，被满族族胞广为传颂。访谈时间：2002 年 11 月 19 日；访谈地点：广州市满族联谊会；访谈人：关溪莹。

② 访谈对象：关经纬夫妇，70 岁左右，广州世居满族的后代，世代居于越秀区满族聚居地。访谈时间：2002 年 11 月 25 日；访谈地点：广州市越秀区龙津东路关经纬老人家里；访谈人：关溪莹。

群历史的重要部分。

满族民众为什么选择观音作为驻粤官兵的守护神？观音如何完成她的神圣使命呢？首先，观音信仰契合了女真人原始信仰中的女性崇拜心理。相对于汉族来讲，萨满教崇奉的英雄神祇中有一个庞大的女神系统：

> 这里有用太阳河水洒身，身穿九彩鸟羽战裙，打败了恶神耶路里，永远不死和不可战胜的天穹主神阿布卡赫赫（天母）；有伟大的地母巴那吉额母（地母），她身上搓落的碎泥软毛，化作了树海山岩，滴出的汗水，化作了淙淙清泉；有女萨满形象的开辟英雄神，如珲春瓜尔佳神谕中说……赫赫瞒尼……生了男女和宇宙生灵……此外，还有众多的创世英雄女神，如畜牧女神、缝织女神、歌舞女神、百花女神、渍菜女神等。众女神犹如灿烂的星系，位于古代满族萨满教天穹世界的中心。①

这一现象与女真人起源较晚、脱离母系社会时间较晚有关。由于此种心理基础的存在，观音信仰得以很快深入驻粤满族民众的心中。

其次，观音信仰在汉族民众中传承已久，为与汉族交往日益频繁的满族民众信仰观音奠定了良好的基础。观音源于印度，是大乘佛教信奉的菩萨之一，后汉时代随佛教传入中国，在唐代基本定型并逐渐类型化。在汉族民众的信仰世界中，观音具有完善的神格和信仰体系，在民俗生活中有吃素礼观音、许愿还愿、颂观音经、放生、求子等多项由观音崇拜衍生的民俗事象。邢莉女士在《观音信仰》一书中将观音的护佑功能概括为以下几点：救助一切于痛苦困厄之人；急人所急，难人所难，随时解救人的一切困厄；抢险救厄不为己、不为利、不图报。对于背井离乡、命运如浮萍一样漂泊不定的驻粤满族民众来讲，他们最需要的正是这种无所不在、不求回报的帮助与护佑。

最后，观音的神格特征契合了满族民众的崇拜心理和现实需要。第一，观音具有综合性职能。观音菩萨在满族民众心中是一位全能的保护神，生财、送子、护航、佑生、逢山开路、遇水搭桥、予饥者以食、予伤者以药等，她无所不能。驻粤满族民众最乞求的是“求大小平安，平安值千金”，观音菩萨为他们排忧解难，赋予他们内心的安宁。第二，观音不像众多佛陀那样居于遥远的天国，她更像沟通天界与凡间的使者，为了救济苍生来往于世俗，奔走于人间。萨满教的核心——萨满也具有这一沟通功能。“萨满”一词按女真语解释是“天使”“天仆”的意思，他可以和诸多神灵交往，转达人的愿望，传达神的意志，进而解救人于危难之中。女真民众对能够沟通人神，进而保佑苍生的萨满的尊崇和信赖是显而

---

① 王宏刚、富育光：《满族风俗志》，北京：中央民族学院出版社 1991 年版，第 148 ~ 149 页。

易见的。入关逾百年的八旗官兵日渐脱离原始萨满宗教的精神控制，但是他们的信仰世界难以容纳汉文化营造了千余年的庞大神祇系统，他们在潜意识中更信赖的是与萨满相似的可以沟通人神两界、高度世俗化的神祇，而不是高高在上、遥不可及的众仙家。无疑，观音菩萨是非常合适的“神选”。

四、结语

观音信仰是中国民众生活中比较普遍的一种信仰，从这个意义上讲，她似乎不能算广州世居满族的独特民俗事象。而且据笔者的观察和访问，广州当地汉族民众同样有比较虔诚的观音崇拜，满族民众家中供奉观音、祖先牌位和土地公的样式与当地汉族家庭是一致的。问题的关键在于在满族民众移民广州后的两百余年间，观音信仰空前凸显，其信仰内核也与当地汉族截然不同，附会了满族独特的民族特征和移民经历。广州世居满族民众将观音塑造成本族群的保护神。清政府统治时期，由于拥有御赐观音，他们自然而然地向社会彰显了自身与皇权的联系，巩固了“正统”地位；辛亥革命后，观音信仰成为他们在风雨飘摇的动荡时代和备受歧视的异质社会中艰难生存的精神支柱；直至今日，他们的观音信仰仍然具有旺盛的生命力，“信观音”是他们强化自身族群认同的无形纽带。在满族民众移民广州的两百多年里，观音信仰是他们在自身与移入地广州之间构建的新民俗生活世界的重要组成部分。

民间信仰通常被我们认为是民众生活中比较稳定的民俗事象，其起源、形成、发展、变迁以至消亡要经过漫长的周期，在较短时间内很难对其进行动态研究。但是在生态环境和时代背景急遽变幻的形势下，一个族群有可能根据自身需要调整信仰状态，将其作为本族群适应新的生活环境的有力支撑手段，广州世居满族强化观音信仰的个案可以为此作出注释。现代社会中民众信仰世界的变化会更加复杂和多样化，这是他们民俗生活变迁的重要组成部分，也是很值得我们关注的研究领域。

雷神信仰变迁新探

王元林[①]

自然界的山川集一方土地的灵气，是一方土地的代表。荫佑地方的名山大川，历来受到官方的隆祀。琼雷一带近海，多飓风、雷暴，这些自然条件影响着人们的生命财产安全以及海上航行、农业生产等，故琼雷一带祀飓风、雷公的庙宇较多，反映了人们对自然神灵的畏惧、祈求以及答谢的心理。当然，在诸如雷公等神的人格化过程中，也反映出国家祭祀与民间的互动过程。

一、雷神的来源

雷电是自然界的天气现象，其轰隆巨响与耀眼亮光，昭示着大自然的神秘和威力，其带来的狂风暴雨乃至火灾，使人畜等的生命及财产受到损失。中国古人早期以自然崇拜为主，迷信雷电神，反映了人们对雷电自然威力的迷惑不解和怕受到伤害的心理。随着人们认识的增长以及屈服于雷电威力的心理的变化，雷电神被赋予了更多神秘的内容，其形象逐渐丰富和完善，其人格化特点进一步凸显。《唐国史补》卷下即云："雷州春夏多雷，无日无之。"唐贞观八年（634）改东合州为雷州。《投荒杂录》云："雷之南濒大海，郡盖以多雷为名，以其雷声近在檐宇之上。雷州之北，高州之南数郡，亦多雷声，似在寻常之外。俗于雷时具酒肴奠焉，法甚严谨，有以彘肉杂置食者，霹雳即至。"《太平寰宇记》卷一六九《雷州》亦载："雷公庙，在州西南七里，咸通十二年置。"[②] 唐咸通十二年即871年。此建庙时代在唐后期，这是史载较早的雷州雷公庙。

大历时成书的《广异记》收录两篇有关雷州雷神的传奇。一为"雷斗"（或作"琼鱼"），述开元末雷州雷公与鲸鱼斗，不知胜负，"但见海水正赤"；一为"欧阳忽雷"，述唐初雷州长史欧阳桂于雷州城西决池排水，"雷电大至"，桂率兵"与雷师战"，池涸唯留一蛇，用铁汁灼而粉之，"而服之至尽"，人称桂为忽雷[③]。前一故事说明了动物遭遇雷击的一种自然现象，后一故事则说明了地方官员改变当地环境而遇雷电的现象，其中隐喻着人与雷相互斗争的事实。

---

① 【作者简介】王元林，暨南大学历史系暨历史地理中心教授。

② （宋）乐史：《太平寰宇记》卷一六九《雷州》，第3230页。

③ （宋）李昉等编：《太平广记》卷三九三《雷一》，第3139、3141～3142页。

唐昭宗（889—904 年在位）时出任广州司马的刘恂所撰《岭表录异》亦云："雷州之西有雷公庙，每岁配卒造连鼓、雷车置庙内，有以鱼彘肉同食者，立为霆震，人皆畏惮。"大雷雨后，田野中有黳石，谓之"雷公墨"，叩之锵然，又于霹雳处或土木中得楔如斧者，谓之"霹雳楔"，小孩佩戴辟邪，孕妇磨服为催生药①。雷公墨、霹雳楔等传奇的出现，是唐人的附会。更有甚者，岭南番禺村女"被雷师所娶"②，将雷神人格化。

值得一提的是，唐时有雷神与当地陈氏相关的记载见诸史料中。张说《颍川郡太夫人陈氏碑》云，虢国公杨思勖之母颍川郡太夫人，是"雷州大首领陈元之女，罗州大首领杨历之妻"，"陈氏家富兵甲，世首峤外"，"（雷、罗）二州接畛，（陈、杨）二门齐望"。③ 雷州陈氏乃一方大姓豪右。元和中，雷州海康人陈鸾凤"负义气，不畏鬼神"。时雷公庙（早于咸通时记载）"邑人虔洁祭之"，并把每年的"新雷日"记载下来，"一旬复值斯日"，百工歇作。"时海康大旱，邑人祷而无应"，陈鸾凤大怒，斥责雷神"焉用庙焉，遂秉炬爇之"，并鱼彘混合食之，突破禁忌。暴风雷雨时，他与雷神战斗，断雷股而归，民惧不让其还，而云雨即至，普降甘霖，鸾凤先后躲避舅兄家、僧室，皆霆震坏屋，后入"乳穴嵌孔之处"，雷不能震矣。"自后海康每有旱，邑人即醵金与鸾凤"，调鱼彘同食，"持刀如前，皆有云雨滂沱，终不能震。如此二十余年。俗号鸾凤为雨师"。大和中，刺史林绪问其事并酬其刀④。此故事讲述了雷州陈鸾凤与雷神战斗，降霖施雨，救民苗旱的事迹，陈鸾凤作为英勇人物被人加以颂扬。值得一提的是，如上述故事可信，则早在唐元和时，雷州已有雷神庙，雷神掌降云雨之职，且陈姓作为地方上与雷神斗争的英雄人物而被人们熟知。

与此故事相反，《太平广记》引房千里《投荒杂录》，除言用刀斫雷神事外，还出现了《牙门将陈义传》的故事。"（雷州陈）义即雷之诸孙。"原来大雷雨后陈氏家中降大卵，覆卵得孩，"日有雷叩击户庭"，入室"似若乳哺者"，孩即陈义。另一雷神故事云：雷民养猎犬，"其耳十二"，每猎前"以耳动数为获数"。"一日，诸耳举动"，民获"十二卵以归"，风雨交加，"卵破而遗甲存焉，后郡人分其卵甲，岁时祀奠。至今以获得遗甲为豪族"。民以"阴冥云雾之夕"为"雷耕"，"晓视野中，果有垦迹，有是乃为嘉祥"；民诉讼以雷墨杂常墨书之"为利"；民疾，扫室鼓吹，"迎雷于数十里外"，"屠牛彘以祭"，三日后送神。"雷民图雷以祀者，皆豕首鳞身也。"⑤ 既有庙祀又有"图祀"，雷神神职从降雨

---

① （宋）李昉等编：《太平广记》卷三九四《雷二·雷公庙》，第 3149 页。

② （宋）李昉等编：《太平广记》卷三九五《雷三·番禺村女》，第 3160 页。

③ （唐）张说：《张燕公集》卷二十二《颍川郡太夫人陈氏碑》。

④ （宋）李昉等编：《太平广记》卷三九四《雷二·陈鸾凤》引裴铏所撰唐传奇，第 3145 ~ 3146 页。

⑤ （宋）李昉等编：《太平广记》卷三九四《雷二·陈义》引《投荒杂录》，第 3150 ~ 3151 页。

扩大到除疾等。诸多故事内容，进一步丰富了雷神的面貌，其祀神活动范围也更加广泛。除作神祭祀外，还衍生出雷州陈姓与雷神的血缘关系，这为宋代形成雷神为雷州陈姓祖先的说法奠定了基础。

《太平广记·欧阳忽雷》记述了唐昭宗时于雷州城西绝池排水。其详情为欧阳桂“馆于州城西偏，前临大池，尝出云气，居者多死。绍至，处之不疑。令人以度测水深浅，别穿巨壑，深广类是。既成，引决水，于是云兴，天地晦冥，雷电大至，火光属地”，与雷战斗。因城西湖泊而排水，应与城西水患有关。雷庙应在城西。《太平广记》卷三九四《雷二·雷公庙》也载“雷州之西雷公庙”。《太平寰宇记》卷一六九《雷州》有更详细的记载：“雷公庙，在州西南七里。”结合以上各传说可见，其庙早期的建立应与天旱、湖患有关。后来不断灵验后，又除疾、书利等，人们逐渐将其神化，赋予其更多的职能。而水利应贯穿了整个雷神传说的始终，且其后州治所变迁，应与湖患有关。

二、宋代雷神的封号与地方社会

北宋大中祥符二年（1009），吴千仞作《灵山（或作英山）雷庙记》，详细描述雷州雷庙变迁历史。文中开始叙述雷公子雷种的传奇。“州之二里英灵村有居民陈氏无子，尝捕猎”，获卵遭雷霹，得男子手有异文，“左曰‘雷’，右曰‘州’”，陈姓养之，乡民谓之“雷种”。陈太建二年（570），“领乡举，继登黄甲”，“授州守、刺史之职，陈文玉是也。殁后神化赫奕，震霹一方”。此陈文玉登科及为州守显然是北宋初年乃至以前附会之辞，也是唐以后有关雷神传说的演变，其人格化逐渐明晰。但“郡民就州之西南隅中置立庙堂三间，塑雷神十二躯，应十二方位，各饰神冠，执剑刀斧钺之类。至于雷公、电母、风伯、雨师，轮鼓电火，各以版图像列于庙间。春秋刺史躬祀”①，雷州有雷公庙及刺史官祭应是事实。雷庙有雷神十二位，多神矗立，与一般的雷公、电母、风伯、雨师还是有别的，且雷神被人格化。

值得一提的是，吴千仞的《灵山雷庙记》中，开始出现后梁乾化二年（912）八月十六日，受飓风灾害，在距州五里的英榜山石神庙西，发现原属州西雷庙而“飞”至此地的二大梁的记载。地方官吏“诣其所验之，乃庙堂所失之梁也”。“州谓其灵异，构材连石神造庙宇，自是神灵益显，官吏祈祷应如影响，犯神必死，求者必应。”貍虎暴毙于庙前。“假修庙之名，入各乡乞田粮”者，“自绞其手”。家人“以大牲致祭，命僧道诵经谢过，始得释”。刺史天明飘忽拜庙复不见，“其灵显如此，左右田家俱各畏惧，少有所逆遂至亡命”。又于庙东

① 万历《雷州府志》卷十一《秩祀志》，康熙《海康县志》卷下《艺文志》。

北立佛殿为“广济禅寺”。南汉大有十三年（940）正月十五日，庙令陈延长禀知州等地方官吏“见有神龙行迹，鳞爪印地，遗留涎沫，直上正殿，久而不散”，官吏上奏，“重修庙堂，增置两庙两门、三门，始封为灵震王”。南汉大宝十二年（969），“重赐冠带、牙笏、衣帐、祭器若干件”①。南汉灵异封号与宋初赐物还可探求。但值得注意的是，后梁开平三年（909）雷州州治曾一度移于擎雷江源，至南汉乾亨元年（917）又复移于海康县城②。随着州治的迁移，原来州治附近的雷神庙也迁建英榜山。“二梁”已与原来州西南的雷庙攀上了关系，又经过雷神不断显灵以及南汉与宋初国家重视，这为此后两宋的不断封号又浓墨重彩地添上了多笔，为其隆兴做好了充分铺垫。其间陈姓庙令与地方官员的作用不可低估。

随着雷神崇拜日渐兴隆，“世人有得雷斧、雷楔者”，大多在“震雷之下得之”。“世传雷州多雷，有雷祠在焉，期间多雷斧、雷楔。”③ 雷州为岭南之地，每年多雷暴天气，田间所得石斧、石楔，自然附会为雷公所赐。

雷州海康县雷神祠北宋熙宁九年（1076）九月封雷神为威德王④，万历《雷州府志》卷十一《秩祀志》有熙宁九年的敕文。首言“有功烈于民而爵号未称者”，应加号晋爵；次言雷神功绩。“惟神聪明正直，庇于一方，便民之求，如应影响，守臣列状，朕甚嘉焉。论德报功，宠赐王爵，俾民奉事，不懈益恭，宜特封威德王。”封号原因也是造福一方，“论德报功”。

除上述万历《雷州府志》卷十一《秩祀志》引熙宁九年敕文外，还有南宋乾道三年（1167）、庆元三年（1197）、淳祐十一年（1251）、德祐元年（1275）以及元泰定二年（1325）等历朝各代多次封诰。其中乾道三年封诰，亦先述不分远近、不分幽明，祀神“凭德”；次述“雷显震庙威德王，望雷海康，名高庙食，际天所覆，共昭奋豫之功，服岭以南，独著盛阳之施，纠阴兵而剪寇，沛时雨以利农，考观民言，灼见洪佑，兹跻登于显号，以发诩于灵威，尚迪休光，永承燕享，可特封威德昭显王”。此次封号较熙宁多“昭显”二字⑤，凸显“纠阴兵而剪寇，沛时雨以利农”，除寇除旱，官民皆言增号而已。

南宋淳熙三年（1176），洪迈之友张栻为静江府（治今广西桂林）守，此年，“桂林连月不雨，秋冬之交，农圃告病”。张栻派人“持公牒诣雷州雷王庙，问何时当雨”。神托梦、钱变纸灰等异事出现，告明年正月十二日有雨，果验。⑥

① 万历《雷州府志》卷十一《秩祀志》。

② （宋）乐史：《太平寰宇记》卷一六九《雷州》。

③ （宋）沈括：《梦溪笔谈》卷二〇《神奇》。

④ （清）徐松辑：《宋会要辑稿》卷一二〇四“礼二十之十六”。

⑤ （清）徐松辑：《宋会要辑稿》卷一二三七“礼二十之一三五”。乾道三年封号为“威德显昭王”，本庙石神土地封为“协应侯”。

⑥ （宋）洪迈：《夷坚支甲》卷五《雷州雷神》。

可见，雷州雷神司职雨水，并在去除地方民众疾疠和安定社会方面作用重大。《岭外代答》卷十《志异门·天神》云："广右敬事雷神，谓之天神，其祭曰祭天。盖雷州有雷庙，威灵甚盛，一路之民敬畏之，钦人尤畏。""其祭之也，六畜必具，多至百姓。祭之必三年，初年薄祭，中年稍丰，末年盛祭。""其祭也极谨，虽同里巷，亦有惧心。一或不祭，而家偶有疾病、官事，则邻里亲戚众尤之，以为天神实为之灾。"可见雷神信仰在官民中的影响之大。

值得注意的是，南宋雷神信仰不仅在雷州，而且在整个广南东西路都有分布。淳熙时王沆作《桂林显震庙碑》云："县西三里许，石峰数十屹立对峙，如巨公重客，相与扶揖，有庙岿然。……邦人事神，饮食必祭，水旱疾疠，祷焉如响，求诸父老，以为陈大建中神始显闻于合浦。所谓雷种者，飓风之变，于是，赐庙额、爵号不一而足。本朝熙宁间，旱祷而雨，封威德王。绍兴间，寇啸聚海上，一夕风雷碎其舟，赐显震庙。故自岭而南，凡二十四州，莫不奔走奉祀，此其大略也。"王沆拜谒，应邀题石曰："故自唐以来，州县悉以春秋通祀，以示不忘神功，灵德赫然著见。"[①] 王沆所作碑文说明，南宋显震庙的封号与雷神震碎海上盗寇神异有关。得此封号后，显震庙在岭南包括桂林在内大都有分布，雷神信仰地域扩展。桂林府灵川县的雷神庙至清代仍然存在[②]。

而南宋庆元三年（1197）的封号直接颂扬雷神功绩。"惟王英声赫奕，聪德昭融，驾彼双龙，咸浃沛天之泽；播厥百谷，茂臻乐岁之功，再加褒字之华，（宠）爰龙王封之旧，祇承荣渥，益衍嘉祥，可特封威德昭显广佑王。"此次封号使降雨润物、荫佑民众、五谷丰登的神绩，昭然若揭。

南宋淳祐十一年（1251）的封诰可谓较全面地概括了雷神功绩。"惟王以威声发响，英赫开祥，方五季之先，海康粤绝，已能濯濯，厥灵淑开，明祀历我朝三百载，不替厥享。且雨旸应于人情之急呼，寇贼弭于事势之倾危，年谷顺成，民以宁一，其有妙于冥漠间，以济屯者矣。计状驿闻，增裨懿号，尔之灵固以德不以爵，亦以壮风霆流行之运也。可特封英灵威德昭显普济王"，此次增封，除改"广佑"为"普济"外，还加"英灵"二字，为八字较高封号。

南宋最后一次封诰是在德祐元年（1275）。这次改封诏诰也是先言典礼祀神以彰神绩，次言雷神"惟王于昭其德，克震厥声，捍患御灾允矣。聪明正直，动人作物，伟哉！气焰威灵，膺一品之极功，为千里之明祀，爰以克敬之意，寓在徽号。载更昭顺之封，式彰灵异，尚其监止，其可度思，改封英灵威德昭顺广佑普济王"。将庆元与淳祐封号合并，强调神职中的"捍患御灾"，共十字之封，封号可谓登峰造极。

---

① （宋）王沆：《桂林显震庙碑》，载（清）汪森编：《粤西文载》卷三十七。

② 雍正《广西通志》卷四十二《坛庙》。

除宋代五次封诰外，南宋绍兴三十一年（1161），雷州雷神得赐庙额“显震”。正如《雷祖庙志》卷下所言：“此大王加号如此，其有功于宋也，明矣。”绍兴二十二年（1152），郡守戴尧仁、县令朱琬、郡贡生王伦共襄力采料修庙。宋代隆显和庙貌改观，多指英榜山雷庙。此次修庙，于庙后建庙三间，安奉历代封建庙圣旨、龙函、牌位；东廊三间，安奉中国雷王天尊；迁雷首天尊、雷部之神三百六十位，安奉于西廊。同时，迁石神安奉于祖庙东廊，列而为三，自是，前朝后寝，品式俱备。次年，郡守黄勋又于庙东西分设更衣亭、箭道亭，中设拜亭，外设案亭，十月告成，用工两万，修屋九十间，庙貌森严，焕然一新①。英榜山雷神庙，俨然成为佛、道以及国家雷神之大成，众多与雷相关的神灵都在此有栖身之所，泱泱大观。神庙宏伟巨制，国家、道、佛等如何利用神灵的荫佑威力作用，从中可见一斑。

同样，南宋时，有关雷神与官员的记载不断见诸记载。南宋初，李纲亦曾拜谒雷州雷庙，《梁溪集》卷一六四有《祭雷庙文》，其祭文盛赞“惟神鼓动万物，宣畅天威，宅于海陬，一方蒙泽”。李纲久留岭南，上恩北还，“道里辽邈，山川阻修，冲冒瘴氛，大惧殒越，敢以牲醪，躬荐祠下”。而《夷坚支景》之卷九《熊雷州》引吴垂说，言及雷州守崇仁熊某，到任之日，“吏白当致敬雷庙”，熊某竟不敬放言，言未毕，雷电暴风骤雨，飞熊某崇仁家一木板至堂前，熊某惶恐急致香币谒谢雷庙。② 此灵异反映了宋时雷神在官员中的地位，官员认为稍不崇敬雷神，就会得报应和惩罚。

三、雷州治所的迁移与雷神庙的关系

由唐至元，南合州（雷州）治所不断变迁，汉徐闻县治雷州北特侣塘，梁改合浦郡为南合州，治所在特侣塘边。唐天宝二年（743），雷州治所迁麻历村，贞元初又迁特侣塘旧址。后梁开平四年（910）又迁平乐白院村，南汉乾亨二年（918）复迁回特侣塘，乾亨十三年（乾亨仅有八年，无十三年。《肇域志》卷四七作“三年”）复迁今卫治，宋因之。元至元间又迁今府治③。平乐白院村正于后梁开平四年《太平寰宇记》所载迁建擎雷江源附近。而南汉乾亨后经两宋至元代，雷州城在今雷城镇。南宋绍兴十五年（1145）修雷州旧城，二十二年（1152）用砖砌，二十四年（1154）竣工。1985 年修路时，在雷州雷城镇明代城基下发现青灰色砖城墙一段，出土“绍兴修城官砖”“鼓角楼砖”“水陆巡检监

---

① 万历《雷州府志》卷十一《秩祀志》。

② （宋）洪迈：《夷坚支景》卷九《熊雷州》。

③ 万历《雷州府志》卷二十一《古迹志》。

造”等铭文砖四十多块[1]，证明宋元及以后，雷州州治基本上在今雷城镇附近。州治所变迁，因各种原因，雷州城屡遭水浸，地势低下是其主要原因之一。特侣塘在明清海康县治所东北十五里，为海康四至八到的“东北”边界，处于宋遂溪县南一百八十里的小山村，宋时面积四十八顷，绍兴时郡守何庚开渠修堤建闸，灌东洋田四千余顷；而绍兴修海康、遂溪捍海堤，自海康白院渡，至遂溪进得村[2]。特侣今地名仍在，处于雷州东北省道373旁，但已非昔日的面貌。而白院处在海堤与江水结合部，作为州治不到十年就迁徙，宋以前水患应是雷州治所迁徙的重要原因。

后梁开平三年（909，一作四年），雷州州治所迁移到擎雷江源。而擎雷山在（海康）县南八里，雷震破成水[3]。而《方舆胜览》卷四十二《广西路·雷州》也云：“擎雷山在海康县南八里，昔被雷震而有水。”可见，雷震破湖成水为擎雷水的得名缘由。擎雷江源应在擎雷水发源的擎雷山，且因州治迁移，雷神庙也迁移。南宋时擎雷水源旁有显震庙，应是后梁迁徙的雷庙，绍兴封号后称显震庙，而威化雷公庙仍然存在。王象之《舆地纪胜》就分明把威化雷公庙[4]、显震庙[5]两庙同列在雷州“古迹”下。而显震庙显然与擎雷水（南渡河）有关。文引丁渭撰记云：“《州记》云州南七里有擎雷水，今南渡也。始者，北里居民姓陈氏者……”陈姓居雷州北里。南宋绍兴十一年（1141），雷州太守戴尧仁、黄勲相继修庙，李永年记之，其记被阮元道光《广东通志》卷一五一《建置略》收录。文中提及南汉雷神封号为灵顺明正昭德王，北宋熙宁九年（1076）封号威德王。“按《图志》与丁丞相谓：旧庙本在西南山冈，梁开平中，庙随州徙，又二年一夕，飓风暴作，宇内失二梁所在，举郡骇异，寻访乃迁于石神之庙，号英榜山者，人知神之意，即此建庙，与石神相并，雨师风伯鼓轮电火，咸有位序，而山形俯视城社，峻时岑郁，实一郡之望。自五代至今，庙貌虽称徙，至是神居妥安又二百三十余年矣。比岁以来，海气疏达，民服稼穑，商舶上下，风云平善，凡休咎动息，惟神是告，灵响益出，公私承事，益勤而庙以岁久不治，……用工二万，为屋九十间，森严华焕，……”此段十分清楚地表明，原庙在雷州西南山冈，后随州迁庙于擎雷水附近，两年后又飞梁于英榜山石神庙西，二迁英榜山建庙。由此可证，雷庙两迁三易其址，雷神初庙在州西南山冈，随州而迁擎雷水源的雷公庙，而后的石神庙即英榜山雷庙，三神并立。宋元以英榜山雷庙为要。

---

① 广东省文化厅编：《中国文物地图集·广东分册》，广州：广东省地图出版社1989年版，第424页。

② 万历《雷州府志》卷三《地理志一》。

③ （宋）乐史：《太平寰宇记》卷一六九《雷州》。

④ 《舆地纪胜》卷二一八《雷州》作“威化雷公庙”，《元丰九域志》卷九《广南路·雷州》亦有“威化庙”。

⑤ 《舆地纪胜》卷二一八《雷州》作“显震庙”，《方舆胜览》卷四十二《广西路·雷州》误作“震显庙”。

值得注意的是，上述开平三年（909）迁雷州治于擎雷江源，开平四年（910）“都知兵马陈襄驻师白院，出榜示兵，故名英榜山”①。万历《雷州府志》卷四《地理志二》亦云：“白院村，在县西五里，古南合州迁此，尚书陈襄曾此驻师。”而开平时发生黎族人符孟喜领导的起义。在此次战争中，陈襄驻师于雷庙，屡战不胜，“因是虔祷，出榜于庙招兵”。次日得雷祖与汉太尉李广荫佑，“协同助阴兵伐黎，遂获大胜”。此次后梁镇压黎族符孟喜起义中，雷祖显灵，“贼来降我，我收在庙，化为石人”。黎明，果见五石人齐跪庙庭，一个头落地，平黎成功。陈襄等上奏，改元乾化，次年又重建庙宇，建石神庙于雷庙东，太尉李广庙于雷庙西，三庙并立。后梁乾化二年（912），封雷祖为雷霆护国显应王，封太尉李广为阴兵护国显应侯，且有功于国家的神灵同样得到封赐。乾化四年（914），封石神为灵镇护国广佑侯。② 每年春秋，郡城文武官员齐集庙祭。新授雷地文武官员到任之日，俱要行香参谒，永远为例。

四、宋以后雷神的灵异与庙宇分布

元泰定二年（1325）封号，地方官员上奏：“其在至元，导行潦以达战艘。迨于元祐，沛甘雨霖而稔农亩，考兹灵迹，宜易繁称，于戏，启蛰收声，有赫上天之号令，不言善应，永孚下民之祷祈，可易封神威刚应光化昭德王。”这次封号，褒奖至元时行洪庇护城市以及延祐四年（1317）海康春夏两旱阴佑降雨，王连、范椁等率官员祈祷有应而封，“岁乃大熟”的功绩。以改宋十字之封，另用祥语封神号。

元代泰定二年除封雷祀之外，还封石神为奋灵协应侯，李广为阴兵助国忠顺侯，因石神“潜弭焚乪之患”，李广“捍御边疆，保卫皇图”。又赠封雷祖圣父为银青光禄大夫，圣母吴氏正一品夫人，圣眷李氏曹禄纪妃太后，三姊分别为贞懿太宜人、贞善九宜人、贞淑五宜人，外赐冠带、牙笏、衣帐、祭器等物，并有神曲傅，祀则乐歌之。元至正年间，庙得积钱 1 170 缗，修庙用之，仍有羡余，存之郡库，郡库吏张昌私匿后亡，其父梦之，归还于库。至正八年（1348），海康捕贼船十多艘被飓风所坏，人在海中，“三殿王侯力救，果无一人溺死，其功伟矣。郡守徐容勒碑为之记”③。其灵异如此，多与有功于地方有关。

明代雷祖灵异的主要事迹大致有二。其一是正德末，珠池守太监牛常派雷州人张姓买葛雷州，仅给葛价一半，“且什铜与之”，民众敢怒不敢言，诣雷庙诉苦。不日，张氏渡海，“天落火如毬，焚其葛”，张氏亡，其家亦遭天火“无孑

① （清）陈昌齐：《雷祖祠序》，嘉庆《海康县志》卷八《艺文志》。
② （明）庄元贞撰，（清）刘世馨重修：《雷祖志》卷上。
③ （明）庄元贞撰，（清）刘世馨重修：《雷祖志》卷上。

遗”。牛太监亲往雷祠赔罪，送银两百四十两为香灯钱乃得活。其二是嘉靖三十一年（1552）皇太子裕王染病，杜贵妃夜梦雷祖陈文玉辅裕王驾，次日病愈，圣旨颁赐御香、金钱，将太子生辰贴寄谒雷祀宝殿，并差正一嗣教大真人府赞教张正直赍诣雷州，与知府罗一鸾、同知张准、雷州卫指挥栢凌汉敕赐封号[①]。

另外，还有雷神灵异事。雷州一妇人负儿及葛布渡河，一男子谎称代其持葛布，及渡上岸，男子持布疾走，妇人追赶不及，男子逃脱，妇人弃儿追逐，遇人告之，前有男子被雷火焚烧而死，妇人急往，果见男子僵死于草中而亡。葛布在手仍完好，寻回葛布。而其子年幼为找母而溺死水中[②]。雷神显灵如此，故得大多民众信仰。

明初改革礼制，封神原名，取掉一切前朝封号。雷神改封雷司之神，每年正月十五（上元节）“郡守具牲以祭”。成化十八年（1482），魏翰重修庙，建石坊，扁曰“英山胜境”，罗玑为之记[③]。弘治十五年（1502），太监陈荣“扩地基，营建殿宇三间，外门三间，绕以垣墙”。嘉靖三十年（1551），皇妃杜氏请旨致祭为皇太子祈福，碑竖庙中。万历三十二年（1604），府县命工修葺前后殿材，俱易以铁力木，增置海北灵祠、两庙门楼、拜亭及钟鼓楼[④]。万历三十九年（1611），重修庙宇，“彩绘诸像”。与其他多次重修庙宇一样，官方多主导。修庙原因，大多祈报神灵。“祈祷赐雨应若桴鼓，年谷登而氛祲息，海无鲸波而民无札厉。”这些风调雨顺、国泰民安的景象，一般都认为，“实惟是赫奕明神阴骘而显庇之，余敢忘美报乎”[⑤]。有祈愿，有报答，“故今之修葺，一以为民报福佑之仁，一以示后之尹兹土者，嗣续而常新之，俾神之有益于民御灾而捍患者，永为海壖苍赤所凭依也”[⑥]。庙记大多以有益于民御灾而捍害为名，“赐民福履禳民灾，海滨万灶靖氛埃。累代褒封庙貌怪，金符玉册几番开”[⑦]，以官吏为首代表国家正统权力，“褒封”敕令保证神灵的正统性，国家的扶持与培育、广大民众的积极参与、正祀与民间信仰达到了切合，修庙进香成为表达官民意志最好的体现，上述地方官员上奏朝廷，主导修庙和祭祀。“工役只为民福催，愿得从今永护路。五风十雨庆丰珍，祥臻殃弭登香台。”[⑧]

民众与地方官吏在祀神上的另一表现是在祭田和庙产方面。庙产包括庙宇房屋、室内物品及相关不动产，香客赠物及香火钱以及庙宇管理的田地、商铺等。

---

① （明）庄元贞撰，（清）刘世馨重修：《雷祖志》卷上。
② 道光《广东通志》卷三三二《杂录二》。
③ 万历《雷州府志》卷十一《秩祀志》。
④ 万历《雷州府志》卷十一《秩祀志》。
⑤ 张英：《英山雷庙记》，万历《雷州府志》卷十一《秩祀志》。
⑥ 张英：《英山雷庙记》，万历《雷州府志》卷十一《秩祀志》。
⑦ 张英：《英山雷庙记》，万历《雷州府志》卷十一《秩祀志》。
⑧ 张英：《英山雷庙记》，万历《雷州府志》卷十一《秩祀志》。

至万历时，雷州雷庙内仍存有“南汉朝所施物”“共银二百余两”，包括银香炉三个、银瓶三副、银烛台三副、银爵三个、银碗三个、银箸三双、银带三围、银台盘一个、金盏一个。“庙旧有祭田一庄五顷四亩六分，属海康陈、吴二姓主之。”陈姓号为雷神子孙，雷祖圣父曾于元时被赠封“银青光禄大夫”，圣母吴氏“正一品夫人”，陈、吴二姓管理庙产包括香火钱。明嘉靖十九年（1540），“郡守命经历陆沉（毁）之买田数顷，以供香火”①。供香火的祭田仍是官方出资，陈、吴二姓管理，目的是祭神，实际上反映了官方与地方大族在雷庙与祭祀等事务中的主导作用。

明弘治十五年（1502），太监傅伦、陈荣修雷州榜山村雷祖（神）庙，亦置田十三亩，“以供祀事”；明天启六年（1626），知府于祎重修庙；清顺治三年（1646），原明海北南道蔡秋卿捐银六十两，合士民捐银修葺；清康熙四十三年（1704），知府赵光贵拨田一石六斗，乡人吴造良捐田七石四斗，“共田九石，入庙以供祀事”；清嘉庆十四年（1809）重修。②

雷州雷神庙，清顺治十年（1653）守道陈嘉言重建神座，康熙四年（1665）知府陈允中重修庙门楼，乾隆十九年（1754）敕封宣威布德之神，乾隆六十年（1795）敕封康济宣威布德之神，赐匾额“茂时育物”③。同治七年（1868），雷祖裔孙合族重修雷神庙头进三间；光绪十八年（1892），裔孙合族重修雷神庙东西两庑④，官员与陈姓后代成为修庙的主要力量。

五、雷神庙的迁徙与陈姓的祖先崇拜的结合

值得注意的是，宋元一直灵异的雷州英榜山雷庙，原来州西南山冈的初庙和擎雷水源的雷公显震庙已不见记载，以至明清方志都以英榜山雷公的祖庙为始庙。“英榜山前庙最古，当年垦辟金在土。”⑤“故琳宫紫宇，群祀之。而其族实以英榜山庙为始祖之祠，祭田、供器自为经理，期于永久。”⑥英榜山为灵异之地，国家与陈、吴氏族皆认为其为祖庭所在，岂不知宋以前的雷神庙更早。明人庄元贞编纂《雷祖志》，清陈清瑞付梓；嘉庆时，刘世馨等续修《庙志》，陈昌齐作《序》。陈序云后梁开平四年（910），“都知兵马陈襄驻师白院，出榜示兵，故名英榜山”。实际上，据上所言，这次灵异事件发生地在英榜山雷庙，而与白

① 张英：《英山雷庙记》，万历《雷州府志》卷十一《秩祀志》。

② 嘉庆《雷州府志》卷八《坛庙》。

③ 道光《广东通志》卷一五一《建置略·坛庙》。

④ 民国《海康县志》卷六《建置·坛庙》。

⑤（清）杨晃岱：《雷祖祠铜鼓歌》，民国《海康县志》卷六《建置·坛庙》。

⑥（清）陈昌齐：《雷祖祠序》，嘉庆《海康县志》卷八《艺文志》。

院无关。之所以将白院和英榜山雷庙结合，“俾知鬼神与祖宗之合，庶几事鬼神者，毋远而慢事；事祖宗者，用近而亵。于以迓鸿庥于无极，且晓然于士庶人不得祭始祖之疑云”①。将事祖宗与鬼神和谐统一，符合陈、吴二姓以及其他民众需求。而“吾郡神最恒赫者，莫如雷祖。诞育之奇，灵异之迹，登之地志，入乎人心。自有唐以来，阅数千年，褒渤洊膺，有加无已。地方文武官吏以及郡之士农工贾，莫不神之。神亦默护兹土，曰雨曰旸，以战以守，皆肸蚃潜通，有祈斯答。原其住，事则白院陈族之始祖也；其处也，为乡贤，故乡贤之祠祀之；其出也，为名宦，故名宦之祠祀之，共飘然冲举也，则又变化不测，应感无方而为神”②。雷州英榜山雷庙与白院陈族关系浮出水面。

从去州二里的英灵村陈氏获卵霹雳而生雷公（雷州），“殁后神化，赫奕震霹，一方郡民就州之西南隅中置立庙堂三间，塑雷神，十二躯应十二方位，各饰神冠，执剑刀斧钺之类……”后梁乾化二年（912），州五里英榜山石神庙，官吏民众“皆知神托风雨迁移”。知州因其灵异而建庙英榜山，雷庙修成，“自是神灵益显，官吏祷应如影响。犯神必死，求者必应”③。州西南英灵村庙因迁州而移庙，这在《旧志》与丁谓《碑记》中有明载，而开平中迁庙后二年，庙宇失二梁而又迁于英榜山石神庙。此为第二次迁建之庙。后世有关雷庙的迁徙过程多不明晰，民国《海康县志》纂修者梁成久为此专门作《白院雷祖庙考》。文中前引《雷祖志》以州西南白院为雷神陈文远父陈鉷居地，灵异诞生。唐贞观二年（628）其父母双亡，守墓三年。贞观五年（631）荐东合州刺史，瑶僮峒僚与黎远循之，自是雷无贼患。贞观八年（634）改东合州为雷州，建郡城。贞观十二年（638）正月十五日，城竣，雷神生双翼白日升天。《雷祖志》与宋吴千仞所记略同，吴记以陈氏为英灵村民，查英灵村即乌仑山，乃获卵之处，村以获卵得名。康熙《海康县志》可证。为了说明白院村与英灵村的关系，梁成久认为，英灵亦曰英冈，而白院村乃在英山冈，山音义皆近，人多通称。雍正《广东通志》也认为英榜山皆由英山、英冈称，名不甚分别，故吴千仞《记》或因获卵在英冈，遂误以英山之村为英冈之村，而曰英灵之村。实际上，围猎怎么会总在本村周围打猎呢？

梁成久《白院雷祖庙考》又云，康熙《雷州府志》和康熙《海康县志》皆认为陈文玉是海康人，嘉庆《海康县志》称陈文玉为白院人。陈氏之村在白院，应无疑义。嘉庆府县志把太建二年误作三年，吴千仞载陈文玉“领乡举，继登黄甲”，不知隋设科举制后才有科目，以嘉庆府县志载贞观五年举茂才为本州刺史为正。其他异犬获卵等异闻，府县志皆载。唐沈既济《雷祖传》已有卵出婴儿、

---

① （明）庄元贞撰，（清）刘世馨重修：《雷祖志》卷上《陈昌齐序》。
② （清）陈昌齐：《雷祖祠序》，嘉庆《海康县志》卷八《艺文志》。
③ （宋）吴千仞：《记》，万历《雷州府志》卷十一《秩祀志》。

猎犬耳动之说，道光《广东通志》亦引证。陈文玉父母及神妃、神姊墓皆在城西冯村坡，而雷神无坟，当飞天升矣。雷州由东合州改名而来，亦与陈文玉上奏有关。又引《雷祖志》称“雷民德之，遍立庙祀，复具状州官转请赐庙祀，加封号”，唐贞观十六年（642），诏封雷震王，同年八月于郡城西南隅建庙，夜飓风飞二梁至白院石神庙西，知神择地居之，因作庙于斯。后梁开平四年（910），陈襄平黎寇符孟喜，驻师于庙，出榜招兵，故名英榜山，雷神与汉太尉李广阴兵助之获胜，黎明见石人齐跪庙前，上奏重建庙并赐号。康熙府县志及道光《广东通志》皆引《古记》云旧在东北五里英灵村，后梁乾化间风飘二梁于英山石神堂西，建雷神、石神、李太尉像，列为三殿。阮元道光《广东通志》又引《古记》云，庭下砌以石栏，石栏上五人跪焉，即《雷祖志》所载后梁开平四年所收黎贼符孟喜等人所化。开平在乾化年前，则英山神庙不应在乾化年间建。又引《岭表录异》《太平寰宇记》，雷州城西（南）雷公庙，建于唐咸通十二年（871），明矣。庙建于唐凿凿非虚。“而英灵冈为神发迹之地，既有庙矣，白院为神父母之乡，又神所长成，岂可无庙？飓风飞栋，盖显神之孝思。”成久认为贞观建庙，咸通增修，乾化间徙庙当为重建。《雷祖志》较实。《雷祖志》所载贞观、乾化之封，而其他省府县志皆载神封号始南汉大有十三年。贞观之封较实。

以上大略引述梁成久考证，其中不难看到，至清嘉庆年间，甚或更早明崇祯时地方陈姓把白院雷祖庙地位不断抬高，意在凸显白院陈氏宗族势力。《雷祖志》亦是与梁成久《白院雷祖考》一样，彰显陈氏与雷神的关系，混淆雷祖各庙间的关系。实际上，上述宋吴千仞《记》以及李永年《旧图经》、丁谓《碑记》等，十分雄辩地表明了其间的关系。乾化迁庙英榜山无疑，宋元也一直为英榜山雷神香火最旺之庙。而到后来，雷祖庙宇在雷州城西，道光《广东通志》卷一《山川略》引《方舆纪要》云：“英榜山在城西八里。”又引《县志》云：“原名英山，梁开平间都师兵马陈襄平驻师于此，出榜示民因加榜字。”

除雷州西南雷神庙外，明清时海康县还有以下雷神庙：一在郡东十五里龙头村（镇海雷祠），一在郡西十五里调爽西，一在郡西南足荣村。足荣村庙，陈氏合族建①。一在县东门外，原称北府庙，明万历四十一年（1613）乡民重修，清为雷祠，名天福庙重修，今为雷祠三殿，有“福国庇民”匾额②。镇海雷祠，即英山庙三殿神祠，原飞钟于东洋龙头村，自何（庚）、戴（之邵）二公开筑河渠堤岸创建，建碑亭，题匾“龙头宫殿”③。雷神已被赋予地方水利神的功能。其北为遂溪县，有雷祖庙三座，一在第八都海滨，一在零甲村，一在二十二都上杨

---

① 康熙《广东通志》卷八《祠祀》，咸丰《海康县志》卷二《坛庙》。

② 嘉庆《雷州府志》卷八《坛庙》、卷十八《艺文志》。

③ 康熙《雷州府志》卷五《秩祀志》。

村。上杨村雷庙的雷祖神，于清嘉庆六年（1801）海匪入港，民众抵御无果之时，“祷于神，忽起大风，船搁岸，擒获甚众”①。雷祖仍不断显灵，已成地方保护神，兼荫佑平海寇职能。甚至原来为明万历时建的北府神祠（天福庙、张天师庙），曾有“福国庇民”匾额，清康熙四年（1665）知府倡修，又添雷祖三殿像于中座，清乾隆四十八年（1783）商民绅士重修②。雷神信仰扩大，逐渐进入其他道教庙宇中，在其中占有一席之地。徐闻县有两座雷神庙，一在锦囊城西二十里三安村，一在乌港村东南白沙埠东北。另一文武火雷庙，在徐闻县戴黄市，嘉庆建，同治、光绪重建③。

同样，与雷州相隔琼州海峡之琼州府，明清也出现雷公庙的踪迹。值得注意的是，琼州雷公庙有四种。

第一种是道教的雷公邓帅庙。儋州城西忠显庙，宋建，神为雷部之邓元帅。明洪武八年（1375），感恩县乡人吴三老建雷庙。④ 明代，感恩县祀神难以判断；清代，雷庙祀神为邓将军⑤。

第二种是琼州当地林姓神庙。以此神为主祀的庙宇，当是雷州府雷神南传琼州府的变异，雷州府的陈姓雷神到琼州府为林姓。琼州府琼山县西厢下田村的雷庙，宋元间已出现（《记》作宋立，正德《琼州府志》作元建），后移于城南旧县学右，再又回迁下田村。明天顺、成化年间，副使邝彦誉、同知马叙文、指挥王洁待继修。明知州吴丰《记略》云：“其神相传昔乡有林姓者，正直刚方，平居闻雷声，自谓使己为雷，须殄灭恶辈，后雷雨交作，果作化。里中尝于星月下，见白衣乘马，从者引烛游，导乃庙祀之。岁旱瘟疫，祷之多应。”丘浚诗云：“琼筦城西古下田，丛祠香火四时烟。人家此处殊他处，禾陇无年不有年。百里震惊声烀烀，四方瞻仰意虔虔。题诗还寄昭灵贶，留与乡邦世代传。”⑥ 值得注意的是，琼山县五里桥也有雷祠，正德《琼台志》卷二六《坛庙》云：“祀今年林姓雷化者，亦灵验，乞灵者众。”⑦ 可见在正德年附近，原来宋元及明初的雷州陈姓神，已被琼州府林姓神代替。清代琼山县雷公庙有四座，称林公庙，一在西门外大路街，一在下田金花村，一在下田朱橘里，一在子城西南云路坊。⑧ 大路街雷（林公）庙，元建，供奉的是本坊林姓人，“为雷化，故其庙号雷庙，祈

① 康熙《雷州府志》卷五《秩祀志》，嘉庆《雷州府志》卷八《坛庙》。
② 嘉庆《雷州府志》卷八《坛庙》。
③ 宣统《徐闻县志》卷六《秩祀》。
④ 正德《琼台志》卷二六《坛庙》。
⑤ 道光《琼州府志》卷八《建置·坛庙》。
⑥ 正德《琼台志》卷二六《坛庙》。
⑦ 正德《琼台志》卷二六《坛庙》。
⑧ 咸丰《琼山县志》卷五《建置·坛庙》。

祷多应，给事中许子伟议毁之，以神入梦，乃止”①。又有澄迈县西南五里官道左雷庙，明正德六年（1511）乡人建，“每当端午醮会赛愿”②。明嘉靖二年（1523），广东提学魏校“以淫祠废之”，万历时已复修增建。③ 清嘉庆二十三年（1818）重修澄迈县西七里万穗都雷公庙。④ 另外，清时万州城东有雷霆庙；陵水亮一图文笔峰下亦有雷神庙，⑤“极灵，求必应”⑥。其神是否就是琼州广泛流行的雷神林公庙，值得探索。

第三种是琼山县雷祖庙，在顿林都土人皆言其庙址原为长林丰草，一日天大雷电，草木俱尽毁，“见有石碑，书雷祖大帝四字，而立庙祀之，天旱求雨甚应”。清道光二十四年（1844）大旱，知县于庙祷雨立应，道宪赠额“云行雨施”，知县亦赠额“赫赫厥灵”。⑦ 有无海上神职，值得考虑。

第四种在府境内，与火神合祀，而称火雷庙。琼山县府城外南桥下南宫庙，宋立，祀祝融火神，后圮，乡人移建卫左，“以倪五娘神附祀，每岁首居民咸集乞灵，殊验，世久，祝融祀废，更名火雷祠”⑧。明末，庙祀“火雷、泰华（子、孙）夫人二神”⑨。清代，“琼人祀之甚严”⑩，前祀火雷、圣母、泰华三夫人，后祀白衣大士，顺治间僧人寂德募集重建，⑪ 增加“太上感应诸圣位”，并祀里中名贤吴坦斋等四先生。⑫ 清末民初时，琼山县“每坊并有此庙，不可胜记”⑬。原来的火神祝融庙，已逐渐演变为与火雷神、圣母、冼夫人、泰华、白衣大士并祀的合庙。神灵的合祀能适合更多民众的需求。文昌县火雷神庙有二，一在南街吐坡村，明建，清道光三十年（1850）重修；一在东坑市北，康熙建。⑭ 陵水县除雷神祠外，明代还有火雷祠，在县城外西北。⑮ 清乾隆时，陵水“今各图俱有，华山为盛，离城十里，每岁孟春十日，邑人丛祀之”⑯，火雷庙在陵水广布。

---

① 民国《琼山县志》卷五《建置·坛庙》。
② 正德《琼台志》卷二六《坛庙》。
③ 万历《琼州府志》卷四《坛庙》。
④ 光绪《澄迈县志》卷二《建置志·坛庙》。
⑤ 道光《琼州府志》卷八《建置·坛庙》。
⑥ 乾隆《陵水县志》卷四《坛庙》。
⑦ 民国《琼山县志》卷五《建置·坛庙》引《采访册》。
⑧ 正德《琼台志》卷二六《坛庙》。
⑨ 万历《琼州府志》卷四《坛庙》。
⑩ 乾隆《大清一统志》卷三百五十《琼州府》。
⑪ 康熙《琼山县志》卷二《建置·坛庙》。
⑫ 《古今图书集成》卷一三八〇《琼州府部》。
⑬ 民国《琼山县志》卷五《建置·坛庙》。
⑭ 咸丰《文昌县志》卷三《建置·坛庙》。
⑮ 万历《琼州府志》卷四《坛庙》。
⑯ 乾隆《陵水县志》卷四《坛庙》。

澄迈县火雷庙一在迈岭市，一在瑞溪市。[①] 另该县还有火神、风神合祀之庙，清乾隆四十六年（1781）知县在县城城隍庙后建。[②] 此外，文昌县南垣外，明永乐年间建火雷坊。[③] 坊虽未如庙隆大，但祀火雷保民平安的神职是一样的。

广西庆远府元代还有雷庙，在城东隅。元皇庆元年（1312）以前，火患不停，总管王世宁修庙，火遂停息[④]。广州府顺德县都宁乡在明代也有雷神庙，弘治年间知县吴廷举毁雷神庙建忠勇庙祀锦衣百户刘英[⑤]。琉球那霸护国寺前也有雷神庙，祭祀雷声普化天尊；永乐中，贡使从京师塑像归；崇祯末，王尚质新修；其上梁文有“祈通渡唐之船，冀遂懋迁之愿”[⑥]。广东西樵山雷坛峰有因取紫姑井水祷雨灵应，清嘉庆二十五年（1820），两广总督阮元因祷雨得霖雨而建雷神祠和龙王庙[⑦]，雷神司雨功能再显。清光绪九年（1883）十二月辛亥，以神灵显应，赐广西马平县雷神庙龙雷二神匾额“开荣洒泽”[⑧]，雷神仍然有司雨功能。

---

① 光绪《澄迈县志》卷二《建置志·坛庙》。

② 道光《琼州府志》卷八《建置·坛庙》。

③ 正德《琼台志》卷二六《坛庙》。

④ 《粤西丛载》卷十四《雷神庙》。

⑤ 道光《广东通志》卷一四六《建置略·坛庙》。

⑥ 《琉球图志略》卷七《祠庙》，乾隆二十四年漱润堂刻本。

⑦ 道光《广东通志》卷一四五《建置略·坛庙》。

⑧ 《清德宗实录》卷一七五“光绪九年十二月辛亥”。

增城挂绿考[①]

赵 飞 倪根金 章家恩[②]

荔枝是我国华南地区独具特色的美味水果，也是热带珍贵果树之一。荔枝在世界其他地方栽培甚少，且品质也较差，只有我国才有数千年的栽培历史，优良品种也甚多。地处珠江三角洲地区东北部的增城种植荔枝历史悠久，一直是广东省的重要荔枝产地。元大德《南海志》便称荔枝“今佳品多出增城”[③]。增城种植荔枝迄今所见最早的文献记载见于北宋《太平寰宇记》：“（增城）县北又有搜山，有荔树，高八丈，相去五丈而连理。”[④] 北宋张宗闵所著《增城荔枝谱》记载的增城荔枝品种有100多个，可见当时增城荔枝的栽培盛况。增城挂绿荔枝是享誉国内外的荔枝名种，具有丰厚的历史文化。有关挂绿荔枝的历史，王一洲[⑤][⑥]、陈镜泉[⑦]、杨宝霖[⑧]、彭世奖[⑨]、罗兆荣等[⑩]都进行过有益的探讨，主要涉及挂绿荔枝的起源方面，但尚存一些争议，且对清朝中叶以后挂绿的历史缺乏较为系统的总结介绍。本文在前人研究的基础上，通过对历史文献的深入挖掘和现代文献的广泛搜集，对增城挂绿荔枝的起源与演变做一个历史考察。

---

① 原文发表于《中国农史》2013年第4期。笔者于2015年8月已出版专著《一棵树的历史与文化：增城挂绿荔枝》（中国农业出版社），现根据近期的一些研究成果，对原文做了补充修改。

② 【作者简介】赵飞，华南农业大学历史系副主任，讲师，研究方向为农业遗产与乡村旅游；倪根金，华南农业大学教授；章家恩，华南农业大学教授。

③ 广州市地方志编纂委员会办公室编：《元大德南海志残本》，广州：广东人民出版社1991年版，第34页。

④ （宋）乐史：《太平寰宇记》，北京：中华书局2007年版，第3017页。

⑤ 王一洲：《挂绿荔枝的来历》，《南方日报》，1956年7月12日第3版。

⑥ 王一洲：《挂绿荔枝历史的探讨》，载增城县志编辑委员会办公室编：《增城县志（1911—1949年）》（初稿），1984年，第434~442页。

⑦ 陈镜泉：《荔枝珍品——增城挂绿》，《风采》1981年第3期，第37~38页。

⑧ 杨宝霖：《“一树增城名挂绿，冰融雪沃少人知”——增城挂绿荔枝小史》，载中国人民政治协商会议广东省增城市委员会、《增城文史》编辑委员会编：《挂绿沧桑录》，南宁：广西人民出版社1995年版，第4~8页。

⑨ 彭世奖：《荔枝之最——增城挂绿》，《广东史志》1995年第3期，第63~64页。

⑩ 罗兆荣、卢国枢：《增城挂绿荔枝史考》，载中国人民政治协商会议广东省增城市委员会、《增城文史》编辑委员会编：《挂绿沧桑录》，南宁：广西人民出版社1995年版，第22~32页。

一、起源

综合相关研究，有关增城挂绿荔枝的起源，影响较大的观点主要有以下四种：

（一）绿罗即挂绿：12 世纪以前已有挂绿

康熙二十二年（1683）来粤的江苏诗人吴绮在其所著的《岭南风物记》中说，挂绿“亦名绿罗袍”①。之后的吴应逵《岭南荔枝谱》也提出“绿萝即指挂绿”，并在引用南宋杨万里《诚斋集》诗注中所记的“五羊荔子，上上者为绿罗包”时将“包”字去掉②。一些学者据此推断挂绿荔枝在宋代已有文献记载。受这些历史记载的影响，如《广东荔枝志》③、余国扬等《广州农业土特产发展简史》④、罗兆荣等《增城挂绿荔枝史考》、《农区生物多样性编目》⑤、马冀主编《中国名城历代贡品录》⑥ 等大量文献都认为增城挂绿在“12 世纪以前已有栽培”。《广东省志·农业志》则称“11 世纪以前已有栽培”⑦。

王一洲、彭世奖等先生则认为，南宋杨万里《诚斋集》诗注所讲的“绿罗包”是另一荔枝品种，而非挂绿⑧。究其原因，挂绿在明代以前的多版本荔枝谱中未有记录，也鲜见文献记载，如早有此佳种，岂不引人关注？此外，清初“岭南三大家”之首的屈大均曾贩卖过荔枝，对岭南荔枝品种甚为熟悉，有多篇“挂绿”诗作，但同时也有“绿罗袍”诗，诗注也说明“绿罗袍，荔枝名”⑨。

（二）起源新塘：尚书怀的变异种

康熙三十九年（1700）任东莞知县的钱以垲所著《岭海见闻》对增城挂绿之由来有准确的记载：“新塘去莞四十里，地隶增城，湛甘泉先生所居乡也。有湛氏居傍山麓，林木丛翳。康熙八年偶产一树，以为杂木欲除之，及花，乃荔枝

---

① （清）吴绮等撰，林子雄点校：《清代广东笔记五种》，广州：广东人民出版社 2006 年版，第 20 页。

② （清）吴应逵：《岭南荔枝谱》卷四，道光三十年刻本。

③ 广东省农业科学院主编：《广东荔枝志》，广州：广东省科学技术出版社 1978 年版，第 76 页。

④ 余国扬、黎汝飞：《广州农业土特产发展简史》，《羊城今古》1991 年第 6 期，第 23～27 页。

⑤ 《农区生物多样性编目》编委会编：《农区生物多样性编目》，北京：中国环境科学出版社 2008 年版，第 650 页。

⑥ 马冀主编：《中国名城历代贡品录》，上海：文汇出版社 1991 年版，第 50 页。

⑦ 广东省地方史志编纂委员会编：《广东省志·农业志》，广州：广东人民出版社 2002 年版，第 240 页。

⑧ 王一洲：《挂绿荔枝若干史实之探讨》，《羊城今古》1994 年第 5 期，第 42～46 页；彭世奖：《荔枝之最——增城挂绿》，《广东史志》1995 年第 3 期，第 63～64 页；彭世奖校注：《历代荔枝谱校注》，北京：中国农业出版社 2008 年版，第 520 页。

⑨ 欧初、王贵忱主编：《屈大均全集》，北京：人民文学出版社 1996 年版，第 1227 页。

也。其实大于常荔，坚莹似玉，脆如霜梨，津液内敛，剥而怀之，三日不变。其色微红带绿，故名挂绿。味之香美，冠于群荔，不由人间凡种而得，岂物之美者出现亦有因缘时节耶?"[①] 该文献记载具有较高的可信度，可推断挂绿荔枝是偶然得之的变异种，而非人工培育而成。

曾任明朝吏、礼、兵部尚书的湛若水，从福建著名的荔枝之乡枫亭怀荔枝核而归，培育出广东荔枝名种"尚书怀"。康熙初年，尚书怀荔枝在增城已成为名种，且具有一定规模，屈大均有诗云："六月增城百品佳，居人只贩尚书怀。"[②] 湛氏故乡在新塘沙贝，屈大均就曾赞叹过这里"所产多荔枝异种"[③]，湛氏故居所生的此棵挂绿就极有可能为尚书怀的变异种。以广东农业史研究见长的杨宝霖、彭世奖都持这种观点，笔者亦赞同。

（三）起源福建：湛若水引种

清乾隆年间檀萃所著《楚庭稗珠录》有"挂绿乃湛文简移其种于闽者"的记述[④]，《中国名胜词典》等当代文献也称增城挂绿"据传系明朝兵部尚书湛甘泉，引种自福建仙游"[⑤]。这种说法，显然是把尚书怀引种自福建的故事嫁接到了挂绿身上，不足为信。

（四）西园挂绿或最早：传说故事多种

目前尚存之挂绿母树仅西园一株，现位于增城市区挂绿广场，以致有学者认为西园挂绿是增城挂绿荔枝的最早起源。当代人有关西园挂绿的起源又有多种说法，目前尚未有定论。有价值的历史记载未见，大都是传说与神话故事。

1918 年 6 月 28 日，就职于岭南学校的美国园艺学家高鲁甫、教员郭华秀等五人实地考察了西园挂绿。郭华秀在《增城挂绿荔枝》一文中提及西园庵缘空和尚时如此说："此树原为山枝[⑥]，某年该处逢大风，田崩围缺，谷积树基，及谷腐，树吸之作肥料，遂变佳种，后人号为挂绿。"[⑦] 此外，另有一种说法影响较大，与郭华秀所载大同小异，但不是"田崩围缺"，而是因西园庵附近粮仓被烧，人们把残留的谷米搬填于此[⑧]。综合这两种观点，西园挂绿是因山枝吸收粮

① （清）钱以垲：《岭海见闻》，广州：广东高等教育出版社 1992 年版，第 77～78 页。

② （清）屈大均撰：《广东新语》卷二十五《木语》，北京：中华书局 1985 年版，第 626 页。

③ （清）屈大均撰：《广东新语》卷二《地语》，北京：中华书局 1985 年版，第 45 页。

④ （清）檀萃：《楚庭稗珠录》，广州：广东人民出版社 1982 年版，第 174 页。

⑤ 国家文物局主编：《中国名胜词典》，上海：上海辞书出版社 2011 年版，第 812 页。

⑥ 广东民间将荔枝分为山枝和水枝，道光《广东通志》有载："荔枝产于大山者名山枝；产于水边者名水枝。"

⑦ 郭华秀：《增城挂绿荔枝》，《岭南农学季刊》1922 年第 1 卷第 1 期，第 90～95 页。

⑧ 梁端文：《增城挂绿古今谈》，《羊城今古》1991 年第 3 期，第 41～42 页。

食之滋养而变异成佳荔。《广东新语》有云："自挂绿至状元红，皆火山之属也。火山善变，滋味百出，随其土为高下。"① 可见山枝易变，此种传说有一定可信度。

有关西园挂绿之由来，还有多种神话故事。《增城挂绿荔枝》也记述了西园庵缘空和尚所讲述的挂绿荔枝由来的另一版本。摘录如下：

> 正挂绿已种几千年，云是神人所植。缘空大师云，昔时西庵甚穷，独一和尚在此。一日有一位神人访之，扮作同门，来此宿食，而谓主持曰，此处甚佳乎？主持曰：佳，惜粮粒不佳耳。略时主持极穷，粮绝乃往别家，借米以款来客。翌早该僧不去，仍食一餐，主持又无米，复出外再借。来僧悯其穷苦，而又羡其忠厚，临行时谓主持曰：该庵不忧无钱，下年必佳。主持曰：一物皆空，何佳之有。僧于是挟主持出庵外园中，拾被水冲下、挂于林中之荔枝秧一株，曰：此挂枝种于此，他年必多人息，但不可平沽，遂去。该主持莫明其故，翌年该树结果。买客到购，僧取价亦较昂，谓仙人所植，其味又甚佳，于是附近之人，以其树结果之速、又佳，名遂著于世，后人称之曰挂绿。②

此外，比较有代表性的还有何仙姑与挂绿的传说（已被列为第三批广东省非物质文化遗产）。迄今所见，此传说最早见于《黎明》杂志 1926 年第 42 期，作者称是一个广州人给她讲的故事，云："不知多少年代以前，何仙姑坐在这株荔枝树下做女红，恰巧这时晚上要凑起'八仙'来，她闻听得群仙在云端呼叫的声音，忙着要赶回天宫去，把一根绿丝线随便挂搭在这树上，所以后来所结的果实皮上便永远有一根绿色线纹了。"③ 之后，民国多则文献亦有提及类似的传说。新中国成立后，1956 年 7 月 12 日的《南方日报》上王一洲所撰《挂绿荔枝的来历》也提及与之类似的传说④。王一洲后来解释说只是"为了增加情趣"，编造了这样一个优美的传说而已，并询问本地人有无听闻此传说，答案为否⑤。但现在看来，之前并非没有，只是绿痕产生的方式略有不同罢了。

二、清代

（一）挂绿美名传天下

有关挂绿最早的文献记载，迄今所见有确切时间记载的应为屈大均于康熙九

---

① （清）屈大均撰：《广东新语》卷二十五《木语》，北京：中华书局 1985 年版，第 622 页。

② 郭华秀：《增城挂绿荔枝》，《岭南农学季刊》1922 年第 1 卷第 1 期，第 90～95 页。

③ 静闻：《再谈荔枝》，《黎明》1926 年第 42 期，第 13～14 页。

④ 王一洲：《挂绿荔枝的来历》，《南方日报》，1956 年 7 月 12 日第 3 版。

⑤ 王一洲：《挂绿荔枝若干史实之探讨》，《羊城今古》1994 年第 5 期，第 42～46 页。

年（1670）所作的两则作品。该年夏天，屈大均所作的著名悼念亡妻之作《以荔子荐华姜文》提及："奈何，汝口福之薄，命之穷，而不能待之数月，见其离离之圆丹耶。今者，左有增城之挂绿、凝冰子，右有东莞之黑叶、小华山，盛之以赤玉之盘，沃之以丹井之水，皆荔枝之最珍者也。"① 此外，该年屈大均所作《广州荔枝词》亦有云："一树增城名挂绿，冰融雪沃少人知。"并自注"挂绿"句云："挂绿最珍，出乎其族，通体茜红，微托片绿。脆如沙梨，芬如金粟。生只数株，采不盈掬，优钵昙花，非世所属。"② 由此可见，在"挂绿荔枝"诞生的第二年，屈大均已有途径获取挂绿，且挂绿也被其看作荔枝中上佳的品种之一。此外，值得注意的是，屈大均所用的修饰词是"一树"，应当就是指当时在湛若水旧居发现的那一株挂绿荔枝。诗注内容提及挂绿有"数株"似乎证明挂绿在当时并非一株，屈大均所指或应是湛氏后人于康熙八年（1669）开始通过驳枝等手段种植的几株。当然也有另一种可能性，就是发现挂绿荔枝的时间比钱以垲所载的"康熙八年"要早。那么屈大均能够获取只此一株的挂绿所产果实，是有何人帮助呢？这个人应该就是他的挚友——清初著名诗人陈恭尹。且在时间上，陈恭尹也是于康熙七年（1668）由顺德迁居增城新塘岳父家居住。前文已提及陈恭尹外家湛氏便是挂绿荔枝最早的主人，他将新塘家中发现的罕见品种——挂绿赠予多年不见且酷爱荔枝的好友屈大均是完全符合逻辑的。陈恭尹亦有多篇挂绿诗作传世，如《南乡子》中有云："晚熟是增城，小核新州亦得名，不及凝冰和挂绿。"③ 现在看来，屈大均对挂绿荔枝的评价是权威性的，大量的方志、丛书都有转引，对后人评价挂绿产生了颇大的影响。

在陈恭尹、屈大均等广东名士的影响下，挂绿荔枝很快为当时清朝高官、名士所知。清初著名诗人、浙江人朱彝尊便对挂绿荔枝相当推崇，可谓将挂绿推向全国的第一人。康熙十一年（1672）、三十七年（1698），朱彝尊先后两次到福建，曾多次品尝包括福州、莆田枫亭等地的福建荔枝佳品。朱彝尊两次到福州均曾前往长庆寺品荔。其文《题福州长庆寺壁》是他第一次到福州时所作，其中有云："世之品荔枝者不一，或谓闽为上，蜀次之，粤又次之。或谓粤次于闽，蜀最下。以予论之，粤中所产挂绿，斯其最矣。而蔡君谟谱乃云，广南州郡所出精好者仅比东闽之下等，是亦乡曲之论也。书之壁用质之知味者。"④ 朱彝尊作为当时国内颇具影响力的诗人，在福州的长庆寺留下此言论，并对北宋福建人蔡襄《荔枝谱》提出的有关"福建荔枝最佳"的观点提出异议，甚至将其看作

---

① 欧初、王贵忱主编：《屈大均全集》，北京：人民文学出版社1996年版，第221～222页。
② 欧初、王贵忱主编：《屈大均全集》，北京：人民文学出版社1996年版，第1204页。
③ （清）陈恭尹著，郭培忠校点：《独漉堂集》，广州：中山大学出版社1988年版，第642页。
④ （清）朱彝尊：《曝书亭集》卷六十八《题名》，四部丛刊景清康熙本。

“乡曲之论”，可见其对岭南荔枝，特别是增城挂绿的推崇。[①] 之后，《广东新语》等大量文献都有转引朱彝尊有关挂绿的评价。可见，增城挂绿荔枝“诞生”之后较短的时间内，便一举挑战了福建佳荔的传统地位，在一定程度上颠覆了国人自宋以来形成的“福建荔枝最佳”之定论。

康熙十二年（1673）《增城县志》有载：“（增城）多荔枝，名有数种，小华山、尚书怀、挂绿最佳。”[②] 康熙年间吴震方所著的《岭南杂记》记述了清初广东的风土人情，其中有载：“新兴荔较美于闽之状元红，官其地者亦不可多得。尚逆在藩时，荔将熟，差官封守之，熟则索夫进送，故多伐去之。增城荔亦美，挂绿为最，黑叶次之。”[③] “尚逆”指尚可喜，顺治六年（1649）被封平南王，康熙十五年（1676）逝。这两个文献虽然提及挂绿，但由于挂绿荔枝出现时间还较短，影响较小，平南王指定要新兴香荔也就不难理解了。

在陈恭尹、屈大均、朱彝尊等名士的影响下，挂绿荔枝很快享誉国内。吴绮在《岭南风物记》中说：“荔枝至上品者名挂绿。”[④] 康熙二十四年（1685），著名诗人王士祯奉命来粤祭祀海神。停留期间，陈恭尹曾送荔枝给他品尝。王士祯在粤停留时间为农历二、三、四月，不可能吃到迟熟的挂绿。受陈、屈等好友的影响，他也因品尝不到挂绿荔枝感到遗憾。“南海荔枝，以挂绿为第一。无从致之。”[⑤] 康熙年间任吏部侍郎的浙江学者彭孙遹诗作《荔枝行》自注有云：“以增城挂绿为上，新兴次之，黑叶又次之。”[⑥] 乾隆年间，增城挂绿的价格已非常昂贵，甚至“凡摘挂绿者必唱歌，盖防其偷啖也，他荔则不然”[⑦]。檀萃所著《楚庭稗珠录》载，挂绿“新出者每斤银一两二钱”。乾隆年间进士、曾在恩平任职的著名学者李南硐《食荔枝》诗云：“增城挂绿久闻名，欲辍馋涎竟未得；佳荔

① 朱彝尊虽高度评价挂绿荔枝，但查阅其年谱可知，朱彝尊并未在广东品尝挂绿鲜荔枝。朱彝尊第一次到广东是在顺治十四年（1657）夏，次年春北返，依理当时尚未有挂绿，且其该时期诗集《南车草》中的咏荔诗也未提及挂绿；第二次到广州则是在康熙三十一年（1692）十二月，次年二月北还，尚未到荔枝成熟季节。朱彝尊于康熙十一年（1672）在福州撰写此文，其品尝挂绿的年份只能是康熙八、九、十年，他当时在山东、京师或江苏，如何获取挂绿尚无籍可考，不过这似乎也从侧面证实了挂绿耐储藏而便于长途运输的特点。当然，若前文笔者“挂绿产生早于康熙八年”之推断成立的话，朱彝尊可能于顺治十四年品尝过挂绿鲜果。参见张宗友：《朱彝尊年谱》，南京：凤凰出版社 2014 年版。

② （清）许代岳修，卢弼辑：康熙《增城县志》卷四《食货》，载广东省地方史志办公室辑：《广东历代方志集成 · 广州府部（三一）》，广州：岭南美术出版社 2009 年版，第 192 页。

③ （清）吴震方：《岭南杂记》，载（清）王锡祺辑：《小方壶斋舆地丛钞》（第九帙），光绪十七年刻本，第 196 页。

④ （清）吴绮等撰，林子雄点校：《清代广东笔记五种》，广州：广东人民出版社 2006 年版，第 20 页。

⑤ （清）王士祯：《北归志》，载（清）王锡祺辑：《小方壶斋舆地丛钞》（第九帙），光绪十七年刻本，第 218 页。

⑥ （清）彭孙遹：《南淮集》卷二，乾隆八年武原彭氏刻本，载《清代诗文集汇编》编纂委员会编：《清代诗文集汇编（一二五）》，上海：上海古籍出版社 2010 年版，第 276 页。

⑦ （清）吴应逵：《岭南荔枝谱》卷四，道光三十年刻本。

原从挚签得，天教小邑接新兴。”[①] 挂绿当时不仅百姓不得食，就连很多官员也只是闻其名，垂涎而不得，此诗可为佐证。

挂绿荔枝的地位也很快被官方史志给予肯定。《增城县志》之后，最早记载挂绿的地方志便是清康熙年间宋广业所纂辑的《罗浮山志会编》。其中有云，广东“荔有多种，产增城者尤佳，曰挂绿，曰犀角子，曰状元红，曰尚书怀诸品，挂绿为上”[②]。雍正九年（1731）《广东通志》[③]、乾隆二十四年（1759）《广州府志》[④]转载了该志内容。乾隆十九年（1754）《增城县志》中引用了屈氏和朱氏的评价，并附有增城县令管一清所著的《挂绿赋》。此赋有挂绿生长繁盛之情形的描述：“与维冈四望，维时三伏，厥根斯繁，厥实斯熟。火齐离离，翠翘簇簇。”称赞挂绿之形态与美味：“逸态横陈，芳容新沐。雪乳甘鲜，云英醲郁。润迫酪奴，酽如醽醁。齿软咀芝，津寒咽玉。”并称挂绿“艳彼当垆，黛娥半蹙。聘此倾城，明珠十斛”[⑤]。道光二年（1822）《广东通志》也引用了朱氏的评价，称广东“山枝以挂绿为上……粤中荔枝挂绿为最，福州佳者尚未敌”[⑥]。

挂绿荔枝出现时间较短，缘何得到“荔枝中第一品”的高度评价？笔者认为主要原因有三。第一，归因于挂绿独有的品性，具体包括以下几点。首先，挂绿外观独特。《广东新语》有载：“挂绿者，红中有绿，或在于眉，或在于腹。绿十之四，红十之六。”[⑦]《岭南荔枝谱》称挂绿“蒂旁一边突起稍高，谓之龙头；一边突起稍低，谓之凤尾。熟时红紫相间，一绿线直贯到底”[⑧]。其次，干且脆，美味。屈氏形容挂绿为“爽脆如梨。浆液不见。去壳怀之，三日不变”[⑨]。再次，稀少且不易繁殖。屈大均称挂绿“生只数十百株，易地即变”[⑩]。《岭海见闻》载：“挂绿自湛家始博接其本得十余株，惟新塘土宜为佳，若移植他处则味变矣。”[⑪] 康熙年间任惠州知府的王煐所撰《忆雪楼诗集》称挂绿“他处不能移

---

① （清）檀萃：《楚庭稗珠录》，广州：广东人民出版社 1982 年版，第 65、174 页。

② （清）宋广业纂修：《罗浮山志会编》卷七《品物》，康熙五十六年刻本，第 192 页。

③ （清）郝玉麟纂修：雍正《广东通志》卷五十二《物产》，载广东省地方史志办公室辑：《广东历代方志集成·省部（一三）》，广州：岭南美术出版社 2009 年版，第 1611 页。

④ （清）张嗣衍修，沈廷芳纂：乾隆《广州府志》卷四十七《物产》，载广东省地方史志办公室辑：《广东历代方志集成·广州府部（三一）》，广州：岭南美术出版社 2009 年版，第 1054 页。

⑤ （清）管一清修，汤亿纂：乾隆《增城县志》卷三《物产》，载广东省地方史志办公室辑：《广东历代方志集成·广州府部（三一）》，广州：岭南美术出版社 2009 年版，第 56 页。

⑥ （清）阮元修，陈昌齐等总纂：道光《广东通志》卷九十五《舆地略十三》，载广东省地方史志办公室辑：《广东历代方志集成·省部（一四）》，广州：岭南美术出版社 2009 年版，第 1607 页。

⑦ （清）屈大均撰：《广东新语》卷二十五《木语》，北京：中华书局 1985 年版，第 623 页。

⑧ （清）吴应逵：《岭南荔枝谱》卷四，道光三十年刻本。

⑨ （清）屈大均撰：《广东新语》卷二十五《木语》，北京：中华书局 1985 年版，第 623 页。

⑩ （清）屈大均撰：《广东新语》卷二十五《木语》，北京：中华书局 1985 年版，第 623 页。

⑪ （清）钱以垲：《岭海见闻》，广州：广东高等教育出版社 1992 年版，第 78 页。

植，诚仙品也”[①]。《岭南荔枝谱》亦有云：“（挂绿）接树成实者，香味或同，龙头凤尾亦同，而绿线则无矣。”[②] 最后，属晚熟佳种。荔枝“佳种由来最晚熟”[③]，屈大均称挂绿“以阳精深固，至秋而熟”[④]，其《食荔罢柬族叔友》自注亦云：“新塘多美种荔枝，最迟熟者挂绿。”[⑤] 第二，清代广东对外交流活跃、文化繁荣，高官名士纷纷来粤，并开始关注诞生自湛若水旧居的挂绿荔枝。这是让增城挂绿荔枝扬名天下的一个重要推动力。第三，福建佳荔不存，挂绿后来居上。福建佳荔众多，如陈紫被蔡襄《荔枝谱》赞为“天下第一”。但到了明末清初，福建佳荔已式微。乾隆年间曾任兵部右侍郎的广东学者温汝适《携雪斋诗钞》注有云：“同一美种，树老尤胜。蔡谱上品，今多无有，则树老不存之故。……至六月之黑叶，及新兴香荔，增城挂绿，则人人皆知其美。”[⑥] 钱以垲对蔡氏“荔枝之美于闽尽之”的观点也予以否定，认为新塘挂绿等广东上品“皆与闽之上者相伯仲”[⑦]。

（二）官吏勒扰遭厄运

正是由于挂绿荔枝声名鹊起，且数量甚少，其一直为权贵所追逐。《广东新语》载：“好事者当未熟时，先以兼金购之，乃得。”[⑧] 到了乾隆、嘉庆年间，由于社会需求远大于供给数量，以至于“挂绿以名著多赝”[⑨]。在当时腐朽的封建统治下，与新兴香荔相仿，挂绿荔枝不可避免地遭受厄运。

嘉庆、道光年间，因权贵之勒扰，百姓不堪重负而砍光挂绿荔枝。有关这段历史官方史志不见记载。只有嘉庆十五年（1810）崔弼《珍帚编诗集》和道光六年（1826）黄景治《定湖笔谈》有零星记述。《珍帚编诗集》中载：“（挂绿）增城大塾沙贝诸村所在多有。花时，长吏使标志之。岁畏其扰，斧之，无遗类矣。”[⑩]《定湖笔谈》中一小文《新塘挂绿》则有精彩的描述，称在权贵“孔方兄”的欺压下，连树主都不得食挂绿荔枝。录全文如下：

粤东荔枝，种类甚多。断以增城新塘挂绿为最。实大色红紫，绿一线绕膊若

---

① （清）王煐：《忆雪楼诗集》卷下，康熙三十五年王氏贞久堂刻本。
② （清）吴应逵：《岭南荔枝谱》卷四，道光三十年刻本。
③ 增城市地方志编纂委员会编：《增城县志》，广州：广东人民出版社 1995 年版，第 267 页。
④ （清）屈大均撰：《广东新语》卷二十五《木语》，北京：中华书局 1985 年版，第 623 页。
⑤ 欧初、王贵忱主编：《屈大均全集》，北京：人民文学出版社 1996 年版，第 485 页。
⑥ （清）温汝适：《携雪斋诗钞》卷六，道光三年环恕堂藏版，载《清代诗文集汇编》编纂委员会编：《清代诗文集汇编（四四一）》，上海：上海古籍出版社 2010 年版，第 513 页。
⑦ （清）钱以垲：《岭海见闻》，广州：广东高等教育出版社 1992 年版，第 77 页。
⑧ （清）屈大均撰：《广东新语》卷二十五《木语》，北京：中华书局 1985 年版，第 621 页。
⑨ （清）吴应逵：《岭南荔枝谱》卷四，道光三十年刻本。
⑩ （清）崔弼：《珍帚编诗集》卷五《七言律》，嘉庆十五年刻本。

色丝。红绿分明可爱。土人畏差役之扰，斩伐一空。余不得见者四十年矣。增城湛司铎称其故交刘某家，仅存一株。种溷厕之侧最深处。予喜曰，熟时可分惠否？湛曰所获几何，伊逢迎孔方兄唯恐不及。初时以一匣献，孔方食而甘之。令每岁始实，详记其数。无论大小勿隐。刘某唯唯听命，伊终岁勤动，一颗不敢入口。彼且不得食，我得食乎？我不得食，子又欲因我而得食乎？予为伧然者久之。①

新塘挂绿荔枝的衰亡，可谓人祸而非天灾所造成。在封建社会，果农虽为树主，却没有多少收益，官吏苛刻的欺压致使果农为了避祸，宁可选择让这一闻名于世的佳果不存于世。恰如嘉道时期的高官、植物学家吴其濬在其《植物名实图考》中因云南元江荔枝不存而发出的慨叹：“为民上者，乃以一味之甘，致令草木不得遂其生乎!”② 再者，对于新塘挂绿的衰亡，腐朽的封建专制制度固然要承担更多的历史责任，但其异地即变、难以繁育推广的特性也似乎决定了其命运的不同寻常。

（三）西园挂绿始名扬

到了晚清，原产地新塘已不见挂绿荔枝的踪影。万幸的是，县城西郊西园庵尚存一株。宣统三年（1911）所修《增城县志》载：“挂绿一种，近以县城西门外西园一株为最名贵，价值十余倍于其他。”③ 当时，此株挂绿连同周边荔枝园属西园庵内财产。西园庵建寺时间尚待考证，县志有“西园庵之前，另有西庵，旧志未载。岂同一庵，后分为二矣？再查”的记述。④ 挂绿虽仅剩一株，然亦为官方所控制，其价甚高。

有关西园挂绿的准确记载，迄今所见最早的是光绪中后期曾任番禺、南海知县的裴景福所作的《寄杜雨田索增城荔支》，诗注有云：“增城西门外希圆（应为西园）庵，有老树一株，已枯朽其半，名挂绿，荔支冠绝一邑。每年未熟时，有司预购以馈上官。置锦匣中，每分不过十数枚。不足，则取楂冈（应为槎岗）、梁屋所产以济之。梁屋仅数株，楂冈约廿株也。希圆荔支熟时，壳带绿色，以肉置纸上，汁不外溢，他树则否。”这段记载明确地说明，西园庵有挂绿老树一株，已经枯朽一半，光绪年间虽然归西园庵所有，但都被官府预购用来进奉更

① （清）黄景治撰：《定湖笔谈》卷六，道光六年刻本。

② （清）吴其濬著，陆应谷校刊：《植物名实图考》卷三十一《果类·荔枝》，清光绪六年山西濬文书局藏版。

③ 王思章修，赖际熙等纂：民国《增城县志》卷九《寔莱·物产》，载广东省地方史志办公室辑：《广东历代方志集成·广州府部（三三）》，广州：岭南美术出版社 2009 年版，第 176 页。

④ 王思章修，赖际熙等纂：民国《增城县志》卷十一《寺观》，载广东省地方史志办公室辑：《广东历代方志集成·广州府部（三三）》，广州：岭南美术出版社 2009 年版，第 217 页。

高级的官员，当西园母树产量不足时，还取槎岗、梁屋等地的二代挂绿果实充数。裴景福另一诗作亦有“增城挂绿亲探摘”之语，可见他是亲临西园摘过挂绿果实的，其所载必然可信。① 光绪年间举人、安徽人方澍光绪十八、十九年（1892、1893）曾游幕于广东，其《啖荔枝》称：“增城挂绿世所奇，禀精受气维震离。时方落实置监守，达官乃为口腹私。一颗价值千铜钱，同心之合五色丝。我正客粤况难得，过此以往谁复知。”其记载内容与裴景福诗作类似，此处挂绿也应为西园挂绿。②

三、民国时期

（一）寺庙产业租农户

郭华秀先后在1918年和1922年考察西园挂绿。其文《增城挂绿荔枝》翔实地记载了挂绿荔枝当时的长势与生存状况。据此文，1918年挂绿“结果最多，约廿余斤”，挂绿“树高十五英尺，面积十五尺，干周五尺，头部叉分为二小干，一干已枯，再出新干，枯干高四尺，每年产果无定，最多廿余斤”，“枝干灰黄色，有青苔藓类。皮粗一干甚古，枝略硬，其枯干之新出者柔软，枝多散布”，“果生时有绿线一条，圈绕该果，熟则不见，与他荔一般，独其痕较深耳”。当时，西园庵的荔枝园已被“批于黎兴，年租数十元。其中有淮枝十四株，正挂绿一株。另庵内又有一株，此株乃由正挂绿驳出，味有不及，亦有百余年之久”，“庵外田间，亦有驳挂绿一株，乃出正者驳出，其味甚劣”。树主采取了严密的保护措施，将正挂绿“用渔网罩住阻雀鸟飞鼠之侵害，四周又用竹篱围之以防盗采窃”。且“挂绿树旁有一葵棚，以藏守望”。正挂绿1918年价格为“每斤二贰元，每枚一元正”。1922年6月10日，郭华秀第二次考察西园挂绿，则“见园中紊乱，树上挂果甚少，不过三四十枚耳”。缘空大师介绍道：“今年挂果较少，因军队驻近，多来此摘食。今未熟已采，耕者劝之不恤，且用枪头殴打。谁不畏之，今耕者亦不敢到，料无收成也。”③ 当时，广东战端将起，增城驻有陈炯明之部队，西园挂绿不可避免地受到了骚扰。

高鲁甫同郭华秀等人于1918年一起考察了挂绿荔枝，并留下了迄今最早见的三张西园挂绿相片。1921年，高鲁甫在美国和中国出版了英文著作《荔枝和龙眼》，书中多次提及对西园挂绿的考察，这也是增城挂绿第一次走出国门，为

① （清）裴景福：《睫闇诗钞》，合肥：黄山书社2009年版，第79~80、394页。

② （清）方澍：《岭南吟稿》卷下，清末金陵汤明林聚珍书局活字印本，载北京师范大学图书馆编：《北京师范大学图书馆藏稀见清人别集丛刊》（第三十三册），桂林：广西师范大学出版社2007年版，第349页。

③ 郭华秀：《增城挂绿荔枝》，《岭南农学季刊》1922年第1卷第1期，第90~95页。

国际社会所认知。①

关于挂绿荔枝民国初年的状况，1903 年出生于增城的广东著名财经专家秦庆钧所著《增城回忆录》有提及。1915 年至 1923 年，他在增城居住，并时常去西园庵拜谒，与庵内智禅和尚甚熟。据郭华秀 1918 年考察时西园挂绿已“批于黎兴”的说法，秦庆钧诗作《咏西园挂绿荔枝》应是 1915 年至 1918 年间所作。从诗句“西园挂绿好荔枝，红颗真珠绕绿丝。忙煞西园老和尚，碧纱重叠密扶持”中可见，西园挂绿最迟在 1915 年还是由寺庙打理，尚未出租。秦庆钧后来到访西园庵，智禅和尚云：“今后老和尚不忙了。”荔枝结子时虽用网围绕，但地方无赖不怕和尚，当面还敢揭网摘食。无奈之下，西园庵便批承于黎氏，每年题签香油银一百两与西园庵供佛。无赖摄于“大姓”声威，不敢再去偷摘。②

西园挂绿“本是孤种，而且是独株，在这样一切享受的获得，又都以钱、势、力为标准的现代社会里，所以只有那极少数的军官名宦和豪奢的公子巨商，能够得尝它的奇香异味”③。20 世纪二三十年代西园挂绿之产量与价值，很多文献有记载。1926 年《岭南之荔枝》称：“全省荔枝，以挂绿为最珍贵，母树仅得一株，已半枯，……年产五六十斤，每颗取价一元左右。近各属有其支裔，但甘香不如。”④ 1931 年《增城县合兰上都之农业》称西园挂绿“每年所产之果量不多，多则二十余斤，少则二三斤不等，其价值极昂，每果三四元，此为普通人不易购食之物也，查近来有热心农业专家，向该庵之果主，欲圈驳其一枝，以为研究，其价亦需四五元”⑤。1933 年《增城农业调查报告》则称西园挂绿“产量甚少，且常隔一二年结果，惟其价值殊昂。……只供各处要人富商之特派员到买而已”⑥。

（二）烽火不断剩半株

1934 年 1 月，鉴于增城没有公立医院，当时主政广东的陈济棠捐助白银五千元给县府着即筹建救济院，并命将增城西园挂绿荔枝每年所得的收益款项，全部拨归救济院作经费之用，另拨款给原来的承批户作为终止批约的补偿⑦。增城县

---

① Groff, G. W. *The Lychee and Lungan*. New York: Orange Judd Company, Canton Christian College, 1921. pp. 51, 92 – 93.

② 秦庆钧：《增城回忆录》（上），载增城市政协文史学习法制委员会编：《增城文史》（第一辑），2005 年，第 15 ~ 47 页。

③ 静闻：《再谈荔枝》，《黎明》1926 年第 42 期，第 13 ~ 14 页。

④ 佚名：《岭南之荔枝》，《中外经济周刊》1926 年第 177 期，第 22 ~ 28 页。

⑤ 冯沛霖：《增城县合兰上都之农业概况》，《农事双月刊》1931 年第 4 期，第 55 ~ 60 页。

⑥ 林纯煦、何庆功：《增城农业调查报告》，载国立中山大学农学院编：《广东农业概况调查报告书续编》（上卷），1933 年，第 161 ~ 172 页。

⑦ 箫藜羲：《陈济棠夫妇罗岗遇袭与增城救济院的来由》，载雷鸣春主编：《广州文史》（第五十三辑），广州：广东人民出版社 2008 年版，第 201 ~ 202 页。

救济院于同年8月建立，是增城第一所西医院[①]。至于之后的西园庵，罕见文献记载，《申报》新闻中提及："（增城）将该庵关为公园，园内遍植香荔，供人游览。"[②] 以此推测，西园庵的关闭时间大概于增城救济院建设时，西园庵改建而成的公园应属救济院管理范围内。1935年《增城县调查报告书》载："价格最贵时，每斤三十余元，最低亦须十五六元；惟仅得一株，产量不多，即丰年最熟时，亦不过产十余斤耳。"[③] 1936年《增城县土壤调查报告》称西园挂绿"树形矮小，且已枯毁小半，每年产量，即属丰收，亦不过二三十斤，而沽出率在百数十斤外，盖混以赝鼎也。且居为奇货"[④]。

1933年，西园挂绿园附近建成公共运动场。[⑤] 抗战期间，该运动场成为训练军士所用之教场。"附近广植荔枝树甚多，已成庞大园林。"因时有大队兵士在场操练，这一带被敌机盲目投弹，荔枝树被炸毁甚多，救济院也被炸毁。1948年《岭南佳品话荔枝》一文称"增城挂绿（抗战时）亦惨遭波及，被炸去半株"，"（1948年）老树残枝，产量愈少"。[⑥] 虽"遭轰炸"之说法没有其他文献佐证，但综合多则文献，挂绿只剩半株应属实。1938年10月广州陷落，紧接着增城也陷落。"节过黄梅，该是蝉鸣荔熟的时候，可是增城，增城的挂绿，已悲痛地在敌人的血口中咀嚼了。"[⑦] 沦陷期间，挂绿母树更是处于无人管理的状态。家住增城夏街村的黎民望老人在抗战期间多次被日伪乡村工作人员派工在西园附近割杂草、做苦力。据其回忆，"远眺西园，杂草丛生，挂绿母树置身于杂草丛中"[⑧]。1947年，时任增城县县长的莫耀焜派县兵看护，成熟后摘去。1948年，县长张寿委托邑人邓松煜去信救济院院长朱倬云征询处理意见，朱自广州回信由县政府处理。后张寿指派邓松煜主持公开投标拍卖。[⑨] 就目前掌握的文献来看，这应是西园挂绿荔枝进行的第一次公开拍卖。此事在当时引起了轰动，6月21日的《申报》便以"增城挂绿荔枝，公开标价竞售——张县长以七担谷购得"为题报道了此次拍卖。

---

① 增城市地方志编纂委员会编：《增城县志》，广州：广东人民出版社1995年版，第827~828页。

② 佚名：《岭南荔枝：挂绿每斤逾十万元，普通货竟无人问津》，《申报》，1946年6月18日。

③ 游熙：《增城县调查报告书》，《统计月刊》1935年第1卷第5期，第65~67页。

④ 谢申、朱达龙编著：《宝安县增城县土壤调查报告》，广州：广东土壤调查所1936年版。

⑤ 增城市地方志编纂委员会编：《增城县志》，广州：广东人民出版社1995年版，第825页。

⑥ 李泽新：《岭南佳品话荔枝》，《粤汉半月刊》1948年第3卷第15期，第32页。

⑦ 任漩：《广州敌寇外围——增城》，《广东一月间》1941年第5期，第37~38页。

⑧ 黎民望：《西园挂绿史话》，载增城市政协文史学习法制委员会编：《增城文史》（第八辑），2012年，第2~7页。

⑨ 梁端文：《高龄老人话挂绿》，载中国人民政治协商会议广东省增城市委员会、《增城文史》编辑委员会编：《挂绿沧桑录》，南宁：广西人民出版社1995年版，第48~51页。

四、新中国时期

（一）老态龙钟终枯朽

新中国成立以后，西园挂绿也得到重视，由县人民政府接管，派出专人管理与保护。1955 年，西园挂绿丰收，产果 37 公斤，部分运往广州南方大厦公开出售，一时成为佳话。1955 年以后，挂绿长势日渐衰弱，每年结的果只能以个计。增城县先后邀请国内外专家前来会诊，1969 年、1970 年、1974 年似有起色，但从 1975 年开始，树势逐渐衰退。到了 1978 年，树势衰退加剧，原已复壮的树冠，出现大量枯枝落叶，造成秃顶，生势甚差。然而在老树干中部新抽生的小树冠仍属正常①。1978 年 5 月 1 日，西园挂绿周围建起的挂绿园酒家（1988 年并入挂绿宾馆）开张营业②。自此，挂绿园置身于酒肆之内。这也为西园挂绿的保护与管理带来了一定困难，县农业局甚至曾向县委县政府抱怨："老树挂绿已围在饮食茶楼范围内，不便外单位对挂绿的管理，……应由饮食公司固定专人负责管理。"③

为了抢救西园挂绿，县农业局于 1979 年 1 月 14 日邀请了多个省份农学院的专家前来会诊。虽尽力抢救，但未见好转，树势反而在 1979 年 7 月开始急剧衰退。新形成的小树冠也出现落叶，叶脉黄化，生长点干枯，树皮爆裂延伸至新枝基部④。对西园挂绿的危急状况，县委县政府也十分关注。1979 年 9 月 28 日，增城县召开常委会议专门讨论西园挂绿的抢救工作，时任县委书记的吴栖林提出要求："解决裂皮病，派专职技术人员管理，坚决不能让它死掉。"⑤ 但西园挂绿终究是病入膏肓，1979 年冬，挂绿母树最后一桠完全枯萎。挂绿母树如此快速衰退并枯死的原因，县环保办 1982 年编写的《增城挂绿的初步调查》中有提及：①老树本身年历已久，抵抗外界环境对其影响的能力差；②树旁水塘的水位过高，积水烂根，使挂绿根系吸收能力受损；③挂绿园酒家等建筑的建成使挂绿的外界环境逐步恶化。⑥

（二）枯树新枝终长成

万幸的是，1979 年 8 月，在主干枯萎前，母株的基部萌发了一桠侧枝。经管

---

① 增城县农业局：《关于做好抢救挂绿荔枝的报告》，增城市档案馆藏，1979 年。

② 增城市地方志编纂委员会编：《增城县志》，广州：广东人民出版社 1995 年版，第 473 页。

③ 增城县农业局、果蜂办：《对农业局、果蜂办关于抢救"挂绿"及整治挂绿园的报告》，增城市档案馆藏，1978 年。

④ 增城县农业局：《关于做好抢救"增城挂绿"工作报告》，增城市档案馆藏，1979 年。

⑤ 中共广东省增城县委员会：《传达市县两会、讨论挂绿荔枝的抢救工作》，增城市档案馆藏，1979 年。

⑥ 增城县环保办：《增城挂绿的初步调查》，增城市档案馆藏，1982 年。

理人员细心照料，1981 年，此枝长了约 1 米高[①]。1981 年 8 月，增城县农业局向增城县委县政府提交了《关于救护挂绿荔枝及整治挂绿园的报告》，提及西园挂绿生势状况堪忧。“1979 年 8 月更新的新枝也初步形成小树冠，但目前生势表现不正常，部分根系收缩，而且末端腐烂。叶片常出现形状不规则的病斑，新抽吐的嫩梢叶片变小，色淡黄。”农业局人员认为，造成问题的主要原因有：①挂绿园旁水塘水位过高，稍下大雨，塘水可能就会淹入荔园，且水质过咸；②挂绿园酒家厨房喷出大量煤烟污染大气，致使园内的荔枝树每年秋冬季都出现大量落叶，促使荔枝树生势衰退；③挂绿园内不断扩建楼房饭厅，包围着老挂绿树，造成通风光照条件不良。[②] 县委县政府很快作出了关于迅速处理挂绿园煤烟污染，保护好增城挂绿的批示，并拨款 2 000 元经费。1983 年，增城县环保办联合其他部门对挂绿园的生态环境（大气、水、土等）状况进行了一次全面普查检测[③]。

1986 年 4 月，增城县七届人大三次会议代表提出《采取措施，保护“国宝”——西园挂绿荔枝》的议案。1986 年 6 月，中国人民政治协商会议广东省增城县委员会也向县政府提交了《关于切实把“西园挂绿”老树保护好的建议》。这两个文件主要针对挂绿园酒家对挂绿生态产生负面影响以及周边水位过高的问题提出解决对策[④]。县政府对应地制订方案，陆续实施一系列保护措施，西园挂绿长势转好[⑤]。1988 年长至 2 米高，开始结果数个。

1992 年，经过细致观察和药物试验，管理部门确定造成挂绿秋冬季叶片干枯的主因为病害。经加强土壤管理，增施有机肥，调整枝梢结构，培壮树势，并结合药物防治，病害得到控制，叶片干枯现象逐年减轻。从 1994 年起，连续四年正常开花结果[⑥]。1994 年 7 月，增城市水果开发总公司对西园挂绿之果实进行鉴定分析，鉴定认为“从果的形状和外观看，具有原老树的特征，与原老树无什么差别”[⑦]。

但西园挂绿的生存环境仍未根本改观。梁端文感叹，西园挂绿“附近大片荔枝园林而今成为酒家，尤其是日夜排放燃煤废气的酒家厨房只距挂绿树 30 米左右，大量排放的废气将严重威胁荔枝的开花、结果”[⑧]。在专家和民众的呼吁下，

---

① 陈镜泉：《荔枝珍品——增城挂绿》，《风采》1981 年第 3 期，第 37～38 页。

② 中共广东省增城县委员会：《关于救护挂绿荔枝及整治挂绿园的报告的处理》，增城市档案馆藏，1981 年。

③ 增城县科委、县农业局、县环保办、县卫生防疫站：《关于“增城挂绿”生态环境调查的初步计划》，增城市档案馆藏，1983 年。

④ 中国人民政治协商会议广东省增城县委员会：《关于切实把“西园挂绿”老树保护好的建议》，增城市档案馆藏，1986 年。

⑤ 增城市地方志编纂委员会编：《增城县志》，广州：广东人民出版社 1995 年版，第 593 页。

⑥ 增城年鉴编纂委员会编：《增城年鉴（1997）》，广州：广东人民出版社 1997 年版，第 79～80 页。

⑦ 中共增城市委办公室：《西园挂绿老树鉴定情况报告》，增城市档案馆藏，1994 年。

⑧ 梁端文：《增城挂绿古今谈》，《羊城今古》1991 年第 3 期，第 41～42 页。

增城市委、市政府决定要彻底改善生态环境，保护挂绿母树，要求市规划部门在编制《增城市城市总体规划（1994—2010）》时，要有挂绿广场的规划设计，同时明确指示要突出对“西园挂绿”的保护和利用，弘扬增城独特的荔枝文化。但由于建设广场要把挂绿母树周边建筑物拆除，企业损失较大，而政府财力又有困难，短时间内未动工[①]。

（三）沧桑挂绿显风采

1999 年，西园挂绿母树长势良好，树冠面积达 13.3 平方米，树高 3.2 米。但由于母树根经常受沟渠积水浸泡，空气受污染，果实品质不够优良[②]。1999 年冬特大寒潮来临，挂绿母树经过堆火防寒、清水洗霜等措施，没有受到冻害。2000 年 10 月，挂绿广场终于动工建设，挂绿园酒家等周边建筑物得以拆除。清拆时，施工方采用增城市水果开发总公司《关于挂绿古树保护区设计方案的建议》提出的方案，用尼龙膜围住外场，早晚用清水喷叶，减少灰尘和北风对挂绿母树的影响[③]。2001 年和 2002 年，增城县先后两次在挂绿广场拍卖挂绿荔枝各 10 颗。2001 年拍卖中，最贵一颗挂绿荔枝价格高达 5.5 万元，创下了吉尼斯世界纪录，成为世界上最昂贵的水果。2002 年拍卖，一颗挂绿荔枝又创下了 55.5 万元的新纪录，让世界瞩目。2003 年，15 颗挂绿珍果敬送抗非典英雄。2009 年后，增城多次举办“挂绿赠百姓”等活动，将母树所产的珍贵荔枝通过抽签形式赠送给了市民和游客。西园挂绿在新形势下正在以崭新的方式为增城市社会经济发展添砖加瓦，扮演的角色日益重要。西园挂绿母树部分年份的产量如下表所示：

西园挂绿母树部分年份产量汇总表

年份	产量	统计出处	年份	产量	统计出处
1945	128 个	《申报》1946 年 6 月 18 日	1956	10.5 公斤	1995 年《增城县志》
1946	3 斤半	《申报》1946 年 6 月 18 日	1957	5.5 公斤	1995 年《增城县志》
1948	140 多个	《增城挂绿古今谈》	1959	1.5 公斤	1995 年《增城县志》
1953	5.5 公斤	1995 年《增城县志》	1960	2.5 公斤	1995 年《增城县志》
1954	4 个	1995 年《增城县志》	1961	2.5 公斤	1995 年《增城县志》
1955	37 公斤	1995 年《增城县志》	1962	2.5 公斤	1995 年《增城县志》

① 增城年鉴编纂委员会编：《增城年鉴（2007）》，广州：广东旅游出版社 2007 年版，第 37 ~ 39 页。
② 增城年鉴编纂委员会编：《增城年鉴（2000）》，广州：增城年鉴编纂委员会 2000 年版，第 81 页。
③ 增城年鉴编纂委员会编：《增城年鉴（2001）》，广州：增城年鉴编纂委员会 2001 年版，第 88 页。

（续上表）

年份	产量	统计出处	年份	产量	统计出处
1963	4 公斤	1995 年《增城县志》	1977	60 个	1995 年《增城县志》
1964	300 个	1995 年《增城县志》	1978	9 个	1995 年《增城县志》
1965	250 个	1995 年《增城县志》	1992	3 个（花浓果多成果少）	1995 年《增城县志》
1966	300 个	1995 年《增城县志》	1993	0 个	《南方都市报》2001 年 7 月
1967	11 公斤	1995 年《增城县志》	1994	30 个	《增城年鉴（1997）》
1968	10 公斤	1995 年《增城县志》	1995	76 个	《增城年鉴（1997）》
1969	15 公斤	1995 年《增城县志》	1996	196 个	《增城年鉴（1997）》
1971	30 公斤	1995 年《增城县志》	1997	19.3 公斤	《增城年鉴（1998）》
1972	30 多个	1995 年《增城县志》	1998	0 个	《南方都市报》2001 年 7 月
1973	30 多个	1995 年《增城县志》	1999	8.5 公斤	《增城年鉴（2000）》
1974	400 多个	1995 年《增城县志》	2000	11.5 公斤	《增城年鉴（2001）》
1975	30 多个	1995 年《增城县志》	2001	18 个	《南方都市报》2001 年 7 月
1976	72 个	1995 年《增城县志》	2002	约 9 公斤	《增城年鉴（2003）》

注：1979 年至 1991 年未结果。挂绿新枝于 1982 年已开始开花，但为了让新枝长成树干，其间实施人工控制不让其结果。

（四）西园子孙遍增城

增城县内，除西园挂绿外，还有其后代数千株。这些挂绿绝大部分是从西园挂绿圈枝、嫁接培植的。根据 1988 年的统计，西园挂绿的第二、三代有 620 株，常年产量约 1 000 公斤。1993 年，增城县有关部门对西园挂绿第二代的分布及其来历等，通过种植人后代口述、群众公认及有关历史事实引证的方法做了调查，共计 72 棵，其中道光年间繁育的 17 棵，咸丰 1 棵，同治 1 棵，光绪 24 棵，分布在当时的 13 个镇。这些二代挂绿，大都是“知县赏赐取种”“通过县衙和县府熟人取种”和“西园庵和尚馈赠”，也有的是窃取，如“洪水期间划艇往西园庵窃取”“购买罗岗村徐某（鸦片佬）从西园盗来的种苗”“参加太平军，攻入县城后取种”等①。据 2002 年统计，增城市各地挂绿荔枝种植面积约 318 亩，挂果 9 200 多公斤，每公斤售价 40 元左右②。2012 年 6 月，增城挂绿荣登国家地理标志产品。

---

① 增城市地方志编纂委员会编：《增城县志》，广州：广东人民出版社 1995 年版，第 22、249 ~ 253 页。

② 增城年鉴编纂委员会编：《增城年鉴（2003）》，广州：增城年鉴编纂委员会 2003 年版，第 104 页。

五、结语

增城挂绿荔枝历时三百余年，由发现之初的一棵，到康熙中期的“数十百株”，再到现在仅剩西园挂绿一株。其经历坎坷，让人唏嘘不已。反思其历史，更加让我们警醒合理与科学保护这一珍贵的农业遗产是何等重要。就挂绿荔枝的保护与利用，笔者提出几点思考：①重视挂绿荔枝的栽培技术的研究，攻克“异地即变”的难题，让寻常百姓可食；②整理增城挂绿荔枝文化，包括挂绿的品质与种类、种植与管理、民间习俗、传说故事等，组成代表中国乃至世界荔枝的文化系统，申报国家和世界农业文化遗产；③荔枝文化是中国广东、福建、广西等南方地区在世界范围内特有的文化现象，增城挂绿荔枝又是中国的“荔中第一”，增城可以考虑建设世界荔枝文化博物馆，向公众宣扬中国特别是岭南地区的荔枝文化。

论西汉时期徐闻古港的对外贸易[①]

申友良　申东宁[②]

汉武帝元鼎六年（前111）平定南越国后，在雷州半岛的南部设置合浦郡徐闻县，徐闻港也随之兴起，并成为汉代海上丝绸之路的始发港。从西汉开始，徐闻港一直延续了几百年的繁荣，在对外交流中起到了重要的作用。然而学术界仅仅关注海上丝绸之路的始发港在哪里，而对于西汉时期徐闻古港的对外贸易和交流，却无人问津。本文就西汉时期徐闻古港的对外贸易的规模、形式、物品、物品的来源地、对外贸易的国家和地区以及作用和影响等问题做些初步的研究。

一、对外贸易的规模

（一）繁盛的徐闻古港

唐朝宰相李吉甫在《元和郡县图志》中追述汉代徐闻港商业交通的盛况时说："雷州徐闻县，本汉旧县……汉置左右侯官，在县南七里，积货物于此，备其所求，与交易有利。"由于徐闻港对外贸易交往频繁，西汉政府为了更好地管理徐闻，特地在此设置了左右侯官，专门管理对外贸易。另外，汉使还会招募官府、商民、船工，一同远航出海外贸，可见海外贸易的队伍十分庞大。

宋代祝穆《方舆胜览》卷42雷州"事要·徐闻交易"条下引唐《元和郡县图志》（今本不载）："谚曰：欲拔贫，诣徐闻。"宋代另外两部著名的地理志中，即王象之的《舆地纪胜》卷118雷州"风俗形势"条和乐史的《太平寰宇记》卷169雷州"土产"条，也有与《方舆胜览》上引《元和郡县图志》全部或部分相同的内容。[③] 可见徐闻当时的繁荣在汉代有着相当大的流传范围和相当长的流传时间。在徐闻的汉墓中，往往有琥珀珠、玛瑙珠、水晶珠、紫晶珠、琉璃珠、银珠、檀香珠和玉石等舶来品，显然，汉代徐闻的对外贸易可能已达到一定

① 广东省哲学社会科学项目"从马可波罗游记看元初商业经济"（GD13XLS03）；岭南师范学院社会科学重点项目"唐宋时期雷州港的对外贸易研究"（WZW1403）；岭南师范学院南海丝绸之路协调创新中心项目。

② 【作者简介】申友良，湖南邵东人，岭南师范学院历史系副教授，博士后，从事中西文化交流方面的研究；申东宁，广东湛江人，暨南大学文学院在读硕士，从事比较文学研究。

③ 吴松弟：《两汉时期徐闻港的重要地位和崛起原因——从岭南的早期开发与历史地理角度探讨》，《岭南文史》2002年第2期，第24页。

的规模。

经济的繁荣会促进当地的社会发展，人口数量是一个重要的表现。西汉时期，徐闻县属合浦郡，据《汉书·地理志》记载：当时合浦郡户数九千六百一十三，人口数七万八千九百八十，仅比当时比较发达的南海郡户数一万九千六百一十三，人口数九万四千二百五十三略少。[①] 从人口的数量对比可以看出，随着徐闻港的兴盛，徐闻所属的合浦郡也基本达到较发达的水平了。

广东境内最早设县的有两个地区，其中一个就是建立于西汉元鼎六年（前111）的徐闻县，另一个是位于今广州市区丘陵、台地的南海郡番禺县。县的较早设置，也反映了徐闻在当时属广东境内比较发达的地区。

1983年、1990年先后在徐闻发现了大量汉代的绳纹板瓦、筒瓦，还有万岁瓦当。“万岁瓦当”非皇家建筑不能擅自使用，由此可推断当时徐闻已经有高官驻扎在此。其后广东省文物考古研究所进行发掘，又出土了方格戳印纹陶罐、陶盆等一批汉代文物，并发现铜质印章“臣固私印”。印章不是一般人都有的，虽然为私印，但其主人也应该是有一定地位的人。据已有资料，由于对外贸易的扩大，有官衙管理贸易，也有很多人通过外贸获取大量的钱财成为有地位的人。

（二）庞大的港口群

钟绍益是两次参加三墩汉港文物挖掘的原湛江市博物馆的干部，据他介绍，整个三墩港湾呈“U”形，中间海面有300米至600米宽，海岸线长五六千米，沿岸都是港口码头，这与当地人传说的“十里港”是相符的。有学者也到三墩港湾丈量了一下，港口海岸线有6 000米长，水深达到8米。如此长的码头岸线，不要说千帆竞发，就是万帆云集也可以容得下。而且从三墩港向东的海岸上，还有十几个小型古港。这样一合计，汉唐时期徐闻开港的海岸线超过20千米。[②] 有如此大的港口群，每天和每年的吞吐量之大是难以计数的，每天到此经商的人流也是不可估量的，可见西汉时期徐闻古港的对外贸易规模相当巨大。

（三）大型先进的船只

船只的规模，直接反映了当时外贸的规模。据《汉宫殿疏》记载：“豫章大船，可载万（千）人，船上起宫殿。”目前徐闻尚未发现西汉时期的造船遗址，但邻近的番禺（今广州）在1976年发现了秦汉时期的造船工场遗址，从中可以窥探出当时的船只规模。考古专家们经过对船台结构的考察和研究，认为广州秦汉时期的造船工场，可建造宽6~8米，长20~30米，载重数十吨的大型木船，

---

① 吴均：《徐闻古港兴衰初探》，《中国水运史研究》1991年第3期，第132页。

② 刘佐泉、岑元冯：《大徐闻大港口——徐闻古港辉煌的历史》，http://www.gdzjdaily.com.cn/topic/node_2082/2010-06/04/content_1213218.htm。

若并台造船，则可以生产出装载容量更大的船只。广州秦汉造船工场遗址，是一处能够成批生产内河和沿海船只的大规模造船基地。①

西汉时期的战舰称为楼船，楼船的构造是上有重楼，十桨一槽，航行速度较快。大多数楼船头低尾高，船尾有一大舱，船身左边连船舱共计可达十层。《史记·平准书》载："是时越欲与汉用船战逐，乃大修昆明池，列观环之，治楼船，高十余丈，旗帜加其上，甚壮。"② 如此先进的船只，远超过了内河航行的配置需求，更适合远洋航行了。西汉时期造船业的飞速发展，也反映了当时的海外贸易规模之大。

由于没有找到西汉时期徐闻古港进出口量的数据，无法从数据中了解当时徐闻古港对外贸易规模。但从徐闻古港的繁盛、众多的港口群和大型先进的远洋船只也可以看出，当时的徐闻海外贸易的规模是非常大的。

二、对外贸易的形式

西汉时期的对外贸易形式相对简单，只有官方贸易和民间贸易两种。官方贸易是出于政治因素的，而民间贸易则追求利润。

（一）官方贸易

《汉书·地理志》载："自日南障塞、徐闻、合浦船行……有译长，属黄门，与应募者俱入海市明珠、璧流离、奇石异物，赍黄金杂缯而往。"这是史籍中对我国古代海外交通航线的最早、最详尽的记载。当时的这种有组织的贸易交往，应该是官方贸易。黄门这个机构隶属于主管皇家事务的少府，专门为皇室生活消费服务，而黄门官员由宦官构成，相当于内务官。译长归黄门管理，是古代主持传译和奉使的职官。译长是受到黄门的派遣，携同"应募者"到海外去的。这时的海外贸易交通活动，得到沿途国家的友好接待，供给伙食，派船转送，进行得颇为顺利而且卓有成效。③《汉书·平帝纪》记载："元始二年，黄支国献生犀。"这说明了当时的海外贸易主要由官方进行，并与各国交往融洽。

（二）民间贸易

吕思勉曾说过："以海道论，《史记·货殖列传》谓南海为珠玑、犀、玳瑁、

① 廖国一：《中国古代最早开展远洋贸易的地区——环北部湾沿岸》，《广西民族研究》1998 年第 3 期，第 94 页。

② 廖国一：《中国古代最早开展远洋贸易的地区——环北部湾沿岸》，《广西民族研究》1998 年第 3 期，第 94 页。

③ 中国人民政治协商会议湛江市委员会文史资料研究委员会编：《湛江文史资料》（第二辑），内部发行，1984 年，第 143 页。

果、布之凑，即后世西、南洋物也，则秦汉未并南越时，中国与西、南洋久相往来矣。是知民间之交通，必先于政府。”① 其实，官方贸易是随着民间商业的发展应运而生的。在东南亚出土的一些汉代陶器和陶片，与广东沿海汉墓出土的陶器类型相似。这些都是南海民众进行海外贸易的文物证据。

此外，在徐闻发现了汉墓群。这些墓葬规模不大，多为平民墓，但往往有琥珀珠、玛瑙珠、水晶珠、紫晶珠、琉璃珠、银珠、檀香珠和玉石出土。② 这些玉石珠宝是“舶来品”，价值很高，对于普通的平民家庭来说根本不敢奢望拥有，但为什么会普遍存在于平民汉墓呢？只能说明当时的民间也进行海外贸易，而且从事海外贸易的民众很多。

三、对外贸易的物品

（一）出口商品

1. 丝绸、黄金

《汉书·地理志》在论述徐闻、合浦的对外贸易状况时，提到“有译长，属黄门，与应募者俱入海市明珠、璧流离、奇石异物，赍黄金杂缯而往”。由此可见，黄金和杂缯是当时我国主要的出口商品，其中最大宗的出口商品当为丝织品。《三国志》卷30中记载，大秦“又常利得中国丝，解以为胡绫，故数与安息诸国交市于海中”。

2. 珍珠

《汉书·王章传》云：“其家属皆完具，采珠致产数百万。”王章家属在9年期间靠采珠致产百万。徐闻在西汉是合浦郡的郡治所在，当时采珠业和商业的繁荣可想而知。③ 据《史记·货殖列传》记载，早在公元前111年的汉代，从合浦郡的徐闻县至合浦县濒临北部湾地区就盛产珍珠。当时徐闻县和合浦县均属合浦郡，因此两县生产的珍珠统称为“合浦珍珠”。《广东新语》中也提到“合浦珠名曰南珠”，“南珠自雷、廉至交趾，千里间六池”。徐闻是南珠的产地之一。由此看出，徐闻早已颇负盛名，其不但是珍珠产地，也成为珍珠集散地。

3. 陶器

在印度尼西亚西婆罗洲的三代，发现了汉代青釉龙柄魁，在莫得其利发现汉代双耳陶钵，在中爪哇发现汉代带盖陶罐。除此之外，《广州汉墓》也指出：“加里曼丹出土的一件印圆圈纹的陶魁，与广州西汉后期到东汉前期的同类器形

① 吕思勉：《吕思勉读史札记》，上海：上海古籍出版社1982年版，第630页。

② 赖琼：《历史时期雷州半岛主要港口兴衰原因探析》，《中国历史地理论丛》2003年第3期，第103页。

③ 张荣芳、周永卫：《汉代徐闻与海上交通》，《中山大学学报》（社会科学版）2002年第3期。

极为相似。”[①] 据1965年第6期《考古》刊登的安志敏《马来西亚柔佛州出土的古代陶片》一文载，马来西亚柔佛州曾出土过许多几何印纹陶片，纹饰有方格纹、曲尺纹、雷纹、编织纹、波浪纹等，陶片的制法、质地以及某些纹饰，均与我国华南地区的印纹陶非常相似。越南的清化东山、印度尼西亚的苏拉威西，也发现过和柔佛州相类似的雷纹陶片。[②] 由此可以知道，早在汉代，中国陶器已经远销东南亚，东南亚的印纹陶风格受到了中国的影响。在徐闻的汉遗址中也采集到了大量印有方格纹、绳纹、戳印、弦纹等的砖瓦和陶片，证明西汉已有陶器在徐闻进行商贸。

（二）进口商品

《汉书·地理志》中提到“有译长，属黄门，与应募者俱入海市明珠、璧流离、奇石异物，赍黄金杂缯而往”，说明国内珍品日渐稀少，促使官员从海外寻找奢侈品来满足皇室贵族的需要。

1. 宝石、珠玑

对于“明珠”“璧流离”“奇石”为何物，周家干先生认为：与海外商人交换的“明珠”并非“真珠”，《通典》一书中的“黄支”条于明珠之下加一“玉”字，乃玉类也。“璧流离”《梵书》作吠琉璃，以山为名，鞞头梨山出之宝石之类，即青色之宝石，也即绿宝石和青金石。“奇石”当属于宝石之类。[③] 上文提到的徐闻古港汉代遗址的文物普查中，发现墓葬中往往有琥珀珠、玛瑙珠、水晶珠、紫晶珠、琉璃珠、银珠、檀香珠和玉石出土。当时我国还未能制作这些宝石珠饰，只能进口，故这些陪葬品就是徐闻古港的进口物品。

2. 玻璃

汉墓中出土的玻璃制品的常见种类有珠、管、耳珰、鼻塞、环、璧、杯、盘、碗等，其中玻璃珠数量最多。玻璃珠呈透明或不透明，色泽有青、淡青、绿、墨绿、淡蓝、天蓝、湖水蓝、白、月白、粉红、砖红、紫褐等，形状以算珠形为最多，也有椭圆形、菱形、橄榄形、网坠形、鱼形、瓜形、花篮形等。[④]

3. 香料

根据《后汉书》的记载，汉代已有苏合的进口，这大概是中国最早进口的一种香料。虽然没在徐闻遗址中找到香料，但既然从徐闻古港进口象牙、犀角等

---

① 黄启臣主编：《广东海上丝绸之路史》，广州：广东经济出版社2003年版，第56页。

② 王戈：《北海古窑址与“海上丝瓷之路”的研究》，载吴传钧主编：《海上丝绸之路研究——中国·北海合浦海上丝绸之路始发港理论研讨会论文集》，北京：科学出版社2006年版，第299页。

③ 周家干：《合浦乾体古港作为“海上丝绸之路”始发港探源》，《广西地方志》2002年第5期，第73页。

④ 史景峰：《秦汉航海史研究》，广西师范大学硕士学位论文，2012年。

珍贵物品给皇室，自然也会根据皇室需求，顺道输入香料。而且香料的产地离徐闻古港近，在海上丝绸之路的航线上，运输非常便利。

4. 其他

进口的商品还有犀角、象齿、玳瑁等。除了这些物品，海上丝绸之路还给徐闻古港引来许多的物种，如椰子、木棉、波罗蜜、刺桐、缅茄、芒果、杨桃、菠萝、香茅、甘蔗、橡胶、胡椒、番石榴等。①

四、对外贸易物品的来源地

（一）儋耳郡、珠崖郡、中原——丝绸

秦汉两朝政府都设置官营丝织作坊，民间丝织业也随即发展。元封元年（前110）输帛就达500万匹，估计需要原料茧2 500吨左右。海南岛的儋耳郡和珠崖郡都是两汉时期蚕织生产的主要地区。“儋耳、珠崖郡，男子耕农，种禾稻纻麻，女子桑蚕织绩。”蚕桑业和丝织业的发展，提供了可供对外出口的丝绸。②宋代王象之《舆地纪胜》引唐代李吉甫《元和郡县图志》说：“珠崖如囷廪大，与徐闻对渡。北风举帆，一夕一日而至。”丝绸很可能从就近的儋耳郡、珠崖郡运到徐闻港进行海外贸易。

也有人认为汉代自徐闻出口的丝绸，主要来自中原地区。虽然西汉时岭南已经“女子桑蚕织绩”，但《汉书·地理志》列举岭南的出产物时，说这里“多犀角、玳瑁、珠玑、银、铜、果、布之凑”；《后汉书·贾琮传》提到交趾部“土多珍产”，列出“明玑、翠羽、犀、象、玳瑁、异香、美木之属”；均无一种是丝绸。并且，没有任何一种文献提到自岭南港口输出的丝绸来自当地。珠江三角洲一带的丝绸经徐闻出口的可能性极小。③

（二）中原——黄金

有人认为这“黄金”并不是现在意义上的“黄金”，而是黄铜一类的金属。现在徐闻尚未发现春秋战国年代的铜器和铁器，但西汉中期以后的墓葬被大量发现，其中屡有铜器和铁器出土。徐闻出土的铁器和铜器的来源地暂时还没能考证，但离徐闻很近的合浦汉墓中，出土了一些铁器，在形制和花纹方面都与中原地区汉墓出土的器物相同，证明合浦的铁器是来自中原的。而当时在徐闻和合浦都由汉朝官方主持进行对外贸易，故从徐闻古港出海的黄金应该就是从中原而来。

---

① 老杨：《徐闻，已知与未知的汉港》，《商业文化》2009年第2期，第29页。

② 周敬阳：《论秦汉时期岭南海上丝绸之路的三大始发港》，华南师范大学硕士学位论文，2007年。

③ 吴松弟：《两汉时期徐闻港的重要地位和崛起原因——从岭南的早期开发与历史地理角度探讨》，《岭南文史》2002年第2期，第25页。

（三）合浦——珍珠

从合浦郡的徐闻县至合浦县濒临北部湾处盛产珍珠。《广东新语》中也提到“合浦珠名曰南珠”，“南珠自雷、廉至交趾，千里间六池”。

（四）雷州半岛——陶器

徐闻县建造大汉三墩旅游区时，仅仅平整了一下土地就收集到了成吨的陶片和瓦片。这陶片和瓦片，可能只是证明在徐闻古港存在陶器，并不能证明这里制造陶器。但在20世纪90年代，这里出土的“万岁瓦当”都是烧制出来的残品，还有其他一些变形的完整的陶器。如果陶器在其他地方生产而被搬运到徐闻古港，那出土的陶片应该是完整的正品或碰碎的残品，只有制陶工场才可能有变形的完整的次品，也就是证明了徐闻古港附近有制陶工场。据史料记载，雷州半岛是我国古代陶瓷基地之一，有八千年历史，而且在遂溪鲤鱼墩、雷州南渡河畔等地出土的文物中也有陶片。陶器易碎，不方便长途运输，西汉徐闻古港的陶器应该是就近生产，供出口外贸。

（五）黄支国——玻璃器、琥珀和玛瑙石

徐闻、合浦和广州出土的西汉中晚期文物种类相似，很可能当时海上丝绸之路使得这三个地方有联系，也就是三地的舶来品的来源地是相同的。在出土的玻璃珠中的一个西汉后期样品和三个东汉前期样品经过化验，只含微量或不含铅、钡成分，这与我国古代玻璃经由中外有关单位化验后判定的属于低温的铅钡玻璃系统截然不同，反而与西方的古代玻璃相类。广州所出土的玛瑙，正如琥珀制品一样，有可能就是从印度南部的黄支国输入的。①

（六）罗马——琉璃

罗马的琉璃制造业集中在亚历山大港、推罗和西顿，技术上都达到了很高的水平，其市场遍及亚洲地区。汉时琉璃与玉石、水晶同列为宝物，贩运琉璃所得利润丰厚。琉璃，《广志》云：“琉璃出黄支、大秦。”琉璃制品是汉朝官吏、富豪喜欢的物品，虽然当时中国亦能制造琉璃，但质量较西方差，故仍须从海外大量输入。②

（七）南洋和西亚——香料

早期输入我国的香料是在南洋和西亚生产的。

---

① 黄启臣主编：《广东海上丝绸之路史》，广州：广东经济出版社2003年版，第58页。

② 史景峰：《秦汉航海史研究》，广西师范大学硕士学位论文，2012年。

（八）东南亚、南亚——植物

由于徐闻处于热带地区，适合热带植物的生长，因此当时从海外引进的植物多能种植成功。秦汉时期引进的境外植物如下表所示：

秦汉时期海上丝路的境外植物引进表①

树种	原产地点	引入年代	主要种植地区
椰子	美拉尼西亚、热带亚洲	秦汉	海南、雷州、台湾、云南南部
波罗蜜	印度、马来西亚	公元前2—1世纪	海南、粤西
红棉	印度、马来西亚	秦汉	广东沿海、海南
刺桐	印度、马来西亚	秦汉	南中国沿海
苏木	中南半岛	汉晋	热带、南亚
沉香	印度、马来西亚	汉晋	热带、南亚
光棍树	非洲沙漠	汉晋	南亚热带地区

五、对外贸易的国家与地区分布

《汉书·地理志》载："自日南障塞、徐闻、合浦船行可五月，有都元国；又船行可四月，有邑卢没国；又船行可二十余日，有谌离国；步行可十余日，有夫甘都卢国。自夫甘都卢国船行可二月余，有黄支国，民俗略如珠崖相类。其州广大，户口多，多异物，自武帝以来皆献见。有译长，属黄门，与应募者俱入海市明珠、璧流离、奇石异物，赍黄金杂缯而往。所至国皆禀食为耦，蛮夷贾船，转送致之。亦利交易，剽杀人。又苦逢风波溺死，不者数年来还。大珠至围二寸以下。平帝元始中，王莽辅政，欲耀威德，厚遗黄支王，令遣使献生犀牛。自黄支船行可八月，到皮宗，船行可二月，到日南、象林界云。黄支之南，有已程不国，汉之译使自此还矣。"从上文提到的国家和地区，可以明确地知道西汉时期与徐闻古港有贸易来往的有下面这些国家和地区：

都元国：或以为系都昆、屈都昆、屈都乾之同名异译。故地有在马来西亚西部和印度尼西亚苏门答腊岛东北部二说。《通典》卷188："边斗国、都昆国、拘利国、比嵩国，并隋时闻焉，扶南渡金邻大湾南行三千里，有此四国。"

① 杜棣芬等：《海上丝路与境外植物引进初探》，《岭南文史》2002年增刊，第327页。

邑卢没国：一般认为邑卢没当为《新唐书·南蛮传》中的拘蒌密。从在马来半岛东岸的都元国再乘船北行四月才到，就在现在的缅甸南部的海岸上。

谌离国：如由缅甸南部西行二十余日，仍未上陆，应为伊洛瓦底江东岸古国，为准备上陆地点。

夫甘都卢国：当在缅甸南部古都蒲甘。因这里陆程在五百里以上，和行程日数相合。南航黄支国亦合二月水程之数。这里是宝石买卖集中地点，汉皇家贸易使团不惜起陆赴此城贸易。

黄支国：一般认为即建支、建支补罗，即今东印度南部海岸的康契普腊姆（Conjevaram）。20 世纪 30 年代，法国考古学家帕塔比拉明（P. Z. Pattabiramin）在康契普腊姆附近的本地治里发现一个古罗马时代的海港遗址，也就是《厄里克里亚航海记》提到的印度东海岸商港波杜克（Podouke）。[①] 按《通典》黄支“在南海日南之南三万里”的判断，则地点亦当在印度东面海岸上（沿海岸曲折计）。

皮宗：锡兰返航八月才到此地，估计应在马来半岛地区。由皮宗回日南、象林界为二月航程，则皮宗亦应在马来半岛区内东岸或岛上。《郑和海图》上的“毗宋屿”《通典》称为“比嵩”。地处当今之马六甲海峡东部皮散岛，为航路要冲。

象林：日南郡最南一县，在今越南岘港以南武嘉河之南。

已程不国：疑即今斯里兰卡国，按斯里兰卡古巴利文为“Sihadipa”，和已程不音相近。地理位置亦在黄支国之南，一般商业货运航线亦转运于此，其地亦为宝石集散地，故汉使应到，再由海道经马六甲海峡返国，但航路只到斯里兰卡。[②]

虽然贸易商品中提到大秦（今罗马），但在西汉时期海上丝绸之路与大秦还没有直接来往，是通过印度转运，到东汉大秦才首次来中国，故大秦不是当时海外贸易的国家。

六、结论

“欲拔贫，诣徐闻。”以徐闻古港为起点的“海上丝绸之路”，开启了中国古代王朝对外开放、友好交往的友谊之路。西汉时期的对外贸易，是一种互通有无的手段。中国的丝绸、珍珠、陶器等对外出口，换来了外国的奇珍异宝，既丰富了中国人民的物质文明和精神文明，又扩大了人们的视野。此外，西汉徐闻的对外贸易，也促进了经济重心的南移、科学技术的进步、文化的融合，为海上丝绸之路的繁荣打下良好的基础。

---

① 李庆新：《从考古发现看秦汉六朝时期的岭南与南海交通》，《史学月刊》2006 年第 10 期，第 13 页。

② 曾昭璇：《岭南史地与民俗》，广州：广东人民出版社 1994 年版，第 77 ~ 78 页。

从“瓯邓”到疍民

——疍民起源新解

颜广文[①]

20世纪的30年代到40年代，曾有一批学者从事疍民史研究，如罗香林、陈序经、徐松石等。其中，陈序经的研究是较为符合今天的学术研究规范的。陈序经在其《疍民的研究》一书中曾详尽介绍此前有关疍民起源的各家说法，[②] 其中并没有介绍有任何学者提及“瓯邓”与“疍民”，近年来的一些广东史地著作也没有把两者联系起来[③]。网络上有人质疑广府话中“疍民”的“疍”应念作“邓（dèng）”而非“旦（dàn）”，似乎与“瓯邓”有某些关系，但都没有稍稍深入一点的论述。笔者认为“疍民”就是直接来源于“瓯邓”，无论此说能否完全成立，但将其称为“疍民起源新解”不为过吧。

由于笔者把“瓯邓”一词作为“疍民起源新解”的依据、根本，故不得不把其原始出处予以完整摘录。“瓯邓”一词源于《逸周书·王会解·第五十九》，本文使用的《逸周书》是袁宏点校本。[④] 据袁宏称，点校时“以清乾隆间余姚卢文弨抱经堂本为底本，以《四部丛刊》所收章本以及程荣《汉魏丛书》本为参校本”[⑤]，依卢文弨等人的学识涵养，选取的似应是存世最优的底本了。《逸周书·王会解》主旨是记述周朝诸侯以及四方部落向周天子朝贡的历史，顺带追述商代的朝贡。“瓯邓”一词出现在追述商代朝贡一段之中。

《伊尹朝献·商书》汤见伊尹曰：“诸侯来献，或无马牛之所生而献远方之物，事实相反，不利。今吾欲因其地势所有献之，必易得而不贵，其为四方献令。”伊尹受命，于是为四方令曰：“臣请正东符娄、仇州、伊虑、沤深、九夷十蛮、越沤、鬋发、文身，请令以鱼皮之鞞，□鲗之酱，鲛瞂、利剑为献。正南瓯邓、桂国、损子、产里、百濮、九菌，请令以珠玑、玳瑁、象齿、文犀、翠羽、菌鹤、短狗为献。”[⑥]

原文中还有关于正西、正北诸侯、部落以及贡献方物的内容等，因与本文主

---

① 【作者简介】颜广文，华南师范大学岭南文化研究中心、历史文化学院教授。

② 陈序经：《疍民的研究》，北京：商务印书馆1946年版，第1~44页。

③ 代表性著作有方志钦、蒋祖缘主编：《广东通史》（古代上册），广州：广东高等教育出版社1996年版；张荣芳、黄淼章：《南越国史》，广州：广东人民出版社1995年版。

④ 佚名撰，袁宏点校：《逸周书》，济南：齐鲁书社2010年版。

⑤ 佚名撰，袁宏点校：《逸周书》，济南：齐鲁书社2010年版，第113页。

⑥ 佚名撰，袁宏点校：《逸周书》，济南：齐鲁书社2010年版，第84页。

旨无关，故在此予以省略。不过，这一段原文透露出相当丰富的历史信息，值得细细玩味。

一、释“瓯”

首先，袁宏断句是“瓯邓”连读的，不过，今有治广东历史的学者却是将瓯与邓分指。如方志钦等《广东通史》载：“正南瓯、邓、桂国、损子产、里、百濮……”为何要瓯邓分断，该书是这样解释的：“‘正南瓯’指岭南的西瓯、骆越。”① 至于“邓”作何解，该书回避了。同样，该书又把“损子”“产里”分别断为“损子产”及“里”。分断的依据是征引了晚明广东士人邝露《赤雅》的一句话“古损子产国，即乌浒（蛮）也”②。“里”作何解，该书同样是采用回避的办法。先说“损子产国”问题，这是邝露《赤雅》一书把“里”字误刻为“国”字，故突然冒出了个“损子产国”，这是刻书、校书不精之错，所谓“损子产国”并不存在。至于将“瓯邓”分断，笔者认为，这是方本《广东通史》断句有误。众所周知，“瓯”字原指瓦质碗盆之类的生活器皿，商周时期人们已有国和疆界“四至端点”的概念，并用“瓯”泛指南疆边陲。“瓯邓”居正南，所以，正南之西就有“西瓯”，正南之东就应有“东瓯”。如此说来，恐怕“瓯邓”一词的产生更应早于“西瓯”和“东瓯”了。先秦的“西瓯”即位于今广西壮族自治区（尤其是南部）③。至于“东瓯”，已故越史专家蒙文通引《史记·东越列传》言：“闽越王无诸及东海王摇者，其先皆越王勾践之后也。”后来，摇在汉朝建立过程中立有大功，“乃立摇为东海主，都东瓯，世俗号为东瓯王”，进而认定“闽、瓯当与吴、越同族也”④。“东瓯”即上引文中的“沤深”和“越沤”，居商朝、周朝的正东方，大致居今福建及浙江南部。今浙江省第二大河称瓯江，经温州入东海；历史上福建省也曾设瓯宁县。另外，从《逸周书·王会解》中规定进贡的方物来看，“瓯邓”朝贡的最主要方物是“珠玑”，也就是珍珠和珊瑚之类，《逸周书·王会解》还说：“吾欲因其地势所有献之，必易得而不贵。”所以，“珠玑”是“瓯邓”部落的土特产，“瓯邓”的范围就应该是五岭以南直至南海地区，以珠三角为核心，包括今广东省大部。“瓯邓”居中故又可简称“瓯”“正瓯”。

---

① 方志钦、蒋祖缘主编：《广东通史》（古代上册），广州：广东高等教育出版社1996年版，第165页。

② 方志钦、蒋祖缘主编：《广东通史》（古代上册），广州：广东高等教育出版社1996年版，第165页。

③ 覃晓航：《岭南古越人名称文化探源》，北京：中央民族大学出版社1995年版，第18页。

④ 蒙文通：《越史丛考》，北京：人民出版社1983年版，第19页。

二、释“邓”

邓是商周时期岭南地区的部落称谓。“邓”，繁体字写作“鄧”，应该是形声字，登音，阝即邑，邑为形。邑为形指“瓯邓”这个部落是陆居，并初步形成一定的社会组织形式。著名南越国史专家张荣芳先生指出古南越生活习俗之一是“善舟习水”，并引《越绝书》归纳为“水行而山处”①。这个判断是完全正确的，“瓯邓”部落由山居走向泊居是自秦朝武力统一岭南开始的。《史记·秦始皇本纪》载：“三十三年，发诸尝逋亡人、赘婿、贾人，略取陆梁地，为桂林、象郡、南海。”历史上，诸家包括唐代司马贞和张守节解释“陆梁”，多指岭南人的居住地和性格特点，“多处山陆，其性强梁，故曰陆梁”。余天炽先生有不同解释，他认为“梁”不包含性格，“‘陆梁地’似应直释为山陆山梁之地为宜”②。笔者更倾向于认为，“陆”指田地，“梁”指水上或水边的木构房子，即干栏式建筑。外来入侵者最先强占的肯定是原居民的土地和房子。粤语中，“梁”与“良”字同音相通，故今广东境内带“良”字的地名和村落名大多应与古越人聚居有关。如顺德市中心叫大良区，广州从化市有良口镇，广州近郊有良田镇，博罗县有良田村，阳江市有良洞村，新兴县有良洞，佛山高明区有良村等，广东省带“良”的地名不下数十处，在此就不一一列举了。自秦朝以后，南迁的政权和人民不断挤占原“瓯邓”人的土地资源，尤其在魏晋南北朝时期形成高潮。而那些不愿屈服王朝统治的“瓯邓”人，一部分可能走进尚未开发的丛林加入了南方少数民族，而更多的“瓯邓”人走向了江河近海，并改变了生活方式。于是，自魏晋以后，有关疍民记载的史料才不断出现。

“邓”的第二层含意应是信仰龙蛇的人。繁体字“鄧”中的“登”仍可分拆，《辞源》载：“癶，补豁切，音钵。两足张，而有所拔除也。”③“两足张，而有所拔除”应该就是古越人眼中虚构的龙，现实世界中的鳄鱼。也有民族史学者通过民族语音来证明“邓”与龙蛇有关。首先，现代民族学肯定，黎族、壮族均“源于古代的百越”④，而黎语和壮语中的“邓”与“龙、蛇”近音。“可见，瓯人尚龙蛇，所以，被称为‘龙蛇之人’。‘瓯邓’之名的词义正反映这一族称内容。”⑤ 同样，“疍民”主体也被人们认定为古越人后裔，也就是清初广东学者

---

① 张荣芳、黄淼章：《南越国史》，广州：广东人民出版社 1995 年版，第 334 页。

② 余天炽：《“陆梁”地名试释》，载华南师范大学历史系编：《华南师大历史系论文集》（第一集），1984 年，第 238 页。

③ 陆尔奎等编：《辞源正续编合订本》，郑州：中州古籍出版社 1993 年版，第 1031 页。

④ 江应梁主编：《中国民族史》（下），北京：民族出版社 1990 年版，第 134 页。

⑤ 覃晓航：《岭南古越人名称文化探源》，北京：中央民族大学出版社 1995 年版，第 20 页。

屈大均所说的“真粤人”①。历史上，“疍民”主要的图腾崇拜对象就是龙蛇，“自云龙种”，“籍称龙户”②。至此，我们可以断定，“瓯邓”与“疍民”都可称为“龙蛇之人”。

“邓”的第三层意思可能还包含平衡。在粤语中，与“邓”同音的是“戥”，且使用的地方也常与疍民生活有关，如“戥船石”。大家知道，水上空船遇风浪极易翻沉，故疍民必在船舱底放若干石块以求平衡，此应是“戥船石”的本义。珠江三角洲水网纵横，号“广为水国”③。明清习俗，水上人家婚娶必用花艇接新娘，多有随行少男以壮声势，伴郎又称“戥船石”。此俗也被陆居广府人所接纳，遂风行至今。此外，还有用“戥对”表示匹配，用歇后语“疍（念戥非念旦）家鸡——有得睇冇得饮”表示可望而不可即等。笔者年轻时曾在广州新滘公社水上居民聚居区工作过，算是对此较为熟知。④

三、释“疍”

首先讨论“疍”的读音。《辞海》“疍”条载：“疍（dàn），亦作‘蜑’。”《辞海》“疍民”条载：“疍民，水上居民的旧称。”⑤ 在近代以来相关的疍民研究论著和字词典中，几乎无一例外都将“疍”注音为“dàn”。但是，“dàn”只是“疍”的其中一种发音，至今讲广府话的粤人称“疍民”或“疍家”也有不念“dàn”而念“dèng”的。

发音的错误源于忽略了“疍”字的来源。“疍”字应多为岭南广府人自创。水上居民自称“龙户”，而“疍民”“疍家”只是陆上人对他们带有污辱的称呼。明代广东学者黄佐说：“蛋户者，以舟楫为宅，捕鱼为业，或编蓬濒水而居谓之水栏。见水色则知有龙，故又曰龙户。齐民则目为蛋家。”⑥“齐民则目为蛋家”正说明“疍”一字应为陆上居住的岭南人或官府所创。历史上广府人说着与中原迥然不同的方言方音，他们甚至随生活环境创造出不少俗字。黄佐又说：“谣俗之中又有三者，有方言，有方音，有俗字。”并列举了若干较为典型的俗字，如“有”去掉中间就成“冇”；上不下大合成的“奀”字读“恩”，意思是长不

---

① （清）屈大均撰：《广东新语》，北京：中华书局1985年版，第232页。

② （明）邝露：《赤雅》，载周光培编：《明代笔记小说》（第16册），石家庄：河北教育出版社1995年版，第127页。

③ （清）李调元：《南越笔记》，载（清）吴绮等撰，林子雄点校：《清代广东笔记五种》，广州：广东人民出版社2006年版，第386页。

④ 颜广文：《我的“社教”经历》，载广州市政协学习和文史资料委员会：《广州文史》（第七十七辑），广州：广州出版社2013年版。

⑤ 辞海编辑委员会编：《辞海》，上海：上海辞书出版社1980年版，第1807页。

⑥ （明）黄佐：《广东通志》卷六十八《杂蛮》，广东方志办誊印本，第1793页。

大；粤语中最典型的词是“冚棒冷”，“冚”字由上秃宝盖下山合成，意思为全部、共；粤语中最恶毒的骂人话叫“冚家铲”，意即咒骂别人全家死光；左尾右子的“屘”字读“拉”，意为最小的子女等，似乎广府俗字多类似会意的造字。类似形声字的也有，如左石右肯的“硍”字念“梗”，意思是石垒的堤坝等。①虽然近年来会说粤语的人减少了，但广府俗字有些还沿用至今，具有一定的生命力。

笔者认为，“疍”字就是广府人创造的形声字。在先秦文献中应该没有“疍”字，故许慎的《说文解字》②《康熙字典》和《辞源》等一些大型字典均没收入。《辞海》“疍”有两条目，一条是：“疍（dàn），亦作‘蜑’。”一条是：“疍民，水上居民的旧称。”③ 这说明“疍”就是单一含义的字，这种现象是较为罕见的。陈序经《疍民的研究》介绍了众多学者如何试图通过解释“疍”字的构成来说明“疍家”的来源。第一种以许予一为代表，认为“疍家亦称艇家”，“疍实为艇之转音”；第二种以罗香林为代表，认为古越族中有一支为“但族”，“但为疍之别属”；第三种认为“疍”字由其他字转音而来，有认为来源于“亶”字、“蜑”字、“佗”字等。但陈序经对各家说法都不满意，转而提出要结合文献、体质、音韵或其他的工具，才能得到相当的认识。④ 笔者赞同陈序经的建议，也把音韵作为探讨“疍民”起源的重要手段之一。虽然陈序经、罗香林、徐松石等人都是岭南人，但是他们均非操广州方言方音者，恐怕连疍有“dèng”这一种读法都不知道！几乎所有的大型字词典对“疍”字的汉语拼音标注都作“dàn”，至于“疍”字的上部“疋”，则完全被忽略了。问题正由此产生！在“疍”字的构成中，“疋”是不能忽略的，“疍（dèng）”的发音正是来源于“疋”。正与疋原为一字，念证（zhèng），并有走动的意思。《辞源》载：“分疋正为两字，后人强析之耳。”⑤ 大家知道，广州话是没有卷舌音的，故“zhèng”只能念作“jing”或“zeng”⑥，特指方位居中的正念“zeng”，这样“疍”就完全有可能读作“邓”。另外，粤语组词至今仍保留倒置方式，如“公鸡”称“鸡公”，“母鸡”称“鸡乸”。同理，“瓯邓”即“邓瓯”，“邓”与“疍”音近而通，“邓瓯”演绎为“疍瓯”，即“疍族居住的地方”。至于“疍”字结构中的“旦”应为形，意思是在水面上漂移不定的小船。

“疍”的第一次演化是变成“蜑”字。由于历代统治者歧视，将不服“王

① （明）黄佐：《广东通志》卷二十《风俗》，广东方志办誊印本，第501页。由于粤语俗字多不入各类字典，无法打出，请读者谅解。并希望能有人开发粤语字典软件。

② （汉）许慎撰，（清）段玉裁注：《说文解字注》，上海：上海古籍出版社1988年版。

③ 辞海编辑委员会编：《辞海》，上海：上海辞书出版社1980年版，第1807页。

④ 陈序经：《疍民的研究》，北京：商务印书馆1945年版，第1～12页。

⑤ 辞海编辑委员会编：《辞海》，上海：上海辞书出版社1980年版，第1024页。

⑥ 饶秉才主编：《广州音字典》，广州：广东人民出版社1983年版，第315～316页。

法”的族群大多视作蛮夷，故编造了一个与“疍”同音的“蜑”字以替代。如晋朝人常璩《华阳国志》中提到“蜑”，[①] 隋唐时岭南“南蛮杂类与华人错居，曰蜑……”[②] 宋朝的范成大《桂海虞衡志》和周去非《岭外代答》也提到“蜑”，[③] 官修《元史》也一样，都是写作“蜑”[④]。随着使用的频率不断提高，宋朝人徐铉在校定《说文解字》时开始把“蜑”字收入字典。[⑤]

疍的唐宋古音读作“dèng”还有佐证。今人大多只知道“蜑”读作“dàn”，故《辞海》说“疍（dàn），亦作‘蜑’”，岂知“蜑”有另一发音！《康熙字典》载：“蜑，一作蜒。”蜑与蜒是互通的。一般情况下“蜒”发“延”音，但是《康熙字典》还载：“蜒，又《韵补》夷庚切。”《韵补》是音韵学重要著作，为宋朝吴棫所作，吴棫为福建建瓯人，该书尤详于东南沿海方言俗字俗音的考订，应予充分重视。《康熙字典》还征引《李尤阳德殿赋》证明：“连壁组之烂漫兮，杂虬文之蜿蜒；动坎击而成响兮，似金石之音声。”“似金石之音声”和“夷庚切”正说明“蜑”字的韵母也是“eng”，极有可能与广州话中“疍（dèng）”的发音完全相同！同时，“蜑”的本义是南方龙蛇之类的动物，引申义才是“南方夷”。[⑥] 在广州，明朝以前“蜑民”是有严格定义的。《永乐大典·广州府》载：“渔有二种。内海港汊千百渔者曰蜑，犹习衣冠，韩诗所谓马人龙户也。海外浩渺无边渔者曰卢亭，椎髻犊鼻而已，相传晋寇卢循之遗种也。”[⑦]

“疍”的第二次演化才是由“蜑”演化为更为粗俗的“蛋”字，而“蛋”字的原义是“鸟卵为蛋”[⑧]。明清史籍中较多写作“蛋”。于是，“疍”也就念成“蛋（dàn）”了，这是典型的以讹传讹的千古错案，以致后人完全忽略了瓯邓与疍民有关联的可能性。

四、小结

从上面分析，我们可以断定商周的“瓯邓”与后来的“疍民”存在某些紧密的联系，原因有以下几点：

---

① 任继愈主编：《中国科学技术典籍通汇》（地学卷第一册），开封：河南教育出版社 1995 年版，第 377 页。

② （清）阮元：《广东通志》卷二百三十《岭蛮》，上海：上海古籍出版社 1980 年版，第 5631 页。

③ 任继愈主编：《中国科学技术典籍通汇》（地学卷第二册），开封：河南教育出版社 1995 年版，第 644、667 页。

④ （明）宋濂等：《元史》，北京：中华书局 1976 年版，第 649 页。

⑤ （汉）许慎撰，（宋）徐铉校定：《说文解字》，北京：中华书局 2013 年版，第 284 页。新附字中收入“蜑”字。

⑥ （清）张玉书等：《康熙字典·申集中·虫部》，中华书局 1958 年影印同文书局原版，第 13 页。

⑦ （明）解缙等：《永乐大典》，北京：中华书局 1986 年版，第 8396 页。

⑧ （清）张玉书等：《康熙字典·申集中·虫部》，中华书局 1958 年影印同文书局原版，第 9 页。

第一，从社会生活的活动空间来看，“瓯邓”与“疍民”的地望是基本上重叠的。

第二，“瓯邓”与“疍民”的图腾崇拜是完全一致的，就是类似鳄鱼的龙蛇。

第三，从音韵学上看，“邓”与“疍”韵母是相同的，存在着同音相通的可能，在今天的广州话中，有一种读法就直接把“疍”念成“dèng”；由“疍”演化成“蜑”字时，“蜑”也仍发“dèng”音，“蜑”字进一步演化为“蛋”时才发“dàn”音。《辞海》“疍”条直接解释为“疍（dàn），亦作‘蜑’”是一个明显的错误，是必须纠正的！

第四，从文献记载来看，“瓯邓”是“水行而山处”，“疍民”则“以舟楫为宅”，“或编蓬濒水而居”，其历史发展轨迹是有案可循的。

至此，我们似可以得出如下结论：“瓯邓”就是生活在岭南珠江三角洲一带的疍民的始祖。在族群发展的千百年历史中，疍民经过不断迁徙，又不断加入其他族群的成分，形成了所处区域不同且人文特征各异的群体，这是任何民族、族群发展的必然规律。

艺术研究

东莞哭嫁歌与木鱼歌的乐理简析[①]

梁宝忠[②]

东莞哭嫁歌（参见文中谱例）是笔者于2007年6月在东莞市大朗镇做田野调查[③]时采集到的民间歌曲。这六首歌曲的旋律自然流畅、唱词内涵丰富，形象地刻画了婚嫁场面和新娘的复杂心理。东莞木鱼歌《三娘汲水》片段（参见文中谱例）是笔者于2013年6月在东莞市寮步镇做田野调查[④]时采集到的东莞民间音乐。这首木鱼歌的旋律自然流畅、唱词通俗易懂、伴奏丰富灵活，形象地描绘了女主人公的悲惨境遇。目前，与对西方艺术歌曲进行分析研究的情况相比较，学界对我国民间歌曲进行分析研究的案例相对较少，这种状况对于挖掘、整理、研究、保护民族音乐文化遗产和弘扬民族音乐文化都是极为不利的，所以笔者想借对东莞哭嫁歌与木鱼歌的研究来表明笔者对民间音乐的研究态度，以期抛砖引玉。

一、东莞哭嫁歌的分析

（一）哭嫁歌简介及曲种类别分析

哭嫁歌是旧时姑娘在出嫁前的一段时间所唱的一类歌曲的总称。哭嫁歌的内容非常丰富，包括“哭父母”“哭哥嫂”“哭伯叔”“哭姐妹”“哭媒人”“哭梳头”“哭戴花”“哭辞爹离娘”“哭辞祖宗”“哭上轿”等，主要表现了姑娘在人生发生重大转折时的感慨，或者叙骨肉之情、诉离别之苦，或者叹命运不幸、表美好祝愿等。在旧社会，哭嫁是衡量女子贤德的一个重要标志。

哭嫁歌属于民间歌曲中的“小调”；小调又叫“小曲”“小令”等，唱用于人民群众生活中的休息、娱乐、集庆等场合。它的形式比较规整，表现手法多

---

① 本文由两篇拙作整理而成：第一是梁宝忠：《东莞哭嫁歌音乐学分析》，发表于《歌海》2015年第1期；第二是梁宝忠、黄琼：《东莞木鱼歌〈三娘汲水〉片段音乐学分析》，发表于《艺海》2015年第1期。

② 【作者简介】梁宝忠，陕西宝鸡人，东莞理工学院师范学院教师，副教授，硕士，主要从事作曲技术理论、音乐美学和哲学等方面的研究。

③ 2006年6月，笔者参与了东莞市科研项目“东莞民间歌曲集成”，并于随后的两三年内奔赴东莞市的各个乡镇农村采集东莞民间歌曲；东莞哭嫁歌六首的提供者是东莞市大朗镇村民叶小平。

④ 2012年11月，笔者参与了2011年广东省育苗工程（人文社科）项目“东莞木鱼歌的田野调查与研究”，并于随后的两三年内奔赴东莞市的各个乡镇农村采集东莞木鱼歌及相关资料；《三娘汲水》片段的提供者是东莞市寮步镇村民石路光。

样，具有曲折、细腻的表现特点。[①]

哭嫁歌属于小调中的“吟唱调”，吟唱调包括儿歌、摇儿歌（摇篮曲）、叫卖调和风俗仪式中的吟唱调等。这是小调中实用性较强的种类，常在日常生活的某种实际需要中歌唱。吟唱调的音乐以吟诵性为主，旋律接近自然语言形态，结构简单，完整性、独立性较差（但这几首歌曲的完整性较好）。[②]

风俗仪式中的吟唱调也叫做“风俗歌”，亦称“风习歌”“习俗歌”，是由传统习惯支配，在相沿积久的特定风俗活动中传唱，并直接反映该风俗活动基本内容和特征的一类民间歌曲。中国各地、各民族都普遍流传着各具特色的风俗歌，风俗歌又可分为“季节性风俗歌”和“非季节性风俗歌”两类。[③]

非季节性风俗歌是不受年节、时令限定，在婚姻、丧葬、祭祀、礼仪等特定风俗活动中传唱的民歌，包括“婚嫁歌”“丧歌”“祭祀歌”“礼仪歌”四类。婚嫁歌是在传统婚事礼仪活动中唱用的民歌，主要包括“婚礼歌”“哭嫁歌”“伴嫁歌”“贺新郎歌”“喜曲”等。[④]

如果再从文化属性上来看，哭嫁歌则属于“仪式音乐”。仪式音乐是在形式和风格上与特定仪式的环境、情绪、目的相吻合的可对仪式参与者产生生理和心理效应的音乐。仪式音乐形成于特定的社会环境及其文化传统中，并依存、归属和受制于其社会与文化传统。仪式环境中的各种声音都可能具有“音乐”的属性而成为仪式音乐研究的对象。[⑤]

（二）哭嫁歌涉及的东莞婚嫁习俗

1. 哭嫁习俗

从古时一直到20世纪中叶，东莞一直保持着唱哭嫁歌的习俗，女孩子成年后一般都要在闲暇时间跟随年长的女性学唱哭嫁歌，好在结婚的时候展示自己的“才情”。东莞哭嫁歌的内容极其丰富，几乎无所不包，可以从“唱父母姐妹”到“唱花鸟虫鱼”，要看到什么就能唱什么，而且要求文辞、思想、歌调和情感完美结合。有的老年妇女可以唱一个月都不会重复，有这种能力的人都会博得众人的崇拜和尊敬。此俗由来颇久，清末民初最为兴盛，20世纪三四十年代后渐淡，50年代已消失。[⑥]

---

① 周青青：《中国民歌》，北京：人民音乐出版社1993年版，第86页。

② 周青青：《中国民间音乐概论》，北京：人民音乐出版社2003年版，第35页。

③ 中国大百科全书总编辑委员会编：《中国大百科全书》（音乐·舞蹈卷），北京：中国大百科全书出版社1992年版，第187页。

④ 中国大百科全书总编辑委员会编：《中国大百科全书》（音乐·舞蹈卷），北京：中国大百科全书出版社1992年版，第187页。

⑤ 薛艺兵：《仪式音乐的概念界定》，《中央音乐学院学报》2003年第1期，第33页。

⑥ 叶春生、施爱东主编：《广东民俗大典》，广州：广东高等教育出版社2005年版，第112页。

2.《哭姐妹》

在旧社会，东莞有个习俗，就是女孩子在出嫁以前要“坐阁”一个月。“阁”是一种比较高的楼房，要用很高的梯子才可以上下楼，这种梯子叫做“云梯”。在“坐阁”期间，女孩子不能下楼，但要邀请亲友、邻居少女或者平日要好的姐妹来陪伴，女儿怀念亲情、痛惜生离，便“开叹情”，边哭边唱，俗谓“哭嫁”;[①] 在此期间亲人每日都要往楼上送饭。直到出嫁的那一天，女孩子才可以从“闺阁”出来，通过“云梯”走下来，所以女孩子出嫁也叫做“落阁”[②]或者“出阁”。

3.《哭父母》

在旧社会，女孩子结婚出嫁全得听从“父母之命，媒妁之言”，往往在婚前连未婚夫的面也没有见过，要出嫁到哪里也不知道。由于很多人出嫁的地方都很远，当时交通又不便，因此很多女孩子出嫁以后一辈子就再也回不了家乡了，所以女孩子唱道“我紧估离娘三几日，唔估离娘一世难回乡”，由于可能没有机会报答父母的养育之恩而感到无奈与痛苦。

4.《坐窝哭》

在旧社会东莞的婚礼习俗中，女孩子在出嫁时脚不能落地，要在黄道吉时，让新娘踏在竹窝上面，意为与地相隔，防止被鬼魂缠住。其中的一项仪式就是要让新娘坐在窝里面，这叫做“坐窝”，同时还要为新娘撑起一把伞，将新娘遮住，这叫做“打伞”，意为与天相隔，防止神仙来抢。东莞还有一个习俗，就是在冬至这一天一般都要晒粉，因为冬至这一天的天气干燥，晒的粉不容易坏，天长日久后人们把这种粉叫做“冬至粉”。

5.《打伞歌》

在旧社会东莞的婚礼习俗中，女孩子在出嫁时既要“坐窝”，还要“打伞”（详见《坐窝哭》反映的婚嫁习俗）；在出嫁仪式里面，最后还要分别敬拜神灵、祖宗和父母来辞行。

6.《辞轿歌》

在旧社会东莞的婚礼习俗中，新娘出嫁时亲友、玩伴等都要前来相送，给新娘送上红包并祝福新娘和新郎白头到老、幸福安康。这个习俗在全国几乎都是一致的。

7.《头巾歌》

在中国的传统婚礼中，新娘头上要盖盖头，盖头上常常会有很精美的刺绣，

---

① 叶春生、施爱东主编：《广东民俗大典》，广州：广东高等教育出版社2005年版，第112页。

② 落阁：婚姻仪礼。出嫁之日，一早便请好命婆用柚叶、黄皮叶煎汤给新娘沐浴更衣，再由好命婆用红绿线替新娘“开面”，称为“落阁”。参见叶春生、施爱东主编：《广东民俗大典》，广州：广东高等教育出版社2005年版，第113页。

图案有凤凰、桂花、芙蓉、蛟龙等，象征着“富贵吉祥”和“望子成龙”之意。

（三）歌词内容分析[①]

1.《哭姐妹》歌词大意

哎，三姐妹啊！你用双手牵着我不是出于礼节，而是我要出嫁了，一直忧愁的人不得不慢慢地从云梯上走下来！哎，今天姐妹分离，咱们都痛苦万分，伯劳鸟和野菊花什么时候才能再相逢呢？野菊花开的花朵数也数不清，伯劳鸟与它们有着很多相遇的机会，咱们姐妹分别后什么时候还能再相见呢？

2.《哭父母》歌词大意

哎，由不得我痛哭啊！我在爹娘的身边日子很好过却不会长久，我在别人的身边不好过日子却很长啊！哎，我估计只会离开娘三两天的时间，没有想到我离开后一辈子都很难再回到家乡啊！女儿还未报答父母为我操劳的恩情，也没有尽到赡养父母的责任啊！唱首歌向父母道声珍重，祝福双亲万寿无疆！

3.《坐窝哭》歌词大意

哎，我以为我娘买窝是为了在冬至晒粉，没有想到母亲买窝是要逼得女儿满脸愁云啊！我脚踏在窝边祝愿父母福寿长存，当我坐在窝中间的时候我知道自己很难再回头了！

4.《打伞歌》歌词大意

哎，由不得我痛哭啊！雨伞撑开时，我就六神无主了，止不住失声恸哭，就好像我的魂魄已经离开了家乡一样啊！我第一次敬拜是向神灵辞别，第二次敬拜是向祖宗辞别，第三次敬拜是向父母辞别！

5.《辞轿歌》歌词大意

花轿要启程时我的爹爹真是高兴啊！祝愿花轿能够提携我的父亲，让我父亲

---

① 为了帮助读者更好地理解东莞婚嫁习俗和哭嫁歌的歌词内容，笔者对哭嫁歌的歌词进行了如下注解。（1）《哭姐妹》：①哎、啊：叹词，表语气或情感；②啦、呣：衬字，无实义；③奴：古代男女自称的谦词，也就是我；④唔：不；⑤系：是；⑥落云梯：从很高的梯子上下来；⑦伯劳：一种食肉的小型雀鸟；⑧不计：即不计其数，很多。（2）《哭父母》：①好做：好做人，也就是生活容易；②恶做：不好做人，也就是生活不容易；③紧估：估计；④离娘：离开母亲；⑤劬劳：辛劳，操劳；⑥高堂：古时对父母的一种代称。（3）《坐窝哭》：①窝：用竹编的圆盘，大小不等，多用来晒谷、米、粉、荔枝干等；②粉：用米面做成的一种形似面条的食物；③冬至：中国农历中一个节气，时间在每年的阳历 12 月 21 日至 23 日。（4）《打伞歌》：①浪荡：原意为到处游逛、行为不检点，此处引申为心里很乱、没有主意；②辞：告别。（5）《辞轿歌》：①轿：旧时的交通工具，由人抬着走；②提父：提携父亲；③华堂：华丽的屋舍，这里比喻父亲的事业；④金锭：块状的金子，也就是钱；⑤摇金塞海：手中晃动的黄金可以把海填满，夸张的手法，说明钱很多；⑥同班：年龄相仿的玩伴；⑦拧手掉休：甩手拿掉。（6）《头巾歌》：①青丝：头发；②龙窝：很大的窝，取名“龙窝”也象征着踩在窝上的新娘生的孩子将来会成为“人中之龙”；③盖头：古时候婚礼时，新娘头上蒙着的一块大红绸缎；④月桂：一种开黄色小花的灌木，这里指桂花；⑤芙蓉：一种落叶大灌木，花朵大而艳美；⑥桂子：桂花的一种，常绿乔木，与“贵子”谐音，象征“早生贵子”之意。

的事业兴旺发达！众多兄弟都来送红包，送给我的礼金数也数不清啊！我想向很多年龄相仿的同伴说句感谢的话，当时人多，我心也乱，不知道说些什么好！祝愿向花轿辞行的人福寿万年，也祝愿新娘和新郎一生平安、白头到老！大家把擦眼泪的手巾都拿下来吧，祝愿双方亲家都事业兴顺、永无忧愁！

6.《头巾歌》歌词大意

哎，由不得我痛哭啊！亲人用手捋起头发给我盖上了盖头，我脚踩在龙窝上映衬着月亮的光华！我盖着盖头像凤凰一样美丽！我盖着盖头像牡丹和桂花一样可以和芙蓉相媲美！我盖着盖头祝愿我早生贵子！我盖着盖头祝愿我的儿子成为“人中之龙”！

（四）调式和结构分析

1. 调式

这六首哭嫁歌属于 A 宫系统的$^{\#}$f 羽五声调式，全曲以“3、2、1、6”这四个骨干音所构成的旋律音调作为原始素材来发展音乐。

2. 结构

这六首哭嫁歌的曲式结构分析可参见表 1，从整体上看这几首歌曲又形成了组歌结构。

表 1　东莞哭嫁歌的曲式结构

<table>
<tr><th>曲名</th><th>曲式名称</th><th>段落</th><th>乐句</th><th>句读划分</th><th>小节数</th><th>结构细分</th><th>调式</th></tr>
<tr><td rowspan="9">《哭姐妹》</td><td rowspan="9">单二部曲式</td><td></td><td>引子</td><td>1 ~ 2</td><td>2</td><td>1 + 1</td><td>$^{\#}$f 羽</td></tr>
<tr><td rowspan="5">第一段</td><td>a</td><td>3 ~ 5</td><td>3</td><td>1 + 2</td><td rowspan="5">$^{\#}$f 羽</td></tr>
<tr><td>b</td><td>6 ~ 7</td><td>2</td><td>2</td></tr>
<tr><td>连接</td><td>8</td><td>1</td><td>1</td></tr>
<tr><td>a^1</td><td>9 ~ 10</td><td>2</td><td>1 + 1</td></tr>
<tr><td>c</td><td>11 ~ 13</td><td>3</td><td>1 + 2</td></tr>
<tr><td rowspan="2">第二段</td><td>d</td><td>14 ~ 16</td><td>3</td><td>1 + 2</td><td>A 宫</td></tr>
<tr><td>a^2</td><td>17 ~ 18</td><td>2</td><td>2</td><td>$^{\#}$f 羽</td></tr>
<tr><td>（空）</td><td></td><td></td><td></td><td></td><td></td></tr>
<tr><td rowspan="6">《哭父母》</td><td rowspan="6">单二部曲式</td><td></td><td>引子</td><td>1 ~ 2</td><td>2</td><td>1 + 1</td><td>$^{\#}$f 羽</td></tr>
<tr><td rowspan="5">第一段</td><td>a</td><td>3 ~ 5</td><td>3</td><td>1 + 2</td><td rowspan="5">$^{\#}$f 羽</td></tr>
<tr><td>a^1</td><td>6 ~ 8</td><td>3</td><td>1 + 2</td></tr>
<tr><td>连接</td><td>9</td><td>1</td><td>1</td></tr>
<tr><td>a^2</td><td>10 ~ 12</td><td>3</td><td>1 + 1 + 1</td></tr>
<tr><td>a^3</td><td>13 ~ 15</td><td>3</td><td>1 + 2</td></tr>
</table>

（续上表）

曲名	曲式名称	段落	乐句	句读划分	小节数	结构细分	调式
《哭父母》	单二部曲式	第二段	b	16～17	2	1＋1	$^{\#}$f 羽
			c	18～19	2	1＋1	$^{\#}$f 羽
			c^1	20～21	2	1＋1	
			c^2	22～24	3	1＋2	
《坐窝哭》	单乐段		引子	1	1	1	$^{\#}$f 羽
		乐段	a	2～4	3	1＋2	$^{\#}$f 羽
			b	5～7	3	1＋2	
			a^1	8～9	2	1＋1	
			a^2	10～12	3	1＋2	
《打伞歌》	单乐段		引子	1～2	2	1＋1	$^{\#}$f 羽
		乐段	a	3～5	3	1＋2	$^{\#}$f 羽
			a^1	6～7	2	2	
			b	8～10	3	1＋2	
			c	11～12	2	1＋1	
《辞轿歌》	单二部曲式	第一段	a	1～4	4	1＋1＋1＋1	$^{\#}$f 羽
			b	5～8	4	1＋1＋2	
			b^1	9～12	4	1＋1＋2	
		第二段	c	13～16	4	1＋1＋1＋1	$^{\#}$f 羽
			b^2	17～20	4	1＋1＋2	
《头巾歌》	单乐段		引子	1～2	2	1＋1	$^{\#}$f 羽
		乐段	a	3～5	3	1＋2	$^{\#}$f 羽
			b	6～8	3	1＋2	
			c	9～10	2	1＋1	
			d	11～13	3	1＋2	
			d^1	14～15	2	1＋1	
			d^2	16～18	3	1＋2	

（五）旋法和句法分析

这六首哭嫁歌的句法结构比较自由，主要使用了变奏的旋律发展手法。几首歌曲源于旋律音调“3、2、1、6”，围绕这个音调进行不断变化而生成了六首作品，并形成了组歌结构。变奏的旋律发展手法使这几首哭嫁歌的旋律自由、素材集中，从而提升了其艺术价值和魅力。

这几首哭嫁歌的句法特点如下：①《哭姐妹》第一段为平行四句体，第二段为对比双句体，第一乐句使用了新的素材和新的调性，并形成了歌曲的高潮，第二乐句使用了第一段的音乐素材，形成了带再现的单二部曲式；②《哭父母》第一段由同一乐句及其三次变化重复构成，也属于平行性的四句体结构，第二段的第一句使用了新的素材，并形成了歌曲的高潮，随后出现了一个新的乐句及其两次变化重复，形成了对比性的单二部曲式；③《坐窝哭》乐段为平行四句体结构；④《打伞歌》乐段为对比四句体结构，四个乐句呈现出“起、承、转、合”的结构特点；⑤《辞轿歌》每个乐句都为方整的四小节，第一乐段为对比三句体，第二乐段为对比双句体，第二乐句再现了第一乐段的音乐素材，形成了带再现的单二部曲式；⑥《头巾歌》乐段为对比性的六句体结构，后面的三个乐句为平行三句体。

东莞哭嫁歌六首

叶小平演唱
梁宝忠记谱

1. 哭姐妹

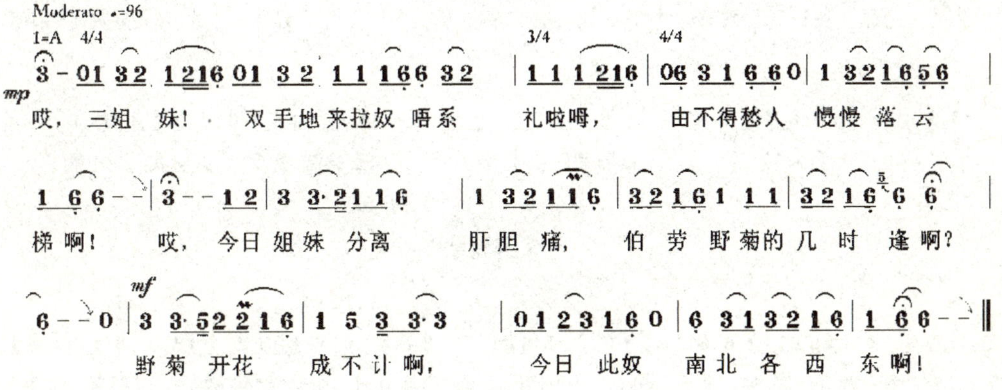

Moderato ♩=96
1=A 4/4 3/4 4/4

mp
3 - 01 32 1216 01 32 11 166 32 | 11 1216 | 06 31 66 0 | 1 321656 |
哎，三姐 妹！ 双手地来拉奴 唔系 礼啦嗬， 由不得愁人 慢慢 落 云

1 66 - - | 3 - - 12 | 3 3·2116 | 1 32116 | 32161 11 | 3216 6 6 |
梯 啊！ 哎，今日 姐妹 分离 肝胆 痛， 伯 劳 野菊的 几 时 逢 啊？

mf
6 - - 0 | 3 3·52216 | 1 5 3 3·3 | 0123160 | 6 313216 | 1 66 - - ‖
野菊 开花 成不计 啊， 今日 此奴 南北 各 西 东 啊！

2. 哭父母

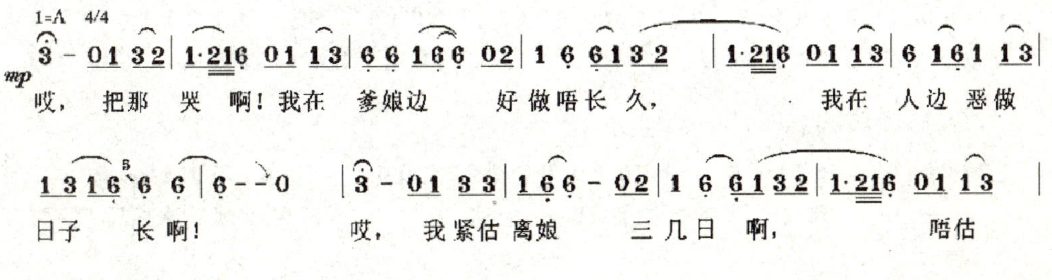

Moderato ♩=96
1=A 4/4

mp
3 - 01 32 | 1·216 01 13 | 66 166 02 | 1 6 6132 | 1·216 01 13 | 6 161 13 |
哎，把那 哭 啊！我在 爹娘边 好 做 唔 长 久， 我在 人边 恶做

1316 6 6 | 6 - - 0 | 3 - 01 33 | 166 - 02 | 1 6 6132 | 1·216 01 13 |
日子 长 啊！ 哎，我紧估 离娘 三 几 日 啊， 唔估

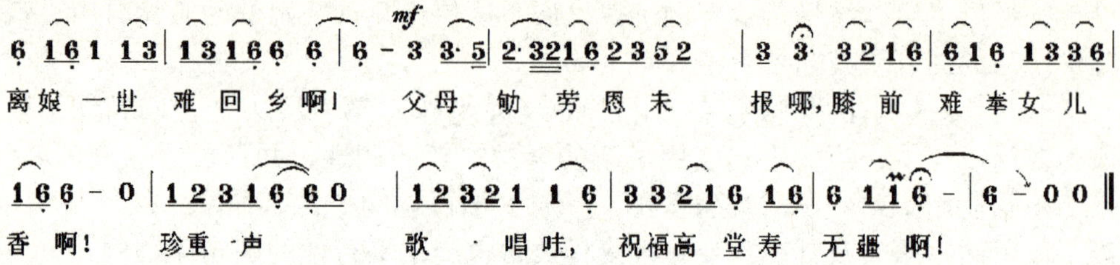

mf

6 1 6 1 1 3 | 1 3 1 6 6 6 | 6 - 3 3·5 | 2·3 2 1 6 2 3 5 2 | 3 3· 3 2 1 6 | 6 1 6 1 3 3 6 |

离娘一世 难回乡啊！ 父母 劬 劳恩未 报哪，膝前 难奉女儿

1 6 6 - 0 | 1 2 3 1 6 6 0 | 1 2 3 2 1 1 6 | 3 3 2 1 6 1 6 | 6 1 1 6 - | 6 - 0 0 ‖

香 啊！ 珍重一声 歌 ·唱哇，祝福高 堂寿 无疆 啊！

3.坐窝哭

Moderato ♩=96

1-A 4/4

mp

3 - 0 1 3 3 | 1 1 6 1 1 6 | 1 6 6 1 3 2 | 1 2 1 6 - 6 3 | 2 1 1 6 1 1 3 | 3 2 1 6 6 6 |

哎， 我紧估我娘 买窝 晒冬至粉 喽， 唔估 你买窝 赶女地入 阴 云啊！

6 - 0 1 1 | 1 3 1 1 6 6 | 3·2 1 1 6 1 | 1 3 1 1 6 6 3 | 1 6 6 6 - | 6 - 0 0 ‖

我脚 踏 窝边 长 福 寿喽，坐 正 窝心 难 转 头啊！

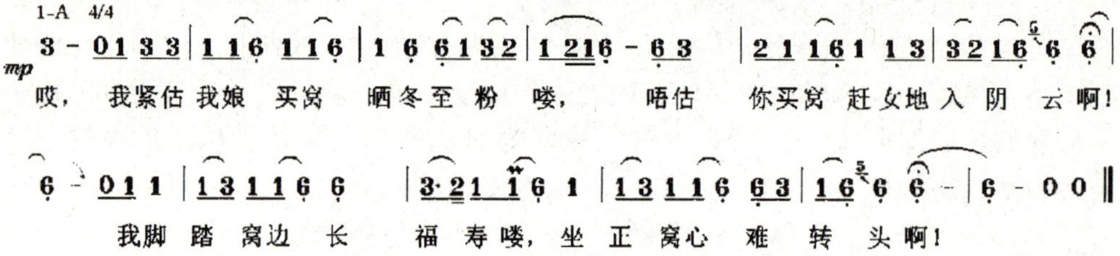

4.打伞歌

Moderato ♩=96

1=A 4/4

mp

3 - 0 1 3 2 | 1 2 1 6 0 1 3 2 | 1 1 6 6 3 3 2 | 1 1 1 2 1 6 - | 0 3 3 2 1 1 6 | 6 1 3 2 1 6 6 |

哎， 把那 哭！ 雨伞 撑开 奴心浪 荡喽哭， 好比 女儿 魂散咗便 离呀

1 6 6 - - | 3 1 6 6 1 1 6 | 6 6 1 2 3 2 1 2 1 | 6 - 1 1 1 | 6 1 6 1 3 1 6 | 6 6 - - ‖

乡 啊！ 一拜辞神二拜 辞呀宗呀祖呀 喽， 三 拜咗 辞父 共呀我 娘 啊！

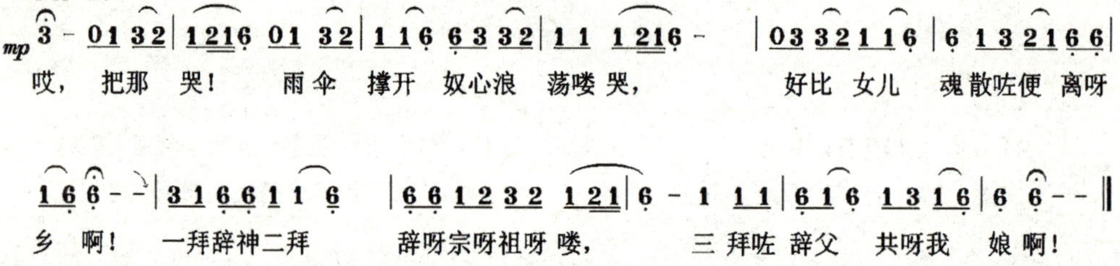

5.辞轿歌

Moderato ♩=96

1=A 4/4

mf

1 3 3 1 6 | 1 2 3 2 1 1 6 | 6 1 2 1 1 6 | 3 3 2 1 6 | 3 3 3 1 6 | 5/4 6 1 2 3 2 1 1 6 | 4/4 6 1 6 1 3 3 1 |

花轿起程 爹高兴喽，提父 华堂 万事兴啊！众哥众兄 留金 锭啊 喽， 摇金 塞海

5/4 1 2 1 6 6 6 - | 4/4 3 3 3 1 6 | 3 3 2 1 1 6 | 6 1 6 1 2 3 | 5/4 1 2 1 6 6 6 - | 4/4 6 3 2 1 6 | 6 3 2 1 1 6 |

发金 银啊！众位同班 啊 总一 句喽，人多 心乱 记呀唔 来啊！ 辞轿去归 长福 寿喽，

3 2 1 6 6 1 6 | 5/4 6 3 1 6 6 6 - | 4/4 3 3 3 1 6 | 0 3 3 2 1 1 6 | 1 1 6 1 2 3 | 5/4 1 2 1 6 6 6 - ‖

一路平安 到白 头啊！拧手掉休 止泪 布喽， 两头 兴顺 永呀无 忧啊！

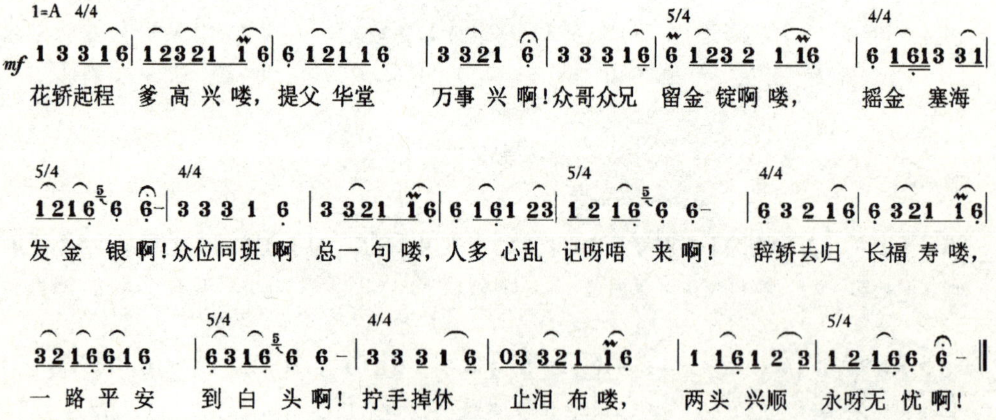

6. 头巾歌

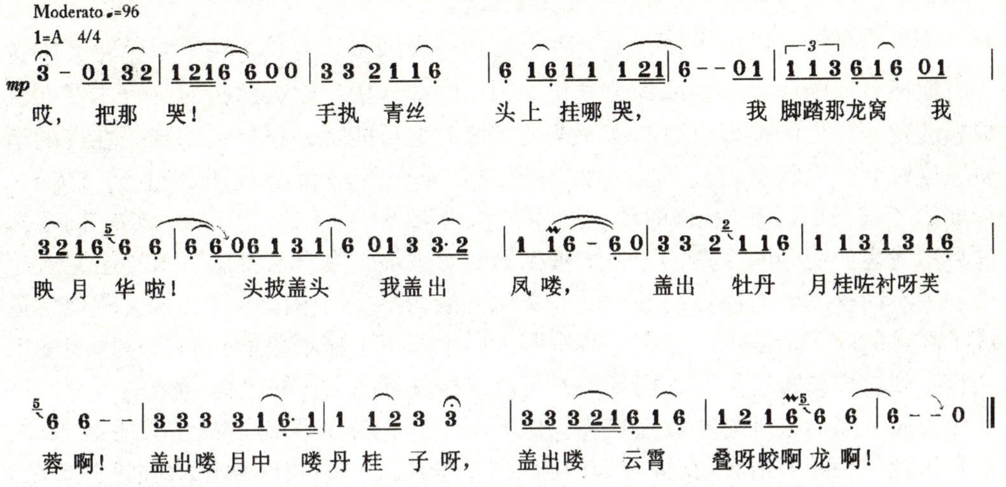

Moderato ♩=96

1=A 4/4

mp 3 - 01 32 | 1216 6 00 | 3 3 2116 | 6 1611 121 | 6 - - 01 | 113 616 01 |

哎，把那 哭！ 手执 青丝 头上 挂哪 哭， 我 脚踏那龙窝 我

3216 6 6 | 6 6 06 131 | 6 01 3 3·2 | 1 16 - 60 | 3 3 2 116 | 1 131316 |

映 月 华 啦！ 头披盖头 我盖出 凤 喽， 盖出 牡丹 月桂咗衬呀芙

6 6 - - | 3 3 3 31 6·1 | 1 123 3 | 3 3 3216 16 | 1216 6 6 | 6 - - 0 ‖

蓉 啊！ 盖出喽 月中 喽丹 桂 子 呀， 盖出喽 云霄 叠呀蛟啊 龙 啊！

（六）源起考证及美学分析

哭嫁的习俗很可能产生于从母系氏族社会向父系氏族社会过渡时期，当时母权制被推翻导致女性外嫁他方，女性用泪水宣泄她们对婚嫁状况的不满，表现她们对男性权威地位的一种抗争，这种社会现象在随后的历史发展与变迁中逐渐演化成了一种婚嫁仪式。哭嫁歌几乎与哭嫁习俗一同产生，只不过是哭嫁歌在后来变得内容更加丰富，文辞和艺术性进一步提升，形式也进一步程式化而已，所以说哭嫁歌产生了六七千年的时间。

广东的哭嫁歌具体从什么时候产生现在已经很难考证了，依照现在仅有的文献资料，笔者只能做出以下的推断：首先，南粤有很多早期人类文明的遗址，所以说广东的哭嫁歌也可能有六七千年的历史；其次，哭嫁歌中所反映出来的儒家思想文化是随着秦始皇统一六国的步伐逐渐传入的；最后，这几首东莞哭嫁歌的歌词内容和现代人的观念如此相近，说明它们很可能产生于近代。

这几首哭嫁歌的情绪与风格各不相同，其中《哭姐妹》《哭父母》《坐窝哭》《打伞歌》和《头巾歌》这几首歌曲由于使用了叹腔音调和相近的歌曲旋律，都表现了低落的情绪和伤痛的情感，但是《辞轿歌》与其他几首歌曲大不相同，带有一定的进行曲风格甚至喜悦的情绪，这也说明哭嫁歌的情绪内容本身是很丰富的。从整体上讲，这六首歌曲主要体现了悲伤失落的情感，体现了哭嫁歌的“悲伤之美”。“以悲为美”在中国文化艺术发展史上有着较为深远的历史渊源，而哭嫁歌悲伤的情感内容，则既是出嫁女性真实的心理反应，也是中国民间文学和民间音乐叙事方式的一个重要的审美特征。

（七）东莞哭嫁歌的生存现状

东莞哭嫁歌目前的生存状况与众多其他种类的仪式音乐一样，早已步入了衰亡时期而且逐渐成为一种博物馆文化，留给专业音乐工作者的是对一种丰富而又成熟的音乐文化的追寻、思考和无奈的感慨。这可能也是包括仪式音乐在内的诸多民族民间音乐很难避免的命运。对仪式音乐破坏最为严重的莫过于“文革”初期的“破四旧运动”，当时仪式音乐被作为旧思想、旧文化、旧风俗、旧习惯的典型代表而受到明令禁止，习俗被禁，歌书被烧，大众被洗脑，就连老艺人也受到了不同程度的迫害，一场空前的文化大浩劫不仅给中国传统音乐文化瑰宝造成了严重的破坏与冲击，也在无数中国人心中留下了抹不去的伤痛！中国诸多仪式音乐就这样被腰斩了，人们现在只可以从极其稀少的历史文献和老人残存的回忆中去做有限的整理与补救。作为仪式音乐之一的东莞哭嫁歌的情形也是如此。尽管东莞的哭嫁习俗在20世纪50年代已基本消失，但哭嫁歌依然在民间传唱，然而，“破四旧运动”和人们思想观念的变化彻底地将哭嫁歌打入了冷宫。目前，在东莞会唱哭嫁歌的老人很多早已去世，剩下的极少数会唱哭嫁歌的老人也已经步入了风烛残年，有些年轻的女孩只是从自己的母亲或其他长辈那里学会了一些零碎片断。在笔者看来，在从今往后的五年之内如果不对东莞哭嫁歌进行大范围的采录、整理的话，其很可能就此绝矣！

二、东莞木鱼歌《三娘汲水》的分析

（一）曲种类别

东莞木鱼歌《三娘汲水》如果从民间音乐的曲种分类上讲，属于“说唱音乐”。说唱又叫曲艺，是由我国古代民间的口头文学和歌唱艺术经长期发展演变而形成的一种独特的艺术形式。它是用来讲唱历史、传说、故事的艺术体裁，是音乐、文学和表演相结合的综合艺术形式。说唱音乐以叙述功能为主，兼有抒情功能，并有与语言音调密切结合的特征。[①]

如果再作进一步的划分，木鱼歌《三娘汲水》属于说唱音乐中的“弹词”类。弹词的演唱者自弹自唱，主奏乐器为书弦（一种有堂音的小三弦）或琵琶（有时加用二胡、阮、筝等），流行于中国南方，如苏州弹词、扬州弹词、长沙弹词等。一般认为，弹词由唐代变文演化而来。元末杨维祯所作的《四游记弹词》（即侠游、仙游、梦游、冥游），是现知最早以“弹词”命名的唱本。明代

---

① 周青青：《中国民间音乐概论》，北京：人民音乐出版社2003年版，第75页。

中叶，弹词在江浙一带已相当盛行。[①]

《三娘汲水》为“弹词”类中的木鱼歌，木鱼歌是明末清初流行于广东珠江三角洲一带的用粤方言演唱的民间说唱音乐形式。元末明初，唐代的变文、宝卷在江南地区嬗变成“弹词”，流入广东则形成了木鱼歌。木鱼歌的歌唱者大致可以分为两类，第一类是业余爱好者，他们为普通老百姓，其中妇女是主要成员；第二类是职业艺人，他们大都是盲人。木鱼歌女性盲艺人，粤人呼为“盲妹”，男性盲艺人称“盲公”。[②] 他们的行为不为自娱或消遣，而是为生计所迫。唱木鱼歌时多用二胡、古筝、琵琶、三弦等弦乐器进行伴奏，也可用竹板或木鱼做击节之用。

（二）唱本与歌词内容

东莞木鱼歌《三娘汲水》的唱本是艺人们将“四大南戏”之一、元代南戏作品《白兔记》（又称《刘知远白兔记》）改编而成的。故事中的女主人公三娘随兄长和嫂嫂一起生活，兄嫂为人恶毒，设下奸计，迫使三娘的丈夫离家远去；三娘惨遭兄嫂虐待，过着猪狗不如的日子，甚至临盆，亦要在磨坊中产子；兄嫂唯恐外甥将来争夺家产，为免除后患，心一横，把婴孩抛下河中。这个故事描述了封建社会女性所经历的悲惨生活。

《三娘汲水》片段的歌词内容大意如下：哎，世人不要像我一样嫁给了刘知远这样的人，去了荆州后就不知道回家看看；哎，我的大哥对我也不好，他对嫂子言听计从，让我整天在磨坊里劳累。两声叹息和通俗易懂的语言把女主人公三娘在家中所受的虐待真切地表达了出来，使听者对主人公悲惨的境遇产生了深刻的同情。

（三）调式、曲式、唱腔结构和腔调

1. 调式

东莞木鱼歌《三娘汲水》片段属于 D 宫系统的 b 羽五声调式，全曲以“3、2、1、6”这四个骨干音所构成的旋律音调作为原始素材来发展音乐。

2. 曲式

《三娘汲水》片段有 34 小节，曲式为单二部曲式，结构划分参见表 2。

① 中国大百科全书总编辑委员会编：《中国大百科全书》（音乐·舞蹈卷），北京：中国大百科全书出版社 1992 年版，第 540 页。

② 任百强：《广东木鱼说唱史研究》，香港：中国评论学术出版社 2010 年版，第 49 页。

表 2 《三娘汲水》片段的曲式结构

曲式名称	单二部曲式						
段落	第一段			连接	第二段		
乐句	a	连接	b		c	连接	d
小节数	1 ~ 7	8 ~ 11	12 ~ 15	16 ~ 20	21 ~ 28	29 ~ 30	31 ~ 34
结构细分	2 + 2 + 3	4	1 + 1 + 2	5	3 + 2 + 3	2	1 + 1 + 2
调式	b 羽	b 羽	b 羽				

3. 唱腔结构

《三娘汲水》的唱腔结构属于单曲体，单曲体的唱段由一个基本音调无限变化反复构成。这种说唱音乐结构类型的最早记载是唐五代的变文。以后又有宋代的鼓子词、唱货郎儿、陶真、涯词，元明时期的宝卷、词话，明清时期的弹词、鼓词等。①

4. 腔调

木鱼歌的腔调有两种：一种是苦喉腔，又称梅花腔，曲调沉郁，适于表现缠绵悲恻之情，如《金叶菊》《花笺记》和《三娘汲水》等；另一种是本腔，又称正腔，曲调爽朗，适于表现欢快喜悦的情绪，如《铺床歌》《家乡民谣自弹唱》以及《逢春花开》等。② 据笔者对木鱼歌唱腔的研究分析来看，木鱼歌腔调之中以苦喉腔居多，从而形成了木鱼歌独特的"悲情风格"。③

《三娘汲水》片段

东莞木鱼歌
黄琼、梁宝忠记谱

1=D 4/4 3/4 2/4

小快板 ♩= 108 诉说地

p mp
3 – 2 2 3 2 | 1 6 1 6 |(3 1 6 5 5 6 3 3 5 | 6 3 0 5 6 6)|
哎， 那个唔 学 我

---

① 周青青：《中国民间音乐概论》，北京：人民音乐出版社 2003 年版，第 84 页。

② 任百强：《广东木鱼说唱史研究》，香港：中国评论学术出版社 2010 年版，第 124 页。

③ "悲情风格"指木鱼歌蕴含着"令人感泣沾襟"的凄美、悲楚等独特的艺术气质。参见黄琼、梁宝忠：《东莞木鱼歌的悲情风格》，《艺海》2014 年第 8 期，第 83 页。

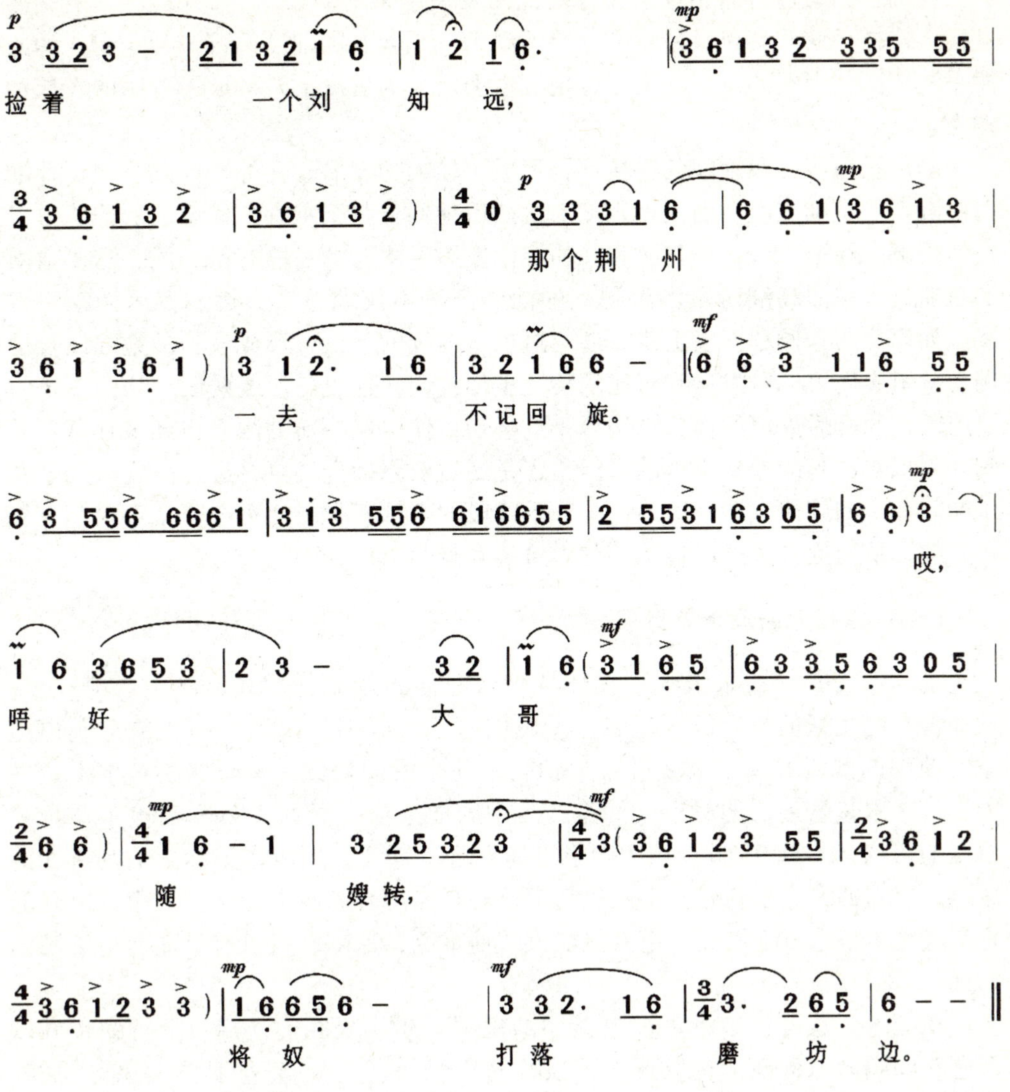

捡着 一个刘 知 远，

那个荆 州

一去 不记回 旋。

哎，

唔 好 大 哥

随 嫂转，

将奴 打落 磨 坊 边。

（四）句法及旋律发展手法

《三娘汲水》片段的句法结构比较自由，主要使用了变奏的旋律发展手法。整个乐曲源于旋律音调“3、2、1、6”，四个乐句 a、b、c、d 和中间插入的三弦的音调都是在保持几个骨干音的前提下对这个音调进行变奏式的发展。在第一段，乐句 a 的前后两部分是各自通过对这个基本音调进行变奏而产生的，乐句 a 起句时拖长的下滑音 $^{\#}f^1$ 使得这个乐句特色鲜明，中间插入的三弦的音调通过引入提炼出来的 b－$^{\#}f^1$ 的五度跳进使这个间奏更加灵动和充满活力；乐句 a 和 b 之间的三弦的音调通过对原始音调逆行变化而发展出来的“6、1、2、3、5”的旋律进行，这样会使间奏更具新意和发展的动力；乐句 b 的前后两部分与乐句 a 的旋律手法相同，中间的乐器间奏通过把五度上跳变为五度下跳形成了音乐的发展和动力。

第一段与第二段之间的连接部分形成了较大的发展，在综合前几个间奏片断动机因素的基础之上，引入小六度上跳然后迂回下行至主音，使激动的情绪得以自然缓解。在第二段，乐句 c 和 d 的旋律发展手法与第一段基本相同，需要指出的是在进入乐曲高潮阶段的乐句 c 的前半部分不仅综合了人声和器乐的动机因素，如简化的音调和五度上跳，还通过引入连续的上跳、形成较长的拖腔以及使用切分节奏使第二段发展和对比的特征更加鲜明，这也是形成两段结构的一个主要原因；间奏后人声的切分结构源于上半句，使得这一新的因素得到了强调；乐句 d 是以对比句的形式出现的，但是还是通过对原始音调素材进行变化来发展音乐的。变奏的旋律发展手法使这个音乐片段的音乐素材更加集中而音乐内容又新颖有趣，从而提升了这段音乐的艺术价值和魅力。

（五）源起考证及审美特征

东莞木鱼歌《三娘汲水》具体从什么时候开始流行现在已经很难考证了，现在仅有的文献资料有以下记载：①民国时期醉经书局出版了由明传奇《白兔记》改编的木鱼书《三娘汲水》，[①] 但目前还未发现醉经书局出版的这本木鱼书唱本；②木鱼歌兴盛的时期大约是在新中国成立前，受“文革”与电子科技等因素的影响，20 世纪 80 年代木鱼歌迅速衰落；③《三娘汲水》讲述的是唐朝的故事，反映的完全是封建社会的思想道德观念，迎合了新中国成立前市井民众的审美趣味。根据以上资料，笔者只能大致地推测，这部木鱼歌有可能产生于民国时期。

东莞木鱼歌《三娘汲水》是典型的说唱音乐，叹腔的使用、下行的音调以及悲伤的唱词内容使木鱼歌形成了独特的“悲伤之美”。正如日本著名小说家、诺贝尔文学奖获得者川端康成所说，“艺术的极致是悲”，只有“悲”才可以激发人性中最柔弱而又最美好的“怜悯之心”和“仁爱之心”，并可以使人们对艺术的感知与体会和对审美的认识与领悟达到一种巅峰状态，显示出人类所独有的一种本质力量。“以悲为美”在中国文化艺术发展史上有着较为深远的历史渊源，而木鱼歌中对悲剧情景、情感和内容的刻意强调，则既是古时文人和艺人的审美趣味，其实也是中国民间文学和民间音乐叙事方式的重要的审美特征。[②]

---

① 任百强：《广东木鱼说唱史研究》，香港：中国评论学术出版社 2010 年版，第 272 页。

② 黄琼、梁宝忠：《东莞木鱼歌的悲情风格》，《艺海》2014 年第 8 期，第 85 页。

三、结语

总而言之，文中所提六首东莞哭嫁歌体现了以下几个方面的风格与特征：六首哭嫁歌属于“小调”中的“吟唱调”，属于“婚嫁歌”，为“仪式音乐”，表现了出嫁女性伤感复杂的心理；六首东莞哭嫁歌属于A宫系统的#f羽五声调式，曲式结构为单二部曲式或者单乐段，从整体上又形成了组歌结构；六首哭嫁歌的句法结构比较自由，主要使用了变奏的旋律发展手法；六首哭嫁歌很可能产生于近代，并体现出了“悲伤之美”。东莞木鱼歌《三娘汲水》片段体现出以下几个方面的风格与特征：《三娘汲水》片段属于“说唱音乐”中的“弹词”类曲种，表现了封建社会的女性所经历的悲惨生活；音乐片段属于D宫系统的b羽五声调式，曲式结构为单二部曲式；音乐片段的句法比较自由，主要使用了变奏的旋律发展手法；木鱼歌《三娘汲水》有可能产生于民国时期，带有“悲情风格”并呈现出“悲伤之美”。笔者想借对这两部音乐作品的分析研究来为挖掘、整理、研究、保护民族音乐文化遗产和弘扬民族音乐文化尽一分自己的绵薄之力。

【参考文献】

1. 东莞群众艺术馆编：《东莞民间歌曲集成》，广州：花城出版社2009年版。

2. 周青青：《中国民歌》，北京：人民音乐出版社1993年版。

3. 周青青：《中国民间音乐概论》，北京：人民音乐出版社2003年版。

4. 中国大百科全书总编辑委员会编：《中国大百科全书》（音乐·舞蹈卷），北京：中国大百科全书出版社1992年版。

5. 薛艺兵：《仪式音乐的概念界定》，《中央音乐学院学报》2003年第1期。

6. 叶春生、施爱东主编：《广东民俗大典》，广州：广东高等教育出版社2005年版。

7. 钱仁康、钱亦平：《音乐作品分析教程》，上海：上海音乐出版社2001年版。

8. 《中国民间歌曲集成》全国编辑委员会、《中国民间歌曲集成·广东卷》编辑委员会编：《中国民间歌曲集成·广东卷》，北京：中国ISBN中心2005年版。

9. 薛艺兵：《论仪式音乐的功能》，《音乐研究》2003年第1期。

10. 薛艺兵：《仪式音乐的符号特征》，《中国音乐学》2003年第2期。

11. 万建中：《“哭嫁”习俗意蕴的流程》，《广西民族学院学报》（哲学社会科学版）1999年第1期。

12. 人民音乐出版社编辑部编:《民族音乐论文集》，北京：人民音乐出版社1988 年版。

13. 刘正维编著：《民族民间音乐概论》，重庆：西南师范大学出版社 2005 年版。

14. 张前主编:《音乐美学教程》，上海：上海音乐出版社 2002 年版。

15. 任百强：《广东木鱼说唱史研究》，香港：中国评论学术出版社 2010 年版。

16. 黄琼、梁宝忠:《东莞木鱼歌的悲情风格》,《艺海》2014 年第 8 期。

17. 乔建中编著:《中国经典民歌鉴赏指南》（上、下），上海：上海音乐出版社 2002 年版。

18. 东莞群众艺术馆编:《东莞木鱼书》，北京：大众文艺出版社 2006 年版。

19. 东莞群众艺术馆编:《东莞木鱼书》，北京：大众文艺出版社 2007 年版。

潮汕粿文化与粿印艺术

姚 婷[①]

初来潮汕，在街头巷尾总能看到一种形态奇特的小食，当地人称之为桃粿。仔细打量桃粿，可见其平面形态上部有喙状尖斜向上弯曲着，下部略呈球状，底平，形态与真实的桃子并不十分相似，做了抽象化的处理，里面还有几何形式的装饰纹样。桃粿是潮汕地区用来敬神祭祖的常用粿品，其中的纹样用木质的粿印拓印而来。带着对这种造型独特的食品的好奇，笔者对潮汕的粿文化以及粿印艺术做了一些研究。

粿，在潮汕食文化中历史悠久，它品种繁多、造型讲究，是一种特色小食。起初，中原先民南迁到潮汕地区，按祖籍的习惯，祭祖要用面食当祭品，南方不产麦子，只能用大米来做祭品，这就是“粿”的来历。潮汕地区位于我国东南丘陵边缘，因其颇具特色的自然地理环境和具有浓郁乡土气息的社会文化，被誉为“南国明珠”。潮汕地区自然环境复杂多样，地貌落差较大，但其平原面积却占总面积的三成多，比例高于全省水平，是广东第二大平原。这里土地肥沃，农产丰富，由农作物制成的小食具有浓厚的地方色彩。这些优厚的地理环境都为粿品的制作带来了先天的物质条件，无论是逢年过节，还是拜祭神祖，其中所用到的祭品或食物大都包括粿。[②]

潮汕粿品从选材到制作都十分讲究。潮汕粿品的原料丰富，并不仅限于米，还有豆、薯、芋头等，造型上也包含了各种形状，除了圆形、桃形等规则形状的桃粿、鼠曲粿等外，还有手直接团成的无米粿、乒乓粿等。另外，还有用碗直接承装的粿条、炒糕粿，甚至有直接用仙人草和淀粉做成的草粿。从制作工艺上看，除了有皮包馅的豆沙粿、韭菜粿、笋粿、鼠曲粿等粿品外，也有主料与馅糅合在一起的菜头粿、芋头粿。从馅的原料来看，潮汕粿品常有海鲜点缀。潮汕粿品充分融合了南北饮食文化的特征，并以五谷为基础，鲜少有名贵食材，体现了其扎根草根、务实融合的文化精神。[③]

---

① 【作者简介】姚婷，韩山师范学院美术与设计学院讲师。

② 李林浩：《潮汕粿文化词语研究》，《文教资料》2009 年第 14 期。

③ 宋钢：《打造潮汕粿品小食的文化特色》，载陈汉初主编：《食在汕头：潮汕美食与世界论文集》，汕头：汕头大学出版社 2004 年版。

一、潮汕粿文化

（一）潮汕粿文化的文化含义

桃粿是潮汕粿品中的“老大”，说起潮汕粿文化，便不得不提到中国的桃文化。桃，这种原产于我国的历史悠久的植物，因具有分布广泛、结子繁硕的特点而较早地进入了古人的视野，由采摘而种植，由食用而欣赏，桃成为人类生产和生活的重要关照对象之一，在宗教礼仪、民间习俗、文化、医药等方面都深深烙下了它的印记，因此在我国古代历史发展中形成了独具特色的“桃文化”。野生桃广泛分布于我国的西部、西北部等地①，位于我国东南沿海的闽南和潮汕地区其实并不是桃的原产地，却对桃多有崇拜，有其历史文化方面的原因。

在唐宋时期，大量南迁的中原人民将中原文化带到了闽粤地区，对当地文化产生了深刻的影响。相较潮汕，闽南地区民系形成较早，而且随着经济的发展广泛跨海经商，较早摆脱了中原农耕文化的影响，由此使得闽南粿品以龟为参照主体。而潮汕地区虽地处沿海，毗邻闽南地区，但民系形成较晚②，人口稀少而经济发展滞后，另外潮汕文化有多移民和杂居的多元一体化特征，潮汕文化受到客家文化以及畲族文化的影响颇多，相较闽南地区，更多地保留了中原农耕文化特征，来自中原的相对封闭原始的农耕文化的遗留决定了潮汕粿品以桃为参照主体，桃文化是中原农耕文化影响潮汕本土文化的体现之一。

桃在自古的宗教中具有神权地位，古代尊桃树为“仙木”，认为它可以驱邪治鬼，御凶避邪。唐宋诗词中出现的“桃符”也是民间驱鬼除灾的常用之物。古人不但把桃木视为“仙木”，而且把其果实视为“仙果”“寿桃”。桃作为祭祀之用，可追溯自《周礼・天官・冢宰》中的“馈食之笾，其实枣、栗、桃、乾獠、榛实”。汉郑玄注：“馈食，荐孰也。今吉礼存者，特牲、少牢。诸侯之大夫、士祭礼也，不裸，不荐血腥，而自荐孰始，是以皆云馈食之礼。”今天民俗中以桃子祭祀即是这一古老民风的延续。神话中流传最广的当属西王母仙桃宴的故事了，虽然是神话传说，但桃作为天上仙果、人间寿桃的形象，从此也被固定下来，广泛深入地植入百姓心目中。民间有关神仙异者、长生不老之类的题材的年画中，也必有一簇艳红饱满的寿桃。我国素来有尊老祝寿的习俗，每逢节庆或在晚辈给老人祝寿时，就常以寿桃相赠。另外，在少数民族民间文化中，桃还具有图腾圣物、生殖人类、化生人类、赐予生育、促成婚姻、祛病驱邪、助人成

---

① 徐茜、周武忠：《桃文化及其在中国文化中的意义》，载周武忠、邢定康主编：《旅游学研究》（第三辑），南京：东南大学出版社 2008 年版。

② 詹双晖：《白字戏研究》，广州：中山大学出版社 2009 年版，第 16～20 页。

仙、预兆丰收等文化意蕴[①]。

潮汕粿品多有桃的元素。桃木自古就被认为有辟邪的功效，潮汕民间每逢年夜、祭土神、办丧事皆喜欢在门上插上桃枝用来辟邪，旧时潮汕妇女的“高跟鞋”屐桃也有辟邪保平安之意；所以大部分桃粿印用桃木制作。另外，桃又与“仙”“寿”有密切联系，是吉祥、长寿的象征，也有婚姻、长生不老和春天之意，据《潮州府志》记载，畲人谓火曰“桃花溜溜”，用桃花比喻火的生命活力。桃粿是潮汕地区敬神祭祖最常用的粿品，在大多数节日各家各户都会制作桃粿。制作“朴籽粿”“碗酵桃”和“白饭桃”都用桃形的陶器装粿浆，使蒸制的粿品呈桃子状[②]。另外桃粿中多蕴含着生殖文化，在潮汕民间的桃粿，很多时候都与面头粿成对出现。面头粿外形酷似女性乳房，读音也与“奶头”谐音，在澄海东里正月的祭祀活动中，新人们若是供奉面头粿，就是祈求生儿育女，因“乳房”寓意着强大的生育能力，能哺育子女茁壮成长。潮汕人吃桃粿时，家里人就会半开玩笑地说：先吃尖尖的钩状的粿头，以后就生男孩；先吃后面三角座的部位，以后就生女孩。这其实就是对桃粿与生殖关系的解读。在濠江凤岗妈的祭祀活动中，有个“红桃粿求丁”的风俗[③]，大家供上重足四五斤的红桃粿，祈求凤岗妈能帮助新人添个儿子。

潮汕地区桃粿的文化寓意正是对中原桃文化的另一种解读，是桃文化的延续，其中也体现了中原文化对潮汕粿文化的影响。桃粿作为祭拜神灵先祖的祭品，有驱邪消灾、保佑平安之意；而作为普通民众的食品，它蕴含的生殖文化是人类最原始、最质朴、最普遍的信仰，它是一种文化符号，表达了人们对美好生活的向往以及对繁衍生息的祈盼和美好愿望。

（二）潮汕粿文化与潮汕地区礼仪风俗

潮汕的民间习俗，历来都极其重视时年八节的祭神拜祖。旧时的潮汕地区一年中有二三十个节，再加上各家各户已逝祖宗的“忌日”和乡里集体的祭拜，基本上每个月都有两三个祭拜节日。“粿”往往被作为时节祭神拜祖的必备祭品，在祭品中的地位仅次于猪、鸡、鱼这“三牲”。在除夕、初一、元宵、清明、中秋等节日，在办婚事、出花园、营老爷、祭祖或者丧礼等场合，粿品都是不可缺席的祭品之一。粿品寄托着人们的美好愿望，往往寄寓了好兆头，比如用木印把桃粿、鼠曲粿等印成桃形，表达对健康长寿的追求；桃粿被染成红色，因为红色是潮汕人心目中吉祥如意的象征；酵粿蒸过之后松发，便被用以寄托兴旺

---

① 徐茜、周武忠：《桃文化及其在中国文化中的意义》，载周武忠、邢定康主编：《旅游学研究》（第三辑），南京：东南大学出版社2008年版。

② 吴奎信等：《潮汕食俗》，香港：公元出版有限公司2006年版，第70~71页。

③ 杨育挺：《解读红桃粿的文化内涵》，《汕头日报》，2014年10月26日。

发达的愿望，如果发酵过程做得好，蒸熟后粿面会凸起裂开，状若花朵，潮汕人称之为“笑”。

每逢四时八节，做粿成为潮汕人生活中一项必要的活动。潮汕地区有“时节做时粿”的说法，也就是根据不同季节和不同的祭拜对象来制作不同的粿。自农历十二月廿四以后，家里就开始将米杵成粉，潮语叫“糈”，再用“米糈”做成各式各样的粿。从春节算起，春节做鼠曲粿；元宵节做甜粿、酵粿（发粿）、菜头粿，俗称“三笼齐”，取其甜、发、有彩头之意；清明节做朴子粿和乌饼；端午节做栀粿和粽子；盂兰节做白桃粿；中秋节做月糕；十月半祭五谷神，做尖担或萝卜形状的粿，欢庆一年的丰收；冬至日做冬节丸等。大米之外的杂粮，像番薯、小麦、甘蔗等作物也经常用来做粿[①]，比如十月半祭五谷神（也作五谷母）的粿品。潮汕的晚稻收成时间大约在农历十月初，每年农历十月十五是潮俗“五谷母生”之日，人们祭拜五谷母以期来年风调雨顺、五谷丰登。传说五谷母快嘴，所以在祭拜五谷母时，除了制作象形的粿品如谷穗粿、尖担粿、大猪粿外，有些地方还会准备祭祀灶神时用的一种叫做糯米滋的粿品，用来糊住五谷母的嘴巴，叫她不能乱说话泄露人间的秘密。潮汕农村的家庭主妇在春节前都会做鼠曲粿，鼠曲粿不易变质，往往一次做很多，一直吃到元宵节。鼠曲草是一种野草，鼠曲粿以鼠曲草为配料，源于魏晋时期的遗俗。传统的鼠曲粿做法是用粿印把粿印出来后，选用干芭蕉叶垫底，这样不易粘住蒸具，而且芭蕉叶蒸熟后散发出的芭蕉叶气息和鼠曲草的香味配在一起，形成一种浓烈的天然芳香。

潮汕粿文化不仅体现了中原文化的渗透，也表现出与当地的民俗民风、宗教礼仪紧密相连，与当地的地理环境、节气变化、物种生产紧密相关，与非常丰富的历史故事、名人逸事等人文因素相结合的特点，充分体现了当地丰富而又复杂的本土文化。

二、潮汕桃粿印艺术

传统粿品在远古的祭祀活动中，作为祭品祈求神灵保佑、五谷丰登、风调雨顺，粿印纹样多为动物或是人类的生殖符号等。供奉神灵的粿品往往制作精细，大多有着精美的造型和装饰，而制作粿的印模称为粿印或者粿模，其中的纹样雕刻讲究、种类繁多，富含传统韵味。另外，粿印的纹样在潮汕剪纸中也有所表现，潮汕剪纸纹样更加自由，更富个性，而粿印纹样则较程式化，粿印雕刻师傅本身并不一定擅长美术，而是在规范的程式中进行制作，形式变化不大。这种程式化的制作工艺代代相传，使得粿印艺术更富原始意味，也更具有民俗风情。

---

① 陆晴：《潮人与粿》，《三联生活周刊》2012 年第 24 期。

潮汕有很多俗语形容做粿时的精细考究。“无工做幼粿”，是说费工、费时、费精力，倘工夫不济勉力而为；“歪鬓姿娘做无雅粿”，是形容女人仪表不整、手艺不佳。而粿供品的性质也决定了其外形的讲究，将一块拳头大的面团搓成团状之后用雕琢精细的不同花样的木雕模子印制粿印，印好的粿才是真正完成品。

在所有的粿品中，桃粿在潮汕人的心目中具有特殊的文化地位，时年八节和祭祀活动几乎不可或缺。究竟桃粿有什么文化内涵呢？很多人在解读它时侧重的只是“寿桃”的造型，认为其寓意长寿、吉祥，红色也象征着兴旺、喜庆，但这都只是桃粿最直观、最表面的文化诠释，实质上它有着更深层次的文化解读。潮汕桃粿印中保留了大量的几何纹饰，如云雷纹、三角纹等，相比较其他地区（比如闽南地区）的桃形糕、粿印来说，整体形式更为抽象，具有原始情趣，其中曲线流畅的植物纹样较少，且不是主要粿印纹样。潮汕粿印纹样反映出传统中原纹样的主要特点，体现了其古朴的艺术特色。

与潮汕地区属于同一文化圈的闽南地区的桃粿印是比较写实的，与山西、安徽、江浙一带的桃粿印相似，都是圆润的桃心形，有单桃形，也有双桃形。有些下面带有桃叶，桃形里有些篆刻寿字，有些则雕刻成寿星形象，中间没有再出现桃形。装饰纹样多写实，分布较为松散，既有对称式也有不对称式，整体风格是灵活生动的。而潮汕地区的桃粿印则不同，它更符号化、抽象化，桃形的底部不是内凹的尖凸桃心，而是平底的，呈现出一种带圆弧的三角形态，桃形周围大多装饰有方折回旋线条的回纹，随着桃粿印的弯曲，由梯形的回纹构成一个连续封闭的环绕纹样，围成一个小三角桃形，构成大桃携小桃的图案；装饰纹样多几何形，对称排列，并显得沉重而封闭，富有某种原始的、拙朴的、凝固的美。从潮汕桃粿印与闽南桃粿印的整体对比我们可以看出，潮汕桃粿印整体呈三角形，更抽象而古朴，并且广泛运用了篆体寿字纹、回纹、三角几何纹等传统纹样，充分体现了封闭保守的陆系农耕文化的保留，而闽南桃粿印则没有这种特质，其形式更写实现代，体现了更开放的水系海洋文化带来的文化融合。

潮汕桃粿印广泛使用的几何纹样和抽象形式也是潮汕本土民族古越族固有的先秦文化的具体体现。距今 4 300 多年前的新石器时代晚期良渚文化先民在烧制泥质陶器的长期实践中积累经验，发现了含铁量较高的黏土原料，创烧出早期几何形印纹陶上的图案。几何形印纹陶是我国东南方固有的先秦文化，华北地区很少，这种几何形印纹陶是几何传统纹样的前身。生活在这一时期的东南古越先民为何以几何形纹饰来装饰陶器呢？首先，这种几何装饰纹样源于生产和生活。这里盛产竹、苇、藤、麻等植物，人们从它们的编织物中得到启示，使之再现于陶器表面。其次，这些几何纹样与古越族的蛇图腾信仰有关。① 因南方地带温热潮

① 季学原主编：《姚江文化史》，杭州：浙江古籍出版社 2006 年版，第 55 页。

湿而多蛇害，古越族人为了自身的安全，出于恐惧心理而与之“攀亲”，以求获得保护。几何纹饰如云雷纹、回纹、三角纹等都是蛇的形态和斑纹的模拟、简化与演变。

笔者将潮汕桃粿印几何装饰纹样与其他地区桃粿印装饰纹样的区别总结如下：

（1）寿字纹。

桃是长寿的象征，所以桃形粿印中常雕有寿字。潮汕桃粿印的寿字居于正中心的小桃形图案中，为了适应潮汕桃粿印独特的圆弧三角桃形，寿字整个字形为上窄下宽，字体为古篆体，虽为篆体但没有弧形转折，其笔画呈均匀的直线折角，笔画浑厚，与周围的几何纹样相呼应。而闽南、安徽、江浙等地区桃粿印的寿字常居于桃粿印的中心或一侧，字体多样，多为长方形长寿体和圆形的圆寿体等变形字体，笔画细致，装饰性强，与其周围的曲线纹样相呼应。潮汕桃粿印与其他地区的桃粿印的寿字纹都有一定变形，但与长寿体、圆寿体这种变形字体比较，潮汕桃粿印的古篆体寿字纹年代更久远，变形更独特，具有拙朴之感。

（2）云雷纹与回纹。

云雷纹与回纹，是主要的古越族的原始纹样，出现于新石器时代晚期，在粤系的铜鼓上，云雷纹是作为主导纹饰应用的，常见密布于鼓面中心太阳纹的周围，象征太阳与云雷共存于天际，这是南方民族对云雷崇拜的一种反映①。潮汕桃粿印的图案周围常有回纹，而其他地区桃粿印图案周围没有用回纹装饰，只或围以几条线作为外框，或装饰以圆点纹。回纹具有整齐划一的效果，又寓意“富贵不断头”。有人认为古越几何纹样与古越族蛇图腾崇拜有密切关系，云雷纹与回纹可能是蛇的盘曲形状的简化、规整化和图案化表现，也可能是蛇身上的花纹演变来的②。

在潮汕桃粿印的纹样中，方折回旋线条连续的“回”字形线条构成变体回纹，形式各异，个数一般为五到七个，可归纳为四种形式：弧梯回纹，主要出现在桃尖，桃尖向左倾斜的特点决定了回纹的弯曲特性，常由不等腰且弧度较大的梯形回纹构成；梯形回纹，一般用在粿印的左右两侧，由于左边弧形向内，右边向外，常用略带弧度的梯形造型，该纹在同一粿印中，数量最多；平行回纹，此纹样的运用同梯形回纹，通常略有倾斜；折弧回纹，此纹运用在桃形底部。因传统的寿桃常有桃叶做装饰，桃粿印在桃叶的运用上分为两种形式：一种是由桃叶演变出来的植物纹，用于做底部装饰；另一种则是继续用回纹代替植物纹，但由于桃形的造型结构为上尖下宽，故桃底采用了折弧回纹，通常以镜像的形式出

---

① 王朝闻总主编：《中国美术史》（秦汉卷），济南：齐鲁书社、明天出版社 2000 年版，第 498 页。

② 陈文华：《几何印纹陶与古越族的蛇图腾崇拜》，《考古与文物》1981 年第 2 期，第 47 页。

现[①]。潮汕桃粿印多采用第二种形式，而没有采用回纹做装饰的闽南、安徽等地桃粿印的桃叶部分则一般为第一种形式。

（3）几何植物纹样与曲线植物纹样。

桃粿印的寿字纹周围往往饰有植物纹样，多以长寿花、灵芝、桃花、石榴等吉祥纹样构成“群芳祝寿”纹饰，以物象的形态与谐音达到对人生寿诞的寄寓。典型的潮汕桃粿印中间的古篆体“寿”字上方和左右两侧装饰有植物纹样，这些植物纹样多以提炼概括的手法，以几何形为基本元素，由一至三朵花加上若干叶子组成，叶子与花的图案多由直线和少量弧线组成，线条顿挫，看不出是何种植物。而其他地区的桃粿印植物纹样写实，能分辨出是什么植物，线条流畅，多由曲线构成。

（4）辅助装饰纹样。

在潮汕寿字桃粿印中，也有回纹以外的几何装饰纹样，如垂直于外框的线形纹、“米”形纹等，潮汕回纹桃粿印中，有些还加有三角形纹围绕在小桃形周围，这些几何纹样无一不是对蛇的外形和斑纹的一种概括提炼。另外，值得注意的是潮汕桃粿印的“边角仔”，其出现在桃形的中下端，造型似叶尖。无论是以回纹做底还是以桃叶为底的印模，其纹样都与“边角仔”有承接关系，因此“边角仔”是桃叶的叶尖，在桃粿印中作为装饰的边角，而附于桃粿印底部中间的半圆纹样饰边则代表桃的叶柄，这些处理也是十分抽象的。其他地区桃粿印的桃叶部分则处理得比较写实随意。

（5）整体纹样布局。

潮汕桃粿印纹样呈现一种封闭式构图，可简单地描述为大桃套小桃，大桃形中用回纹或几何纹围成小桃形，有时还加上一圈三角形纹，小桃形中间为古篆体“寿”字，和植物纹样相衬，整个纹样分布极为对称。而闽南和其他地区桃粿印则构图较开放，桃形周围较少有纹样环绕，往往直接为寿字纹加上植物纹样，且常有不对称式构图[②]。

三、粿文化与粿印艺术的历史文化价值

潮汕桃粿印体现了中原桃文化与东南古越本土文化的融合，从内容上看，桃的崇拜体现了中原桃文化的影响，而其抽象几何形式则有东南古越本土文化蛇图腾的影子。闽南虽然有桃粿，也有古越本土文化，但因其历史经济的原因，加上现代文化的消融，没有像潮汕桃粿印这样同时保留了远古中原文化和本土文化的

① 杜营：《潮汕粿印之纹样艺术探究》，《艺术百家》2012 年第 1 期，第 211 ~213 页。

② 张觉民、仲美文：《民间糕模》，北京：中国轻工业出版社 2009 年版，第 46 ~51 页。

特点。闽南主要流行龟粿，龟粿印也有几何纹饰造型，这既是由于其海洋文化的发展产生的，也是本土文化发展的结果。

在远古时代，图腾活动和巫术礼仪形成了图腾图形。从新石器时代晚期到青铜时代，以祖先祭祀为核心、具有浓厚宗教性质的巫史文化为其统治阶级服务。僵硬、封闭、敬畏的直线几何纹样占据着主要地位，直线压倒曲线，封闭重于连续，直线、三角凸出，整体体现出一种神秘、压抑、静穆的意味，使人清晰地感受到权威统治的力量。而春秋战国时期以后，随着宗教束缚的解除，现实生活和人间趣味更自由地进入作为传统礼器的领域，手法由象征而写实，造型由严正而奇巧，刻镂由深沉而浮浅，纹饰由简体、定式、神秘而繁复、多变、理性化，接近生活的写实面貌[①]。潮汕桃粿印从它的抽象造型上来看比其他地区桃粿印包含更多社会、宗教的意味，无论是它的深沉雕刻的几何纹样与其他地区桃粿印浅浮雕刻的曲线纹样的对比，它的严谨、严格对称的形式与其他地区桃粿印灵活多变的构图的对比，还是它的抽象简练与其他地区桃粿印的写实丰富之间的对比，都显示它具有更早期的文化印记。图像纹样化的过程体现了古人对于视觉经验的一种文化性总结，越趋于人类的早期阶段，这种总结方式就越强调符号的社会、宗教意义[②]，由此可以看出潮汕桃粿印的形成时代大概在新石器时代晚期，而趋于写实风格的其他地区桃粿印则要到春秋战国时期之后。安宁河流域大石墓出土的陪葬品中有一种陶制的“桃形饰”的形状与潮汕桃粿印的形状十分相似，大概也可以作为证据。

在宗法制时期，巫术宗教中形成的图腾图像并非审美观赏的对象，而是诚惶诚恐顶礼供献的宗教礼器。在封建时代，也有因为害怕这种狰狞形象而销毁它的史实。自古以来，潮汕地区相较闽南地区更加偏僻而贫瘠，封闭而落后，或许正是这种环境使得潮汕桃粿印这种奇特的形式从远古时代就被保留下来。从造型的线条来看，闽南桃粿印（或者说大部分地区的桃粿印）装饰纹样较为灵活开放，多为柔和的曲线和圆弧形；潮汕桃粿印装饰纹样则凝固而封闭，多出现直线和几何形。吕凤子说：“凡属表示愉快感情的线条，总是一往流利，不作顿挫，转折也是不露圭角的。凡属表示不愉快感情的线条就一往停顿，呈现一种艰涩状态，停顿过甚的就显示焦灼和忧郁感。”形式符号，被赋予了古人对于自然的抽象性理解，体现了早期人类的情感交流和社会生活。潮汕地区自然环境恶劣、贫瘠，经济状态贫穷、落后，人们的生存举步维艰，观念落后，情感压抑，其对生存空间的恐惧感，在祭祀用品（桃粿印）的形式上也有所反映。

李泽厚在形容几何纹饰时说：“原始巫术礼仪中的社会情感是强烈炽热而含

---

① 李泽厚：《美的历程》，北京：生活·读书·新知三联书店2009年版，第31页。

② 海军：《视觉的诗学——平面设计的符号学向度》，重庆：重庆大学出版社2007年版，第89页。

混多义的，它包含有大量的观念、想象，却又不能用理性、逻辑、概念解释清楚，当它演化和积淀于感官感受中时，便自然变成一种好像不可用概念言说和穷尽表达的深层情绪反应。心理分析学家企图用人类集体的无意识‘原型’来神秘地解说，而实际上，它并不神秘，它正是这种积淀、溶化在形式、感受中的特定的社会内容和社会感情。但是，随着岁月的流逝，时代的变迁，这种原来是‘有意味的形式’却因重复的仿制而日益沦为失去这种意味的形式，变成规范化的一般形式美，于是这些几何纹饰又确乎成了各种装饰美、形式美的最早的样板和标本。”① 几何形态的潮汕桃粿印正是这种有意味的形式，它反映了人们最初的情感冲动，表现出对表象世界的超验倾向和一种对生存空间的极大的心理恐惧，而对空间的恐惧感本身被视为艺术创造的根源所在②。笔者认为，桃粿印的抽象形式体现着原始艺术的本源性的艺术魅力，并且得益于潮汕地区的生态环境在历史的长河里并没有完全丢失，这也是它的独特价值所在。

地理上的偏安一隅使魏晋、汉唐中原文化在遭受不断的异化之后在潮汕地区得以相对比较完整地保留。瑞典汉学家高本汉曾谓：“潮汕话是现今中国方言中最古老、最特殊的。”③ 同潮汕话一样，古老的潮汕桃粿印也是中原文化遗存的见证，它是中原文化与潮汕本土文化交流融合的产物，其独特的抽象形式体现了潮汕古代先民的经验智慧和社会情感，有着深刻的历史文化价值。

四、粿文化与粿印艺术的传承与发展

随着时代的发展和演变，粿早已从祭祀的贡品变为了人们日常餐桌上喜闻乐见的食品，其独特的口感和造型以及丰富的民俗文化寓意也使其成为潮汕地区的一种特色小食。然而，据《潮州日报》报道，粿印制作后继乏人，传统手工木雕粿印制作辛苦且利润不高，不少年轻人都不愿学习这门传统手工艺；而现代工艺制作的塑料粿印粗制滥造，比如将粿印纹样布局中的“边角仔”省略等。以上种种原因，使得传统粿印艺术难以传承，拯救这项非物质文化遗产，成为当务之急。如何将潮汕地区的粿文化与粿印艺术发展和传承下去，也成为我们需要关注的问题。

在汕头的老城区有一家粿品老字号——飘香小食店。在 20 世纪五六十年代，经过公私合营，汕头当地很多家有名的小食摊档合并成了国营的飘香小食店，占用小公园附近国平路的林氏旧祠堂经营。飘香小食店集中了原本分散的各路名小

---

① 李泽厚：《美的历程》，北京：生活 · 读书 · 新知三联书店 2009 年版，第 28 页。

② ［德］沃林格著，王才勇译：《抽象与移情——对艺术风格的心理学研究》，北京：金城出版社 2010 年版，第 13 页。

③ 韩然、王晓松：《潮汕文化与本土设计的现代诉求》，《装饰》2008 年第 2 期，第 74 页。

吃，比如蚝烙由1930年创建西天巷蚝烙的姚老四和林木坤主理，虾米笋粿和桃粿由新中国成立前在小公园行街开设潮成号小食店的杨潮贤和林剑秋两位师傅主理，粽球由当年驰名潮汕的蔡七记粽球店的师傅主理。在这里坐一坐，基本上能尝到各种传统粿品小吃。如今飘香小食店已走过了四十多个年头，金字招牌依然在海内外具有极大的号召力和影响力。飘香小食店也在众多评选中获过数奖，其小吃不仅在历届潮汕美食节上颇获好评，虾米笋粿和栗子桃粿还被中国烹饪协会评为“中华名小吃”等。然而，飘香小食店这样的老字号粿品因为店面环境陈旧、经营管理落后等因素，也逐渐走向没落。

潮州工艺美术研究所所长蔡炎泉先生如此描述粿印艺术的现状：“解放前潮州出现了几家传统的家庭作坊，主要有‘中和’和‘时昌’两个知名老字号，解放后，由于走合作化道路，成立了粿印工艺社，‘文革’前并入潮州木雕厂，那段时间潮州粿印出口额很大，销往东南亚一带，内销的也很多，包括广州的糕饼印，本地传统的饼，都由我们自己供应。‘文革’期间，粿印工艺受到破坏，那段时间，潮州粿印是衰落了。改革开放后，一些传统工艺逐步恢复过来，在现在一些家庭作坊中继续保留下来。”桥东权记印模店的许喜权师傅是一个例子。许师傅夫妻二人原为潮州金漆木雕厂的职工，退休后重操旧业，制作起粿印来，有博物馆买许师傅的产品作为馆藏，在旅游市场上，很多外地人，包括新加坡、马来西亚、泰国等国的来客，都喜欢购买许师傅的粿印回去。旅游点摊档档主说：“这是在弘扬潮州文化，这些都是具有潮州特色的东西，例如这些粿印。像一位马来西亚的客人，来这里买了之后，回头又托别人到这里买，而且认定要这个牌号，他们就是想买这些古老、传统的东西。”

我们需要看到旅游文化等新兴产业的发展对传统文化传承的推进作用。在封闭的环境下，当地的传统文化与艺术很容易失去生命力，而在开放的环境中，现代文化与传统文化信息的碰撞会带来新的文化增长点。在现代的市场竞争机制下，传统计划经济中“酒香不怕巷子深”的观念早已过时，要提振潮汕粿文化的相关产业，首先需要广告宣传，另外也需要结合当地的现代特色产品，进行协调发展。例如，传统粿品与粿印这两种特色文化产品本来是相互依存的，消费者能在欣赏粿印的时候体会粿品的古朴艺术魅力，在制作和品尝粿品的时候体会普通潮汕民众的日常生活和潮汕地区丰富的民俗文化，而市面上两者是分开销售的，如果能将两者结合，制作成文化旅游产品，或许能对潮汕粿文化的传承与发展起到推动作用。

粤剧源流新探

——以“江湖十八本”为考察对象①

黄 伟②

关于粤剧源流问题，在戏剧界中历来是见仁见智，众说纷纭。著名粤剧艺人陈非侬认为，粤剧源自南戏，南宋时已有粤剧，粤剧已有七百多年历史；粤剧史家麦啸霞则认为，明嘉靖年间，广东戏曲用弋阳腔，音韵宗洪武而兼中州，节以鼓板，广东戏曲蜕变于昆曲而导源于南剧；也有人认为粤剧始于清雍正年间，由湖北艺人摊手五来粤传艺，故与汉剧、湘剧同源；甚至更有人说粤剧的历史应从清咸丰初年粤剧艺人李文茂响应太平天国起义算起，或稍提前，融昆、秦、徽、汉等声腔而成，等等。粤剧的形成与广东早期本地班的活动密切相关，由于人们对“本地班”的含义理解各异，故产生了多种不同的说法。在大一统的封建国度里，戏曲声腔在全国各地的传播基本上是同步进行的。有些声腔随戏班而俱来，亦随戏班而俱去，犹如雪地鸿爪，了无痕迹；而有些声腔流传到一地之后则与当地土腔土调相结合，繁衍传播，逐渐派生出新的地方剧种。判断一个剧种的源流不能以当地曾经流行过的戏曲声腔为准，而应以本剧种现有的主要声腔为依据追根溯源。中国戏曲源远流长，如果不顾现实，一味地往上回溯，则几乎全国所有的地方戏曲都有上千年的历史，那样的话，探讨剧种源流则变得毫无意义了。

粤剧属皮黄腔系剧种，粤剧的历史自然应从西皮、二黄入粤之时算起，但由于戏班“时来时去”，流动性很大，因而很难判断皮黄入粤的准确时间。由于戏曲声腔的传播是以舞台演出为依托的，而舞台演出又离不开剧本，民间演剧中最受欢迎的自然是“江湖十八本”，故从粤剧最早流行的优秀传统剧目“江湖十八本”入手，也许可以找到粤剧声腔的真正源头，从而解开粤剧历史之谜。

---

① 本文系国家社科基金艺术学项目“广府戏班史”（项目编号：07BB14）的阶段性成果。本文已发表于《学术研究》2009 年第 3 期，获广东省 2008—2009 年度哲学社会科学优秀成果三等奖。

② 【作者简介】黄伟，文学博士，肇庆学院文学院教授。主持并完成国家社科基金艺术学项目“广府戏班史”（项目编号：07BB14），主持教育部人文社会科学研究规划基金项目“明清岭南外江班研究”（项目批准号：12YJA760023）。主要从事中国古代文学、戏曲民俗研究。

一、“江湖十八本”是考察剧种声腔源流的有效工具

粤剧是广东最具影响力的皮黄声腔剧种，梆子（即西皮）、二黄是粤剧的主要腔调，本地班兼唱梆黄，是粤剧形成与成熟的标志，但长期以来有关粤剧梆黄源流问题，各方一直争论不休，难有定论。

早在1929年，在由欧阳予倩主办的《戏剧》杂志第2期上，就有人撰文认为，粤剧源于湖北的汉调，与京剧同源，首倡“粤剧源于汉调”说。该文称：

考起粤剧的源流，和北剧也好像老子死后的两“昆仲”。因为北剧、粤剧同产生于汉调。汉调成于湖北，由来甚久，一枝流入安徽，由安徽流入北平，和昆剧、高腔、吹腔、弋阳拜了把，和秦腔也结了“金兰”，久而久之就变成如今的北剧。一枝由荆襄流入湖南，由湖南流入广东，认了别人作父亲，就变成粤剧。①

麦啸霞在1940年出版的《广东戏剧史略》中也持类似看法。麦氏认为，雍正年间，湖北艺人摊手五来粤传艺，“摊手五乃以京戏昆曲授诸红船子弟，变其组织，张其规模，创立琼花会馆。五本汉人，故粤剧组织近于汉班”②。

欧阳予倩则提出了“粤剧源于徽调”说，他在《试谈粤剧》一文中称：“麦啸霞说粤剧的底子是汉戏，粤剧伶工也承认，但是直接由汉戏转变为粤剧的迹象很少，而直接受徽班的影响的确很大，许多的徽班把梆子、二黄带到广东。”还说：“最初的广东戏几乎和桂戏、祁阳戏没有什么两样，它们有很深的血缘关系……广东伶工是从安徽班子和湖南祁阳班子接受了梆子二黄的。”③

周贻白赞同欧阳予倩的看法，认为“粤剧的皮黄调，其老根当仍为徽班”，“广东粤剧的梆、黄（西皮、二黄），湖南的祁阳戏实为其直接根源。但祁阳戏的所谓乱弹，则系继承了安徽班的传统，并受有湖北汉戏的影响，转而才影响到广西的桂戏和广东粤剧的”④。

也有人撰文认为，粤剧梆黄并非同源于某一外来剧种，而是先有梆子（即西皮），后有二黄，由“一源说”变成了“二源说”，甚至“多源说”。

郭秉箴在其《粤剧古今谈》一文中认为：“粤剧先有梆子，然后才从外江班

---

① 易健盦：《怎样来改良粤剧》，《戏剧》1929年第2期。

② 麦啸霞：《广东戏剧史略》，载广东省文史研究馆编：《广东文物》，上海：上海书店出版社1990年版，第799页。

③ 欧阳予倩：《试谈粤剧》，载欧阳予倩编：《中国戏曲研究资料初辑》，北京：中国戏剧出版社1957年版，第116、109页。

④ 周贻白：《中国戏曲发展史纲要》，上海：上海古籍出版社1979年版，第496页。

学来二黄，因而至今二黄的板式仍然不完备。”还说：“明清两朝在广东流行过的弋阳腔、昆腔、梆子腔、徽调、汉调等等都与粤剧有血缘关系。”①

何国佳在《粤剧历史年限之我见》一文中更是用一粗俗的比喻力倡“多源说”：

粤剧是个“杂种仔”，有多个“父亲”，是多“精子”的“混合物”：初期的板腔曲调由梆子、二黄、西皮、乱弹、牌子组成；击乐以“岭南八音”的大锣、大鼓、大钹为主；武场是南拳技击；表演则是岭南独有的“排场”“程式”等等。②

随着研究的深入，“二源说”或“多源说”同样受到了人们的质疑，束文寿《论京剧声腔源于陕西》一文就指出：

这肯定是个误解。两种声腔同台，行内人叫做“两下锅”，如川剧有五大声腔同台，但其音乐唱腔至今仍各吹各号，各唱各调。将两种基调不同、产地不同的戏曲声腔同弦合体，形成一个声腔剧种，实际是一项浩繁而又漫长的音乐改造系统工程，依靠当时一两个戏班在短期内绝无可能完成。查现今全国绝无仅唱“二黄”或“西皮”单一声腔的剧种剧团存在。退后一万步，即或徽班、汉班两调在京同台合体成功，随即颁布一道命令，全国流行单一“西皮调”或“二黄调”声腔剧种的戏班在一夜之间全部同弦合体，并在全国形成所谓皮黄声腔系统，别说当时，就是在今天也都是不可能实现的。可以设想，按今天如此优越的社会条件，将东南的越剧和西北的秦腔同台合体，变为一个声腔剧种，可能性有多大，费时需多长，其结果又将若何。③

可见，单从声腔方面探讨剧种源流，很难得出令人信服的结论，近百年的争论已经说明了这一点。因为声腔的交叉传播现象十分普遍，各声腔剧种在传播过程中相互不断地吸收、融合，裹挟在一起，形成“你中有我，我中有你”的胶着状态，并随着时代的发展而不断发生变化。仅从现有声腔去探寻早已时过境迁的几百年前的声腔，就好比要从长江入海口的水中去分辨出上游各支流的水一样，只能是徒劳的。

相对来说，作为声腔传播的载体，“江湖十八本”真实地保留了特定历史时期戏曲演出的原生态，对于探寻剧种声腔的流变具有不可替代的作用。

---

① 郭秉箴：《粤剧艺术论》，北京：中国戏剧出版社1988年版，第30、34页。

② 何国佳：《粤剧历史年限之我见》，《粤剧研究》1989年第4期。

③ 束文寿：《论京剧声腔源于陕西》，《中国戏剧》2004年第7期。

首先，“江湖十八本”是民间艺人长期舞台实践的结晶，它的传承具有超强的稳定性。“江湖十八本”的形成经历了一个漫长的演变过程，它的出现标志着一个声腔或剧种的发展业已成熟。由于“江湖十八本”长期在民间流传，很少受到文人的加工改造，故大都能够保留它的原始面貌，这就为我们考察剧种源流提供了较为可靠的依据。

其次，“江湖十八本”历史悠久，早在18世纪中叶即已十分盛行。蒋士铨作于乾隆十六年（1751）的传奇作品《升平瑞》中，即提到“江湖十八本，本本皆全”①。黄振在成书于乾隆三十五年（1770）的传奇剧本《石榴记》之“凡例”中亦云：“牌名虽多，今人解唱者，不过俗所谓‘江湖十八本’与摘锦诸杂剧耳。”② 李斗刊刻于乾隆六十年（1795）的《扬州画舫录》卷五亦有“二面钱云从，江湖十八本，无出不习，今之二面，皆宗钱派，无能出其右者”，“老旦张廷元、小丑熊如山，精于江湖十八本，后为教师，老班人多礼貌之”③ 的记载。可见，“江湖十八本”流行久远，不但深受广大群众欢迎，并且成为衡量戏班或艺人艺术水准的标尺，是各戏班或行当的看家戏。

最后，“江湖十八本”是特定时期声腔传播的载体，与声腔关系十分密切。尽管各剧种的“江湖十八本”五花八门，但都可按声腔分为诸如梆子、皮黄、昆腔、高腔等几个系列，凡属于同一声腔系列的剧种，其“江湖十八本”或多或少存在着某种直接或间接的渊源关系，而不同声腔剧种之间则很难找到其共同之处。这种格局的形成，与戏曲声腔的传播关系密切。所谓地方戏曲，其实就是主流声腔地方化的结果。由于剧本具有超强的稳定性，它的变化要远远滞后于音乐唱腔，故在一个地方剧种形成之初的很长一段时间里，其演唱剧本依然保持着母系声腔的遗存。粤剧的“江湖十八本”是皮黄声腔入粤之初的一批优秀传统剧目，它保留了粤剧作为“外江戏”阶段的许多遗存，因而是研究粤剧声腔源流的重要依据。

二、粤剧原本只有“江湖十大本”，而非“十八本”

“江湖□□本”是对各剧种优秀传统剧目的泛称，不论昆曲、高腔、乱弹、梆黄，都有所谓“□□本”之说，其数量其实并不固定。如江西的弋阳腔（最老的高腔）有所谓“高腔十八本”；秦腔、西府秦腔则有“江湖二十四大本”；山东梆子、莱芜梆子、河南梆子、江苏梆子则称“新、老江湖十八本”；南阳梆

① （清）蒋士铨撰，周妙中点校：《蒋士铨戏曲集》，北京：中华书局1993年版，第763页。

② （清）黄振：《石榴记》，载蔡毅编著：《中国古典戏曲序跋汇编》（三），济南：齐鲁书社1989年版，第1929页。

③ （清）李斗撰，汪北平、涂雨公点校：《扬州画舫录》，北京：中华书局1960年版，第123、125页。

子有“老、中、小十八本”；绍兴乱弹有“老十八本”“小十八出”。此外还有“乱弹十八本”“前（后）十八本”“三十六本头（按院）”“十大台”“十大记”“六大记”“四大本”“五袍”“四柱”等各种名目的称呼。粤剧也不例外，经考证，粤剧只有“江湖十大本”，而非“十八本”。

最早谈及粤剧“江湖十八本”的是编剧家麦啸霞，他在发表于1940年的《广东戏剧史略》一文中详细列举了粤剧的“江湖十八本”：

《一捧雪》（演莫怀古玉杯得祸事）、《二度梅》（演陈杏元梅良玉情事）、《三官堂》（演陈世美不认妻事，俗误指《三审玉堂春》）、《四进士》（演四甲进士毛朋，义勘夺产冤狱事）、《五登科》（演窦燕山五子登科事，俗误指《五台山》）、《六月雪》（演邹衍冤狱事，俗误指《六郎罪子》）、《七贤眷》（演刘存义雪中贤事，俗误指《七纵七擒》）、《八美图》（演柳树春事，俗误指《八阵图》）、《九更天》（演义仆马义救主闻太师勘冤案事，俗误指《九里山》或《九莲灯》）、《十奏严嵩》（演大红袍海瑞奏严嵩事）、《十一□□》（不详）、《十二金牌》（演岳武穆班师事，俗误指《十二寡妇征西》）、《十三岁童子封王》（情节不详，俗误指《十三妹大闹能仁寺》）、《十四□□》（不详）、《十五□□》（不详）、《十六□□》（不详）、《十七□□》（不详）、《十八路诸侯》（演三国志虎牢关三英战吕布事）。①

据作者言，这“江湖十八本”是其童年时曾听老伶官师傅福谈及的，“每本之端冠数目字以为次序”。可惜的是，作者由于“岁月非昔，间有不复能省记”，只列出了其中的十三本，尚缺十一、十四、十五、十六、十七五本，所缺全在后八本之列。

著名粤剧艺人陈非侬在其回忆录《粤剧六十年》一书中，也谈到了粤剧的“江湖十八本”，其名目为：

《一捧雪》、《二度梅》、《三官堂》、《四进士》、《五登科》、《六月雪》、《七贤眷》、《八美图》、《九更天》、《十奏严嵩》、《十一□□》（不详）、《十二金牌》、《十三岁童子封王》、《十四□□》（不详）、《十五贯》、《十六□□》（不详）、《十七□□》（不详）、《十八路诸侯》（一说《十八罗汉收大鹏》）。②

两相比较不难发现，陈氏的“江湖十八本”与麦氏如出一辙，所增补的

① 麦啸霞：《广东戏剧史略》，载广东省文史研究馆编：《广东文物》，上海：上海书店出版社1990年版，第811页。

② 陈非侬：《粤剧六十年》，香港：吴兴记书报社1982年版，第45页。

《十五贯》系袭用昆腔剧目，不能算作粤剧的“江湖十八本”。

1961年出版的《粤剧剧目纲要》第一册里，也提出了一套“江湖十八本”，其内容为：

> 《一捧雪》（又名《搜宝镜》）、《二度梅》、《三官堂》（又名《陈世美不认妻》）、《四进士》、《五仇报》或《五登科》、《六部庭》或《六月雪》（又名《邹衍下狱 六月飞霜》）、《七状词》或《七贤眷》（又名《全家福》）、《八美图》、《九更天》、《十奏严嵩》、《十一□□》（剧目、内容均失传）、《十二金牌》、《十三岁童子封王》、《十四□□》（剧目、内容均失传）、《十五□□》（剧目、内容均失传）、《十六□□》（剧目、内容均失传）、《十七□□》（剧目、内容均失传）、《十八路诸侯诛董卓》（又名《三英战吕布》）。①

该书系由众多粤剧艺人、编剧、戏曲工作者共同参与编写的，是集体智慧的结晶。奇怪的是，这套由众多粤剧艺人集体完成的“江湖十八本”虽然增补了不少候选剧目，但基本框架与麦氏的并无二致，所缺剧目完全相同。

有关粤剧“江湖十八本”的版本还有不少，但就上述三种影响最大，最具代表性。虽然上述诸说出自不同艺人之口，但都有一个共同特征，即无论是谁，都说不全“十八”之数，而且所缺剧目全都集中在后八本之列。倘若麦啸霞、陈非侬是因“岁月非昔，间有不复能省记”的话，那么由众多粤剧艺人集体参与编写的《粤剧剧目纲要》中的“江湖十八本”，也在相同的位置集体“失去记忆”，就有些令人费解了。仅以“剧目、内容均失传”来解释，是难以让人信服的。因为这“十八本”是同时流行的一批剧目，为何单是后八本“失传”，而前十本却无一失传呢？这种惊人“巧合”的背后说明：粤剧“江湖十八本”实际上只有前十大本，后八本是不存在的。这种推测并非毫无根据。上述所列后八本中的几个剧目，无论是流行年代，还是戏份大小等，都与传统“江湖十八本”的要求相去甚远。

前文述及，“江湖十八本”与声腔关系密切，不同声腔有着不同的“江湖十八本”。“江湖十八本”流行年代较早，至迟在清乾隆年间就已十分盛行。“江湖十八本”都是分量很重的整本大戏，非一般折子戏可比，故不论哪行角色，都以精通“江湖十八本”为荣。即使到了现在，在一些地方戏中，“江湖十八本”的分量依然不轻。以《二度梅》为例，据老艺人言，此剧情节曲折，人物众多，演出可长达三天四夜，系正小旦、小生唱做工重头戏②。一台戏能演几天几夜，

---

① 中国戏剧家协会广东分会编：《粤剧剧目纲要》（一），内部发行，1961年，第1～10页。

② 中国戏曲志编辑委员会：《中国戏曲志》（陕西卷），北京：中国ISBN中心1995年版，第141页。

难怪李斗在《扬州画舫录》中对精通“江湖十八本”的艺人推崇备至。“江湖十八本”的分量，确非等闲之辈所能胜任。

粤剧是一个历史悠久的大型地方剧种，其“江湖十八本”的出现当不晚于乾隆年间，同样应属于难度高、分量重的整本大戏。但经考证发现，上述后八本所列剧目，无一符合传统“江湖十八本”的要求。

《十五贯》属于昆腔传统剧目，自然不能列入皮黄腔的“江湖十八本”，《粤剧剧目纲要》一书也未将其纳入粤剧剧目之列。

《十二金牌》《十八路诸侯》系从京剧改编而来，其流行年代当在同光时期，且属于折子戏而非传统的连台本戏。《十二金牌》系演抗金名将岳飞为秦桧所害屈死风波亭事，京剧名为“风波亭”，孙春恒编演，有孙盛文藏本，另有《戏考》《戏学汇考》《戏考大全》等刊本。《十八路诸侯》系演《三国志》虎牢关三英战吕布事，京剧为折子戏《虎牢关》，又名“三战吕布”，道光四年（1824）《庆升平班戏目》中收有此剧，叶盛兰工此剧，属白净、正生唱做工并重戏。

《十三岁童子封王》（或称《十三岁救驾封王》《鲤鱼仔十三岁封王》《苏有德十三岁封王》）演徐有德十三岁救驾封王事，为粤剧所独有，系宣统年间新编剧目。最早演出该剧目的戏班是会超群班，演出时间为1909年9月13日，地点在上海同庆戏园，一夜演完。此后不断有粤班上演该剧目。如1910年4月16日，新康年全女班在鸣盛梨园演出；同年6月2日，志士班“振南天社”在重庆戏园演出；1911年4月6日，兆丰年班在鸣盛梨园演出等。

综上所述，粤剧“江湖十八本”原本只有“十大本”，而非“十八本”，后八本系后人所加。这“十大本”名目，综合前面所列三种说法大概可以确定为《一捧雪》《二度梅》《三官堂》《四进士》《五登科》《六月雪》《七贤眷》《八美图》《九更天》《十奏严嵩》。这就为我们寻找它的源头提供了有利契机。

三、粤剧“江湖十大本”源自陕西的汉调二黄

前文考证了粤剧的“江湖十八本”原本只有“十大本”，而非“十八本”。那么，这“十大本”来自何处呢？

由于历史上入粤的外省戏班很多，声腔各异，影响不一，为了彻底弄清粤剧“江湖十大本”的“祖本”，找到粤剧梆黄声腔的真正源头，笔者对全国各主要声腔剧种的江湖系列作了一次全面的梳理。结果发现，各声腔剧种对粤剧的影响各不相同。第一，尽管梆子腔的势力范围遍及全国大部分地区，“江湖十八本”也数梆子腔最多，但从所有梆子剧种的“江湖十八本”里，都找不到粤剧“江湖十大本”的影子。这说明，粤剧受梆子腔的影响十分有限。第二，虽然学界一致认为，广东戏的底子是弋阳腔或高腔，但从各弋阳腔剧种的“江湖十八本”

中，也找不到粤剧的踪影，这说明，弋阳腔或高腔影响的是广东戏，但未必就是粤剧。第三，尽管昆曲入粤较早，但从流行于湖南的湘昆“江湖十八本”剧目中也找不到粤剧“江湖十大本”的踪影，这说明昆曲对粤剧的影响也十分有限。总之，无论是梆子腔、弋阳腔还是昆腔，尽管它们都对粤剧产生过或多或少的影响，但都与粤剧的源头没有直接的关系。

对粤剧影响最大的是皮黄剧种，但从人们一致认为与粤剧有着血缘关系的徽剧、汉剧中，却找不到与粤剧相同的“江湖十八本”。这说明，徽剧、汉剧对粤剧的影响同样是“流”，而不是“源”。而同为广东皮黄剧种的西秦戏、广东汉剧，至少在“江湖十八本”这一点上，同样找不到它们与粤剧之间的传承关系。可见，由于传播时间、传播路径及受其他声腔影响程度的不同，即使是同一声腔系统的剧种，它们之间的区别同样是很明显的。

经查，与粤剧“江湖十大本”最接近的剧种有：陕西的汉调二黄、湖北的山二黄、湖南的祁剧、云南的滇剧。它们的共同特点是：第一，都属于皮黄剧种，其中汉调二黄、山二黄属单声腔剧种，其余三个属多声腔剧种；第二，都只有“十大本”，而非“十八本”；第三，这“十大本”都是按数目的大小顺序排列的，与其他各声腔剧种迥然不同。据此可以肯定，粤剧的“江湖十大本”就是上述某皮黄剧种传入广东后留下的一批传统剧目。兹列表如下：

各剧种于广东留下的传统剧目

序号	汉调二黄	山二黄	祁剧	滇剧	粤剧
1	一捧雪	一捧雪	一捧雪	一捧雪	一捧雪
2	二度梅	二度梅	二度梅	二度梅	二度梅
3	三上轿	三奏本	三天香	三状元	三官堂
4	四进士	四进士	四国齐	四进士	四进士
5	五福堂	五月图	五岳图	五桂缘	五登科
6	六月雪	六月雪	六月雪	六月雪	六月雪
7	七人贤	七人贤	七剑书	七星剑	七贤眷
8	八义图	八义图	八义图	八珍汤	八美图
9	九莲灯	九更天	九莲灯	九莲灯	九更天
10	十道本	十道本	十美图	十美图	十奏严嵩

上表中，五个全同的有1、2、6；四个相同的有4；三个相同的有8、9；两个相同的有5、7、10；完全不同的只有3。可见，这五个剧种的“江湖十大本”有着很深的血缘关系，90%的剧目都可找到相同点。皮黄系统的这种流传范围

广，时间跨度大，剧目却不受其他声腔干扰的超稳定性，在全国各大声腔剧种中都属罕见。这一特点对于探讨粤剧的源流非常有利。

云南地处西南边陲，皮黄的传入当不会比广东早，而且滇剧与粤剧同属多声腔剧种，故粤剧从滇剧那里接受“江湖十大本”的可能性很小。

同样，粤剧也不是从湖南的祁阳班子那里接受“江湖十大本”的。欧阳予倩所说的“最初的广东戏几乎和桂戏、祁阳戏没有什么两样，它们有很深的血缘关系”这一现象，只能是同光以后的事，与粤剧的源流无关。据广州外江梨园会馆碑刻记载，最早记录的湖南班入粤时间是乾隆四十五年（1780），当时仅有“湖南祥泰班”一班，直到乾隆五十六年（1791）才猛增到二十余班，而此时的广东本地班早已定型。湖南班对粤剧的影响只能是流而不是源。

唯一与粤剧有着血缘关系的是陕西的汉调二黄（含山二黄，下同）。首先，从“江湖十大本”来看，粤剧与祁剧相同的仅三个，即《一捧雪》《二度梅》《六月雪》；与滇剧相同的有四个，即《一捧雪》《二度梅》《四进士》《六月雪》；而与汉调二黄相同的多达五个，即《一捧雪》《二度梅》《四进士》《六月雪》《九更天》。可见，粤剧与汉调二黄之间的关系要远比其他剧种密切。其次，从角色行当的分类来看，传统粤剧的角色行当与汉调二黄的分类完全一致，即都分为一末、二净、三生、四旦、五丑、六外、七小、八贴、九夫、十杂“十大行当”，但与祁剧的正生、小生、正旦、小旦、老旦、花脸、丑角“七行”格局却差别明显，与徽剧也无共同之处。再次，从传播时间来看，徽剧、祁剧都是在乾隆中后叶才入粤的，而早在康熙年间，以秦腔名义传播的汉调二黄就已经遍布南粤大地了。可见，汉调二黄对粤剧的影响远比其他皮黄剧种早。最后，从历史遗存来看，粤剧中的西皮调俗称梆子，其脱胎于秦腔的痕迹非常明显。直到20世纪20年代，粤剧中的秦腔味依然很浓。易健盦写于1929年的《怎样来改良粤剧》一文称：“汉调入粤甚早，故梆子还有秦腔之遗音。”[①]这里的秦腔实即陕西的汉调二黄（详见下文）。可见，汉调二黄才是粤剧的真正源头。

广东本地班从汉调二黄那里接受了西皮、二黄，同时也接受了它的“江湖十大本”，从此一个以梆子（西皮）、二黄为主要声腔的新剧种——粤剧，便宣告诞生了，而“江湖十大本”也就成为粤剧形成后最早的一批传统剧目。也就是说，粤剧的历史应从汉调二黄入粤的时间算起，在此之前尽管广东的戏剧演出已有好几百年的历史，但不管是外江班还是本地班，都不能称为粤剧。

① 易健盦：《怎样来改良粤剧》，《戏剧》1929年第2期。

四、汉调二黄实即早期秦腔，是所有皮黄剧种的鼻祖

既然粤剧梆黄声腔的源头是陕西的汉调二黄，那么，地处陕南崇山峻岭中的汉调二黄是什么时候辗转千里来到语言不通、习俗迥异的岭南大地的呢？在广东早期的戏曲文献中，从未发现有关汉调二黄的记载，汉调二黄又是通过何种途径进行传播的呢？

在20世纪50年代初，著名京剧大师程砚秋在《新戏曲》上撰文认为，陕西历史上存在前后两个秦腔，前秦腔即清乾隆年间由魏长生等艺人传入北京，与京剧具有渊源关系的陕西二黄戏；后秦腔即现在的秦腔①。“两个秦腔”的提出，为解决皮黄剧种的源流提供了一个新的方案。不过，笔者以为，秦腔无前后之别，而有南北之分，流行于北方广大地区的是梆子腔系秦腔，而早期流行于南方广大地区的是皮黄腔系秦腔，即汉调二黄。

曾有人对梆子、皮黄二腔的流行范围进行过统计，结果发现，在我国300多个戏曲剧种中，有31个剧种演唱梆子腔，遍布18个省、自治区、直辖市，其分布范围全在黄河流域和淮河流域，淮河以南的东南各省没有梆子腔剧种。东至沿海和台湾省，南至两广和海南省的地区，至今还没有发现以演唱梆子腔为主的地方剧种。可见，梆子腔剧种集中分布在我国北方地区②。皮黄腔系剧种共有55个，遍及全国20个省、自治区、直辖市，其中南方有15个省流行皮黄腔，而北方仅有陕西、山西、山东、河南四省局部地区及北京流行皮黄腔，且大多属于梆子、皮黄双栖而以梆子为主的剧种。可见，皮黄腔系剧种主要分布在南方广大地区③。乾隆四十五年（1780）十一月二十八日，江西巡抚郝硕覆奏乾隆上谕时称：“再查昆腔之外，尚有石牌腔、秦腔、弋阳腔、楚腔等项，江、广、闽、浙、四川、云、贵等省，皆所盛行。”④ 这里所提到的秦腔，其流行范围全都在南方省份，且与现今皮黄腔流行范围相吻合。这说明，历史上流行于南方广大地区的秦腔属于皮黄腔系秦腔，即陕西的汉调二黄。汉调二黄因为发源于秦岭大地，故亦被称为秦腔，历史上见诸史料记载的大多属于皮黄腔系秦腔。

为什么南方广大地区未能形成独立的梆子腔剧种呢？王骥德《曲律·论腔调第十》道出了其中奥妙：“乐之筐格在曲，而色泽在唱。古四方之音不同，而为声亦异，于是有秦声，有赵曲，有燕歌，有吴歈，有越唱，有楚调，有蜀音，有

---

① 程砚秋：《秦腔源流质疑》，《新戏曲》1951年第6期。

② 常静之：《论梆子腔》，北京：人民音乐出版社1991年版，第17页。

③ 于质彬：《南北皮黄戏史述》，合肥：黄山书社1994年版，第321～332页。

④ 王利器辑录：《元明清三代禁毁小说戏曲史料》（增订本），上海：上海古籍出版社1981年版，第116页。

蔡讴。"[①] 所谓"四方之音不同，而为声亦异"，就是指因方言语音不同而引起腔调差异，这种差异往往会影响到戏曲声腔的传播。因为戏曲是诉诸视听觉的歌舞艺术，如果观众听不懂、解不明，戏就不会有人看，这个剧种也就无法在该地区流行。因之，一个声腔剧种能否流传，流传面有多大，关键取决于它所拥有的方言区有多大，流传于北方山陕语音方言区的梆子腔之所以不能在广大南方流行，原因也在于此。

就风格而论，早期秦腔的演唱风格与现在的梆子秦腔大异其趣。据吴太初《燕兰小谱》载："京班旧多高腔，自魏三变梆子腔，尽为靡靡之音矣。"[②] 又《啸亭杂录》载："京中盛行弋腔，诸士大夫厌其嚣杂，殊乏声色之娱，长生因之变为秦腔。辞虽鄙猥，然其繁音促节，呜呜动人，兼之演诸淫亵之状，皆人所罕见者，故名动京师。"[③] 两书所载，皆为蜀伶魏长生入京演唱秦腔之事。其唱腔特点是"繁音促节，呜呜动人"，意即演唱娴熟，字多腔少，节奏明快，不像昆曲那样一步三叹，也不像弋阳腔那样喧嚣嘈杂。秦腔唱腔柔靡婉转，清越动听，富有感染力；演唱内容多为人所罕见的"靡靡之音""淫亵之状"，以描写家庭伦理、男女爱情以及幽默讽刺的戏为多，甚至还有不健康的表演等。所有这些，与现在陕西秦腔高亢激越，"激流波，绕梁尘，声振林木，响遏行云，风云为之变色，星辰为之失度"[④] 的特点毫无共同之处，因为是"靡靡之音"就不可能具有陕西秦腔那种"秦声激越，多杀伐之声"，令人"血气动荡"，热耳酸心的特征。再说，没有好嗓子是唱不了陕西秦腔的，可是这个秦腔，却能给"无歌喉者……借以藏拙"。可见，魏氏所唱的秦腔是与梆子秦腔风格迥异的皮黄腔系秦腔。

就伴奏乐器而言，不少史料中记载的秦腔，其演奏乐器都是以胡琴为主，月琴副之，与梆子秦腔以梆为板迥然不同。请看下面几条记载：

乾隆五十年（1785）《燕兰小谱》：

友人言：蜀伶新出琴腔，即甘肃调，名西秦腔。其器不用笙笛，以胡琴为主，月琴副之。工尺咿唔如话，旦色之无歌喉者，每借以藏拙焉。若高明官之演《小寡妇上坟》，寻音赴节，不闻一字，有如傀儡登场。[⑤]

---

① （明）王骥德：《曲律》，载中国戏曲研究院编：《中国古典戏曲论著集成》（四），北京：中国戏剧出版社1959年版，第114页。

② 张次溪编纂：《清代燕都梨园史料》，北京：中国戏剧出版社1988年版，第45页。

③ （清）昭梿撰，何芙芳点校：《啸亭杂录》，北京：中华书局1980年版，第237~238页。

④ 叶德辉编：《双梅影暗丛书》，海口：海南国际新闻出版中心1998年版，第382页。

⑤ 张次溪编纂：《清代燕都梨园史料》，北京：中国戏剧出版社1988年版，第46页。

嘉庆十五年（1810）《听春新咏》：

盖秦腔乐器，胡琴为主，助以月琴，咿哑丁东，工尺莫定，歌声弦索，往往龃龉。①

咸丰《都门纪略》：

至嘉庆年，盛尚秦腔，尽系桑间、濮上之音，而随唱胡琴，善于传情，最足动人倾听。②

可见，乾嘉时期流行的秦腔，其伴奏乐器都是以胡琴为主，月琴副之，这恰恰是皮黄腔系剧种所共有的标志性乐器，它与梆子剧种在主奏乐器方面的区别是很明显的。

秦腔带给广东的皮黄剧种，除粤剧外，还有广东汉剧、西秦戏，尤其是西秦戏，堪称皮黄秦腔留下的“活化石”。该剧种属梆子二黄声腔系统，用中州官话演唱，其曲调有正线、西皮、二黄、小调数种。正线，是西秦戏的主要声腔，是早期流行于南方的一种较古老的二黄调；西皮则基本与粤剧的梆子（即京剧西皮）相同；二黄则与粤剧、广东汉剧的二黄非常接近。虽然名为西秦戏，但其与现在的陕西秦腔却毫无共同之处。1959 年 12 月，陕西省秦腔剧团曾到广州演出，在与陕西秦腔的同行交流中，西秦戏艺人普遍认为：“秦腔不论在腔调、音乐、表演上，都与西秦戏不同。虽也有个别曲调与西秦戏略相近似，但究竟很少。”秦腔艺人在观看了西秦戏的皮黄腔传统剧目《斩郑恩》之后，也认为二者“毫无共同之处”，倒是与他们早年在陕西看到的汉调二黄非常接近。③

由此可见，历史上的秦腔实即现在的汉调二黄，因其发源于三秦大地而得名，这种带有西北梆子味的皮黄声腔早在清康熙年间就已风靡大江南北，它不但北上孕育了京剧，还南下两湖、两广，播撒着皮黄的种子。汉调二黄是皮黄剧种名副其实的鼻祖。

---

① 张次溪编纂：《清代燕都梨园史料》，北京：中国戏剧出版社 1988 年版，第 186 页。

② 王利器辑录：《元明清三代禁毁小说戏曲史料》（增订本），上海：上海古籍出版社 1981 年版，第 65 页。

③ 黄镜明、李时成：《广东西秦戏渊源质疑》，载中国艺术研究院戏曲研究所、山西省文化厅戏剧工作研究室编：《梆子声腔剧种学术讨论会文集》，太原：山西人民出版社 1984 年版，第 615 页。

五、源于陕西汉调二黄的两广本土化产物——粤剧

秦腔南下，起于明末，盛于清初，在其影响下，皮黄剧种遍及南方诸省。据统计，仅两湖两广就有皮黄剧种21个，占全国皮黄剧种总数的38.2%，成为皮黄剧种集中、兴盛的地区之一。究其原因，汉调二黄的发源地——陕西南部的汉中、安康、商洛等汉水流域古属楚国，与湖广、四川同属西南官话区，秦腔的流行实与方言的接近密切相关。在一些史料记载中，也可经常看到秦腔、楚调同时出现，二者其实同属一个声腔系统。明末巴陵人杨翔凤作于崇祯十六年（1643）的《岳阳楼观马元戎家乐》诗中即有“秦筑楚语越箜篌，种种伤心何足数”[①] 之语，说明早在明末，湖南人就已经开始用本地方言演唱秦腔了。

地处湘鄂西的容美宣慰司属地，康熙年间也有秦腔活动。清代剧作家顾彩于康熙四十二年（1703）寓居容美半年，写有《容美纪游》一书，为日记体杂录。其中三月六日记曰：“女优皆十七八好女郎，声色皆佳。初学吴腔，终带楚调。男优皆秦腔，反可听，所谓梆子腔是也。”[②] 当时演出的戏班，是宣慰司使田舜年豢养的家班，艺人就是湖南本地人。由男优演唱秦腔，效果颇佳，而由“声色皆佳”的女优演唱的“吴腔”（即昆曲），却改不了“楚调”方音。这条材料说明，秦腔在清康熙年间已流行到了地处偏僻的湘鄂西一带。而从本地人演唱秦腔效果颇佳这一情况来看，此种“秦腔”并非北方山陕语音方言区的梆子秦腔，而是属于用楚方言演唱的皮黄秦腔即汉调二黄。两湖属楚方言区，而皮黄腔用的是中州韵、湖广音，故由湖南人演唱秦腔，自然合辙合韵，听不出有什么不和谐的地方。而昆曲用苏白吴音演唱，与楚方言有些隔膜，故行内人一听就能听出其中的错讹来。刘献廷《广阳杂记》载：

> 亦舟以优觞款予，演《玉连环》。楚人强作吴歈，丑拙至不可忍，如唱“红”为“横”，“公”为“庚”，“东”为“登”，“通”为“疼”之类。又皆作北音，收入开口鼻音中，使非余久滞衡阳，几乎不辨一字。[③]

顾彩、刘献廷都是江苏人，精通戏曲音律，他们对湖南人演唱昆曲和秦腔，褒贬极为相似，即对湖南人演唱昆曲都持批评态度。刘献廷的批评尤为激烈，称“楚人强作吴歈，丑拙至不可忍”，而对湖南人演唱秦腔，却无一贬词。顾彩称

---

① 陈湘源：《巴陵戏》，载湖南省戏剧工作室编：《湖南地方戏曲史料》（二），内部资料，1980年，第72页。

② （清）顾彩：《容美纪游》，载（清）王锡祺：《小方壶斋舆地丛钞》（第八册第六帙），上海著易堂印行，第195页。

③ （清）刘献廷：《广阳杂记》，北京：中华书局1957年版，第147页。

“男优皆秦腔，反可听”，刘献廷在衡阳听秦腔演出时，也有“秦优新声，又名乱弹，其声甚散而哀”[①] 的评价。试想，如果流行于湖南的秦腔确系山陕梆子腔的话，那么，楚人强作陕北方言，又何尝不是“丑拙至不可忍”呢？刘献廷虽为南方人，可他一直寄居在顺天大兴（即今北京），其对梆子秦腔的熟悉程度，绝对不会比北方人差，既然刘献廷听不出湖南人演唱秦腔有何不妥之处，那只能说明，这里的“秦腔”确系南方语音的皮黄秦腔，即汉调二黄，而非梆子秦腔。

历史上像这类用湖广土音演唱秦腔的记载还很多。乐钧在乾隆年间作于广东潮州的《韩江棹歌一百首》中也有“马锣喧击杂胡琴，楚调秦腔间土音”[②] 的记载，说明流传到广东的秦腔也是用楚方言演唱的皮黄秦腔。盛行于京师的秦腔也是用楚调来演唱的。如乾隆年间安徽保和部的昆旦四喜官，入京后兼习乱弹，有人对他的题咏是：“本是梁溪队里人，爱歌楚调一番新。蛙声阁阁三弦急，流水桃花别有春。”[③]“乱弹”通常是指秦腔，而作者却称四喜官所习乱弹为“楚调”，可见二者同属一个声腔，即皮黄腔系秦腔。

广西在康熙年间也有秦腔活动的足迹。康熙五十年到五十七年（1711—1718），戏曲家、上海松江府人黄之隽曾经在广西巡抚陈元龙幕府里做塾师兼幕僚，他写的《桂林杂咏》诗里有云：“吴酌输佳酿，秦音演乱弹。”并有夹注云：“雏伶演剧谓之乱弹。”他撰有传奇《忠孝福》一剧，剧中第三十出写殷家阖门欢庆时，串演戏中戏《斑衣记》。剧本特意注明：“内吹打秦腔鼓笛。”下面的唱句则标为唱“西调”：“（俺）年过七十古来稀，上有双亲百岁期，不愿（去）为官身富贵，只愿（俺）亲年天壤齐。”《忠孝福》在桂林上演过，效果不错。[④] 这一材料说明，流传于桂林的秦腔用笛子伴奏，杂以锣鼓，与山陕梆子秦腔截然不同。齐如山《京剧之变迁》云：“从前皮黄用笛子随唱。”[⑤] 叶德辉也说：“二黄弦索之外，杂以锣鼓；梆子弦索之外，全用击筑。”[⑥] 可见康熙年间在桂林活动的秦腔，同样属于皮黄腔系秦腔也即汉调二黄，它是皮黄入粤的先声。

随着时间的推移，活动于桂林的秦腔逐渐本土化，形成桂派秦腔，并于乾隆中叶涌现出全国知名的秦腔艺人刘凤官。成书于乾隆五十年（1785）的《燕兰小谱》载：

---

① （清）刘献廷：《广阳杂记》，北京：中华书局 1957 年版，第 152 页。

② （清）乐钧：《青芝山馆诗集》，载《续修四库全书》（第 1490 册），上海：上海古籍出版社 1996 年版，第 498 页。

③ 张次溪编纂：《清代燕都梨园史料》，北京：中国戏剧出版社 1988 年版，第 34 ~ 35 页。

④ 蒋星煜：《中国戏曲史钩沉》，郑州：中州书画社 1982 年版，第 192 ~ 197 页。

⑤ 齐如山：《京剧之变迁》，载《民国丛书》（第二编第 69 册），上海：上海书店出版社，1990 年版第 26 页。

⑥ 叶德辉编：《双梅影暗丛书》，海口：海南国际新闻出版中心 1998 年版，第 670 页。

刘凤官，名德辉，字桐花，湖南郴州人。丰姿秀朗，意态缠绵，歌喉宛如雏凤，自幼驰声两粤。癸卯冬（乾隆四十八年，即1783年），自粤西入京，一出歌台，即时名重，所谓“飞上九天歌一声，二十五郎吹管逐”，如见念奴梨园独步时也。都下翕然以魏婉卿下一人相推，洵非虚誉……帝里新夸艳冶名，粤西声誉早铮铮。王陈刘郑超时辈，独许儿家继婉卿。①

刘凤官身为湖南人，却“自幼驰声两粤”，北上京城，又能“一出歌台，即时名重”，那么刘氏所演唱的究竟属于什么声腔？有分析认为，刘凤官演唱的是弋阳腔。② 笔者对此不敢苟同。当时流行于广东的弋阳腔，在外省人听来，是“蛮音杂陈”，就算两广人能听懂，难道京城的人也能听懂？如果连听懂都成问题，又何以会“一出歌台，即时名重”？显然，刘氏所唱的不是弋阳腔。笔者以为，刘凤官演唱的就是由四川艺人魏长生带入京城而引起轰动的秦腔。魏长生进京是在乾隆四十四年（1779），早刘凤官四年，刘凤官入京之时，正值秦腔风靡京师之际，魏长生之名常挂人齿颊。驰名湖广的刘凤官所习为中州韵湖广调的秦腔正宗，故“都下翕然以魏婉卿下一人相推”。据张际亮《金台残泪记》载，自魏长生入京唱红之后，各地秦腔艺人云集京城，“故当时蜀伶而外，秦、楚、滇、黔、晋、粤、燕、赵之色，萃于京师，化二人也”③。可见，秦腔在乾隆年间是风靡全国的，它是所有皮黄剧种的鼻祖，粤剧是秦腔在两广的支脉。

进入19世纪以后，随着外江班在广州的衰落，桂派秦腔在两广的演出重心开始由广西的桂林转入广东的省会城市广州，地方色彩进一步加强，开始形成有别于母体的独特剧种，即以桂林官话为舞台语言的桂派粤剧。道光年间举人杨懋建《梦华琐簿》称：“大抵外江班近徽班，本地班近西班，其情形局面，判然迥殊。”④ 俞洵庆成书于光绪十年（1884）的《荷廊笔记》中亦称：“其由粤中曲师所教，多在郡邑乡落演剧者，谓之本地班。专工乱弹、秦腔及角觝之戏。”⑤

到了20世纪初，粤剧的本土化进程迅速加剧，但粤剧与秦腔母体之间的脐带，直到20世纪20年代末依然没有被完全割断。戏剧家齐如山在谈到广东旧戏的时候就曾指出：“我在民国十九年以前，看过几次，还完全保存着梆子形式，话白亦系中州韵，自然夹杂了许多本地土音，但大体还未改，广东人管此叫作舞台官话，我们还能懂六七成。自从摩登的戏出来，这种旧戏就慢慢不见了。”⑥

---

① 张次溪编纂：《清代燕都梨园史料》，北京：中国戏剧出版社1988年版，第19页。
② 郭秉箴：《粤剧艺术论》，北京：中国戏剧出版社1988年版，第21页。
③ 张次溪编纂：《清代燕都梨园史料》，北京：中国戏剧出版社1988年版，第251页。
④ 张次溪编纂：《清代燕都梨园史料》，北京：中国戏剧出版社1988年版，第350页。
⑤（清）俞洵庆：《荷廊笔记》卷二，光绪乙酉刻本。
⑥ 齐如山：《国剧艺术汇考》，沈阳：辽宁教育出版社1998年版，第30～31页。

齐如山所说的“摩登戏”，即指20世纪二三十年代所出现的以广州话为舞台语言的穗派粤剧，至此，粤剧的本土化进程才算彻底完成了。

综上所述，粤剧源自陕西，形成于广西，成熟于广东，它是汉调二黄在两广本土化的产物，是两广艺人共同浇灌的艺苑奇葩。

珠海宝镜湾岩画保护现状与对策

尚元正①

宝镜湾岩画是广东地区面积较大、内容较丰富的早期岩画。岩画以印纹线条凿刻的方式在花岗岩岩体上凿刻而成，形式丰富多样。它的发现填补了广东省珠江口一带除香港之外没有岩画的空白，使得我国东南沿海岩画遗址从江苏经福建、广东至广西连成一线，在岭南地区乃至全国岩画中都占有突出的位置。

自1989年宝镜湾岩画被发现以来，对它的研究和保护也同时展开。国内岩画界专家和广东珠海等地的学者从不同的方面进行的学术研究、相关行政部门和管理部门的关注，不断促进着岩画保护的行动。近几年，每一届的宁夏国际岩画学术研讨会组委会都热情邀请珠海方面参加，这给予了我们求教于岩画界专家同人的良好机会，给广东省的岩画保护以启迪和助益。

宝镜湾岩画长期受自然侵蚀，加之近年来自然环境恶化、大气有害物质腐蚀及人为因素影响等原因，宝镜湾岩画受到了不同程度的损害。保护岩画迫在眉睫！

目前的保护措施分为两方面：一方面保护现状，防止和减缓自然、人为及建设性破坏；另一方面加紧编制宝镜湾岩画保护总体规划，论证和制定科学的保护方案，报批并付诸实施。本文就岩画概况、保护措施回顾、保存现状与保护对策四方面进行概要介绍。

一、岩画概况

宝镜湾岩画位于珠海市西南约50公里的南水镇高栏岛西南部宝镜湾海拔157米的风猛鹰山西南坡。在约两万平方米的范围内，从海湾的沙滩到山坡，分布有5处共7幅岩画，附近有先秦时期的人类活动遗迹、遗物。其中，“宝镜石”“天才石”“大坪石”“藏宝洞”4处共6幅岩画发现于1989年，“太阳石”1处1幅岩画发现于1998年。“宝镜石”和“天才石”现已不存。现存的3处共5幅岩画分布如下：

1.“藏宝洞”岩画

藏宝洞位于宝镜湾半山腰，高出海面约65米，是一块巨大的花岗岩石崩裂

---

① 【作者简介】尚元正，珠海市博物馆副馆长，珠海市文物保护中心主任。

后形成的一个大裂隙，有三块巨石压在裂隙的顶部，形成一个不完全闭合的洞穴，中部通天，北部有一洞口可进入。洞长 8 米，宽 1.5～2.6 米，高约 5.5 米。巨石的崩裂面相当平整，东壁倾斜略呈俯面，西壁倾斜略呈迎面，两壁都有凿刻的岩画。

（1）藏宝洞东壁岩画。

位于藏宝洞的东壁，是宝镜湾岩画中面积最大、内容最为丰富的一幅，画面宽 5 米，高 2.9 米。凿刻线条繁复迂回，图案密集而复杂，画面繁缛、凝重，半形象、半抽象地表现了由船、人、动物等组成的图案，内容丰富，反映了岩画族属的人们的社会生活状况。此外，在画面之下，还有后代人所刻的“金一万”“莫劳心”等汉字。

（2）藏宝洞西壁岩画。

位于藏宝洞的西壁，与东壁岩画相对，画面宽 4.5 米，残高 1.5 米。画面风化侵蚀严重，上半部分严重风化剥蚀而漫漶不清，下半部分线条斑驳可见，其手法与东壁岩画相同，应属同一时期的作品。

（3）藏宝洞洞口岩画。

东壁大幅岩画的左边靠近洞口部分，凿刻一船形图案，两侧斜出卷曲线条勾画之形象，一说为犬形。画面宽 1.7 米，高约 0.7 米。东壁靠近洞口的下方另有一组图案，由线条和点组成，风化剥蚀严重，无法辨识。

2. “大坪石”岩画

位于风猛鹰山半山腰，藏宝洞顶部之南边。岩石平斜向阳，东西长 5 米，南北宽 3.3～4.3 米。凿刻画面为一艘大船，较形象。船前有一群人和少量动物。线条粗细不均。画面高约 1 米，宽约 3 米；船高 35 厘米，长 150 厘米。此幅岩画风化严重，线条模糊。

3. “太阳石”岩画

位于风猛鹰山顶的一组三叠石最上面的岩石中部，凿刻着一个近圆形的图案，直径为 45～64 厘米，刻痕深 1.5 厘米，宽 3.85 厘米，远观似太阳。

宝镜湾岩画是以阴文线条凿刻的方法在花岗岩岩体上凿刻制作而成的，形式丰富多样。特别是宝镜湾藏宝洞东、西壁岩画，线条繁缛，线条的宽度多为 3～4 厘米，最窄的地方也有 1 厘米，凿刻深度也多为 1 厘米。宝镜湾岩画中有不少船、波浪及跳跃的人物造型，有以大船为中心的密集神秘图案。这对于研究南方沿海这一时期的生产、生活面貌和宗教信仰等具有重要实物意义。

宝镜湾岩画是目前广东地区面积最大、内容最丰富的早期岩画。它与中国北方、西南地区岩画风格迥异，有鲜明的特点，是南海之滨的居民创造的灿烂历史文化，反映了其社会生活形态和艺术工艺水平，蕴藏着丰富的历史、艺术、科研、旅游价值。

二、保护措施回顾

1. 行政保护措施

宝镜湾岩画和遗址被发现后，受到了各方保护。1989 年，即发现的当年，它就被列为珠海市文物保护单位；2002 年，它被列为广东省重点文物保护单位，2006 年，经过 3 次发掘的宝镜湾遗址与岩画被审定为第六批全国重点文物保护单位。宝镜湾岩画亦被喻为“广东第一画”和“中国沿海地区史前岩画最杰出的代表作”。

1989 年 12 月，珠海市人民政府将“宝镜湾摩崖石刻画”公布为珠海市文物保护单位，划定保护范围并设立摩崖石刻保护标志和界碑。保护范围包括岩画附近的白叶坳、风猛鹰、猫石咀、刘三妹，东、南、西各长（宽）550 米，北宽 600 米，面积约 30 万平方米，宝镜湾遗址的分布地基本上处于这个保护范围之内。保护区由三灶区南水镇文化站负责日常管理。其后，珠海港的开发建设需修筑高栏岛南泾湾通往铁炉湾的道路，因此界碑被往西南方移动了 10 米。

为了使这一宝贵遗址不再遭受进一步破坏，1997 年 11 月至 2000 年 6 月，文物考古部门先后对宝镜湾遗址进行了一次试掘和三次发掘，以确认遗址和岩画的保护价值与意义。

2002 年，被列为广东省重点文物保护单位后，该区域由珠海市金湾区文化局负责日常管理。

2004 年 8 月，珠海市文化局在重点保护的藏宝洞东壁岩画洞口装上了铁门，采取封闭管理方式；参观者需按告示电话预约申请，经珠海市文化局或保护机构同意后，由其派人带领或前往开锁参观。

历年来，保护机构对宝镜湾岩画经常巡查，珠海市文化局也定期检查，迄今为止，基本能保证安全无事故。

由于宝镜湾遗址位于化学品仓库附近，二者的道路重合。为了保证化学品仓库的安全，高栏港区在道路上设置了检查岗哨，限制行人自由出入。这个措施虽对参观岩画造成了一定的不便，但同时也间接地控制了无关人员接近遗址。

高栏港区社会发展局制定了 2009 年 10 月至 2010 年 3 月的《抢救性保护及周边环境整治设计工作计划书》。区管委会主要领导多次实地调研，决定首期出资 150 万元实施近期保护措施，并在山脚入口处加装视频监控设备进行保护，暂不对外开放。

2. 技术保护措施

（1）清理整治洞窟：在发现石刻后，对藏宝洞内进行了发掘，然后为了展示，平整了洞内的地面，铺设了石地面。

（2）修建参观道路：从山下向藏宝洞修建了花岗岩条石参观道路，方便参观。

（3）修筑洞窟门：1994 年 5 月，藏宝洞的出口处安装了铁门，有效地控制了对石刻的人为破坏。

（4）修建保护棚：为了避免光照和雨水的影响，藏宝洞的顶部曾修建有一个保护棚，但是后来由于铁构件生锈，形成的锈蚀向石刻流淌（见图 1、图 2）。为了避免污染石刻，1997 年保护棚被拆除。

图 1　藏宝洞东壁岩画中段

图 2　藏宝洞东壁岩画右上段

3. 宝镜湾遗址的发掘与岩画的关系

与宝镜湾岩画连为一体的宝镜湾遗址，面积约 1 600 平方米，自 1997 年至 2000 年，经过文物部门三次正式发掘，出土上万件陶片（复原出几十件陶器）和两千余件属于新石器时代晚期至夏商时期的陶器、石器、玉器、水晶器等，尤其是陶器中的刻画纹饰特别发达，这对于研究环珠江口的史前文化具有重要的标尺作用，也对研究遗址和岩画的关系有重要意义。

据珠海市博物馆工作人员肖一亭研究，“宝镜湾遗址中出土的陶器如釜、罐、器盖、杯等，都装饰有刻画的花纹，其中采用刻纹为主要手法而形成浮雕式花纹装饰风格，陶器上的刻画海浪纹、太阳纹（圆圈纹）、卷云纹图案与宝镜湾岩画的凿刻纹样极为接近，表现手法如出一辙。岩画图形与遗址年代密切相关”；“从绝对年代看，由于在宝镜湾遗址中没有发现大块的木炭，根据著名考古学家严文明先生的建议，我们挑选了四块该遗址中出土的附有烟炱的陶釜残片，交北京大学加速器质谱实验室进行加速器质谱（AMS）碳 - 14 测试。结果，从第②层到第④层的四个数据依次逐渐加大，其年代范围均在距今（以 1950 年为起点）4 090 ~4 360 年之间。因此，我们认为将宝镜湾东、西壁岩画的年代定在距今 4 000 年前较为妥当”。

三、岩画的保存现状

宝镜湾岩画由于长期受自然侵蚀，加之发现 20 多年以来，自然环境恶化、大气有害物质腐蚀及人为因素影响使岩画受到了不同程度的损害，保存现状令人堪忧。

自 1990 年始，特别是 1992—1993 年，由于珠海港码头的建设，岩画和遗址遭到破坏，其中位于海边沙滩上的“宝镜石”“天才石”两幅岩画被破坏无存，遗址的山脚部分也被挖去。

目前，人为因素已基本控制，但岩画的病害令人忧虑。宝镜湾岩画的核心地点藏宝洞，是由两块巨石组成的，由于两块巨石之间距离很小，而且上部有两块岩石滚落在两石之间，因此被称为“藏宝洞”。岩画所在岩体的结构破坏表现于在间隙的南部和北部，分别有一块巨石卡在东西两壁上，在东壁北部的上面，还有一块巨石半悬着，有脱落的危险。岩画所在岩石受到多处的机械破坏，使岩画所依托的岩体整体性受到影响。西壁的顶部有大裂纹，贯穿岩体。东壁的顶部，有倾斜的裂口（见图 3、图 4）。

图 3 藏宝洞顶

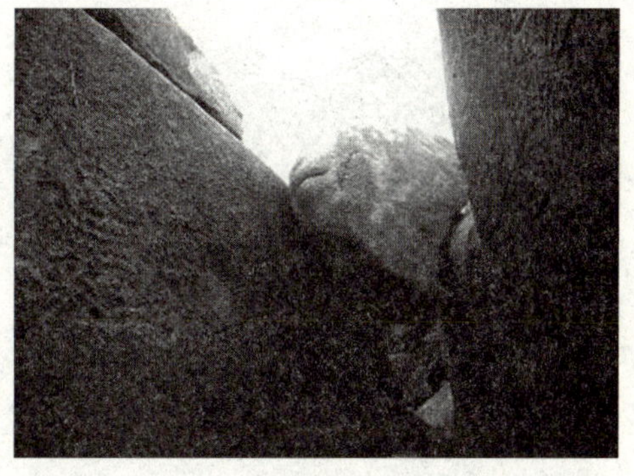

图 4 洞口危石

岩画所在地花岗岩的矿物成分有正长石、酸性斜长石、石英等，各种矿物的热膨胀系数不一致，在热的作用下产生的体积变化不一致，互相之间也会产生挤压，导致颗粒之间的连接减弱，影响岩体结构。

温度的变化和水分也会对岩画造成影响。珠海处于亚热带海洋性气候地区，夏季温度高，昼夜有一定的温差，虽然温差不大，但是温度变化对于暴露在野外的岩画仍会产生一定的破坏。因为温度的变化不只表现在温差上，还体现在岩石表面与内部的温度差上。在 2006 年 8 月进行现场检验时，藏宝洞附近被照射到的地方，岩体表面的温度估计可以超过 40℃，这样造成的破坏还是很大的。岩体温度的变化，还和水协同作用导致石刻受破坏。珠海气候特点是湿度大、降雨多、地面蒸发量大，因此水分来源充足。珠海平均湿度为80%，不通风而有水分供应的藏宝洞内湿度更大。且宝镜湾临近大海，雨水和海水的咸气沿岩体结构中的毛细裂隙渗透，水分一旦开始蒸发，水中携带的可溶性盐类便析出结晶。晶涨作用可逐步破坏岩石的原有结构，使岩画风化剥落。由于气候原因，岩画上的微生物滋生较严重。另外，岩画所在地是一个化工区，现代工业污染势必加速岩画风化速度，影响岩画表层的稳定性。

珠海市委托岩画保护专业机构对岩画的自然侵蚀情况和病害原因作调查研究后发现，在自然侵蚀方面，岩画存在雕刻风化起壳、磨损、粉化、剥落、微生物侵害等问题。岩石风化是宝镜湾岩画的主要病害，岩画表层均呈较强风化状态。岩表剥落可依据剥落层的厚薄情况及剥片的形状分为板状剥落、片状剥落、鳞片状剥落、粉末状剥落和颗粒状剥落。风化裂隙多沿层理面及不同矿物颗粒的接触面发育。部分强风化层已沿风化裂隙呈板状剥落。侵害岩画的生物主要是霉菌、地衣、苔藓等低等植物，它们在水分充足时寄生于雕刻的潮湿部位，微生物的生长改变石刻的外貌，其生长过程中所分泌的有机酸类物质以及长期附积在岩画表面的遗骸在水和微生物作用下形成风化层，对岩石具有侵蚀作用，会加速岩体风化进程（见图5～图8）。

图5　岩画粉化剥落

图6　岩画风化起壳

图7　岩画受苔藓侵害

图8　岩画受微生物侵害

珠海宝镜湾岩画由于处于露天环境中，各种自然因素对岩画的保护都有影响。在这些影响因素中，最重要的是水、微生物和温度变化等。

四、岩画保护对策

珠海市文化部门曾委托北京大学考古文博学院对宝镜湾岩画作过病害分析，在此基础上进行了现场保护试验，包括防水材料试验、岩体加固材料试验、材料渗透试验、微生物防治试验等，研究了保护材料和施工工艺的选择。专业人士对岩画保护的工程技术措施提出了建议，考虑采取如下的技术措施：

清洗表面：由于微生物对岩石的风化有强烈的促进作用，因此需要将其清除，一般采取物理和化学的方法。

化学加固：对石刻所依托的岩石表面进行化学加固，加强岩石的内部连接。

化学防水：对石刻所依托的岩石表面进行化学防水处理，使其具有一定的拒水能力，减缓水分和微生物造成的破坏。

生物防治：在石刻表面清洗完成后，采取有效的方法防止微生物在岩石表面重新生长；杀灭附近的微生物和有影响的草类。

工程措施：采取措施避免阳光和雨水对石刻的破坏。控制环境拟采取的措施是修建保护棚，或者使用遮挡措施。要避免雨水的影响，需要将渗透到石刻表面的雨水隔断或排走。对于危石，要采取稳固措施。

环境整治：环境整治的目的，是保护岩画的环境，包括自然环境和人文环境。由于藏宝洞的周围环境因化学品码头的建设已经被破坏严重，因此所有操作只能是补救性的。对采取的技术措施要进行探讨和研究，进而试验，为保护措施的实施寻找合适的材料和应用工艺。

物理方法：修建一个钢结构保护房，把藏宝洞遮盖起来，以减少日晒雨淋的侵蚀。

为尽快实施保护措施，近年珠海文物管理部门委托广州白云文物保护工程公司制订具体的保护工作计划，其主要内容如下：

1. 藏宝洞岩画本体保护方案

按照《中国文物古迹保护准则》“先规划，后保护”的原则，宝镜湾岩画需先编制保护规划，经规划审批，才能实施相应的保护措施。鉴于目前宝镜湾岩画面临缺乏整体保护规划与急需落实保护措施的两难局面，考虑先行进行现存岩画的抢救性保护及周边环境整治工作，以期最大限度地保存现有岩画。

眼前着手的工作有三方面。一是宝镜湾现存岩画本体勘察和测绘，包括现存岩画本体的病害统计、分析和病害分布图的绘制，并对岩画进行三维激光扫描，保留完整的岩画现状信息。二是制订宝镜湾现存岩画抢救性保护方案，内容包括：①现存岩画主体的保护设计；②遗址核心区展示配套工程（保护棚、参观栈道等）设计。三是周边环境整治设计工作，内容主要包括留存岩画、遗址核心区周边环境景观整治设计。

2. 藏宝洞周边环境整治工程方案

目前必须采取措施避免阳光和雨水对岩画的继续破坏。控制环境拟采取的措施是修建保护棚或者使用遮挡措施，避免烈日和暴雨的影响。藏宝洞周边须建设合理有效的排水系统。对于危石，要考虑采取有效的稳固措施，避免危石崩塌造成机械性破坏。

（1）岩体清理及防护。

原来保护棚铁构件锈蚀残留的铁锈痕迹和修补形成的水泥块需要去除。对铁锈蚀，可采用 EDTA 等化学材料进行清洗。保护棚拆除后，为了掩盖岩石表面的痕迹，采用水泥进行了填补，外观不太协调，可采取机械方法去除，然后采用石粉和树脂的混合材料进行修补，使其尽量接近岩石的本来状态。在藏宝洞外部的岩体上还可见到钻孔的痕迹，也可以采用石粉与树脂的混合材料进行修补。

（2）保护龛沿的设计及实施。

在岩画上方设计建造保护龛沿可以阻挡阳光直接照射，遮挡雨水对遗址的直接冲刷，减少温度和湿度的剧烈变化。这样，有破坏作用的因素都被屏蔽，文物在这些作用下受到的破坏也会被阻止或减弱。保护龛沿的形状将根据现场实际情况设计。

藏宝洞岩画受到诸多不利因素的影响，主要是温度变化、水分和微生物。对于岩画的保护，即使采取了化学加固和表面疏水保护处理的措施控制了水分的作用，但若光照问题不解决，剧烈的温度变化仍会对岩画造成物理破坏，在这种条件下，化学保护措施的有效期也将缩短。

（3）岩画周边环境整治。

草类在岩画所在的岩体和附近都有生长，生长在岩体缝隙中的草类尤其会对岩画的保护产生不利的影响。

治理杂草的方法有几种，包括人工拔除和更改生长环境。采用人工拔除的措施只能对植物的生长起到控制作用，但是不能彻底治理植物的影响，为了抑制草类的生长，可在将草类拔除后，对草类生长的裂隙进行灌浆或填补，使草类失去生长的环境。

对环境影响最大的是在洞口就可以看见的化学品仓库，它显得非常不协调，为了达到好的空间效果，可以在藏宝洞洞口附近与化学品仓库之间种植高大的树木，起到遮挡的作用。

（4）岩画周边排水暗渠施工。

雨水对岩画的直接冲刷将加快岩体腐蚀风化，周边积水也将引起岩体毛细吸水造成风化破坏。在地形图及地质资料齐全的基础上，应在藏宝洞周边设计排水暗渠并付诸实施，将雨水导流至山下。

（5）藏宝洞滚落岩石的稳定处理。

要考虑采取有效的稳固措施，避免危石崩塌造成机械性破坏。

（6）参观道路及配套设施的设计建造。

为了使宝镜湾遗址成为开放景观，必须对遗址环境进行综合治理和配套设施建设。应在评估现有便道的基础上对参观线路进行修改或重新规划设计，使之满足现有参观人流的需要，并在步级两侧种植连排低灌木丛，危险位置装置仿木扶手。在藏宝洞前的空地可考虑建设架空风雨亭廊，方便游人观景及休憩。

（7）设置环境监控点。

为了解文物本体所处的环境因素变化规律的情况，建议在藏宝洞合适地点设置自动气象站一个，24 小时自动监测环境的温度、湿度、风向等因素。通过对监测数据的分析，可以对文物采取有针对性的保护及保养措施，并在环境因素发生突变时起到及时预警的作用，避免文物突然劣化无法补救。

3. *岩画保护方案实施程序*

岩画保护方案完成后，需组织专家对现场基础研究资料、实验方案及成果、实施方案、保护材料等方面进行科学论证，在取得专家一致意见后，将保护方案送省文物主管部门报国家文物局审批。

按照设计方案，需先完成本体周边环境改造及附属设施建设，在建设前期，应对文物本体进行预保护，防止因建设产生的破坏。

文物本体保护的实施，应遵循“先试验，后大面积保护”的原则，按设计方案提出的要求，严格控制环境、人为、管理、材料等诸多方面的影响，确保保护工作高质量地开展。

岩画的保护是世界性难题，实施具体的保护需编制总体保护规划、确定保护方式，分别采用化学保护和物理保护技术。因宝镜湾岩画是国家重点文物保护单位，编制的保护方案和采取的保护技术手段需上报国家文物局批准后方可实施；还需对化学保护技术进一步实验和论证，以免造成不可挽回的损失。同时，岩画保护需要较多经费保障，政府要有相当大的投入。现有关单位正在编制“宝镜湾岩画总体保护规划”，论证和制订科学的保护方案，并付诸实施。

广东采茶戏[①]的分布及其地方特点[②]

范晓君[③]

冯光钰在《采茶戏音乐的生发、传播与变异》一文中提出了“采茶文化区”的概念，他指出采茶戏是流行于我国南方赣、粤、鄂、皖、闽、湘等省的本土腔剧种，现存近30种。各路采茶戏的音乐各具特色，又存在着一定共性，传播于以江西为轴心，粤东北、鄂东南、闽西、皖南、湘东连成一片的“采茶文化区”[④]。笔者在搜集和查阅大量的“采茶”资料和文献后，对其深表认同。处于该“采茶文化区”中的广东地区流行的采茶戏的分布及其特点亦是一个值得研究的课题。笔者在拙文《广东怀集“采茶”述略》中曾提出“采茶”已形成一个家族，其中包括“采茶歌”“采茶舞”“采茶灯”“采茶戏”[⑤]。“采茶戏”是在前三种民间艺术的基础上形成的。限于篇幅，本文的研究范围仅限于广东采茶戏的分布及其地方特点。

一、广东采茶戏的分布

广东有众多传统节庆活动，活动内容往往与信仰、观念（如鬼神崇拜、生死观）有关。在众多节日中，元宵节最重要、最隆重，因而，元宵节的各种活动也最盛大、最丰富。其中，自然包括广东“采茶”。文献中对元宵“采茶”的较早明确记载可见于明末清初屈大均的《广东新语》：“粤俗，岁之正月，饰儿童为彩女。每队十二人，人持花篮，篮中燃一宝灯，罩以绛纱。以绳为大圈，缘之踏歌，歌十二月采茶。”[⑥] 这是说在正月（元宵节前后）演采茶，有采茶女（十二人）手提花篮，边歌边舞，唱《十二月采茶》。在同一文献中，屈大均概括描述了粤歌的特点，并认为最典型和最完美的粤歌就是采茶歌：“粤俗好歌，凡有吉

---

① “广东采茶戏”并非剧种名称，而是指“广东省范围内的采茶戏”。

② 本文为教育部人文社会科学研究2009年度一般项目“中国‘采茶’音乐文化研究”（项目批准号：09YJA760046）、广东省哲学社会科学“十一五”规划2009年度一般项目“广东‘采茶’音乐文化研究”（项目批准号：09R－01）阶段性成果之一。

③ 【作者简介】范晓君，湖北荆州人，文学硕士，肇庆学院音乐学院教授、副院长。

④ 冯光钰：《采茶戏音乐的生发、传播与变异》，《天津音乐学院学报》2002年第4期。

⑤ 范晓君：《广东怀集“采茶”述略》，《四川戏剧》2009年第2期。

⑥ （清）屈大均著，李育中等注：《广东新语注》，广州：广东人民出版社1991年版，第319页。

庆，必唱歌以为欢乐。……其歌也，辞不必全雅，平仄不必全叶，以俚言土音衬贴之。唱一句或延半刻，曼节长声，自回自复，不肯一往而尽。辞必极其艳，情必极其至，使人喜悦悲酸而不能已已。此其为善之大端也。……如此类不可枚举，皆以比兴为工，辞纤艳而情深，颇有风人之遗，而采茶歌尤善。……有曰：‘二月采茶茶发芽，姐妹双双去采茶。大姐采多妹采少，不论多少早还家。’有曰：‘三月采茶是清明，娘在房中绣手巾。两头绣出茶花朵，中央绣出采茶人。’有曰：‘四月采茶茶叶黄，三角田中使牛忙。使得牛来茶已老，采得茶来秧又黄。’……大抵粤音柔而直，颇近吴越，出于唇舌间，不清以浊，当为羽音，歌则清婉溜亮，纡徐有情，听者亦多感动。而风俗好歌，儿女子天机所触，虽未尝目接诗书，亦解白口唱和，自然合韵。”① 其中虽然只有三段采茶歌，但明白无误地表明这是当时流行于广东的《十二月采茶》。对照省内高州市、怀集县等地如今仍在流行的《十二月采茶歌》的对应月份，其相似之处一目了然。高州采茶歌：“二月采茶茶发芽，哥妹双双去采茶，哥你采多妹采少，无论多少早回家。三月采茶茶叶新，妹在家中绣锦巾，两边绣出茶花朵，中间绣出采茶人。四月采茶茶叶黄，片片叶子似黄糖，糖甜记得种蔗杆，茶香莫忘晒太阳。”②怀集采茶歌：“二月采茶茶爆芽，茶根脚下采西茶，大姐茶多妹茶少，不论多少早回家。三月采茶茶叶新，妹在房中绣手巾，两头绣出茶花朵，中央绣出采茶人。四月采茶水忙忙，田中有个驶牛郎，驶得牛来茶又老，执得茶来秧又黄。”③ 比较以上三首采茶歌，除少数字句略有不同以外，大多数歌词相似。如此看来，四百多年前屈大均时代所唱的采茶歌，如今在高州、怀集仍然在流行。同时，笔者假设，既然歌词变化非常之少，那么，曲调也可能在很大程度上保留了原貌。因无任何曲谱记录，笔者对此无从考证。但有一点是毫无疑问的，那就是“采茶”艺术在广东民间一直延续至今。根据目前搜集到的资料，广东的采茶戏主要分布于粤北、粤东、粤西三片，并分别被冠以“粤北采茶戏”“粤东采茶戏”“粤西采茶戏”之名。在屈大均的时代，不知“采茶”是否与移民带来的中原文化有关，然一个不争的事实是，广东采茶戏主要流行的地区是客家人聚居地，特别是粤北、粤东。

（一）粤北采茶戏

据历代相关州府的志书记载，明代广东北部的韶州府、南雄州和连州等地，盛行在节庆灯会唱“采茶”的习俗。关于粤北演戏的传统，在清代各地志书上记载得很详细，说明当时广东地区的采茶戏已很盛行。尽管当时演出的剧种多，

---

① （清）屈大均著，李育中等注：《广东新语注》，广州：广东人民出版社1991年版，第318～320页。

② 《高州文艺》，内部资料，2008年1月3日第3版。

③ 周如坤：《怀集县曲艺音乐集成》，内部资料，1993年。

但演采茶戏已是确切无疑的了。

粤北采茶戏主要流行在粤北的南雄、始兴、曲江、仁化、乐昌、乳源、新丰、连平、和平、龙川、河源、佛冈、清远、英德、阳山、连县、连南、连山等县。20世纪50年代初，政府文化部门曾组织本区各地采茶艺人相互学习、交流，各流派逐步融合。1954年，韶关专署举行民间艺术会演，参演传统剧目皆谓之“采茶戏”。此后，“采茶戏”之名便被各地剧团采用，剧团亦称为“采茶剧团”。1959年，粤北民间艺术团更名为“粤北采茶剧团”，本地采茶戏始称为“粤北采茶戏”，并延续至今。

粤北采茶戏可分为三个流派：连县、连山流派；南雄、始兴流派；曲江、翁源、英德流派①。

粤北韶关市、县属的专业、业余采茶戏剧团的数量一直为广东省之冠。

（二）粤东采茶戏

曾经广泛流行于粤东的采茶戏，如今只五华县仅存。五华采茶戏流行于五华县北部，以华城、新桥、岐岭、潭下为最盛。据《梅州市志》《五华县志》等史志记载，五华采茶戏发源于江西赣南九龙山。采茶戏传入五华的准确时间已难以考证，至清代已非常兴盛。赣南采茶戏流传到五华以后，在与本地的民间艺术长期的交融中，形成了独特的艺术风格。他们的师傅常与江西老艺人搭档组班，往来于赣、粤两地演出。赣南采茶传统节目《上广东》的曲调与五华妇孺会唱的送郎卖茶《过番邦》曲调近似，可说明其相互之间的影响。

1954年，五华县文化科、文化馆着手搜集五华采茶戏，整理有《十字麻雀》《剪剪花》等10多首采茶曲调和《张三郎遇妻》《访妻》等小戏，此外，还收集了采茶舞蹈《采篮灯》等。1957年，五华县组建专业的民间艺术实验剧团，上演采茶戏，1960年更名为五华采茶剧团，聘请老艺人邓亚森、刘玉山等人为教师，向全县招生，排演了《送哥》《梳妆》《补缸》《赶会》等采茶戏，巡回到全县各地演出。此后，采茶戏草台登上了城市的“大雅之堂”。1960年4月，全团赴江西赣南艺术学校进行学习、交流，学习了《吹鼓手招亲》《双砍柴》《睄妹子》《补皮鞋》等多个传统采茶戏。1961年，汕头专署文化局和专家（当时五华属汕头地区）认定五华采茶戏为本地地方剧种。“文革”期间剧团停办。1977年恢复五华采茶剧团，并招收了20多名学员。此后，剧团不断发展壮大。创作、演出的大型采茶戏有《乌云下歌声》《竹山路弯弯》《茶山雾蒙蒙》等，小戏有《扎红花》《十里青山》《琼嫂》等剧目。剧团曾多次参加省、地调演并获奖。②

---

① 赖子民、饶纪洲编著：《粤北采茶戏概述》，内部资料，2001年。

② 五华县地方志编纂委员会编：《五华县志》，广州：广东人民出版社1991年版，第508页。

（三）粤西采茶戏

粤西采茶戏主要在怀集、高州、信宜等县市流行，与粤北、粤东采茶戏形成的时间大致相当。其在形成过程中曾受到省内粤北采茶戏和临近省区的江西、湖南、广西采茶戏的影响。而现在，由于怀集盛行贵儿戏、粤剧，高州盛行木偶戏，致使采茶戏在粤西已无县级以上的专业剧团。

1. 怀集采茶戏

根据《怀集县民间舞蹈》（初稿）等资料记载，怀集县冷坑刘三洞的 64 岁老艺人郭庆璇说："'采茶'是在一百多年前，从湖南来的石工传授的。当时湖南有很多人来怀集采石头，在空闲或有什么集会时，他们都演唱这种曲调，久而久之当地的石工也跟着他们学唱，并流传了下来。"《肇庆曲艺志》也曾记载，到了同治年间，县内冷坑东部刘三洞出现了唱采茶的"三脚班"（该班演出的节目通常是一丑二旦三个角色表演，故称为三脚班）。

据此，笔者认为"采茶"由外地传入怀集，清中晚期，采茶戏在怀集一带已盛行。而怀集乡间丰富的民间艺术，很快就融进了采茶戏，从而形成了具有当地特色的怀集采茶戏。

2. 高州采茶戏

高州（原茂名县）采茶戏与广东信宜、化州和广西北流等地的采茶戏同属一个源流。据史料记载，高州采茶戏由外地传入，当地研究者认为迄今已有 400 多年历史。采茶戏分两路传入高州，一支在明嘉靖年间从浙江经湖南流入广东南雄珠玑巷，再流入高州；另一支由宋代中原迁徙移民流入广西北流，后再传入高州。这两支流派在高州融合，形成了高州采茶戏。清代和民国时期是高州采茶戏的鼎盛时期。最为流行采茶戏的地区是高州南部地区的石板、木头塘（今荷花镇）、南塘、大井、东岸等地。

3. 信宜采茶戏

信宜采茶戏流行于该市的茶山、洪冠、怀乡、朱砂、安莪、径口等地。当地人认为信宜采茶戏最早是在明嘉靖年间由江西等地移民传入广西北流和广东信宜西北部的。据资料记载，清光绪年间，信宜老艺人莫五到广西玉林演出，在《十二月采茶》前面加入《参拜》和《点茶》，形成了完整的采茶舞。尔后，增加故事情节和人物，形成了采茶戏。

二、广东采茶戏的地方特点

前文引述的冯文指出："和我国众多的戏曲剧种的形成和发展情况一样，采茶戏音乐也是在横向的不断传播辐射及相互交流中得以兴旺繁盛的。当然，各地的采茶剧种都以各地地名冠称，各自具有本土浓烈的地方风格及方言特色……各地的采茶剧种具有鲜明的本土腔特色，它们不像京剧、越剧等那样，不管在何地演唱流传，其基本调［西皮］［二黄］或［四工腔］［尺调腔］等都保持不变，而且剧种名称前不会冠以如‘北京京剧’‘湖北京剧’或‘上海越剧’‘浙江越剧’等称谓。采茶戏则不同。它没有全国统一的冠名，名称都与具体地名相连。如赣南采茶戏、粤北采茶戏、黄梅采茶戏等。采茶戏各剧种的这种冠名，说明彼此间的音乐唱腔是各不相同的。”① 笔者认为，冯文指出的确实是一个普遍现象，广东采茶戏亦不例外。限于篇幅，下面分别仅对粤北、粤东、粤西采茶戏的地方特点做一概述，谱例一概省略。

（一）粤北采茶戏的特点②

1. 音乐特点

作为曲牌连缀体的粤北采茶戏的唱腔，习惯上分为采茶调、小调、灯调三类。

采茶调，是主要唱腔，常用曲调有130多首。其名称习惯上根据唱词内容冠名，如［劝郎调］［送郎调］［绣花调］［打鞋底］［哭调］［骂调］等。根据各地采茶戏曲牌唱腔风格的差异，其曲调可分为“北路”和“南路”两个系统。“北路”，传统上的主奏乐器勾筒（一种胡琴，类似二胡）定弦“D－A”或“A－E”，基本曲调有［牡丹调］［长歌］［劝调］［骂调］［哭调］［路调］等，以［牡丹调］和［长歌］为主。“南路”，勾筒定弦“G－D”或“C－G”，以徵调、商调为主，基本曲调有［诉板］［石榴花］［送郎调］［对花］［十打］等。

小调，主要有两个来源。一部分是各地广泛流传的曲调，如［到春来］［瓜子仁］［照花台］［玉美人］［四季相思］［小梅花］等，该类小调地方特点不明显；另一部分来自民间说唱音乐，如［北词］［西宫词］等。另外还有少数曲牌来自其他剧种和当地民歌。

灯调，源于粤北地区流行的花灯、龙灯、狮子灯、纸马灯、春牛灯、推车灯等节庆灯彩歌舞。这是粤北采茶戏早期的唱腔曲牌，曲牌名沿用原灯歌名，如［纸马调］［春牛调］［花灯调］等。

唱腔穿插三字腔（衬词）：“哎咳哟”“哪呵咳”“衣呀（嘟）喂”“衣（呀）子哟”。

2. 表演特点

粤北采茶戏经过长期的发展，作为一个相对成熟的地方剧种，形成了一定的

---

① 冯光钰：《采茶戏音乐的生发、传播与变异》，《天津音乐学院学报》2002年第4期。

② 参见赖子民、饶纪洲编著：《粤北采茶戏概述》，内部资料，2001年。

表演程式。角色行当生、旦、净、丑齐全。特殊的身段表演有“踩台”“打加官”“矮步”等。特色表演有“扇花”和“耍彩巾”等。采茶戏道具男女均执彩绸扇，运用扇子的高、低、左、右、前、后位置和正、反来组合成扇花。传统动作有“相公背伞”“乌鸦下翼”“乌云盖月”“美人照镜”“凤凰装美”“狮子滚球”“乌鸦戏水”等。

（二）粤东采茶戏的特点

1. 音乐特点

粤东五华采茶戏主要唱腔有几种特定曲牌，有的也辅以板式变化，多以五字句、七字句较多，也有三字句、八字句、九字句。传统的曲牌有［上山调］［打鞋底］等。［上山调］一般为男腔，表现人们进山劳动的心情，旋律比较高亢。［打鞋底］一般为女腔，表达出对情郎的深沉简朴的爱。

在新创作的剧目中，吸收了当地很多民间音乐曲调。如大型采茶戏《乌云下的歌声》，便运用了客家山歌和五句板的音调，使音乐唱腔更具地方色彩。

唱腔多数为五声调式，较少使用偏音。传统伴奏乐器有高胡、二胡、扬琴、三弦、笛子、唢呐、大鼓、大锣等。

2. 表演特点

粤东采茶戏使用的道具主要有纸扇、手巾、花篮等。特色表演有“扇花”“手巾花”“花灯”“高步”“矮步”“蹲步”“碎步”“云手”“圆手”“搓手”等。其中“矮步”是表现上山走路的姿态，圆手是象征炒茶、筛茶的动作。扇子花手式繁多，使用十分广泛，可以代表多种事物，表现多种情感，特别是吸收了“花朝戏”扇子花舞功后，更显得多姿多彩。表演动作有“黄龙缠身”“雪花盖顶”“乌鸦展翅”等。

（三）粤西采茶戏的特点

1. 音乐特点

怀集采茶戏的基本曲调是《十二月采茶》。据考证，怀集采茶戏中的外来曲调，部分来自湖南花鼓戏，部分来自广西彩调，还有部分来自粤北采茶戏。采用本地曲调，是采茶戏被引入怀集后因生存需要而做的必然选择，自然也是其本土化的体现。本地曲调主要来自当地的民间小调，以五声音阶为主，也有加清角和加变宫的六声音阶，少用七声音阶。调式基本上只有徵、羽调式，徵调式骨干音通常是mi、re、do、la，而羽调式骨干音则为re、do、la、sol。演唱特点是一唱众和，通常是在句末，和“哩地”“哎嗨”之类的帮腔。演唱、帮腔加锣鼓伴奏，构成了怀集采茶戏的音乐特点。

高州采茶戏的唱腔可分为三种类别：一是“茶歌”，这是茶农劳动时唱的歌；二是“茶灯”，在节庆活动中，会将“茶歌”变化为“茶灯”形式，伴以“茶歌”，载歌载舞，作灯展表演；三是“茶腔”，将“茶歌”唱腔戏剧化，使之符合某类人物性格（如丑、旦等）和某种采茶劳动内容（如种茶、点茶、采茶、炒茶、卖茶等）。这三种类别，也表明了采茶戏形成的过程。高州采茶戏的主要曲牌有［拜茶调］［点茶调］［采茶调］［卖茶调］［品茶调］等，还吸收了本地民间音乐如［割韭菜］［小开门］［大开门］等。早期伴奏仅用一把二胡，外加简易的锣鼓乐衬托，后来加进笛子、唢呐和大锣、大钹等打击乐器。唢呐主要演奏过门或过场音乐。

信宜采茶的主要曲牌有［木鱼］［小调］［五更调］［十八妹］等。信宜市的采茶戏多为以 la、do、re、mi 为骨干音的羽调式，没有偏音。级进居多。曲式结构多为二段式，2/4 拍，节奏感强，富于舞蹈性。多表现采茶、制茶等劳动过程中的欢快喜悦之情，旋律具有信宜地方特色。“依嘟呀”“沙罗底”是信宜采茶戏最典型的衬词，用在句中或句末。早期伴奏乐器也有锣、鼓、钹等打击乐器，无旋律伴奏乐器。其后，增加了唢呐、二胡、秦琴、竹笛、扬琴、琵琶、中胡、高胡等乐器，打击乐器也增加了板鼓、堂鼓、大钹、大锣、小钹、小锣、文锣、碰铃等。信宜采茶戏用本嗓演唱，且带有即兴演唱的特点，歌词衬词运用较多。

2. 表演特点

粤西由于没有专业采茶戏剧团，采茶戏的“戏剧性”发展程度较低，没有形成特有的戏剧程式，多为一男一女的对子戏或者一男二女的“三脚戏”，男女演员分别扮演丑角和旦角，俗称“茶公”和“茶娘（婆）”。表演时分演、唱、舞、逗等，可载歌载舞，亦有作势逗笑。演唱有独唱、对唱、轮唱、一领众和等形式。句末采用“衣呀唷呀唷呀罗”之类衬词帮唱。并配以锣鼓伴奏。表演采茶戏时，演员身穿彩服，腰系彩带，头带头饰。男演员手拿钱尺（鞭），以作扁担、锄头、撑船杆等道具。钱尺为竹筒穿上铜币做成，晃动的时候能发出清脆的声音，打击时有一定技巧，就像耍花棍一样，有拍、托、转和拧等动作，能灵活运用。女演员多用花扇、彩巾等道具，有时候也用雨伞、盛茶器具或纸糊的各种灯具作竹篮。茶公使用的钱尺常配合茶娘使用的手巾或扇子等表演，动作配合默契。粤西采茶戏表现的内容，多以“茶”为线索，有借茶、点茶、采茶、炒茶、卖茶与送茶等过程，主要表现劳动和爱情等内容。

广东采茶戏可谓源远流长，它以其独特的艺术特征在中国“采茶文化区”占有一席之地。它覆盖了粤北、粤东、粤西的大片地区。它是客家人的文化艺术，但也与非客家文化艺术交汇融合。其音乐唱腔既有共性（如《十二月采茶》），又分别体现了粤北、粤东、粤西的地方特点（如吸收各地的民间音乐）；表演特点亦然，共性是扇花、矮步、模拟采茶劳动动作等，个性是个人风格。作为地方性剧种，它不如粤剧等剧种的影响大，但也是富有广东地方特色的戏曲种类之一。

论岭南硕形铜鼓的文化内涵①

孔义龙 曾美英②

学术界已普遍认同“濮人创造铜鼓”的观点了，正如林邦存先生所说的，“云南濮人创造的南方铜鼓是濮人或其先民在长期使用土鼓这种乐器的过程中，并在掌握了青铜冶铸技术之后创造出来的”③。从西汉开始，西南、岭南少数民族对铜鼓的喜爱程度逐渐加深，铜鼓传播路径越来越多，而且与各族属的习俗、信仰结合起来，这一切又都是通过民族的交往、迁徙及融合等多种方式来完成的。因而，铜鼓分布地域越来越广，从云南到整个西南，进而到我国南方以及东南亚诸国。就岭南地区而言，从两汉之际至隋唐时期逐渐发展出三种硕形铜鼓，它们分别是北流型铜鼓、冷水冲型铜鼓和灵山型铜鼓。它们不但有自身的族属关系与地域特点，还有其自身的形制特征。本文以为，这些关系、特点除了与所属民族的生产、生活与习俗信仰密切相关，还与各民族的封建化进程及历代政府对岭南少数民族的管制制度有关。

一、三种硕形铜鼓

硕形铜鼓是万家坝铜鼓和石寨山铜鼓在岭南地区出现之后，该地区广为流传的三种铜鼓，它们分别是北流型铜鼓、灵山型铜鼓、冷水冲型铜鼓。它们以体形壮硕而著名，笔者将它们合称为硕形铜鼓。本文以广东为考察区域，对该地区出土的汉唐铜鼓作了全面的调查与整理，结果显示，光是有明确出土地点并藏入各县市博物馆的汉唐硕形铜鼓就有不下 40 件，加上全省各博物馆收藏的出土地点不明确的铜鼓就更多了。这里精选其中粤西地区出土的 17 件，并列出它们基本的形制数据（见表 1)，以便了解其“硕形”之特色与彼此之间的关系。

---

① 本文被列入广东省哲学社会科学基金“十一五”规划项目“汉化进程中的岭南音乐研究”（GD10CYS03）系列成果之一。

② 【作者简介】孔义龙，文学博士，华南师范大学音乐学院教授；曾美英，文学学士，广东文艺职业学院音乐表演系副教授。

③ 林邦存：《试论濮人先民的土鼓及其与南方铜鼓的关系》，载中国铜鼓研究会编：《中国铜鼓研究会第二次学术讨论会论文集》，北京：文物出版社 1986 年版，第 140 页。

表 1 粤西地区出土大铜鼓（精选）形制数据一览①

单位：厘米

名称	藏地	类型	时代	通高	面径	足径
信宜横源铜鼓	信宜市博物馆	北流	汉	62.0	106.0	103.0
信宜到永村铜鼓	信宜市博物馆	北流	汉	63.0	113.3	113.0
信宜蛇铳岗铜鼓	信宜市博物馆	北流	汉	59.2	102.0	103.5
廉江狗屎坟岭铜鼓	廉江市博物馆	北流	汉	70.0	121.0	121.0
信宜旺沙铜鼓	湛江市博物馆	北流	汉	56.4	95.4	94.5
高州尚文水库铜鼓	高州市博物馆	北流	汉	52.0	92.0	92.0
雷州覃典铜鼓	雷州市博物馆	北流	汉	43.5	77.5	76.8
郁南龙塘村铜鼓	郁南县博物馆	北流	汉	46.0	79.0	79.0
德庆九冲背山铜鼓	德庆县博物馆	北流	汉	44.4	77.5	80.0（残）
阳东周亨铜鼓	阳江文化 广电新闻出版局	北流	东汉中晚期	82.0	142.0	142.0
灵山帽岭铜鼓	广东省博物馆	灵山	东汉	45.5	79.7	80.0
廉江灵山型铜鼓	湛江市博物馆	灵山	汉	38.5（残）	81.0	74.0
灵山绿水铜鼓	广东省博物馆	灵山	东汉	48.8	80.1	—
C15 号铜鼓	广东省博物馆	冷水冲	汉	38.0	57.9	—
C7 号铜鼓	广东省博物馆	冷水冲	汉	62.8	94.0	92.8
C109 号铜鼓	广东省博物馆	冷水冲	汉	65.0	88.0	85.0
新会铜鼓	新会博物馆	冷水冲	三国	41.0	61.0	60.0

以上精选的 17 件铜鼓分属三种类型，其中北流型铜鼓 10 件，灵山型铜鼓 3 件，冷水冲型铜鼓 4 件。北流型铜鼓是广东省境内唐以前最为流行的一种铜鼓，数量最多，除了为数不多的灵山型铜鼓和冷水冲型铜鼓外，其余绝大多数均为北流型铜鼓。它们的相关信息可透过表 1 反映出来。

第一，这些硕形铜鼓均为出土所得。信宜横源铜鼓是 1965 年 7 月横源小学建校挖土时出土的，该鼓保存基本完好，仅足间约有四分之一残缺。信宜到永村铜鼓是 1994 年 5 月于信宜水口镇到永村出土的，该鼓足间四分之三已残缺，余部大致完整。信宜蛇铳岗铜鼓是 1992 年 11 月于信宜东镇尚文水库蛇铳岗出土的，该鼓保存完好。廉江狗屎坟岭铜鼓是 1982 年 8 月于廉江市石城镇飞鼠田狗屎坟岭出土的，该鼓保存完好。信宜旺沙铜鼓是 1978 年 1 月于信宜县池垌公社旺沙大队出土的，该鼓腰间有一高 17 厘米、宽 13 厘米的裂口。高州尚文水库铜鼓是 1961 年于高州县尚文水库工地出土的。雷州覃典铜鼓是 1989 年从雷州市英

① 表中资料均来自孔义龙、刘成基主编：《中国音乐文物大系》（广东卷），郑州：大象出版社 2010 年版。

利镇罩典村出土的，保存完好，通体略存泥芯。郁南龙塘村铜鼓是 1975 年从郁南县东坝龙塘村出土的，大致完好，仅足间有残缺。德庆九冲背山铜鼓是 1991 年从德庆九市镇江咀村九冲背山出土的。阳东周亨铜鼓是 2009 年 4 月从阳江市阳东县大八镇周亨村出土的，保存完好，色泽泥黄，间杂多处绿锈。①

图 1　北流型铜鼓

灵山帽岭铜鼓（C97）是 1964 年从灵山县三海公社新洞大队帽岭出土的，而另一只灵山绿水铜鼓（C1）是 1962 年从灵山县原绿水公社绿水村出土的。廉江灵山型铜鼓是 20 世纪 50 年代从廉江县出土的。②

图 2　灵山型铜鼓

① 孔义龙、刘成基主编：《中国音乐文物大系》（广东卷），郑州：大象出版社 2010 年版，第 124 ~ 127、140 页。

② 何纪生：《介绍广东灵山县出土的古代铜鼓》，《考古》1963 年第 1 期，第 56 页；杨耀林：《广东发现的带铭文铜鼓》，《考古》1982 年第 1 期，第 79 ~ 84 页。

3件现藏于广东省博物馆的冷水冲型铜鼓（C15、C7、C109）未能查到出土地点。新会铜鼓是明代新会县令陶鲁在广西平叛时缴获的。①

图3　冷水冲型铜鼓

将这些铜鼓的出土资料与广西大量硕形铜鼓资料结合起来考察，在地域上，一直铸造并使用着这些铜鼓的民族主要分布于粤西的信宜、高州、廉江、湛江、雷州、郁南、德庆等地，以及桂东南的玉林、钦州、藤县、桂平、平南等地。吴时万震《南州异物志》载：“交广之界民曰乌浒，东界在广州之南，交州之北。”② 说明使用这些铜鼓的人是乌浒人，乌浒位于广州之南，交州之北，实即今天的粤西与桂东南部。乌浒是岭南西瓯骆越人的后裔，之后多以俚僚称之③。《隋书》载：“其俚人则质直尚信，诸蛮则勇敢自立。”信宜古称窦州，“谷熟时……男女盛服椎髻徒跣，聚会作歌”。蒋廷瑜先生就阳东周亨铜鼓的发现推断，东汉中晚期阳江区域呈现俚人文化，当地主要聚集两大家族：冯氏家族和宁氏家族。由于宁氏家族的铜鼓一般是灵山型，阳东周亨铜鼓应该属于冯氏家族。

第二，这些铜鼓的通高多在40厘米以上，北流型铜鼓多超过45厘米。最大的重量超过200千克。晋人裴渊《广州记》载：“俚獠贵铜鼓，惟高大为贵，面宽丈余方以为奇。”廉江狗屎坟岭铜鼓就是全国出土的十大铜鼓之一。廉江古属百越族聚居之地，至今在石城、营仔、塘蓬等地已出土各类铜鼓11面，主要为北流型大铜鼓。从全国出土的铜鼓来看，阳东周亨铜鼓位居第三，体形仅次于广西博物馆藏的101号铜鼓（直径165厘米）和上海博物馆藏6597号铜鼓（直径

---

①　孔义龙、刘成基主编：《中国音乐文物大系》（广东卷），郑州：大象出版社2010年版，第141页。

②　（宋）李昉等：《太平御览》卷七八六“乌浒”引《南州异物志》，北京：中华书局1960年版，第3480页。

③　胡守为：《岭南古史》，广州：广东人民出版社1999年版，第246～254页。

145 厘米、高 78.8 厘米），这些正好印证了当时的记载。作为一种乐器，岭南铜鼓的实物资料表明，这一硕形趋势一直保持到了唐代。唐《岭表录异》载："蛮夷之乐，有铜鼓焉"，"击之响亮，不下鸣鼍"。

虽然三种铜鼓均有面径宽大、侧面弧度平缓、肩胸微凸、阔足、胸腰有凹弧与对称圆耳饰、腰足有突棱等特点，但又体现出各自的特色，给人的感觉也迥然不同。北流型铜鼓雄壮威严，灵山型铜鼓敦厚温和，冷水冲型铜鼓高挑秀美。这应该是不同族属之间所特有的审美差异造成的，却留给我们无限的遐想。

现在仍可见保存于粤中、粤东的北流型铜鼓，其各方面的特点均与粤西北流型铜鼓一致，它们属于传世品，如唐代出土于高州的南海神庙北流型铜鼓即属此类，足见它们昔日在粤地备受青睐，地位显赫。不仅如此，现在仍可见到保存于南方各省的汉代至隋唐时期的大铜鼓，如湘西蛙饰铜鼓①、宜宾铜鼓②、湖北蛙饰铜鼓③等，多为汉以后的乐器，或出土或传世，均于魏晋后在南方各地使用。现在看来，不管其传播是由于使用人迁徙还是其被更多民族所接受，虽然其传播途径和方式仍有待探索，但它们在南方越人诸族中大量流传确是事实。

二、多样装饰与自然崇拜

铜鼓作为乐器，其装饰不但是一个不该回避的工艺艺术问题，更是一个与铜鼓乐密切相关的问题。因为它们暗示着铜鼓乐音奏响的目的，表明了铜鼓乐演奏的功能与场合，引领着铜鼓族属群体的心灵世界。三种硕形铜鼓将这些凝重的装饰作了比以往更全面的诠释，我们从精选的粤西地区出土硕形铜鼓的具体装饰特征中足以领略到铜鼓铸造者及族属群体那种严格、细致的态度及崇高、虔诚的信仰。

表 2 粤西地区出土硕形铜鼓（精选）装饰特征一览④

名称	鼓面中心纹饰	鼓面纹饰	雕塑	侧面纹饰
信宜横源铜鼓	8 芒太阳纹	云雷纹与菱纹	4 青蛙，逆时针	云雷纹与菱纹
信宜到永村铜鼓	8 芒太阳纹	云雷纹与菱纹	6 青蛙，3 逆 3 顺，两两相对	云雷纹与菱纹

① 傅聚良：《湖南省博物馆馆藏铜鼓》，《江西文物》1990 年第 3 期，第 68 页。

② 兰峰：《四川宜宾出土铜鼓》，《考古》1983 年第 12 期，第 1112～1121 页。

③ 王子初主编：《中国音乐文物大系》（湖北卷），郑州：大象出版社 1996 年版，第 101～102 页。

④ 表中材料均来自孔义龙、刘成基主编：《中国音乐文物大系》（广东卷），郑州：大象出版社 2010 年版。

（续上表）

名称	鼓面中心纹饰	鼓面纹饰	雕塑	侧面纹饰
信宜蛇铳岗铜鼓	8 芒太阳纹	云雷纹与菱纹	4 青蛙，逆时针	云雷纹与菱纹
廉江狗屎坟岭铜鼓	8 芒太阳纹	云雷纹	6 青蛙，3 逆 3 顺，两两相对	云雷纹
信宜旺沙铜鼓	8 芒太阳纹	云雷纹与菱纹	6 青蛙，4 大 2 小，其中 2 对累蹲蛙，3 逆 3 顺，两两相对	云雷纹与菱纹
高州尚文水库铜鼓	8 芒太阳纹	云雷纹	4 青蛙，顺时针	云雷纹
雷州覃典铜鼓	8 芒太阳纹	云雷纹与菱纹	4 青蛙，逆时针	云雷纹与菱纹
郁南龙塘村铜鼓	8 芒太阳纹	凸弦纹与菱纹	4 青蛙，2 逆 2 顺，两两相对	凸弦纹与菱纹
德庆九冲背山铜鼓	8 芒太阳纹	云雷纹	4 青蛙，2 逆 2 顺，两两相对	凸弦纹与菱纹
阳东周亨铜鼓	8 芒太阳纹	云雷纹、菱纹、钱纹	6 青蛙，3 逆 3 顺，两两相对	云雷纹与菱纹
灵山帽岭铜鼓	10 芒太阳纹	四出钱纹、古钱纹、游旗纹、骑士纹、四瓣花纹	3 组累蹲蛙与 3 只蹲蛙相间，逆时针	四出钱纹、游旗纹、骑士纹、垂叶纹
廉江灵山型铜鼓	9 芒太阳纹	钱纹、席纹、草花纹、鸟纹、结带纹	3 组累蹲蛙与 3 只蹲蛙相间，逆时针	垂叶纹、凤鸟纹、钱纹、游旗纹
灵山绿水铜鼓	10 芒太阳纹	古钱纹、四瓣花纹、菱纹、游旗纹、骑士纹、垂叶纹	4 组累蹲蛙与 2 只蹲蛙相间，逆时针	席纹、游旗纹、古钱纹、骑士纹
C15 号铜鼓	12 芒太阳纹	翎眼纹、同心圆纹，主晕为变形羽人纹和翔鹭纹	4 蹲蛙，逆时针	栉纹、同心圆纹
C7 号铜鼓	12 芒太阳纹	蝉纹、叶脉纹、菱纹、骑士纹、翎眼纹	4 蹲蛙，逆时针	叶脉纹、栉纹、同心圆纹、垂叶纹

（续上表）

名称	鼓面中心纹饰	鼓面纹饰	雕塑	侧面纹饰
C109号铜鼓	12芒太阳纹	蝉纹、栉纹、同心圆纹、菱形纹、骑士纹、翎眼纹	4组累蹲蛙，逆时针	叶脉纹、栉纹、骑士纹、翎眼纹
新会铜鼓	12芒太阳纹	齿纹、同心圆纹、人字纹、游旗纹、翔鹭纹、翎眼纹	4立蛙与4骑士相间，逆时针	栉纹、游旗纹、竞渡纹、斜线纹、垂叶纹、翎眼纹

从表2可见，铜鼓鼓面与侧面均有多种纹饰，它们不像早期铜鼓纹饰那样写实了，而是在保持原有具象物化图案的基础上加入了几何性图形或线条。于是，原来反映自然、社会、生活的真实画面变成了抽象写意的变形图案，原来着力于天地万物的布局拓展到阶级、心灵等细微层面。加上一直都被保留的太阳纹和别具匠心的雕塑艺术，这些是审美需要，还是社会的要求？恐怕兼而有之。

从纹饰上看，太阳纹是铜鼓鼓面中心的纹饰，从普遍意义上讲，它是铜鼓完全演变成打击乐器后最早出现的基本纹饰。无论是早期的万家坝型铜鼓、石寨山型铜鼓，还是北流型铜鼓、灵山型铜鼓、冷水冲型铜鼓，或是晚期的麻江型铜鼓，各种类型铜鼓的鼓面中心均装饰太阳纹，这似乎是铜鼓铸造艺术中一个永恒不变的法则。用龙村倪先生的话说："太阳纹不仅是铜鼓所有装饰纹样的中心和重心，也是铜鼓作为乐器、礼器及权力重器最具崇拜、信仰及文化意义的标志。"① 太阳是万物的源泉，将太阳纹装饰在铜鼓鼓面的中心，正好体现其万物起源的象征意义，而装饰云雷纹是对天上雷公的敬畏和崇拜。自古湛江、玉林、钦州等地多雷雨。刘恂《岭表录异》载："雷州骤雨后，人于野中得黎石，谓之雷公墨。"宋人沈括在《梦溪笔谈》中也谈道："世传雷州多雷，有雷祠在焉，其间多雷斧、雷楔。"清屈大均在《广东新语·铜鼓》中说道："雷人辄击之，以享雷神，亦号之为雷鼓云。雷，天鼓也，霹雳以劈历万物者也。以鼓象其声，以金发其气，故以铜鼓为雷鼓。"这些后期的描述说明此前的岭南古族一直将天雷作为天鼓声，奉天鼓为神圣之物，造铜鼓与天上雷鼓相呼应，与之呼应的（北流型）铜鼓自然要饰云雷纹了。所以，作为乐器的铜鼓"首先并不是出于娱乐的需求，而是为了祭祀礼仪的需要"。还有如四出钱纹、古钱纹、蝉纹、骑士纹、

---

① 龙村倪：《铜鼓鼓面中心太阳纹的演变——兼谈越南东山鼓》，载陈远璋等主编：《铜鼓和青铜文化的新探索》，南宁：广西民族出版社1993年版。

四瓣花纹、垂叶纹、齿纹、栉纹、同心圆纹、人字纹、菱纹、游旗纹、翔鹭纹、翎眼纹等都很难与某些自然或社会生活画面联系起来，更多的是在抒发人们的美好愿望与表达心灵的某种寄托。

从绘画角度看，原来的祭祀题材仍然受到重视，只是演化成更意象的形态和深邃的寓意。如翔鹭纹、砍牛图、船纹或是竞渡图、乐舞图等的结构布局与形态设计都保持着或多或少的层次感，即由生产到生活，由娱乐到仪式，进而由物质世界到精神世界。这也许就是装饰艺术着意转型的真正目的。铜鼓乐声响起之时就是跨越层次、实现愿望和传递心灵寄托之时。

最值得关注的是三种硕形铜鼓的雕塑艺术，其中最重要的内容就是蛙饰。从表2中17件铜鼓的鼓面雕塑可知，三者都有青蛙。北流型铜鼓有“4只，逆时针”“6只（两两相对），3逆3顺”“6只（4大2小，2对累蹲蛙、两两相对），3逆3顺”“4只，顺时针”和“4只（两两相对），2逆2顺”五种排列方式。灵山型铜鼓有“12只（3组累蹲蛙与3只蹲蛙相间），逆时针”“10只（4组累蹲蛙与2只蹲蛙相间），逆时针”两种排列方式。冷水冲型铜鼓有“4组累蹲蛙，逆时针”“4只，逆时针”“4立蛙与4骑士相间，逆时针”三种排列方式。每一种排列方式都是精心设计、独具匠心的，是什么原因让使用铜鼓的民族对青蛙如此重视呢？是什么引导着古人的思维呢？青蛙俗称田鸡、蚂蜗，清李调元《南越笔记》卷十一记载：“蜗，蛤之属。谚曰：‘蟾蜍、蛤、蜗。’三者形状相似，而广州人惟食蛤，不食蟾蜍、蜗。”① 在神话传说中，青蛙是天公的少爷，是雨的“使者”，青蛙鸣叫是下雨的前兆。蒋廷瑜先生认为，铜鼓饰青蛙与祈雨有关。青蛙在东南亚古老民族人的心目中，是可以召唤雨水的神秘动物。所以，青蛙受到许多民族的重视，有的甚至把它视为自己的图腾来崇拜。② 在壮族地区有“蚂蜗节”，在“蚂蜗节”的集体祭祀仪式中，人们正是基于将铜鼓作为雷神的象征信念，将铜鼓陈列在青蛙祭台旁的显要位置，首先由“卜蜗”同时向青蛙和铜鼓虔诚敬酒，让它们一道接受祭礼，然后才进行其他仪式。跳蚂蜗舞时，也必定安排在铜鼓与青蛙面前举行。在安置好“蚂蜗轿”后，要在轿前悬挂两面大铜鼓，才在它们的正前方跳起歌颂青蛙和拜祭铜鼓的舞蹈。③ 累蹲蛙就是在大蛙背上再饰铸一小蛙。在青蛙王国里，大蛙是雌蛙，小蛙是雄蛙。每年春夏之交是青蛙的繁殖时期，人们可以在近水边的草丛中看到雄蛙伏于雌蛙背上完成产卵排精过程。所以，从这一意义上看，青蛙还是生命力旺盛的象征，蛙饰代表着生命的繁

① 《汉语大字典》编辑委员会编：《汉语大字典》（中），武汉：湖北辞书出版社、成都：四川辞书出版社1996年版，第2843页。

② 蒋廷瑜：《古代铜鼓通论》，北京：紫禁城出版社1999年版，第165页。

③ 金涛：《图腾舞蹈文化的遗韵——壮族蚂蜗舞初探》，载金涛、岑云端选编：《壮族舞蹈研究》，南宁：广西人民出版社1988年版。

衍，尤其饰铸累蹲蛙更是一种生殖崇拜，象征着部族生命的生生不息。①

可以肯定的是，铜鼓上的其他装饰同样具有很多传说和来历，反映了古人对生活的美好愿望与对自然万物及祖先的无限敬仰，但就像已发现的大量铜鼓或如宁明花山崖画的铜鼓乐祭祀场面②一样，留给我们的只有最终的成品。今天，纵然我们用再多的文字也难以对其作出全面的解释，但它们全部被装饰在铜鼓身上的事实再次提醒我们：铜鼓是一种文化含量极为丰富的乐器，它是南方土著民族生命的灵魂、生活的一部分。它可以抑声，但不能无形；它讲究仪式在先，音乐随行。作为乐器，它是极为奇特、神秘的种类之一。

图4　宁明花山崖画

三、政治背景与权力意识

如果将三种铜鼓的硕形特性看成是汉唐时期南方土著民族的一种文化发展趋势，那么，这种文化趋势必定孕育于相应的社会与政治环境当中。具体地说，是在特定的历史时期与特定的地域环境下才能产生出这种文化认同。那么，在中央集权的封建社会里，汉唐时期的岭南地区，特别是乌浒、俚僚民族居住的粤西、桂东南地区在政治体制和社会秩序方面与中央政府是何种关系呢？事实上，历代封建王朝的政治势力一直难以深入岭南少数民族聚居区，故只好采取“以其故俗

① 蒋廷瑜：《古代铜鼓通论》，北京：紫禁城出版社1999年版，第165页。

② 陈远璋：《左江岩画铜鼓图象的初步探讨》，载中国铜鼓研究会编：《中国铜鼓研究会第二次学术讨论会论文集》，北京：文物出版社1986年版，第198页。

治”的权宜之计。因而俚僚的社会性质并未发生突变，仍处于封建前的发展阶段。汉至隋，粤西的郡县制度还不很健全，甚至徒有其名。《汉书·贾捐之传》记载：“骆越之人……与禽畜无异，本不足郡县置也。”晋人裴渊《广州记》云：“诸县自名不骆将，铜印青绶，即令之长也。”书中还反映出，粤西还多是俚僚部落首领的世袭领地，朝廷派来的官吏，因是“他乡羁旅”，所以“号令不行”，甚至有的官吏贪虐无道，使“诸俚僚多有亡叛”。为了息事绥边，使少数民族顺服，封建王朝选择了一条“树其酋长，使自镇扶”“以蛮夷治蛮夷”的羁縻政策。羁縻是指人把缰绳套在牛马身上而并不捆死，以便驾驭，比拟统治者不用僵硬的办法，而是用比较柔和的办法来使少数民族就范。直到唐代，封建王朝对俚人都是“羁縻而已，未能制服其民”。蛮夷稍稍内附，“即其部落列置州县，其大者为都督府，以其首领为督刺史，皆得世袭”。两晋南北朝时期，封建统治者先后在桂东北一带地区置吏奉贡以加强统治，如《宋书》卷三载：“始安公封荔浦县侯，食邑百户。”受封一事反映该地区已产生封建主义因素。唐时在政治制度上实行的羁縻州制，虽实现了对岭南诸民族的统治和控制，但首领“虽贡赋，版笈多不上吏部”①。这些本族首领在政治、经济上有相对的独立性，如同商周时期中原的奴隶主阶层那样有着他们的特权。

《广州记》载：“俚獠贵铜鼓，惟高大为贵，面宽丈余方以为奇。初成，悬于庭，克晨置酒，招致同类，来者盈门，其中富豪子女，以金银为大叉，执以扣鼓竟，留遗主人，名为铜鼓叉。风俗好杀，多构仇怨，欲相攻击，鸣此鼓集众，到者如云，有是鼓者极为豪强。”《隋书·地理志》载：“其俚人则质直尚信，诸蛮则勇敢自立，皆重贿轻死，唯富为雄。……诸僚皆然，并铸铜为大鼓。”《隋书·地理志》又载：“欲相攻，则鸣此鼓，到者如云。”表明铜鼓除了在战争中有作用外，其实还有报警、祭祀、驱逐猛兽、镇压“邪魔”以及娱乐等功能。屈大均在《广东新语》记载的潮州畲歌中写道：“农者每春时，妇子以数十计，往田插秧，一老挝大鼓，鼓声一通，群歌竞作，弥日不绝。”

然而，就硕形铜鼓而言，俚、僚人铸造它们，更主要的还在于显示权势，所谓“有鼓者，号为‘都老’，群情推服”。俚、僚视铜鼓为财富与权力的象征。俚、僚、乌浒应该是先秦百越中的南越、西瓯、骆越的延续，只是相同地域的不同称谓而已。作为万物源泉的太阳被装饰在铜鼓鼓面的中心，世间万物在其光芒照耀下滋生繁衍，这正是以自然之法寓意阶级教条、社会之法的做法！因此，土著民族社会中的硕形铜鼓不仅是乐器，更是重器、贵器和礼器。

---

① 李权时主编：《岭南文化》，广州：广东人民出版社1993年版，第568页。

论岭南麒麟舞的兴衰

——以番禺黄阁镇为例

於 芳[①]

自2000年以来，广东番禺黄阁镇麒麟舞频频在国内大型民间艺术大赛中获得大奖，格外引人注目，而且在黄阁镇麒麟舞的带动下，广东的麒麟舞活动兴盛起来。原本黄阁镇麒麟舞是当地民众在春节期间表演的用以助兴、调节气氛和祈求吉祥如意的传统民间舞蹈，并不是大型的民俗活动，可是现在麒麟舞成了黄阁镇的代表性民俗文化，其间必然要经历一个过程。那么这个过程是怎样的？同时，作为振兴地域经济的文化活动，麒麟舞如何被打造、展示出来？麒麟舞的变迁过程与观光是否有联系呢？下文将以上述问题为研究重点，考察黄阁镇麒麟舞的发展历程。[②]

一、黄阁镇概要[③]

黄阁镇位于广东省广州市番禺区的东南部，在珠江三角洲的中心，三面环水。东临珠江出海口，海岸线长21公里，与东莞市虎门镇隔洋相望，与南沙经济技术开发区一河相隔。毗邻港澳，距广州、深圳、珠海等地均为一小时左右车程，是连接广州、深圳、珠海等城市的中心点和枢纽。现全镇总面积76平方千米，常住人口约3.3万人，现辖14个村民委员会和2个居民委员会，镇政府设在东里村。

黄阁镇山清水秀，当地人称此地为鱼米之乡，物产富饶。全镇地形以三角洲冲积平原为主。历史上的黄阁经济以农业为主，主要种植水稻、甘蔗；全镇水域面积3.6万亩，麻虾的养殖已形成区域化、产业化生产，成为黄阁的主要产业之一；同时采石业也是全镇经济支柱产业之一。

从1998年开始，镇政府加快了产业调整，由于被列入“广州市南沙开发计

---

① 【作者简介】於芳，华南师范大学外文学院讲师，中山大学中文系博士生。

② 笔者于2004年11月30日在番禺黄阁镇与该镇文化中心张主任、麒麟舞项目负责人基叔进行了数小时的访谈，并做了粗略的田野考察。本论文中除注明的材料之外，均为由此次访谈以及文化站提供的麒麟舞活动档案中所得。

③ 番禺市地方志编纂委员会办公室编：《番禺县镇村志》，广州：广东人民出版社1996年版，第487～505页。

划”中，大量耕地被征用，政府先后制定了加快工业发展，减轻企业负担，扶持个体、私营经济发展的措施。在产业结构由农业向工业转型的过程中，镇政府把第三产业作为新的经济增长点来抓，以广州实施“南拓”发展战略为契机，加快了对小虎、沙仔两岛的开发，并展开了以发展旅游、度假、房地产为主的东里湖项目的开发，政府认定这是黄阁镇今后的新经济增长点之一。

随着我国加入 WTO，在经济全球化、城市现代化、农村城镇化的巨大潮流中，为谋求发展，镇政府注意到了麒麟舞，希望通过一系列的麒麟文化活动，提高黄阁镇的知名度，促进黄阁镇的经济繁荣。

二、黄阁镇麒麟舞的兴起

1. 传统习俗麒麟舞

黄阁镇麒麟舞于清末民初由东莞传入，至今有一百余年历史。传统麒麟舞表演多在春节、元宵节期间举行。自麒麟舞在黄阁兴起后，曾有过两次中断，一次是因抗日战争而中断，在赶走日本人后的 1945 年，村民们又高兴地舞起了麒麟；另一次是“文化大革命”期间因“破四旧”而中断，“文革”后逐渐恢复。麒麟舞作为一项民间社团活动，在传承方式上以师徒相传为主，有少数父传子。大塘村与别村不同，以李姓村民为主，所以当地麒麟舞由李氏家族代代相传，从不请教头，至今已传至第五代。其最初创始人是李奉和李可清叔侄，后来由东莞而来的“老萧”（此人的真实姓名无人知晓，大家都叫他老萧）也参与了大塘麒麟舞的创作。

从教授方法来说，麒麟舞以口头教授为主，师傅与徒弟之间口耳相传，未付诸文字。不少村民从十来岁开始学习麒麟舞，一年左右可入门，包括六个月基本功的学习，主要是扎马步和基本的拳（步）法。但刚入门时还没有资格舞麒麟头，必须待经验充足后才可舞麒麟头，经过多次表演后可以当师傅。

作为传统民间习俗的麒麟舞，一般在春节、元宵节时，由麒麟队伍自行或应邀到各乡村进行表演，祈求风调雨顺、如意吉祥。各村拥有的麒麟数目不多，一般只有一头或两头。从大年初一到初八，各村的醒狮、麒麟、武术表演者都会在广场或空地上搭一个棚作表演，麒麟舞很少单独作表演。表演结束后，麒麟跟着醒狮走街串巷去拜年。除了春节之外，在某些喜庆的场合下村民们也会舞醒狮和麒麟，如当村里有人去当兵时，麒麟会跟随着醒狮，和村镇的领导、村民一起去欢送。

黄阁镇麒麟舞从产生至参加杭州“山花奖”大赛前，在道具、表演程式与步伐上大同小异，基本无变化，只有少数情节为迎合观众的需求，借用了醒狮舞以及舞蹈中的某些动作。同样，黄阁的麒麟舞也与武术有密切关系。当地武术又被称为“国技”，麒麟舞最初是作为国技比赛中的表演环节来演出的，不带有竞赛的性质，只是用来在比武的休息间隙娱乐观众，调节气氛。可见麒麟舞是醒狮舞和武术表演的附属表演，用来助兴和调整观众情绪。

在祈求幸福、快乐的心理需求下产生的麒麟崇拜支配下，作为农民的文化娱乐、交流感情、增强社区凝聚力的方式的传统民间习俗麒麟舞，依靠身体技法的演绎与被观看得以传承了下来。并且很明显，传统时期的黄阁镇麒麟舞仅仅是民间的一项节庆时调节气氛的助兴表演，是一种附属性的民俗行为，并非大型的民俗活动。

2. 民间艺术表演——麒麟舞

黄阁镇的麒麟舞最初引起人们的注意是在1998年的春节，当时的番禺市计划组织一个民间艺术大巡游活动，有醒狮舞、舞龙、鳌鱼舞等番禺的传统项目参加，当领导们了解到黄阁镇有麒麟舞时，表示希望麒麟舞参加大巡游活动，于是黄阁镇的两头麒麟参加了活动。

1999年，为了加强精神文明建设，丰富群众文化生活，黄阁镇以重建“大塘和乐社”为突破口，组织力量发掘、整理了“黄阁麒麟舞”。2000年，大塘和乐麒麟队参加番禺区迎千禧民间艺术表演和新春巡游，受到了重视和好评。2002年夏天，广东省民间文艺家协会副主席罗学光到黄阁采风，在交谈中得知当地有麒麟舞这一民间艺术形式，恰巧当时省民间文艺家协会有意在广东挖掘民间文艺精品，参加由中国文联、中国民间文艺家协会等单位在杭州举办的首届中国民间广场歌舞大赛，于是罗学光向黄阁镇的领导建议，整理黄阁镇麒麟舞，参加全国大赛。镇领导认为这是宣传、提升黄阁知名度的良机，镇书记、镇长谭东方和其他领导都表示支持，于是决定投入资金，采取自愿参加的方式，在村民中吸收队员，组成了以大塘村麒麟队为主的黄阁镇麒麟队准备参赛。这支由40人组成的麒麟队，年龄层跨度较大，年龄最大的已超过70岁，最小的仅18岁，队伍中有不少成员是兄弟、父子、爷孙关系，不过舞麒麟的人以20岁至30岁的青年人为主。

罗学光回到广州后，联系了国家一级编导、广东艺术研究所副所长杨明敬，以及国家一级演奏家陈葆坤三人一起到黄阁，研究麒麟舞的改编及创新。他们认为传统的麒麟舞过于简单，只是两个人一前一后、首尾相连地舞动传统的麒麟步、采青等套路，头部多朝下，看不到麒麟高傲、雍容华贵的风格，而且整个套路近30分钟，时间过长。因而他们和黄阁镇当地的民间麒麟舞艺人李滚元、李永潮以及黄阁镇领导一起深入研究，大胆地对传统的麒麟舞进行了改造和创新，改动之处有以下几点：

（1）将传统麒麟舞的表演时间由原来的约30分钟缩短为9分半钟。

（2）在麒麟道具方面进行了改造，特别邀请民间有名的工艺厂制作了两头大麒麟、六头小麒麟共八头新麒麟。改造后的麒麟仍然由头、身两部分构成，麒麟头仍是竹篾扎架、绵纸裱糊，不同的是在绵纸外层大面积地采用了镶有小圆珠片的新型金属布材料，布质光亮、色彩鲜艳；后脑和头两侧还保留有龙鳞和火焰图案彩绘，但与传统麒麟道具相比，增加了彩色绒球的数量，并添加了两只金色鹿角，头顶保留了牛尖角，后脑勺上纵向排列着三只尖角；嘴部上方摒弃了猪鼻形状，改成了圆头瓢状，舌头形状近似长方形，整个嘴形、头形更贴近龙头的形状；麒麟身也改用新型珠片布缝制，整体颜色与麒麟头相同；长度缩减为2.9米；舞者的衣服配合麒麟的颜色，为金黄和翠绿的中式对襟衫裤，鞋子是镶着绒毛的特制布鞋。

这样，通过精心设计和加工，龙头、狮身、鹿角、羊蹄、牛尾的麒麟造型[①]制成。整个造型、色彩和装饰显得麒麟豪华、富贵、典雅，更符合传说中麒麟的瑞兽、灵兽形象，而且麒麟舞者的服饰颜色、图案与麒麟相配合，使得整个表演浑然一体，给人强烈的视觉冲击。

（3）在整个舞蹈阵容上，由原来的一头麒麟变为八头色彩鲜艳、光亮耀眼的麒麟，由其中两头颜色为黄和绿的大麒麟作为领舞，六头小麒麟作为伴舞，八头麒麟同时起舞，大小配合，神态各异，互相呼应，既能表现出麒麟的憨厚和活泼，又能表现出麒麟的刚猛与威严，而群体表演的场面更使得表演气势恢宏，气氛热烈欢快，从而提高了麒麟舞的可观赏性。

（4）在舞蹈程式上，保留了原来麒麟舞中的一段跑“大场子”的舞段，这一段富于民间特色，可展现出跳跃的壮观场景，使观众的情绪兴奋起来。然后在原有的绕头、耍尾、吐玉书等套路的基础上，吸收了醒狮舞的某些套路，将原来比较简单的套路改为麒麟出洞、绕头、耍尾、寻青、探青、踢青、食青、醉青、吐青、打沙、吐玉书、游花园、回洞的艺术套路，并突出了独具特色的绕头、耍尾的舞法。同时在麒麟采青中别出心裁地加入南派武术中的“打长棍”表演，使众多麒麟有分有合，起伏翻腾，错落有致，提高了麒麟舞的难度，增强了技艺性和观赏性。这样，改编后的麒麟舞不仅将大小麒麟的优雅雍容、憨厚活泼、粗犷威武的性格淋漓尽致地表现出来，而且使整个表演成为一个首尾连贯、高潮迭起、气势恢宏、场面壮观的整体。

（5）在音乐伴奏方面，增强了人员阵容和乐器配置。乐队由原来的4人增加到16人，还另外增加了持标（旗）者3人，增加了伴奏音乐的气势。在伴奏的旋律和鼓点风格方面，既保留传统又有新的突破，加入了广东的地方乐曲《得胜令》，使锣、排鼓与广东大笛（唢呐）演奏及钹、单打等八音锣鼓有机地融为一体，又各自得到充分的发挥，使音乐的音调清新明健、音色独特、节奏跳跃有

① 麒麟在传统工艺中的形象不断演变，此种造型与清朝时麒麟的形象基本切合。

力，整体风格欢快而有气魄，沉郁而有气势，充满了热烈的喜庆气氛和浓厚的广东地方韵味。

（6）将传统的麒麟所吐玉书即条幅上写的“风调雨顺、五谷丰登”之类的话改成了江泽民寄语广东的“增创新优势，更上一层楼”，以展示广东人民积极向上、团结奋斗、不断进取的精神风貌，增强时代感和渲染力。

传统的麒麟舞经过中央、地方文化精英和民众的改造与创新，变成了大型的民间舞蹈。之后，黄阁镇麒麟队在2000年9月初开始集体训练，11月9日参加了在杭州举行的中国民间广场歌舞大赛。一切费用均由番禺区政府、黄阁镇政府和各村共同承担。

三、活跃于各类大赛的麒麟舞

参加中国民间广场歌舞大赛决赛的18支代表队是从全国200多支队伍中选拔出来的，黄阁镇麒麟舞以总分第一的成绩一举夺得了“山花奖”。

自从黄阁镇麒麟队在杭州获“山花奖”之后，麒麟舞活动在全镇掀起了热潮。村民们耍麒麟舞的热情高涨，继大塘村麒麟队之后，大井村、东里村、莲溪村三个村也成立了麒麟队，各个麒麟队经常参加大型的民间艺术大赛和大型活动，在各个大赛中都取得了优良的成绩。除了大型比赛和表演外，还经常参加省、市、区的各种庆典、展演活动，不仅在本镇开展活动，还多次应中山、顺德等周边县市邀请前往演出。为了清晰地展现他们参加各种活动的情况，现列表如下①：

黄阁镇麒麟舞参加活动情况表

时间	活动名称	获奖情况	地点	主办单位
2000年11月9日	中国民间广场歌舞大赛	山花奖，桂花金奖	浙江杭州	中国文联，杭州市人民政府
	杭州“西湖踏歌”大型踩街巡游活动			
2000年11月10日	首届中国民间广场歌舞大赛“山花奖”颁奖仪式暨杭州2000西湖博览会闭幕式		浙江杭州	中国文联，杭州市人民政府

① 此表格根据黄阁镇文化中心提供的材料制成。

（续上表）

时间	活动名称	获奖情况	地点	主办单位
2000 年 12 月 30 日	都市热浪·番禺之光广场文化展演		广东广州番禺	广州市委宣传部，广州市文化局
2001 年 2 月 7 日	“碧桂元宵璀璨夜”大型烟花灯会		广东广州番禺	番禺区委，番禺区人民政府
2001 年 6 月 30 日	庆祝中国共产党成立 80 周年锣鼓喧天庆七一		广东广州	中共广东省委宣传部，广东省文联
2001 年 9 月 28 日	“月圆在番禺”中秋文艺晚会		广东广州番禺	番禺区委，番禺区人民政府
2001 年 10 月 7 日	第五届中国民间艺术节的全国民间艺术表演赛	特别奖	湖北荆门	中国文联，中国民协，荆门市人民政府
2001 年 10 月 20 日	广东省首届“黄阁杯”麒麟舞大赛	金奖	广东广州番禺黄阁镇	广东省文联，广东省民协，广州市番禺区委宣传部，广州市番禺区黄阁镇政府
2002 年 1 月 1 日	广东省民间艺术灯节		广东广州番禺	广东省旅游局，广州市旅游局，番禺区人民政府
2002 年 1 月 1 日	广东省首届百兽动物舞蹈表演大赛	金奖	广东肇庆	
2002 年 10 月 2 日	广东省首届民间艺术表演大赛	金奖	广东南海（西樵山旅游度假区）	广东省文联，广东省民协，南海区人民政府，南海区西樵山森林公园旅游开发总公司协办
2002 年 11 月 2 日	广东省喜迎十六大广场民间艺术表演		广东广州番禺沙湾镇	中共广东省委宣传部，广东省文联

（续上表）

时间	活动名称	获奖情况	地点	主办单位
2003 年 10 月 24～26 日	中国首届麒麟舞大赛	金奖、银奖、铜奖	广东东莞樟木头镇	中国民协，广东省文化厅，广东省文联，广东省民协
2003 年 11 月 2 日	中国第五届农民旅游节“盛世横店踩街大会”		浙江东阳横店	东阳市人民政府，横店集团
2003 年 11 月 3 日	《快乐横店》大型文艺晚会暨第五届中国农民旅游节闭幕式		浙江东阳横店	东阳市人民政府，横店集团
2004 年 1 月 22 日	黄阁镇新春民间艺术大巡游		广东广州番禺黄阁镇	黄阁镇人民政府
2004 年 1 月 29 日	“生菜会”大型民间艺术展演		广东广州番禺沙湾镇	番禺沙湾镇沙坑村政府
2004 年 10 月 21 日	“快乐杭州”西湖狂欢节大巡游		浙江杭州	中国杭州西湖博览会组委会（由浙江省、各市政府人员组成）
2005 年 11 月 25 日	国际旅游文化节		主会场：广东广州	国家旅游局，广东省人民政府

从表中列出的活动的举行时间、活动名称和主办单位来看，几乎所有大型活动都在旅游季节举行，有的活动本身就是旅游节活动，很显然，这些活动与旅游观光直接相关。换言之，黄阁镇麒麟舞作为吸引观光客的旅游卖点，成了被旅游观光利用的文化资源。同时，我们也可以看到，几乎所有活动都有国家或地方政府以及各级文联、民协的参与，表明国家和地方行政部门在弘扬民族优秀传统宗旨下对于地方文化发展承担了积极且重要的推动作用。简言之，发展经济、开发观光的需求和弘扬民族传统的文化政策是促使麒麟舞由一项在乡村春节期间活动的传统习俗向大型民俗活动转变的主要因素。

黄阁镇麒麟舞之所以成为各类大赛中的活跃节目，实质上是因为它实行了舞台化的转变，而这种舞台化的转变要取得成功，就必须如同许多大型艺术表演一样具备某种冲击力，让表演者和观众同时沉浸其中。定期多频率表演的民间习俗性质的民间舞蹈，若要每次都吸引观众，则需要依赖舞蹈技法带来的群体记忆，可以说这是民间乐舞的一大特色。

那么黄阁镇麒麟舞的这种冲击力是什么呢？首先，黄阁镇麒麟舞表演给观众带来强烈的视觉冲击。八头制作精巧、活灵活现、色彩鲜艳、耀眼夺目的麒麟同时出现，在舞台上奔跑跳跃，翩翩起舞，同时，舞者的服饰配合了麒麟的颜色和图案，与麒麟已融为了一体。观众被这美丽鲜艳的麒麟吸引，表演者和观赏者同时沉浸在表演中。其次，从麒麟探头探脑地出洞，左绕右绕地转头，到活泼地耍尾，表现出麒麟的喜、惊、疑、思、乐等姿态，展现了大小麒麟憨厚活泼、粗犷威武的性格，这些身体技法吸引了观众，使观众的情绪随之起伏。最后，有节奏的鼓乐声时而高亢激昂、时而轻快活泼，充分地调动了观众的情绪。因而黄阁镇的麒麟舞凭借强烈的视觉冲击、听觉冲击，以及舞者时而灵动、时而威猛的身体技巧，使观众融入欢快、热闹的气氛中，感到快乐与兴奋。

这样，黄阁镇的麒麟舞在 2000 年至 2004 年的 4 年间，由原来的主要在春节期间活动的、作为调节气氛的附属表演的传统民间习俗，转变为了活跃在类型各异、规模大小不一的民间艺术比赛和展演中的大型表演，而且成为地域的代表性民俗文化。

四、地方传统文化的生成

伴随着迅疾的地方开发、经济发展的要求，传统麒麟舞被挖掘，并以再创造后的具体形象，被利用于旅游观光和振兴地方经济。在黄阁镇麒麟舞被利用、打造的过程中，来自各方面的力量参与其中。实际上，麒麟舞转化为黄阁镇地方传统文化象征的过程就是政治权力、地域社会人士、学者及地方文化精英、媒体、民众共同打造地域传统文化的过程，以下将详细考察其各自发挥的作用以及他们之间复杂的互动关系。

当广东省民协副主席罗学光建议整理黄阁镇麒麟舞参加全国民间艺术大赛时，黄阁镇书记、镇长以及其他领导都非常支持，决定组队参加并且在经费上予以了支持。参加麒麟舞的整理与创新的人员包括省民协副主席罗学光、广东艺术研究所副所长杨明敬、演奏家陈保坤以及黄阁镇的民间麒麟舞老艺人。同时，黄阁镇麒麟舞的整理和创新也得到番禺区领导的大力支持。

2000 年 11 月 4 日，黄阁镇麒麟队赴杭州参赛，队伍由镇长谭东方、省民协副主席罗学光任领队，广东电视台、《番禺日报》等派记者采访报道，还有 20 多名啦啦队队员自费赴杭州比赛现场加油助威。可见，在打造黄阁镇麒麟舞的过程中，地方政府和中央、地方的文化精英发挥了主导作用，其代表人物是当时的黄阁镇镇长、书记谭东方和省民协副主席罗学光。

当黄阁镇麒麟舞作为广东省唯一参赛节目获“山花奖”和“桂花金奖”后，《人民日报》《中国艺术报》《羊城晚报》《浙江日报》《广州日报》《南方都市报》《新快报》《文化参考报》、广东电视台、广州电视台、浙江电视台、香港亚洲电视台等各大媒体都分别进行了报道。还有《民间文化》杂志、《广东文艺界》杂志也大力宣传黄阁镇麒麟舞。

黄阁镇麒麟舞一举成名，经常被邀请参加各种不同类型的比赛和表演，成了黄阁镇地方传统文化的象征。在其转变的全过程中，媒体的报道发挥了重要作用。黄阁镇麒麟舞参加的各类比赛、举办的麒麟文化活动，各大媒体均有报道。而且在各种报纸、杂志、宣传小册子上和网络上都登载有黄阁镇麒麟舞的历史以及流传在黄阁的麒麟传说。2000 年 11 月 26 日的《番禺日报》发表了题为“山花烂漫，麒麟辉煌”的文章；《民间文化》杂志写道：“广东番禺黄阁镇是著名的麒麟之乡。麒麟舞在当地可考的历史就有 100 多年。每逢年节醮会，舞麒麟成一景观。”①

在黄阁镇政府发行的麒麟舞简介的宣传小册子上，登载了流传在黄阁的三则民间传说。其中一则写道：“相传古时候，灵兽麒麟神游百粤，当驾临南海之滨的古海村（黄阁镇的古称）上空时……遂降落群山之中，寄情山水之间，乐而流连忘返，后来化为神石，傲然屹立于山冈之上，与青山为伴。人们尊称其为麒麟石，山冈也借石为名。此石颇具麒麟之灵气和神韵，被视作黄阁之镇宝。镇内主干路也雅称为‘麒龙路’，可见黄阁镇人对麒麟之尊崇及与其之渊源。”

这些民间传说是在麒麟舞兴盛之后流传于黄阁的，在《番禺县志》中找不到任何相关记载。最具黄阁特色的民间传说即上述的麒麟石传说。在小册子和介绍黄阁镇的网页上都附有这块麒麟石的图片，其真实性值得探究。这块麒麟石如今矗立在黄阁镇政府大楼北侧的麒麟岗上，这块石头的来历同样没有任何的记载，而根据一块形状类似某种动物的石头写出麒麟化为石头的传说应该不是很困难的事情。在我国各地的民间故事中，也很容易就能找到类似的故事作为范文。而其他故事，在古书中也都有记载。可见，这些民间传说是现代民间传说，它们是黄阁镇的文化人有目的地创作出来的。这样，在媒体以及黄阁镇政府的宣传下，黄阁镇麒麟舞的名声越来越响亮。

在获取“山花奖”之后，镇里组织成立了黄阁镇麒麟艺术协会和麒麟活动领导组、编导组、教练组等多个功能小组，积极开展麒麟舞表演、改编、创新等工作。麒麟艺术协会还在各村开设麒麟舞训练班，向群众传授舞麒麟的方法，希望训练出一些舞麒麟的精英。在 2001 年镇文化站撰写的《黄阁麒麟文化活动情

---

① 向云驹：《又是一度山花开——山花奖首届全国民间广场歌舞大赛述略》，《民间文化》2000 年第 11 ~ 12 期，第 95 ~ 96 页。

况报告》中这样写道："目前黄阁镇有黄阁镇麒麟队、大塘和乐社、东里村崇乐社、莲溪村同庆社、大井村麒麟健身队五支麒麟队，共有队员320人，排练活动场地1 700多平方米，并有一定的活动经费，还建立了少年麒麟队，在部分小学设立麒麟武术活动基地，使之成为学校教育的传统文化体育项目。黄阁麒麟舞已列入镇文化站组织管理和业务辅导的范围，有相对稳定的工作班子，有一支艺术素质较高的骨干队伍，平时和节日里，各支麒麟队经常开展训练和表演活动，有较好的社会效益和经济效益。"可见，镇政府已经筹划培养麒麟舞的后续力量，地方精英也积极参与到传承、发展麒麟舞的队伍之中。

2001年3月，经黄阁镇麒麟文化活动领导组领导（扩大）会议研究，镇政府制订了《黄阁镇未来麒麟文化活动计划》，根据这个计划，黄阁镇向中国文联提交了申报"麒麟之乡"和"麒麟舞培训基地"的报告，并筹办麒麟文化节。2001年10月20～21日，广东省首届麒麟文化节在黄阁镇举办。由广东省文联、广东省民协、番禺区委宣传部、黄阁镇政府联合主办。

在这次文化节中，黄阁镇被中国民间文艺家协会授予了"麒麟之乡"和"麒麟舞培训基地"的称号。镇里还专门为黄阁麒麟文化节撰写了文化节会歌《盛世麒麟歌》。来自广州增城、番禺，肇庆市德庆县，汕尾市，东莞市，中山市，茂名市电白县，佛山市等地的14支民间艺术队伍参加了广东省首届"黄阁杯"麒麟舞大赛。黄阁镇大井麒麟队参加了这次比赛。

在21日的麒麟文化研讨会上，全国及省内专家学者和来自各地的麒麟舞领队等聚集在一起，探讨了"麒麟文化的意义""民间艺术的发展前景""麒麟舞的创新和发展"等论题。参加这次研讨会的人员还包括镇政府相关人员、民俗学者和媒体人。

2002年1月，黄阁镇政府联合省民协和中山大学民俗学研究中心，三方通过协商，决定联合编写《黄阁麒麟文化》一书，在此书的初步设想中提到此书的目的和意义时写道："编写专著《麒麟文化与信仰》（暂定名），以期进一步继承发扬传统文化的魅力，展示黄阁的风貌并推动着该镇经济的发展，进一步做大、做精、做强'麒麟舞'这一黄阁的品牌与名片，为已经纳入了'南沙新区'总体规划的黄阁的腾飞助力。"此书的经费包括出版经费、资料费、劳务费都由黄阁镇政府提供。《黄阁麒麟文化》一书在2002年12月正式出版。这本书把黄阁镇麒麟舞提升为学术研究的对象，对于广泛宣传黄阁镇麒麟舞所发挥的作用可想而知。

黄阁镇除了参加各种类型的大赛以外，还主动与其他地区交流麒麟舞，以加强与周边镇区乃至其他地区的联系。例如，黄阁镇与沙湾镇已经结成友好镇，每年举行麒麟狮会，双方皆互访；2003年7月16日，应浙江宁波镇海后大街邀请，黄阁派出3名传艺者前往镇江传授麒麟舞技艺，3人在镇江传艺10多天。镇政府的目的是要让“麒麟之乡”走向全国和世界，立足点就是周边镇区和珠三角，力求在该区域使其红火起来，并迅速扩展至更广泛的区域。其深层目的是扩大黄阁的知名度，以振兴黄阁经济。

镇政府一直都在支持麒麟舞的活动。麒麟队参加活动的所有费用主要由黄阁镇政府和各村村政府共同承担，黄阁镇、各村在2000—2003年间共投入资金168万元，2004年投入资金40多万元。负责组织工作的具体部门一直都是黄阁镇文化站。

这样，在地方政府、媒体、中央和地方的学者及文化部门人士、地方的文化人士、民众的合力打造下，黄阁镇麒麟舞变得兴盛起来，成了代表黄阁镇的传统文化。而且，从上述的打造过程来看，掌握有政治权力的地方政府的作用占据主导地位。但这并不表示民众完全处于被动的、听从指挥的地位。在开始挖掘、改造麒麟舞时，老艺人们积极参与；组成麒麟队时，村民们踊跃参加；在为参赛而训练时，队员们任劳任怨，不计个人得失地刻苦训练，老师傅、老艺人们不辞辛苦地教授，队员的家人们大力地支持；去杭州表演时，村民组成啦啦队自费去杭州为麒麟队加油；黄阁镇麒麟舞一举成名后，村民们舞麒麟的热情高涨，不论老少都纷纷参加麒麟队，去各地演出。村民们之所以表现出这样的热情，是因为习俗麒麟舞转变为地方传统文化的过程，实际上是民众形成自我认同意识的过程。麒麟舞是黄阁人的骄傲，提到麒麟舞，就会让人想到黄阁，正是由于有这样的认知，村民们才积极地参与麒麟舞活动，麒麟舞因而才成为地方传统文化的代表。

五、结语

在黄阁镇沿袭了百余年的习俗麒麟舞，经历过抗日战争和“文革”的两次中断，在全球经济一体化的现代社会中得以复兴。在振兴地域经济、发展观光、弘扬民族文化、保护传统文化因素的影响下，在地方政权、中央和地方的学者及文化人士、媒体以及民众的合力打造下，黄阁镇的麒麟舞由一种传统习俗演变成为一个地域的传统文化的象征。这种变化，并不意味着传统文化的复兴，这样的演变过程正是现代民俗产生的过程。过去的民间习俗中的参与者，被响应政府号召的村民们替代，精彩的舞台化的表演，也完全被掌握在行政代表手中，作为代表黄阁镇的传统文化，为各地的观光发挥着作用，同时也创造出了地域文化。

但是，在这一过程中，民众并不只处于被动的一方。黄阁镇的民众通过麒麟舞的兴盛，意识到麒麟舞能够提高他们的自我认同意识，因而他们能够积极地参与到麒麟舞的活动中，享受舞麒麟带来的快乐和满足。而且，我们也可以看到，为了提高黄阁镇麒麟舞的知名度，民众充分发挥自己的才能与智慧；通过利用行政方的操作，更进一步地改造、创新传统也成为可能。

黄阁镇的传统习俗麒麟舞转变为地方传统文化的象征的过程，实际上就是其被利用、被打造的过程；同时，在乡村的民众意识之中，麒麟舞成了再次形成民众自我认同意识的依托，成为当地民众接受并承认的传统文化。可见，现代民俗已经不再是某种静态的表象，而是在地域差异和商品化驱动下反复再生产的活动产物。

不过黄阁的麒麟舞活动在 2004 年黄阁镇镇长、书记谭东方调离之后，由 2000 年至 2004 年间的高潮期过渡至持续期，麒麟舞活动虽然仍在展开，但远不如前几年兴盛。2006 年，黄阁麒麟舞被列为省非物质文化遗产，黄阁镇麒麟舞将出现什么变化呢？尚待观望。

【参考文献】

1. 叶春生、罗学光主编：《中国麒麟文化》，广州：广东旅游出版社 2004 年版。

2. 郭于华主编：《仪式与变迁》，北京：社会科学文献出版社 2000 年版。

3. ［日］八木康幸：《雨乞い竜の再生》，载［日］浮田典良編：《地域文化を生きる》，東京：大明堂 1997 年版。

潮阳剪纸发展现状研究[①]

萨支辉[②]

一、导语

广东潮汕地区素有“海滨邹鲁”之称。1997年，汕头市潮阳区被广东省政府命名为“广东省民族民间艺术（剪纸艺术）之乡”。2006年5月，潮阳剪纸与潮阳英歌舞、潮阳笛套音乐同时被列入首批国家级非物质文化遗产名录和广东省级非物质文化遗产代表作名录，并被列为全国13类型剪纸之一。

潮阳剪纸的历史可以上溯至宋代，因为明清两代乃至民国时期潮阳剪纸已蔚然成风，以明代潮阳剪纸作品娴熟的技艺、精妙的构图和清新的意境推测，潮阳剪纸不止源自明代，其雏形的面世应在明代之前。潮阳剪纸的构图、形式、花纹与宋代青花瓷极为相似，由此推测，潮阳剪纸至少出现于宋代。潮阳剪纸不仅以自身的清丽脱俗、纤柔秀逸的风格特立于世，而且其细腻优雅的特点也充分体现了中原文化与海洋文化的成功结合。

从20世纪70年代开始，潮阳区文化馆的工作人员就开始了对民间保存的潮阳剪纸作品的搜集和整理工作，结集出版了如《潮阳剪纸》《潮阳民间剪纸艺术》《关于潮阳民间剪纸的调查报告》《潮阳民间剪纸》这样具有较高水准的理论著作。同时，他们加强向相关专业人士学习，使民间作品的收集、理论的研究和对实际技艺的把握形成有机的联系，以避免这一主要依靠口传身授的民间技艺因缺少系统的文本研究而缺乏有计划的保护甚至丧失其本身应有的厚重性。

然而，对于一个对潮阳剪纸抱有浓厚兴趣且希望购买和收藏它的人来说，获得潮阳剪纸并非易事，因为潮阳剪纸完全没有自己的营销渠道，潮阳文化馆是其喜好者唯一可以选择的索取地点。没有销售渠道意味着什么，这是一个事先就已经知道了答案的问题。本文作者联合汕头大学法学院公共管理系的部分同学[③]于2012年6月间专门针对潮阳剪纸的营销环境和营销渠道进行了调查和分析，并提出自己的相关建议和思路，期望增强这一国家级非物质文化遗产（以下简称

---

① 本文为2011年广东省社会科学规划之地方历史文化特色项目“潮阳剪纸文化渊源与发展现状研究”的研究成果之一。

② 【作者简介】萨支辉，汕头大学副教授。

③ 叶倡海、杨康、杨素贞、张芳、朱雪仪、曾兰喃、梁健衡、周文超、原瑞芬、吴晓慧。

“非遗”）项目的自身造血功能。这既能为传统文化艺术提供更好的保护，又能对扩大其社会影响有所助益，实现社会效益、经济效益的双赢。

二、数据分析①

（一）问卷基本信息

问卷调查对象为汕头市民，其月均收入情况如表1所示。

表1 被调查者月均收入情况

收入（元）	数量（人）	比例（%）
1 000 以下	40	39.22
1 000～2 000	26	25.49
2 001～3 000	16	15.69
3 001～4 000	11	10.78
4 001～5 000	5	4.90
5 000 以上	4	3.92
总数	102	100.00

由表1可知，所有回答该问题的102名被调查者的月均收入主要集中于3 000元以下，其中月均收入1 000元以下的人数最多，为40人。这一结果的出现是与被调查者的职业构成密切相关的，学生和一般员工占绝大多数的被调查者的角色构成致使他们的月均收入显示出较低水平，潮阳剪纸实际消费人群的购买能力应该相对乐观。

（二）市场调查

1. 购买意愿

表2 被调查者对潮阳剪纸的购买意愿

意愿	数量（人）	比例（%）
是	55	50.46
否	54	49.54
总数	109	100.00

① 本次调查以问卷的方式进行，样本数量：109份；回收率：100%；问卷数据的录入和分析分别通过SPSS和STATA进行。

由表2可知，在所有被调查的109人中，有55人表示如果市场上有潮阳剪纸出售，自己将会购买，占所有被调查者的50.46%。由此可知，潮阳剪纸还是存在很大的市场潜力的。

2. 自己动手剪纸的意愿

表3 被调查者自己动手剪纸的意愿

意愿	数量（人）	比例（%）
非常大	8	12.50
比较大	13	20.31
一般	25	39.06
比较小	10	15.63
非常小	8	12.50
总数	64	100.00

由表3可知，在所有回答该问题的64名被调查者中，有8人表示非常愿意自己剪裁剪纸，13人表示比较愿意，而表示一般的最多，为25人。前三者人数所占比例为71.88%。

3. 对卡通形象的潮阳剪纸的购买意愿

表4 被调查者对卡通形象的潮阳剪纸的购买意愿

意愿	数量（人）	比例（%）
非常大	14	22.58
比较大	16	25.81
一般	20	32.26
比较小	8	12.90
非常小	4	6.45
总数	62	100.00

由表4可知，表示非常愿意购买卡通形象剪纸的被调查者为14人，比较愿意的为16人，一般的为20人。前三者在所有回答此问题的62名被调查者中所占比例为80.65%。

4. 可接受价格

表5 被调查者可接受的潮阳剪纸的价格

价格	数量（人）	比例（%）
10元以下	33	32.04
10~100元	66	64.08
101~1 000元	3	2.91
1 000元以上	1	0.97
总数	103	100.00

由表5可知，在所有回答此问题的103名被调查者中，接受人数最多的剪纸价格为10~100元，为66人，占总人数的64.08%；有33人能接受的仅为10元以下的剪纸。可见，价廉物美是潮阳剪纸打入市场的基础。

5. 对潮阳剪纸作为一种礼品的满意度

表6 被调查者对于潮阳剪纸作为一种礼品的满意度

满意度	数量（人）	比例（%）
满意	70	66.67
基本满意	27	25.71
不满意	8	7.62
总数	105	100.00

由表6可知，在所有填写该问题的105名被调查者中，有70人表示如果他人送自己潮阳剪纸，自己会满意，这占总人数的66.67%；有27人表示基本满意；而表示不满意的仅为8人。由此可见，将潮阳剪纸开发转型成大众礼品是拓宽其市场的一个有效渠道。

6. 对潮阳剪纸商业化的认可情况

表7 被调查者对潮阳剪纸商业化的认可情况

认可度	数量（人）	比例（%）
是	84	77.78
否	24	22.22
总数	108	100.00

由表 7 可知，在所有回答该问题的 108 名被调查者中，有 84 人表示赞成潮阳剪纸的商业化，占总人数的 77.78%。由此可见，市民对潮阳剪纸商业化的认同度是比较高的。

7. 对购买方式的喜好情况

表 8　被调查者对于潮阳剪纸购买方式的喜好情况

购买方式	数量（人）	比例（%）
网上购买	21	19.44
实体店购买	71	65.74
上门订购	11	10.19
其他	5	4.63
总数	108	100.00

由表 8 可知，有 71 人表示愿意在实体店购买潮阳剪纸，占所有填写该问题的 108 名被调查者的 65.74%；有 21 人表示愿意网上购买，占 19.44%；表示愿意上门订购的相对较少，仅为 11 人，占总人数的 10.19%。由此可知，发展实体店销售模式是潮阳剪纸打入市场的最主要的销售策略。

8. 订购自己喜欢的图案的剪纸对被调查者的吸引力

表 9　订购自己喜欢的图案的剪纸对被调查者的吸引力

吸引程度	数量（人）	比例（%）
是	87	81.31
否	20	18.69
总数	107	100.00

由表 9 可知，在所有回答该问题的 107 名被调查者中，有 87 人表示订购自己喜欢的图案的潮阳剪纸对其更加有吸引力，占总人数的 81.31%。由此可知，在潮阳剪纸的营销中，提供订购服务将吸引到更多的消费者。

9. 对于潮阳剪纸的销售地点的看法

表 10　被调查者对于潮阳剪纸的销售地点的看法

销售地点	数量（人）	比例（%）
经济较发达的城市和地区	14	12.96
旅游区	68	62.96

（续上表）

销售地点	数量（人）	比例（%）
市民文化素质高的城市	21	19.44
二、三线城市	5	4.64
总数	108	100.00

由表10可知，在所有回答该问题的108名被调查者中，有68人认为潮阳剪纸在旅游区销售最好，占62.96%；其次是市民文化素质高的城市，为21人，占19.44%；经济较发达的城市和地区排在第三，为14人，占12.96%。由此可知，人们对于潮阳剪纸潜在客户的认知一般是游客和文化素质较高的人群。

（三）数据分析结果综述

潮阳剪纸在传承和发展方面所面临的问题使得其市场化运作成为必要，而要实现潮阳剪纸的市场化运作，对公众相关态度和意向的调查以及对剪纸营销渠道的策划成为重要前提。分析数据结果显示，现今绝大部分公众对于潮阳剪纸的市场化运作持肯定态度。在潮阳剪纸市场化运作这一前提之下，综合考虑消费者对于潮阳剪纸的购买意愿、价格接受度以及购买方式成为当务之急。很显然，不同类型的消费者对于潮阳剪纸的购买意愿存在差异。我们主要考察了被调查者的性别、年龄、职业、受教育程度以及收入这五个方面的情况，因为它们共同决定着消费者对于潮阳剪纸的认知、期待以及价格接受度。

调查数据显示，消费者对于传统剪纸作品的购买意愿并没有我们想象的高，约占50%。通过比较不难发现，被调查者对于卡通形象的剪纸以及订购自己喜欢的图案的剪纸的意愿明显高于我们的预期。这给我们的启示是，创新剪纸的式样，让消费者参与到剪纸的设计环节，改进剪纸的销售渠道，比如说接受电话和网上的订购等，对于提高潮阳剪纸的市场知名度、扩大销售渠道和增加销售业绩不无帮助。还需说明的一个问题是，被调查者更能接受潮阳剪纸在旅游区通过实体店的方式进行销售，同时也有约20%的被调查者表示会在网上购买潮阳剪纸，所以我们更倾向于大力发展实体店和网上销售这两种形式。

三、潮阳剪纸市场调查报告

（一）潮阳剪纸现有消费群体

（1）本地居民。潮阳剪纸是艺术与生活最直接的触点，它以最原始、朴素的方式生于民间，和百姓日常生活交融，因而具有广泛的群众基础。每逢年节，潮汕地区的本地居民大多会购买相应的剪纸回去装饰食品和厅堂，剪纸成为民俗活动中重要的艺术表现形式。

（2）剪纸艺术爱好者。剪纸古老而独特的艺术意蕴，应符合现代家居追求个性的装饰需求。对传统艺术情有独钟的人们，开始用剪纸点缀家居环境，营造古典氛围。

（3）礼品公司。汕头一些礼品公司用水晶、玻璃夹住剪纸，或将剪纸装裱入框，作为精美礼品的剪纸，已成为社交活动中的新宠。

（4）中餐厅和“农家乐”。在市区农家宴或者追求古典格调的中餐厅里，剪纸被用来渲染典雅气氛。

（5）饼食店和香烛纸札店。剪纸历来以潮汕本地的饼食店或香烛纸札店为销售渠道，以商品形式在民间流通。

（6）婚庆礼仪公司。这是一个剪纸使用量相对庞大的群体，因为剪纸的天然属性与婚庆礼仪公司的业务高度契合。

（7）福利院。老人们往往钟情剪纸，因为剪纸意味着喜庆，能够驱赶晚年的孤独和凄清，又有怀旧之意。

（8）外国友人。潮阳剪纸是中国传统文化艺术的重要载体，遂成为外国友人心仪的纪念品被带到了世界各地。

（二）潮阳剪纸潜在消费群体

（1）美术教育工作者、学生及其家长。剪纸作为一种民间艺术形式，在培养学生的手工技巧、审美情趣等方面都起到不小的作用。中小学的美术老师和学生家长，可以购买剪纸作为教学临摹的对象和手工课程的素材；大学生以及大学的艺术教师，可以购买剪纸以进行民间艺术的研究、整理和创新。

（2）艺术品收藏者。潮阳剪纸独特的美学和艺术价值使得它具有很高的收藏价值，面向收藏者销售的剪纸应该是高端成品。

（3）公益组织。剪纸的质朴符合公益的精神内涵，文化馆可以组织专人设计与各类公益主题相符的剪纸作品，公益组织购买公益主题的潮阳剪纸并将其赠送给成员或受助者，这既是物质的纪念也是精神的传承。

（4）中式家居店。潮阳剪纸已经在与中式家居市场的结合方面做了有益的尝试，相信这种探索会不断延伸。

（5）中式服装店。喜爱中式服装的消费者一定也会爱屋及乌，在服装店里植入剪纸元素，相信会有意外的惊喜。

（6）佛堂用品专业店。潮阳剪纸原本与民间祭祀联系紧密，是其中不可或缺的装饰品。潮汕地区佛教信众甚多，大小佛堂散落民间，将剪纸市场延伸到佛堂用品专业店，不失为积极的尝试。

（三）综述

今天，潮阳剪纸作为历史悠久、艺术价值很高的民间艺术，应在保持部分剪纸作品高端化的前提下，使潮阳剪纸充分实现大众化，而实现大众化的路径之一就是拓宽其实用功能，如此，潮阳剪纸的消费群体才能达到理想的规模。乐观估计，任何人都可能成为潮阳剪纸的消费者。

四、潮阳剪纸营销途径

下文将从生产方式、销售主体、销售地点以及销售模式四个相互联系和依存的方面对潮阳剪纸的营销渠道进行分阶段、分等级的筹划。

（一）潮阳剪纸的生产方式

1. 组织潮阳周边的主妇进行手工形式的剪纸生产

潮阳区有一批没有工作的家庭主妇或下岗职工，他们构成了接受剪纸培训人员的主要力量。潮阳区文化馆可以成立“剪纸培训和加工中心”，为人员培训和加工剪纸提供场地、人员以及技术的支持。文化馆首先需要组织馆内的剪纸工作者对周边的家庭主妇、下岗职工、闲置人员等有意愿参加剪纸培训的人员进行摸底，并在尊重其本人意愿的前提下组织培训。文化馆最初只需对30～45名相关人员进行培训，培训合格后，剪纸中心选聘技艺精湛的受训人员留在中心继续剪纸生产，其他人员则由剪纸中心外派剪纸图案、纸张和专用剪刀回家进行深加工，成品由剪纸中心进行统一的验收、回购和销售。显然，这是增加纯手工潮阳剪纸产量的最优和唯一选择。这一生产方式投资相对较少，风险小，文化馆在融得一定的资金后就可以进行。它的核心特点是文化馆和接受培训人员双方均可从这一生产方式中获益。

2. 以知识产权的形式进行模板的出售

潮阳区文化馆可成立“剪纸设计中心”，聘请知名剪纸艺人、知名设计师、专业美术工作者根据潮阳剪纸的特色和消费者的要求设计兼具古典风格与现代气息的剪纸作品模板，为这些模板申请专利。双方事先约定，文化馆具有这些专利模板的所有权和销售权，专利所有人可通过文化馆的模板销售获得自己应得的酬劳。专业人士根据市场需求设计的剪纸模板，市场接受度高，艺术表现力丝毫不逊色于传统剪纸。举例说，某一剪纸图案很适合一款家具，文化馆可以将这一剪纸的模板而不是实物以电子形式出售给家居店，家居店付费后就拥有了对这一模板的使用权。可一方面接受网上定制剪纸模板，另一方面将其他非网上剪纸模板投入生产，向外出售成品，以获取更大的经济效益。

3. 合理确定剪纸价格

我们主要依据生产剪纸所需的成本和消费者可接受的价格对潮阳剪纸的价格进行设定。

（1）消费者对剪纸产品的认可价格。

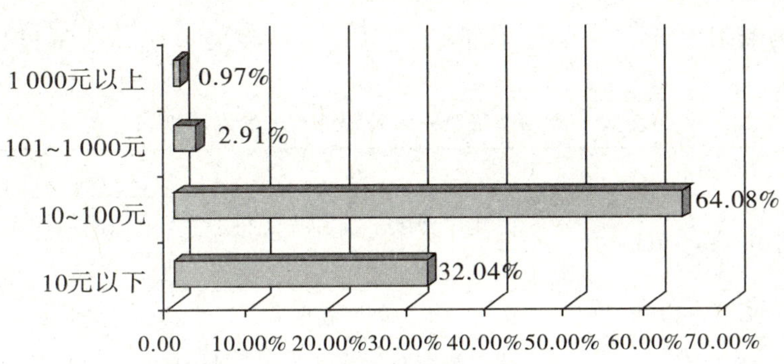

消费者认为每幅剪纸产品可接受的价格图

在本次调查中，共有103名被调查者回答了此问题。调查结果如上图所示，每幅剪纸的价格在10～100元者被选择的比率最高，达到64.08%；每幅剪纸的价格在10元以下者，被选比率为32.04%；每幅剪纸的价格在101～1 000元者，被选比率占2.91%；每幅剪纸的价格在1 000元以上者，被选比率为0.97%。数据说明，消费者认为每幅剪纸价格定在10～100元或10元以下较为适合（由于被调查者主要为学生和一般职工，潮阳剪纸实际的定价和购买能力应更乐观）。

（2）剪纸行业市场价格。

全国许多大中城市的不少工艺美术品商店和古玩店在出售剪纸作品，单幅精品剪纸的均价在430元左右，且尺幅越大，价位越高；剪工比较粗糙的剪纸为每幅20～50元。在2011年举办的“国际珍藏版民间老剪纸、老书签”专题营销会中，全国主要剪纸产地如河北蔚县、天津、浙江、陕西、广东等地的剪纸应有尽有，价格一般在50元上下，剪纸作品的最高价格可达到1 580元。

（3）潮阳剪纸产品价格定位的三个等级（可根据实际需要调整）。

根据上面提到的剪纸产品定价依据：所需成本、消费者对剪纸产品的认可价格以及剪纸行业市场价格，结合潮阳剪纸本身所具有的艺术价值和实用价值，可以对剪纸作品进行分类价格定位。高价定位：出自名家之手的剪纸精品，它们剪工精细、图案造型逼真、艺术含金量高，具有很高的观赏价值和收藏价值，应根据这些作品的工艺复杂程度进行定价，定价范围在500～1 000元。中价定位：剪纸产品质量处于中等或偏上水平者，定价在300～500元；质量稍逊者定价在300～100元；质量中等的八开左右的一幅手工剪纸作品定价在20～50元；十六开或三十二开的一幅剪纸作品定价20元；机器生产的八开以下、具有较高的艺术价值的剪纸产品定价在20～30元。低价定位：手工剪纸作品质量偏下者最低定价在10元；机器生产的八开左右的剪纸产品定价在8元，十六开或三十二开者定价为5元。

4. 科学规划建立潮阳剪纸营销网络的时间

我们为潮阳剪纸第一阶段的营销制订了两年的发展规划（见表11）。

表11　潮阳剪纸第一阶段营销两年的发展规划

时间	进程
2014.1—2014.6	组建“剪纸培训和加工中心”，组织潮阳周边的家庭主妇和失业人员进行剪纸培训
2014.7—2014.12	建立剪纸成品回收渠道，正式成立工作室
2015.1—2015.6	在“淘宝网”等网站开设潮阳剪纸专卖网店
2015.7—2015.12	与特产店和礼品店合作，探索共赢模式

（二）潮阳剪纸的销售主体

1. 潮阳区文化馆或民间剪纸协会

通过问卷调查可知，被调查者中80%的人同意将潮阳剪纸市场化。以文化馆和民间协会为平台，有利于拓展剪纸艺术市场，加速剪纸市场化进程。潮阳区文化馆一直担负着搜集、整理、保护、传承剪纸艺术的重任，可以其为主体建立直接销售渠道，一方面开发、创新剪纸品种，另一方面将所得利润用于剪纸创作和再生产。民间剪纸协会作为文化馆开拓剪纸市场的重要补充，作用同样不可小觑。在条件成熟的时候，剪纸艺人可以用自己的名字命名自己的专有工作室，出售别具特色的剪纸作品。以文化馆和剪纸协会为剪纸产品销售主体，有利于降低产品的销售成本，在售卖的同时可以专业视角向卖家介绍潮阳剪纸的特色和价值，还可以及时获得买家的信息反馈，调整设计思路，与市场点对点对接。

2. 实体店

可将剪纸批发给家具店、饰品店、特产店、礼品店、文化馆或剪纸协会，也可以开设专业化的剪纸工作室或专卖店销售剪纸，扩大销售范围，最大程度地吸引现实买家，挖掘潜在买家，增加销售量。实体店经营的最大益处是，可在扩大潮阳剪纸销售的规模和营销的专业性的同时打造潮阳剪纸品牌，实现品牌社会效益最大化。

3. 代理商

需要强调的是，代理商的选择一定要具有针对性。就潮阳剪纸的特性而言，在选择代理商时，应该偏重选择经营文化产品和公益类的企业或组织进行潮阳剪纸的代理及销售工作，这样既使得寻找目标代理商可行高效，同时也使潮阳剪纸的文化内涵和社会价值得到充分释放。一个好的剪纸销售代理可以生动阐明产品的背景由来、文化底蕴、剪法风格、艺术价值以吸引买方的注意力，再根据与客户沟通时得到的反馈信息，帮助雇主持续或调整原有的剪纸营销的相关策略。

（三）潮阳剪纸的销售地点

1．揭阳潮汕机场

2012 年，揭阳潮汕机场接送旅客 210.3 万人次，起降航班 19 282 架次，这是潮汕地区自 1974 年开通民航运输以来，年航空旅客流量首次突破两百万大关。[①] 潮汕机场的大量人流意味着潮阳剪纸存在着大量的购买力较强的潜在顾客。登机前的乘客一般都有空闲时间购买礼品，如果能够充分认识到人们长久以来形成了“机场商品价格昂贵”的印象这一现实，明确“扩大潮阳剪纸影响为主、实现经济效益为辅”的经营理念，在机场礼品店售卖尺幅适中、价廉物美、便于携带、寓意吉祥的潮阳剪纸作品，将使小小潮阳剪纸伴随旅客飞向四面八方，走向世界各地。

2．汕头市林百欣国际会展中心

汕头市林百欣国际会展中心位于汕头城市中心的黄金地带，是汕头市重大政治活动和大型招商引资活动的主要举办地点，面对的是品位高端、购买能力强的来自不同地区甚至不同国家的消费群体。潮阳剪纸作为潮汕地区的特色民间艺术，可以借助会展中心举办各种大型专题展会的时机向各个国家和地区的商家与游客宣传自己，并使剪纸产品进入流通环节成为商品。

3．汕头市博物馆、潮州市博物馆、揭阳市博物馆

博物馆是文物和标本的主要收藏场所、宣传展出机构和科学研究机构，潮阳剪纸和博物馆的气质品位高度契合，两者可以高度互补。可在博物馆销售潮阳剪纸，特定环境下的特色商品销售，效果往往出人意料。

4．以南澳岛、大峰风景区、莱芜风景区、陈慈黉故居为代表的系列风景区

这些风景区涵盖了森林公园、自然风景区、人文旅游胜地，在国内享有盛名，是外地游客汕头之旅的必去之地。景区浓厚的潮汕文化气息与潮阳剪纸的气质一脉相承，开发以景区标志性景点为主题的套装剪纸、系列剪纸，既超脱于广为游客诟病的国内景区旅游纪念品低俗、劣质、单调、雷同的现状，又能加深游客对景区的记忆，还能够把它作为特殊礼品馈赠家人和朋友，可谓礼轻义重！景区主题剪纸别具一格，是照相留念或明信片不能取代的。

---

① 祝晓昌：《揭阳潮汕机场 2012 年接送旅客突破 200 万人次》，中国民航网，2013 年 1 月 1 日。

5. 广东省内的一二线城市

潮阳剪纸的第二个发展阶段应瞄准省内的一二线城市。广东商业蓬勃，经济发达，尤其是珠三角地区的一二线城市如广州、深圳、东莞、中山和珠海等城市的居民受教育水平和生活水平普遍较高，具有较强的艺术品鉴赏力和购买力。在这些城市寻找潮阳剪纸代理商，开办剪纸实体店，将剪纸放在家居用品店或建材店、工艺美术店或礼品店、酒店的商品部或地方特色产品店应该可行。根据问卷调查，对于能自己动手剪裁的剪纸，拥有不同程度购买意愿的市民占了总体的72.4%，说明大多数人都喜欢自己动手剪纸。针对学生群体好奇心强、接受新鲜事物快和动手能力较强，以及中老年人希望通过练习剪纸保持脑与手的协调性和灵活性的特点，可以开发适合不同年龄段消费者需求的剪纸图样，印制成册，并在书店或文具店售卖。

6. 向全国推广并走向海外

潮阳剪纸是潮汕人民和全国人民共同拥有的非物质文化遗产，虽然全国各地均有具有自己风格特色的剪纸艺术，但潮阳剪纸的独特性会为它的宣传推广加分，它的很多民间剪纸作品曾在国内外展出并引起轰动，说明剪纸在国内外具有市场基础。近年来，国内也已进行了很多剪纸出口的有益尝试，如山西广灵剪纸项目是2010年中国文化产业出口重点项目，安徽阜阳开源剪纸艺术有限公司经过阜阳市海关考核，具备了出口剪纸的资格。同行的成功探索应该对潮阳剪纸海外市场开拓之路有所启发和借鉴。

（四）潮阳剪纸的销售模式

1. 实体店销售

（1）第一阶段：工作坊。

通过工作坊进行剪纸免费教学的方式对普及剪纸知识、推广剪纸技艺十分有益。消费者可在剪纸艺人的指导下亲手体验，增加其对剪纸的了解和兴趣。目前潮阳文化馆中已有近20名剪纸文化工作者，他们可以成为剪纸培训和推广的中坚力量。由于工作坊投资相对较少，潮阳文化馆的现有场地可以加以改造利用，视形势变化，后期可再增加工作坊的数量。消费者中意的工作坊老师的剪纸作品，可以当场实现交易。

（2）第二阶段：特产店、礼品店。

潮阳剪纸拥有鲜明的民俗特色和地域特色，把它作为潮汕地区的特色礼品既能体现送礼人的品位，也能满足收礼人对礼品精致性、新奇性的要求。遍布城市各处和旅游景点的礼品店、特产店是潮阳剪纸销售的上好渠道，文化馆和“剪纸中心”可以将剪纸产品批发给这些实体店代售。

(3) 第三阶段：专卖店。

专卖店销售剪纸的最大优势是可以为顾客提供全面的专业化服务，不仅使专卖店拥有一批忠诚度较高的客户，还可以满足更多消费者的定制要求，提供高级剪纸定制服务。潮阳剪纸实体店经营到第三阶段，已然具备了一定的市场和资本规模，专卖店的开设可以得到资金、产品和销售经验的更多支持。

2. 网络营销

(1) 前期网上营销模式。

据权威报道，2012 年中国网购总金额超过一万亿元，说明互联网现实和潜在的客户基数庞大，市场广阔。网上销售不受时间、空间的限制，店铺能够 24 小时全天候展示产品，任何地方的消费者都可以在任何时候得到潮阳剪纸的相关销售信息。前期，潮阳区文化馆或“剪纸中心”因资金、技术以及网上销售经验的缺乏，无法直接开设潮阳剪纸的官方网站，利用现有的电子商务网站如“淘宝网”“亚马逊”“赶集网”等开设潮阳剪纸网店成为必然。在淘宝网上开设网店的成本主要集中在聘请客服（负责网页的运营和维护）和仓库管理员（负责货物的接收、发送和退换货）、消费者保障金以及网店的编辑和美化。此类网店在销售潮阳剪纸成品的同时，还可以为消费者提供个性化的剪纸定制服务。文化馆或“剪纸中心”也可以委托现有的专业从事文化产品和剪纸销售的网店进行代销。

(2) 后期网上营销模式。

现今网站建立技术成熟度高，成本低，因此在资金方面，文化馆或“剪纸中心”可以承担。经过前期的网上销售阶段，潮阳剪纸已经拥有了一批稳定的网上消费群体，并积累了一定的网上销售经验，随着网民和网购量的增加，开设专业的潮阳剪纸网店势在必行。文化馆或“剪纸中心”可邀请专业的网页设计公司设计一个能够体现地域、人文、艺术、审美综合特性的潮阳剪纸官方网站，该网站集潮阳剪纸的宣传和销售于一身，可在网上实现与买家的完全对接。

3. 与商家合作销售

潮阳剪纸虽然在历史厚度和艺术特色上具备优势，在文化交流方面也屡获殊荣，但是，它的知名度甚至在汕头地区都不尽如人意，因此，借用其他已具备一定发展规模的企业的销售渠道，走“先依附，后独立”的道路完全可行——一可以减小市场拓展带来的资金压力，二也能借合作商家的良好商誉提升自身美誉度。

以与月饼商家的合作为例。月饼食品一向送礼价值大于食用价值，是海内外中国人在中秋团圆之时完全不可或缺的重要礼品和食品。正因其礼仪和社交价值，月饼对包装的要求也颇高。广东荣诚食品有限公司是一家专业精工研发、生产和销售月饼、曲奇、桃酥、馅饼等烘焙类食品的大型企业，具备品牌优势、包装创新优势、产品创新优势、产品质量优势和营销网络优势五大核心优势，荣诚食品旗下形成了“荣诚月饼”“老家潮汕”“荣诚曲奇”和“至爱优品”四大品牌，商誉优良。潮阳剪纸完全可以与荣诚食品之“荣诚月饼”“老家潮汕”系列有机整合，将潮阳剪纸作品内附于月饼礼盒之中，既突破了传统月饼礼盒内容上的局限，也赋予了月饼更大的文化价值。人们在品尝月饼的同时，也被带入对绵长传统文化的追忆感怀之中，最终实现的是潮阳剪纸、荣诚月饼和消费者的三方共赢。

剪纸离不开剪刀，与剪刀生产厂家合作售卖潮阳剪纸专用剪刀（当然要有价格优势），或针对剪纸 DIY 套装的需要搭售剪刀也是良策。“潮阳剪纸 DIY 套装”对合作双方而言一举两得，两全其美。

4. 电话或网上预订

问卷调查结果显示，有超过 80% 的被调查者表示有意愿订购自己喜欢的图案的剪纸，开设剪纸订购热线可以充分满足消费者的这一需求。而且，开通电话和网上订购剪纸的渠道成本低，公众获取相关信息快捷高效，个性化服务的精准度高，获得良好口碑的难度可在人为控制范围内。

5. 借力大中型活动销售

在 2010 年的上海世博会上，潮阳剪纸以送代卖测试市场反应，观众对潮阳剪纸好评如潮，这次经历给予潮阳剪纸市场化之路莫大的鼓励！潮阳剪纸题材灵活，完全可以随各种活动的主题而变，因此容易获得大中型活动主办方的合作许可。这些活动带来的人流和信息流对潮阳剪纸而言甚是珍贵，世博会上的成功体验非常值得延续和深化。

五、市场化是潮阳剪纸做强做大的必然选择

近年来，限于各种条件，作为国家级非物质文化遗产的潮阳剪纸传承保护人行事踏实低调，社会表现略显保守，潮阳区文化馆始终坚持自己保护和传承非遗的本分，但在潮阳剪纸的市场化运作方面尚无任何作为。纵览国内众多非遗项目的现况，没有市场化运作的介入，依靠政府有限的政策和资金支持，非遗保护和传承之路注定蹒跚而艰难。非遗项目以自己特有的方式进入流通市场获取资金，政府“输血”和自我“造血”相结合，是其自我强大的唯一选择，也是对非遗最具有实际意义和长远效益的保护和传承。我们有理由相信，只要思路明确、信念坚定、方法得当、博采众长，潮阳剪纸文化产品之舟定会顺风起航，走向辉煌。

【参考文献】

1. 陈志民、翁木顺：《潮阳剪纸》，广州：广东人民出版社 2006 年版。

2. 第八届、第九届深圳文博会的相关新闻报道。

地名研究

广州湾地名考辨

——明清方志舆图中的广州湾①

唐有伯②

1899年，法国强租广州湾，广州湾遂为世人所周知。广州湾是自古已有的地理专名。弄清历史上广州湾名称之所指，对理解广州湾的租借史有重要意义。就笔者所知，对法租界前之广州湾地名的开创性研究者，是已故湛江市博物馆馆长阮应祺先生，他在1982年发表的《清末广州湾地理位置考》一文中（以下简称“阮文”），通过研究史志等文献和实际考察，得出了以下结论：

> 清末广州湾是广东吴川县南三都上面的一个“坊都”（现在湛江市郊区南三公社灯塔大队所辖村落）及其附近港汊海面，范围相当狭小，不是指今天的湛江港，更不包括雷州府遂溪县所属的任何陆地或海面。③

这个结论，尤其是“广州湾是广东吴川县南三都上面的一个‘坊都’（阮文有的地方又称‘村坊’）及其附近港汊海面”这句话，堪称经典；因为就笔者看到的材料，无论是宣传文字、网文、论文或书籍，在谈及法国租借以前的广州湾时，几乎都因循了或者说采纳了与此相同或类似的表述。

现在网络和数字技术的发展，使得笔者较便利地找到更多与广州湾相关的资料。通过分析研究明清方志舆图中对广州湾的记述和描绘，笔者认为，阮文的上述结论虽然没有大错，但表述不太准确，也不够全面。广州湾作为一个地理名称，是多义的，其内涵是很丰富的。

一、广州湾是一特定的险要海湾

由于年代久远，广州湾作为地理专有名词何时出现，已不得而知。在现存古籍中，对广州湾最早的明确记载为嘉靖四十年（1561）出版的《广东通志》第二卷《高州府图经》所附之《高州府舆地图》中，在府南海面上标出了广州湾

---

① 本文已发表于《岭南师范学院学报》2015年第36卷第4期。

② 【作者简介】唐有伯，河北唐山人，岭南师范学院吴川文化研究所教授，从事地方文化研究。

③ 阮应祺：《清末广州湾地理位置考》，《学术研究》1982年第5期，第92页。

字样①。其第二十一卷“海道江道哨兵”一栏中叙述了广州湾的位置和驻兵：

吴川县广州湾，在南三都地方，东南滨海，离县四十里。宁川所旗军七十七名，民壮：电白县四十名、吴川县六十名。驾哨船二只防海寇。②

嘉靖四十一年（1562），《筹海图编》出版。此书是官方大员主持编写的备倭海防图论。其中在论及广东西路海防时，指出了广州湾的重要海防地位：

高州东连肇广、南凭溟渤，神电卫所辖一带海澳，若莲头港、汾州山、两家滩、广州湾为本府之南翰；兵符重寄，不当托之匪人，以贻保障之羞也。③

这段话被以后的各种海防书籍、史地方志不断转引、转述，俨然成为权威之论。但笔者发现，成书在嘉靖二十一年（1542）以前的《岭海舆图》中有一段话：

神电卫在电白县所辖一带海澳，防御号令，兵符重寄，尤不当托之匪人。守疏则衅益炽，功成而农亦妨。④

此段出自该书《高州府图序》的文字，应是上引《筹海图编》那段话的原型。该书虽然没有举出若莲头港、广州湾等具体海澳名称，却在《高州府舆地图》中画出了广州湾（见图1），上述嘉靖《广东通志》复制的即是图1所标注的。这应该是迄今所见最早标出广州湾名称的地图。

从最早记载广州湾的文字和地图可以知道，广州湾是一个海湾的名字。“神电卫所辖一带海澳，若莲头港、汾州山、两家滩、广州湾为本府之南翰”已经明白地告诉我们：广州湾是一个“海澳”。海澳即海边弯曲可停船的地方，也就是一个可停船的小海湾。《岭海舆图》中的地图把广州湾标在海中，也说明它强调的是一个水域的名称，而不是一个陆地上的地名。在《岭海舆图》和其他舆地图里，可看到广东海面有许多以“湾”为名的水域，如广州的杀湾，潮州的清湾、南湾，高州的博茂湾、莲头湾，还有粮船湾、布袋湾、三娘湾、白沙湾等，它们都是海湾或海域名，广州湾不可能例外。

---

① （明）黄佐纂修：嘉靖《广东通志》，广州：广东省地方史志办公室1997年版，第18页。

② （明）黄佐纂修：嘉靖《广东通志》，广州：广东省地方史志办公室1997年版，第768页。

③ （明）郑若曾、邵芳：《筹海图编》，《文渊阁四库全书》（第584册），台北：台湾商务印书馆1986年版，第89页。

④ （明）姚虞撰：《岭海舆图》，上海：商务印书馆1937年版，第43页。

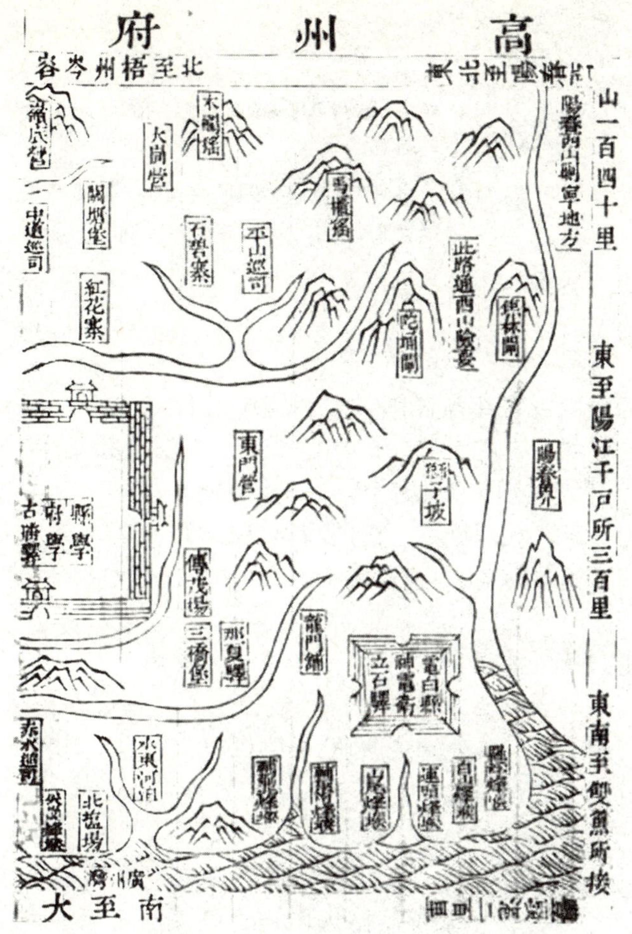

图 1 《岭海舆图》中最早标出广州湾的地图①

“兵符重寄，尤不当托之匪人”说的也是广州湾这个海湾地势险要，需要派得力官兵防守。嘉靖《广东通志》的记载说明，至少从明代始，广州湾附近就有重兵守卫。明代是防倭寇和洋匪海盗，清代主要是防海盗。广州湾之所以险要而为海防重地，是因为湾内港汊众多，容易泊船，易守难攻，往往成为洋匪海贼盘踞的基地。这在史志中有不少记载。顾炎武摘录的明代海防书中说：

限门则有新门、三合窝、硇洲、广州湾等处，皆可札船；贼每寄椗其中，窥

① （明）姚虞撰：《岭海舆图》，上海：商务印书馆 1937 年版，第 43 页。

伺货艘往来，即为掩袭剽掠之事。①

嘉庆十年（1805）九月，两广总督那彦成在给皇帝的奏折中写道：

粤东滨海地方皆有盗船停泊之所，而大帮匪船倚为巢穴之固，则惟吴川属之广州湾为尤著。该处有井泉可供汲饮，港澳可避风涛，西近湛川，北接赤坎，皆有米粮足资接济；乘东风之便则直趋琼州，西南风起则径向东、中两路，游劫得利又复归泊。②

广州湾既为贼窝，官兵与洋匪在广州湾附近的海战历来不断，有时惊心动魄、可歌可泣。例如，嘉庆六年（1801）八月，盘踞广州湾的海寇侵犯麻斜，麻斜炮台把总房士升（吴川人）慷慨誓众，抬炮冲下沙滩，英勇防守，遭洋匪设计暗算，被乱刀分尸，壮烈牺牲。嘉庆八年（1803），英勇善战的总兵黄标与广东提督孙全谋出海追捕海盗，兵败广州湾，愤懑而死。方志是这样记载的：

贼遁广州湾。湾险不可进，标欲合兵守隘，俟贼粮尽而歼。孙妒标功，谓曰：久有风涛患。乃少分兵，令标守隘。贼方困，侦知官兵战船少，冒死冲突。众寡不敌，标乃占上风，发炮烟迷贼艘，佯作追捕，全师以退。仰天叹曰：失此机会，海氛何日已也！愤懑成疾，卒于电白营。濒卒犹跃起大呼“放船”云。③

这两件事后，吴川诗人吴河光悲愤感慨，作《登麻斜炮台》七律二首，其中有“孤台南枕广州湾，一派奔涛撼远山”“临海十年无静夜，重洋万里不通艚”“太息将星今已坠，天南风雨正萧骚”④ 之句，充分说明广州湾被海贼盘踞给社会民生带来的沉重压力。

嘉庆十四年（1809）二月，提督孙全谋率百余艘兵艇出海，围捕以郑一嫂为首的红旗帮。红旗帮当时刚刚聚于广州湾，孙全谋欲出其不备，突袭取胜，结果遇到郑一嫂的巧妙抵抗，遭到惨败，损失了十四条战船。嘉庆十五年（1810），总督百龄才把广州湾和广东海上猖獗一时的海寇基本剿平。

细读以上海战的记述更可以看出：广州湾是一个确有所指的具体的险要海

① （清）顾炎武：《天下郡国利病书》，《续修四库全书》（第597册），上海：上海古籍出版社2002年版，第354页。

② （清）那彦成：《那文毅公奏议》，《续修四库全书》（第495册），上海：上海古籍出版社2002年版，第768页。

③ （清）戴肇辰等修：光绪《广州府志》，台北：成文出版社1966年版，第395页。

④ （清）毛昌善修，陈兰彬纂：光绪《吴川县志》，台北：成文出版社1967年版，第383页。

湾。那么这个海匪经常出没、发生过多次海战的广州湾在什么地方？

清同治年间广东官方主持编辑的《广东图说》指出了广州湾的相对位置：

县东南海岸与电白县西南海岸以那菉港分界海边皆暗沙，最为险阻，西南为茶亭汛，又西南过文峰汛，又屈东南过限口，又屈西南过限门村，又西南过限门港，又西南过茂晖汛，又屈东南过利剑门，又东南过田头汛，又屈西南过广州湾一望汪洋，最为险阻，又屈西过港汊，又西过南绰，又西过港汊，又西过特呈，又屈西北过港汊，又西北过麻斜一带暗沙，天险难越，有炮台，与遂溪县东南海岸分界。①

光绪十八年（1892）出版的《吴川县志》中说得就更明确具体：

海港自利剑门而西，而博立，而新场，而张屋，而麻斜，达于新门，凡三十余里。其小港又自利剑门经莫村，南过龙起滘，出广州湾。②

据此，找到莫村、龙起滘，就可知广州湾确切位置。光绪《吴川县志》正文前有极详细的《吴川县全境图》，地图很大，以标明纵横数字的方式分割成30页。把纵5横2、纵5横3、纵6横2、纵6横3四张图拼接起来，即是吴川县南二都、南三都、南四都的部分。图上自利剑门至新门和“自利剑门经莫村，南过龙起滘，出广州湾”的路线，都可看得一清二楚（见图2）。

从图2可见，当时的南三都竖向有六个岛屿并列，岛屿之间南北都有水道相贯通。东面两个岛屿（田头岛、北颜岛）之间的水道（当地人称为南三岛东水）最宽阔；位于其南面出口，由地聚、田头、北颜三岛形成的海湾即广州湾。史志记载，明洪武年间起，专门负责海上巡逻捕盗的吴川宁村巡检司一度设在地聚岛，很明显是把险要的广州湾及其附近海域作为监守的重点。

然而，《吴川县全境图》并没有把“广州湾”三字标在湾口附近，而标在了南三都（今南三岛）东南端海面，这一点有待下文论述。光绪二十三年（1897）的《广东舆地全图》虽然比较粗糙，但标出了广州湾的实际地理位置（见图3）。

---

① （清）桂文灿：《广东图说》，台北：成文出版社1967年版，第481页。

② （清）毛昌善修，陈兰彬纂：光绪《吴川县志》，台北：成文出版社1967年版，第42页。

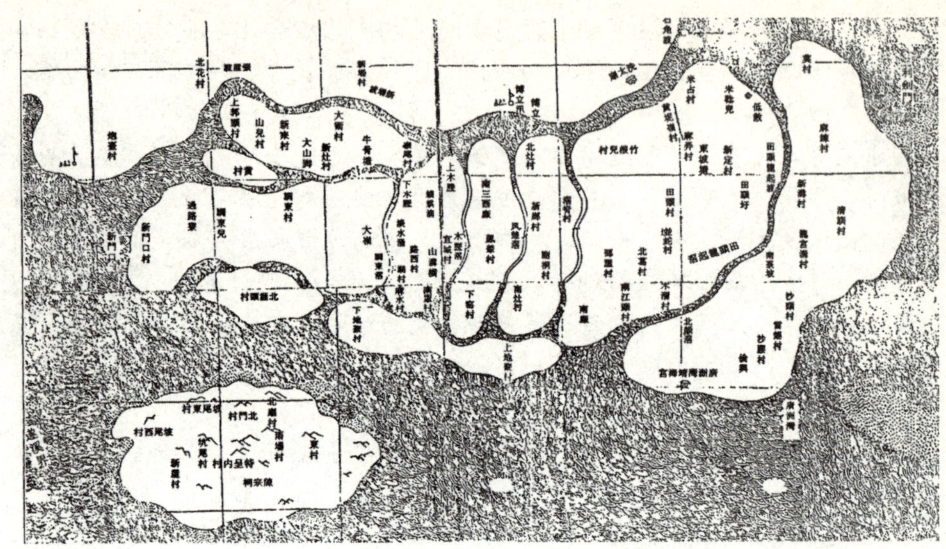

图2 吴川县南二都、南三都、南四都地图①

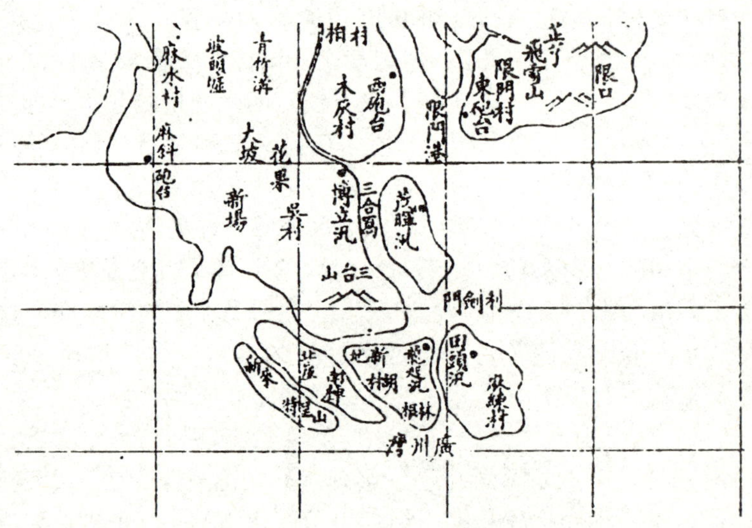

图3 《广东舆地全图》中广州湾的具体位置②

物换星移，沧海桑田。一百多年以后，对比如今的南三岛与当年的南三都，海、陆的面貌发生了很大变化。当年“过龙起滘，出广州湾”的水道业已消失，

① （清）毛昌善修，陈兰彬纂：光绪《吴川县志》，台北：成文出版社1967年版，第14～16页。
② （清）张人骏编：《广东舆地全图》，广州：石经堂1897年版，第68页。

仅仅留有一些痕迹；广州湾沿岸，有的陆地已向海内延伸，海水又大片侵蚀了有的陆地。虽然循着历史痕迹可以勾画出当年广州湾的轮廓，但原来“最为险阻”的广州湾已不复存在。历史不能忘记，广州湾最早是作为一个险要的海澳而被朝野所知，并载入史册的。

二、广州湾海域

广州湾作为一个确有所指的特定海湾或海澳，已如上述。但在明清的方志舆图中，广州湾往往不被标注在上文指出的确定位置，有的标在南三都东南面（如图2）或南面，靠近硇洲；有的标在西面或西南面，靠近遂溪界；有的标在西北，靠近麻斜炮台，等等（见图4至图6）。这并非绘图者标注得不准确或标错了位置。例如，道光十八年（1838）出版的《广东海防汇览》，由广东督抚衙门组织广泛搜集资料，著名学者认真甄别而编成。当时的高州知府王朝纲、雷州知府高泽履都参加了编辑，广州湾的位置是不可能搞错的。但此书就把广州湾的位置标在了石门港的出口、麻斜炮台以南附近，离南三都的广州湾有相当的距离（见图4）。

图4 《广东海防汇览》西路图中的广州湾①

① （清）卢坤、陈鸿墀主编：《广东海防汇览》卷一，1838年，第38页。

这是怎么回事？原来在明清的史志舆图中，当涉及海防事宜或具体海防事件时，广州湾有两个所指：有时指南三都田头岛、北颜岛水道出口那个具体的险要海澳；有时指石门港出口以南（现霞山海滨公园、坡头麻斜以南）由南三都、硇洲岛、东海岛围起来而属于吴川管辖的那片海域，即如今的湛江湾当年属于吴川县的那一部分。这片海域的文字表述，往往也为"广州湾"。这片被称作"广州湾"的海域的范围可由当时海上巡洋会哨的规定推断出来。

所谓巡洋会哨，是明清时代一项重要的海防制度。巡洋即驻防水军按其所辖领域沿一定路线在海上巡逻，亦称巡哨。会哨是相邻的两支或多支巡哨船队按规定时间在其各自所巡海域之交界处相会，互换凭证，并接受上级官员稽查。巡哨制度规定："各该会哨处所均属各路舟师必到交界地方，并非越境远涉。"① 会哨地点由会哨各方约定，一般在交界处的洋面或附近小岛，不会深入对方巡逻领域。会哨制度经常调整。下面我们分析一下嘉庆七年（1802）的会哨规定：

西上路总巡：硇洲营与雷州营二月初十日在广州湾会哨；电白营与硇洲营二月初十日在广州湾会哨。②

电白营、硇洲营和雷州营三支船队不可能都到南三都北颜岛的那个广州湾会哨。硇洲营与雷州营的会哨一定在硇洲、雷州与吴川三营所巡逻海域之交汇处，它应在南三都的西南，即雷州的东海岛以东、吴川的硇洲岛以北与吴川营所辖海域交界的某地；同理，电白营与硇洲营的会哨必定在南三都东南，即电白营、吴川营、硇洲营所巡逻海域的交界处。

西上路分巡：吴川营与硇洲营正、三、五各月每月二十日在广州湾会哨；吴川营与雷州营右营二、四、六各月每月二十五日在广州湾会哨。③

如上面的分析，吴川营与硇洲营的会哨，必定在吴川南三都之南，南三都与南四都（硇洲）海域的交界处。吴川营与雷州营右营的会哨必定在吴川所属海域与雷州所属海域交界处，即南三岛的西面或西北与雷州海域交界的某处。

从以上分析可知，会哨广州湾之"广州湾"的范围，是指吴川南二都、南三都的西部海域，其西及西南以包括东海岛在内的遂溪所属海域为界限，其南以驻防的硇洲营水师所辖之硇洲北部海域为界限（参见图5、图6）。

---

① （清）卢坤、陈鸿墀主编：《广东海防汇览》卷二，1838年，第17页。

② （清）卢坤、陈鸿墀主编：《广东海防汇览》卷二十四，1838年，第3页。

③ （清）卢坤、陈鸿墀主编：《广东海防汇览》卷二十四，1838年，第4页。

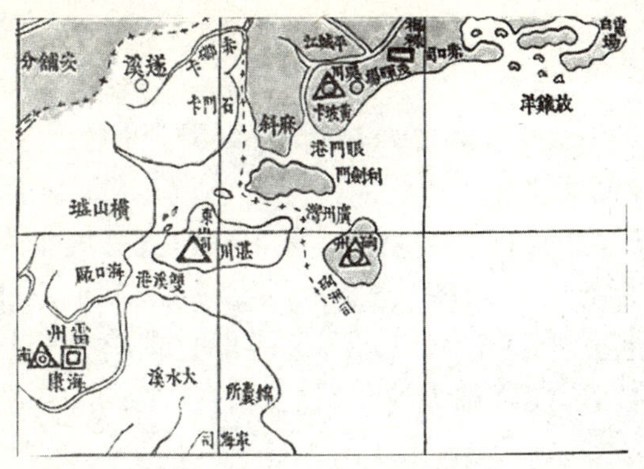
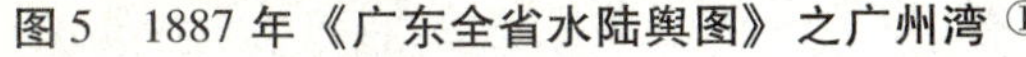
图5 1887年《广东全省水陆舆图》之广州湾①

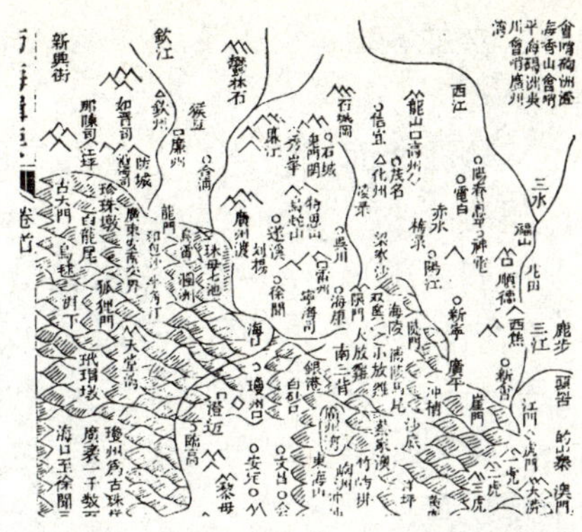
图6 《防海辑要》会哨广州湾图②

有时为了更确切地表述这个“广州湾”所指海域，又把它称作“广州湾洋面”。高雷本地的方志都有叙述：

广州湾洋面在田头汛南面外洋，其西即吴川、遂溪两邑海面分界。③

海头炮台，郡城东北一百四十里。东与吴川麻斜炮台对峙，外通东头山、广州湾等处洋面。④

官方也这样使用。嘉庆十五年（1810）《分段派拨巡洋章程》中云：

西路东海地方设立师船十号，酌驾吴川、硇洲各营兵丁五百名，即排硇洲营都司、吴川营都司、吴川营守备，并带各营千把总，在于东海、硇洲、广州湾洋面巡缉。⑤

由此可见，如今称作湛江港湾的海域，当初在海防上分属三个海域或洋面，即东海海域、硇洲海域、广州湾海域。

我们发现，史志舆图中许多地方提及广州湾时，往往指的是广州湾洋面。例如：

凡舟之从硇洲北而入雷州海头各港，必从广州湾而来；凡舟之从硇洲南而入

① （清）黎中配：《广东全省水陆舆图》，1887年。

② （清）俞昌会：《防海辑要》，百甓山房藏1842年版，“卷首”第8页。

③ （清）毛昌善修，陈兰彬纂：光绪《吴川县志》，台北：成文出版社1967年版，第161页。

④ （清）俞炳荣、赵钧谟等纂：《遂溪县志》，台北：成文出版社1974年版，第476页。

⑤ （清）卢坤、陈鸿墀主编：《广东海防汇览》卷二十四，1838年，第19页。

雷州、双溪各港，必从砂尾而至。[1]

从硇洲北面到雷州海头各港口的船只，没有必要经过南三都的广州湾，“必从广州湾而来”无疑指的是从广州湾洋面而来。

再如，1896年（法国提出租借广州湾的前两年）出版的《皇朝直省舆地全图》，在雷州半岛以西的海面上，仅仅标有“广州湾”三字（见图7），我们不能认为那是标注雷州半岛以东（今湛江港）的整个海域，而只能把它理解为标注的是广州湾洋面。因为一张全国性的地图不能巨细无遗，只能标注重要的和主要的地理位置。

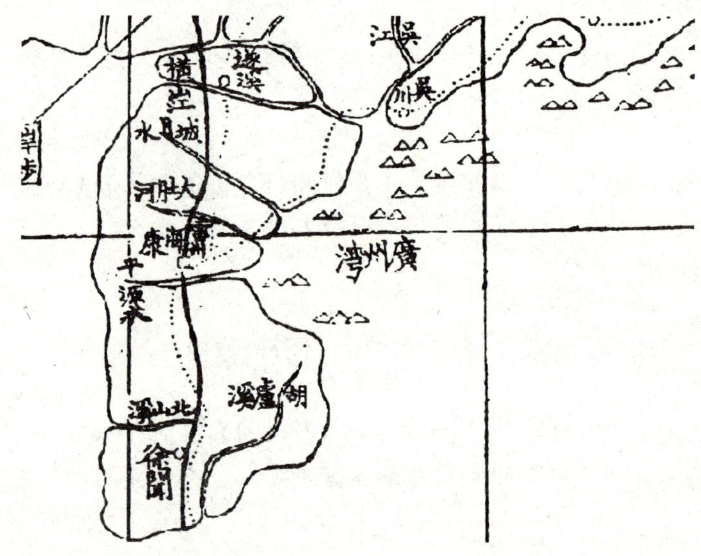

图7　《皇朝直省舆地全图》中的广州湾[2]

再看光绪二十五年（1899）正月两广总督谭钟麟给朝廷的奏折中的一些句子：

高州府吴川县属之广州湾，海面绵亘数十里，东界吴川属之麻斜，北界雷州遂溪属之海头，均设有营汛炮台。

法人去岁至今春，常有兵轮在广州湾一带往来游弋，测量水道，绘画形势。

① （清）阮元监修，陈昌齐等总撰：道光《广东通志》卷七十八至卷一二四，《续修四库全书》（第671册），上海：上海古籍出版社2002年版，第724页。

② （清）黎佩兰：《皇朝直省舆地全图》，1896年。

忽又于九月占据广州湾对海之硇洲营汛炮台，情势汹汹，莫可阻止。

查法人议租广州湾，系高州府吴川县属地，且总署原有不筑炮台、不驻陆兵之议。今乃界未勘分，辄于广州湾之外越界强占雷州府遂溪县属之海头汛，近又强据硇洲炮台，似此不照原议，强占不已，实出情理之外。①

很明显，这些句子里的“广州湾”，指的都是广州湾洋面。它表明，法人当初以作为屯煤泊船之所为借口要强租的广州湾，从海域来说，一开始表面要求的就是广州湾洋面及其沿岸陆地（当然还包藏更大野心），并非只是南三都北颜岛旁的那个广州湾海澳，而谭钟麟等清朝官员也是这样理解的。

可见，弄清了“广州湾”在很多情况下都是指“广州湾洋面”，并且弄清了“广州湾洋面”之范围，不仅解释了在明清舆图中广州湾位置标注的差异，更有助于解读有关广州湾的历史文献，使我们减少许多困惑或误解。

三、作为行政村的广州湾

海洋伸入陆地的部分曰海湾。在人们的海洋活动中，环绕海湾三面的海岸及其附近陆地与海湾被视为一个整体，人们往往习惯用海湾的名字称呼海湾沿岸的陆地。因此，用“广州湾”指称其依附的近海陆地，甚至把它作为陆地上的地名，也就顺理成章了。

明清的方志舆图大多数把广州湾标注在海中，但也有几幅图把广州湾标注为海岛的名称（见图8、图9）。这些标名为“广州湾”的陆地（岛屿），从其地理坐标看，均为南三都几个岛屿所在之地；而在其他舆图中，这些岛屿一般被标注为“南三都”“南三背”“田头汛”“麻练沙”等。为什么有些图把它标注为广州湾呢？这与有些地图把南三都的岛屿标注为田头汛的情况相似。田头汛在广州湾北面，其驻军是专门防守广州湾一带水域的。嘉庆十一年（1806），两广总督吴熊光曾向嘉庆皇帝汇报过广州湾沿岸状况：

广州湾前临大海，一片沙滩，沙性松浮，难于建造炮台营汛，唯有附近广州湾之田头村、龙起滘等处要隘，派拨弁兵日夜巡守。②

田头汛是海防要塞，位置重要，所以一些地图把它所在的岛屿甚至整个南三都的岛屿直接标注为田头汛。这里的“田头汛”不是岛屿的名称，而是表明田

① 王彦威、王亮：《清季外交史料》，台北：文海出版社1985年版，第2336页。

② （清）卢坤、陈鸿墀主编：《广东海防汇览》卷八，1838年，第19页。

头汛的位置。同理，广州湾是海防要地，所以有的地图把它所在岛屿标注为“广州湾”。因此，这里的“广州湾”不应被看作地名，它并不表示这个岛屿名为广州湾，只是标注广州湾所在的位置。

明嘉靖十四年（1535）成书的《广东通志初稿》记载了吴川县的广州湾渡口。渡口以广州湾为名，说明它在广州湾沿岸，但不能直接说明附近陆地有个叫广州湾的地方。如今能找到的出现陆地上广州湾地名的文献，是现存最早的吴川县志——雍正《吴川县志》，其在南三都下属的十三个村名中，列出了广州湾。据此可以推断，广州湾作为陆地上的地名，至晚在清雍正朝已经存在。光绪《吴川县志》在南三都所属广州湾名下注明：“城南六十五里，殷、曾、陈杂居，分四五村。”① 按照光绪《吴川县志》所记南三都所属十三个村的村名，再来审视上引吴川县的详细地图，可以发现，广州湾之西的地聚岛上的村庄被命名为“地聚”，田头岛南部面临广州湾的几个小村庄被命名为“木谓”，东面北颜岛南端最下方的海边，地图上标有“广州湾靖海宫”，可知这一带陆地即是广州湾。除去广州湾海口周围已经榜上有名的地聚、木谓及北颜岛中部的青训，靖海宫北面的几个小村庄，即沙头村、雷锡村、沙腰村、伦兴、北颜滘等，就是陆地上的广州湾，大体相当于现在的灯塔村委会的范围。这一点，阮文已经考察得很清楚，并且得到公认，兹不赘述。

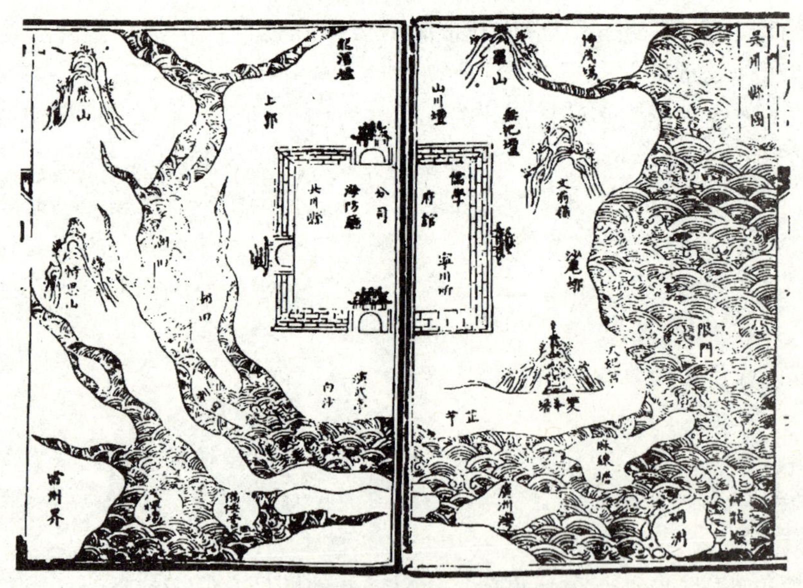

图 8　万历《高州府志》中的广州湾②

① （清）毛昌善修，陈兰彬纂：光绪《吴川县志》，台北：成文出版社 1967 年版，第 48 页。

② （明）欧阳保等纂修：万历《高州府志》，《万历〈高州府志〉、万历〈雷州府志〉》，北京：书目文献出版社 1990 年版，第 8 页。

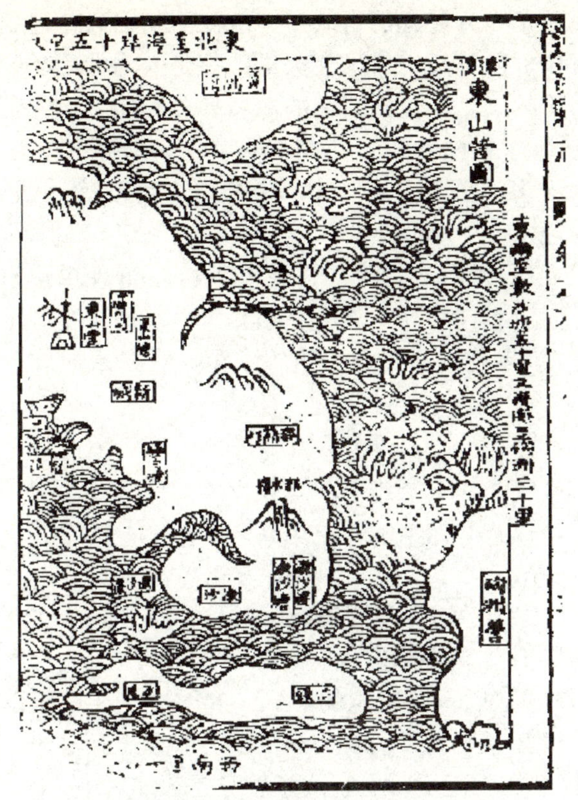

图9 道光《遂溪县志》中的广州湾①

广州湾不是一个自然村，它是由上述几个自然村组合起来的一个乡村基层行政管理单位。明清时期中国县级以下乡村行政管理实行的是传统的乡里制和保甲制，有“乡”“都图”“里甲”等名称，但各地设置的名称和管理层级很不一致，差异极大，各时期名称亦有变化，就连高州府几个县的设置名称也都各不相同。县志对吴川县基层行政组织的设置和变迁有说明：

考明初置，因邑之大小编户为若干里，而一里之中复区为十甲……虽现年之名屡经釐革，未免名去实存。邑旧为十八都，都为十甲。②

照此说明，“都”相当于“里”，而“都”的下一级行政管理单位相当于“甲”，广州湾应是南三都辖下的一个“甲”。清代不少地方把“甲”称为“村”，或“甲”“村”并称。因此，南三都下的广州湾，可称为广州湾村。但这

① （清）俞炳荣、赵钧谟等纂：《遂溪县志》，台北：成文出版社1974年版，第462页。

② （清）毛昌善修，陈兰彬纂：光绪《吴川县志》，台北：成文出版社1967年版，第46页。

个村不是自然村，而是人为设置的行政村，就像清朝以后，这块地方曾先后叫第二保、灯塔乡、灯塔大队、灯塔村委会一样，都是人为的行政区划设置。

现今涉及广州湾的文献，包括新编的地名辞典和地方志，都把清代南三都广州湾这个基层行政管理单位称作“广州湾村坊”，有的还称为“广州湾坊都”。这两个名称有很大语病，都不妥当。为了使表达更为准确、更为接近历史真实，下文不得不“咬文嚼字”一番。

先看“村坊”二字。明清时代，县级以下行政管理单位有“村”与“坊”这两个专门名称，而没有“村坊”这一名称。“坊”是住在城镇里的居民基层组织单位，“村”是住在乡村的居民基层组织单位，它是从唐朝延续下来的。请看《旧唐书》的记载：

百户为里，五里为乡，四家为邻，五邻为保。邑居者为坊，田野者为村。村坊邻里，递相督察，士、农、工、商四民各业。①

“村”与“坊”作为一级行政管理组织名称，与“府”“州”“县”等是一样的，只能说“某某府”“某某州”“某某县”，而不能说“某某府县”或“某某州县”；同理，对于基层行政组织的“村”或“坊”，只能说“某某村”“某某坊”，而不能说“某某村坊”，因为“村”“坊”标志着不同的居住地区。“村”“坊”有时也连在一起用，但它的意思只是表示“村与坊”“村或坊”，如说“某某县分为某某个村坊”等。

“村坊”除了上述意义外，在古今汉语中，还经常被作为普通名词使用，如“出门信步作闲游，野庙村坊到处留”之类。“村坊”作为普通名词，与“村庄”“村落”是同义词。普通名词表示的是某些或某类事物，一般不能用来指称独一无二的特定事物（即个体）。在这种意义下，可以说诸如“广州湾一带的村坊”“附近的几个村坊”“五个村坊”等，但不能说诸如“这个村坊”“某某村坊”等。说“广州湾村坊”等于说“广州湾村庄”，显然不通。

“坊都”与“村坊”类似，它是“坊”“都”两字的组合，此二者也是明清时期县以下基层行政区划的名称。“在城曰坊，在乡曰都”，城里的居民划为“坊”，城外乡野的居民划为“都”。“都”（又称作“图”）比“村”高一级，相当于“乡”或“里”。光绪《吴川县志》卷一“坊都”一栏不仅记载了吴川县十八个“都”及其所辖之“村”（或“甲”）的名称，也记载了诸如“南熏”“太平”“绣衣”等九个“坊”的名称。吴川县与其他各地一样，从来没有过叫“某某村坊”或“某某坊都”的地方，不管是自然村还是基层行政单位。与“村

① （后晋）刘昫等：《旧唐书》，北京：中华书局1975年版，第2089页。

坊”不同的是，古今汉语中根本没有“坊都”这一名词，两字连在一起的“坊都”，表示的唯一意思就是“坊”与“都”，因为古代没有标点，所以看似像一个词。因此，“广州湾坊都”更为不妥。笔者认为，用“广州湾行政村”这一名称代替“广州湾村坊”和“广州湾坊都”，应该更确切一些。

四、“广州湾”抑或“广洲湾”？

与广州湾的名称相关的还有一个颇为流行的观点：广州湾原来的名字为“广洲湾”，当年法国侵略者强租了广州湾后，把“广洲湾”改成了“广州湾”。论据有二。其一曰，古代史志中，“广洲湾”与“广州湾”两种写法都有，但以写作“广洲湾”者居多。其二曰，“洲”是水中陆地的意思，当地居民总是把海岛称“洲”，州县之“州”不能表达这个意思。光绪《高州府志》卷末的一个“订误”，给予了这个论据极大的支持：“广洲湾——案此洲在吴川境，字从水旁，乃洲渚之洲，凡写作州郡之州者皆误。”①

其实，上述的论点、论据都站不住脚。

第一，明清史志中确实出现“广州湾”“广洲湾”两种写法，但不是“广洲湾”比“广州湾”多，恰恰相反，倒是“广州湾”比“广洲湾”多很多。笔者在一个包含数万册古籍的在线阅读网站上，用关键词“广洲湾”搜索仅得13条，而“广州湾”搜索得133条，后者是前者的十倍。

第二，“州”与“洲”在古代是通用的，“水中陆地”就是“州”字的原始含义。下面是《康熙字典》对“州”字的解释：

《说文》：水中可居曰州。周绕其旁。从重川。昔尧遭洪水，民居水中高土，故曰九州。……又与洲通。◎按《说文》引《诗·周南》在河之州，今文作洲，古通。②

《康熙字典》解释“洲”字说：

洲。《说文》水渚也。《尔雅·释水》水中可居曰洲。……《诗·周南》在河之洲。……《说文》本作州，后人加水以别州县字。③

既然“州”与“洲”可以互通，那么“广州湾”与“广洲湾”就没有孰是

① （清）杨霁修，陈兰彬等纂：光绪《高州府志》，台北：成文出版社1967年版，第84页。
② （清）张玉书等编纂：《康熙字典》，上海：汉语大词典出版社2002年版，第265页。
③ （清）张玉书等编纂：《康熙字典》，上海：汉语大词典出版社2002年版，第569页。

孰非的问题。许多地名本来就是约定俗成的，若一定要在其中确定一个标准的、“正统”的名称，其办法或者看哪个使用率高，或者考察何者出现得早。“广州湾”不仅比“广洲湾”使用率高，而且使用得也更早。1535 年的《广东通志初稿》、1542 年的《岭海舆图》、1561 年的《广东通志》、1562 年的《筹海图编》，直至 1602 年的万历《广东通志》使用的都是“广州湾”，只是到了 1614 年的万历《高州府志》，才使用了“广洲湾”。可见“广州湾”是“正统”。

第三，“广州湾”是官方认可的写法。查历朝《大清会典》都写作“广州湾”。查法国强租广州湾事件中的相关历史档案，在两广总督谭钟麟、广东巡抚鹿传霖、勘界大臣苏元春等的奏折及皇帝的谕旨中，在总理各国事务衙门与法领事、法外使交涉的文件中，以及在中法《互订广州湾租界条约》的原始文本中，出现的文字全是“广州湾”，毫无“广洲湾”的踪影。可见“广州湾”乃清政府对内对外正式认定的地名，所谓法国将“广洲湾”改名为“广州湾”云云，想当然耳！

五、小结

清末之前，“广州湾”一名，有海、陆二义。其最初所指当为吴川南三都田头岛、北颜岛南端与地聚岛所形成的海澳、海湾，其地势险要，是高州府南部海防要地。由于广州湾具有重要的海防地位，如今湛江港（湾）之原来吴川县所属的海域部分，又笼统被称为广州湾，或广州湾洋面。这是广州湾一名含义的引申和扩大。广州湾东之北颜岛南端靠海的几个荒僻小村组成的行政村，也因广州湾之大名而以广州湾为名。陆地上的广州湾之名来自海上的广州湾。法国强租之前，广州湾并非籍籍无名，而是历来被朝野治海防者所重视，史志不乏记载，有时甚至连皇帝（如嘉庆帝）都耳熟能详。广州湾之所以闻名朝野，与陆地上的广州湾行政村关系不大，而是缘于海上广州湾的重要战略地位。这也是当年法国侵略者要霸占广州湾及其周遭陆地的真实原因。

粤西古国輆沭与乌浒的起源

张应斌[1]

雷州雷神神话把雷祖陈文玉的生平时代定在唐代贞观时期，意即雷州半岛古人类起源于唐初，这是不符合历史实际的。考古人员在遂溪县江洪镇东边角村的鲤鱼墩新石器时代墓葬中发现用贝壳掩盖的人头骨及肢骨，伴随出土的还有小石斧、篮纹夹砂粗陶片、贝饰、牛骨等，鲤鱼墩人的时间距今约六千年。另在吴川县梧山岭、廉江县丰背村、徐闻县华丰岭、海康英楼岭等处的新石器时代遗址中出土磨制双肩石斧、石锛、石凿、石锤、穿孔石器、篮绳纹夹砂红陶片、高颈夹砂陶罐和蚌刀等文物。这些发现说明，在五六千年前，今湛江市境内已有人类——岭南古越人在活动。即使是他们从雷州半岛进入中国版图的时间，也可追溯到秦朝。说古人类起源于陈文玉时代，严重推迟了雷州半岛的人类发展历史。因此，本文拟对粤西民族的历史试作探讨。

先秦时期，在今广东地区有两大古国：一是粤东的伯虑国，一是粤西的輆沭国。輆沭国人是鲤鱼墩人的后代，是先秦岭南古越人在粤西的代表，是岭南民族重要的历史渊源。

一、輆沭在何方

輆沭国见于《墨子·节葬下》：“昔者越之东，有輆沭之国。其长子生，则解而食之，谓之‘宜弟’；其大父死，负其大母而弃之，曰‘鬼妻不可与居处’。”輆沭国，《列子·汤问》作“辄木之国”，晋张华《博物志》卷二作“骇沐之国”，宋丁度《集韵》卷七、清《康熙字典》均作：“輆沭，国名，在越东。”金韩道昭《五音集韵》卷十：“輆汰，国名，在越东。”这些异名均是形近而误。《墨子·鲁问》：“鲁阳文君语子墨子曰：楚之南，有啖人之国者桥，其国之长子生，则鲜而食之，谓之宜弟。美则以遗其君，君喜则赏其父。”越之东、楚之南，即岭南。桥，即峤。岭南，又称峤南。輆沭国，是以地而名；啖人国，是以风俗而名，二者实一。食长子是其恶俗之尤，是实际上的食人风俗的反映，民族学上又称为猎头古俗。

---

① 【作者简介】张应斌，湖北利川人，岭南师范学院中文系教授，从事中国古代文学研究。

𫐐沭还见于《山海经》等，不过多作“雕题国”。《山海经·海内南经》：“伯虑国、离耳国、雕题国、北朐国，皆在郁水南。”伯虑国，在粤东博罗。离耳国，在海南儋州。据上述诸国间的相对位置，雕题国当即𫐐沭国。《楚辞·招魂》：“魂兮归来，南方不可止些，雕题黑齿，得人肉以祀，以其骨为醢些。”雕题指以花纹刺额。《礼记·王制》：“南方曰蛮，雕题交趾，有不火食者矣。”岭南古越人本有“断发文身”习俗，雕题与猎头联系，它是岭南最原始野蛮的风俗，因而“雕题国”为交趾之尤。雕题国的食人风俗，即𫐐沭国的啖人风俗，故雕题国、啖人国，均指𫐐沭国。不同的是雕题、啖人以事为名，𫐐沭则以地为名。雕题国的位置，汉王逸《楚辞章句》注“雕题黑齿”云：“言南极之人，雕画其额，齿牙尽黑，常食蠃蜯。”雷州在中国大陆的最南端，自然是“南极之人”；海边渔民耕海吃海，自然是“常食蠃蜯”。雕题国、啖人国或𫐐沭国在雷州半岛无疑。先秦𫐐沭国在西汉为合浦郡地，合浦郡治在徐闻（今雷州）。𫐐沭国乃以雷州为中心、范围与合浦郡大体相当的粤西古国。此外，还补充理由如下：

1. 𫐐沭、合浦音近

地名具有历史延续性，“𫐐沭”与“合浦”，一音之转。𫐐，《广韵》：苦亥切；读若凯。“𫐐”是生僻字，故易生误：“𫐐旧作䙈，不成字。”[①] 训诂学家据《太平广记》卷四百八十定名为“𫐐”。𫐐，声符亥。“𫐐”的读音并不生僻，当读如“核”。“核沭”与“合浦”，音近关系就比较明显了。“𫐐沭”是对古越语拟音的译写。时代不同，拟音有异，用字不同，故有“𫐐沭”“合浦”的区别。因此，𫐐沭当即合浦。西汉合浦郡辖徐闻、高凉、合浦、临允、朱卢五县，即今广东恩平以西至雷州徐闻、广西郁林以南至乌雷岭和今海南全省的大片土地。

𫐐沭与合浦，在壮语中有类似地名。𫐐沭、合浦是古越语，明代广西土司管辖范围中还有近似地名。先看𫐐沭，明《宾州志·兵防志》上林县南州卫有“咘咳前营、咘咳右营”，指《明史》中河池、咘咳北诸猺。壮语地名“咘”（布）可在前，如广西茗盈土州的咘壤水、凭祥土州的咘陇村；也可在后，如万承州的北咘水，田州土州的剥布沟、剥布山、剥布砦等。因此，“咘咳”也可作“咳咘”。咳咘与𫐐沭，读音相近，结构相同，故“𫐐沭”当即壮语“咳咘”。再看合浦类地名，广西上林县有龙蛤寨，《宾州志》有“龙蛤左营、龙蛤后营”。龙蛤又作“龙咳”[②]，《明史》卷三百一十七广西土司作“龙哈”，顾祖禹《读史方舆纪要》称“龙哈獞”。龙哈与咘咳，属于广西十寨。雍正《广西通志》卷九十五：“十寨，旧称八寨：曰思吉、周安、古卯、古蓬、古钵、都者、罗墨、剥

① （清）孙诒让：《墨子闲诂》卷六，上海：上海书店出版社 1986 年版。

② 明万历《宾州志》卷十，北京：书目文献出版社 1990 年版。

丁；后益以龙哈、咘咳，为十。其地东接柳州，西连东兰。”韦业猷《忻城土司志》载，明朝万历七年（1579）莫氏土司的首领莫镇威率忻城士兵千余剿八寨，冲入“龙哈寨”，杀害龙哈首领樊公宾等。可见，龙蛤即龙哈，也即龙咳。“合”古读为“蛤、哈”，今雷州话仍读“合浦”为“哈吥”。徐闻，读为“渣吥”，仍与“合浦”音近。因此，“合浦”当即“蛤咘”“咳咘”或“渣吥”。合而言之，古越语䡅沭、合浦，即壮语咳咘、蛤咘。换言之，先秦的䡅沭即汉代的合浦，也即壮语的咳咘，二者虽然异字，但同指一地。

2. 䡅沭国称王习气

南朝时合浦郡还有古国传说的遗迹，晋刘欣期《交州记》：“合浦东二百里有一杉树，叶落入风，入洛阳城内。汉时善相者云：‘此休征，当出王者。’故遣千人伐树，役夫多死。”① 陈江总《遇长安使寄裴尚书诗》：“传闻合浦叶，远向洛阳飞。”这些传说和诗歌都在歌咏合浦的王气。梁庾肩吾《咏风诗》：“苍梧洞犹在，合浦树应疏。阳乌一转翅，千里定非虚。”② “阳乌”指时间，故“千里”当作“千载”，庾认为苍梧、合浦的王气并非虚构。崇拜神树是人类早期普遍的文化现象，英国弗雷泽《金枝》载：崇拜橡树是欧洲所有雅利安族人的习俗，希腊人、意大利人把橡树同他们最高的神宙斯或朱庇特（天神、雨神和雷神）联系在一起，认为天帝住在那玄妙深邃的橡树林中③。合浦的王气余威，当是先秦合浦地区称王习惯的遗影，是䡅沭国产生的历史和文化背景。刘欣期《交州记》又载：“合浦海口有糠头山。传云：越王舂米于此，积糠而成。”《舆地广记》卷三十七和《明一统志》卷八十二说越王是赵佗，误。“越王”指合浦地区上古的君王，当是䡅沭王。合浦地区还有类似的“越王”遗迹。唐刘崇远《新开宴石山记》：“宴石山者，在白州博白县之西乡，与马门滩伏波公之祠邻近。《图经》云：昔有神人称陈越王，今有古宫基址，见在廉州合浦。（阙三字）曾宴于此山，故以为名焉。”④《图经》当即宋代《廉州图经》，陈越王绝非赵佗，而是越州王陈伯绍，但这仍反映了䡅沭地区的称王习俗。广东东部有伯虑国，西部产生䡅沭国，便很自然了。

3. 䡅沭国的夷人遗风

汉以后合浦郡仍不脱酋长国遗风，《后汉书》称为“合浦蛮夷”，合浦事《南史》载入《夷貊·海南诸国传》，《梁书》入《诸夷·海南诸国传》。在半壁江山的南朝初年，向中国进贡者仅十余国。梁武帝时，外国使臣合浦也在其中，

---

① （宋）李昉等：《太平御览》卷九百五十七，北京：中华书局 1994 年版。

② （唐）欧阳询：《艺文类聚》卷一，上海：上海古籍出版社 1965 年版。

③ ［英］詹·乔·弗雷泽著，徐育新等译：《金枝》（上），北京：中国民间文艺出版社 1987 年版，第 240 页。

④ （清）董诰等编：《全唐文》卷八百六十一，上海：上海古籍出版社 1990 年版。

因而合浦人的相貌、服饰被作为“蕃客”绘入《职贡图》。梁元帝萧绎（508—554）《职贡图序》：“夷歌成章，胡人遥集……瞻其容貌，讯其风俗。如有来朝京辇，不涉汉南，别加访采，以广闻见，名为《职贡图》云尔。”《职贡图》中的民族，《玉海》说本有百余国，宋李廌《德隅斋画品》说35国，《通志》卷七十二称《梁元帝二十八国职贡图》。大陆所藏的残卷原有25国，今存仅波斯、龟兹等12国，合浦图已佚。但《艺文类聚》卷七十四有萧绎《职贡图赞》：“北通玄兔，南渐朱鸾，交河悠远，合浦回邅。”《职贡图》中本有合浦人。据此，《职贡图》可补入朝鲜、交趾、合浦、车师前国等国。“回邅”形容合浦的环境险恶。宋李纲《梁溪集》卷二十四《次雷州》：“《华夷图》上看雷州，万里孤城据海陬。”是南宋时雷州蛮夷气象的写照：海畔万里的孤城，合浦一片蛮荒，先秦的輆沭国当更甚。

4. 輆沭与乌浒

说輆沭即合浦，最重要的证据是輆沭风俗与合浦地区乌浒人的遗俗完全一致（详见后文）。先秦的輆沭人和汉代的乌浒人，是岭南粤西古越族在不同时代的称谓而已。

先秦輆沭的首都在今雷州。合浦郡郡治，流行的说法是合浦县。《汉语大词典》：“合浦，古郡名。汉置，郡治在今广西壮族自治区合浦县东北。县东南有珍珠城，又名白龙城，以产珍珠著名。”其说不确，因为这只是东汉时的情形。西汉时期，合浦郡治在徐闻县（今雷州）。南朝齐梁时期，雷州再次成为合浦郡治。故《职贡图》中的合浦人，由雷州派出，他代表了雷州地区的民族风情。雷州是秦汉时期粤西政治、经济、文化中心，先秦的輆沭国的首府当在雷州。

二、輆沭与乌浒

中国历史上有个怪现象：秦以后无輆沭，东汉前无乌浒。难道輆沭腾空而去，乌浒从天而来？其实，輆沭与乌浒是不同的汉字记音，二者其实为一。

东汉时期，乌浒民族风云激荡，成为岭南最活跃、最有反抗性的民族而被载入史册。乌浒首见《太平御览》卷三七四，吴万震《南州异物志》：“乌浒人得髑髅，破之以饮酒。”六朝时期，关于乌浒的记载渐多。西晋左思《三都赋》：“乌浒狼荒，夫南西屠。”东晋裴渊《广州记》：“晋兴有乌浒人，以鼻饮水，口中进啖如故。”刘宋时范晔《后汉书·南蛮传》有《乌浒传》，《安帝本纪》和《灵帝本纪》中也有记载，乌浒遂进入中国正史。乌浒并非从天而降，《异物志》：“乌浒，南夷别名也，其落在深山之中。”① 乌浒既是别名，其本名当即輆

① （梁）萧统编，（唐）李善注：《文选》卷五“引”，北京：中华书局1977年版。

沭。理由有三：

1. 在语音上，乌浒、軬沭音近

“乌浒”既是别名，它与原名必有联系。少数民族国家的别名常因不同时代对同一名称使用了不同汉字记音而产生，其异名之间必有声音相近的关系。《史记·五帝本纪》中黄帝云：“北逐荤粥，合符釜山。”《集解》引《匈奴传》：“唐虞以上有山戎、猃狁、荤粥，居于北蛮。”《索隐》：“匈奴别名也。唐虞已上曰山戎，亦曰熏粥，夏曰淳维，殷曰鬼方，周曰玁狁，汉曰匈奴。”山戎、猃狁、荤粥、熏粥、玁狁，都是匈奴的别名。王国维《鬼方昆夷玁狁考》认为，少数民族或无文字，或有而不与中国同，中国对其称谓“随世异名，因地殊号”。故：“鬼方、昆夷、熏育、玁狁，自系一语之变。亦即一族之称，自音韵学上证之有余矣。”① 軬沭、合浦、乌浒也是这样。“軬沭”是先秦时北方人对民族的记音，“合浦”是西汉时对地名的记音，“乌浒”则是魏晋时民间对民族的读音。“乌浒”与“軬沭”“合浦”音近，三者一音之转。“乌浒”并非定名，它又名“乌浦”。《后汉书》“乌浒蛮”在宋徐天麟《东汉会要》卷三十九作“乌浦蛮”。《读史方舆纪要》：“乌浒山，州（横州）东六十里。昔乌浒蛮所居之地，亦曰乌浦。后汉建兴三年，郁林太守谷永招降乌浦人十余万，开置七县。熹平末，合浦、交趾乌浦蛮反。”② 乌浒与乌浦，古音亦同，乌浦即乌浒。合浦还有类似的地名，徐闻又名徐浦：“《汉志》云：‘自合浦徐浦南入海，略以为儋耳、珠崖郡。’即此县。”③ 徐闻，汉代又作徐浦。海南也有徐浦。雍正《广东通志》卷十三：“徐浦江，在城（儋州）南二十里，发源黎峒，流合新昌江入海。”另合浦郡有乌木江，乌木与乌浒，亦音近。当“乌浒”作“乌浦”时，它与“合浦”的关系就格外明显。在今壮族地区也有类似的地名，明《宾州志》卷十“兵防”有“咘咳前营”“咘咳后营”。咘咳已见前说，它与軬沭的关系是顺序不同但读音相近。

2. 乌浒、軬沭的地域

《太平御览》卷七八六引万震《南州异物志》：“交、广之界，民曰乌浒，东界在广州之南、交州之北。”交、广二州之间，即合浦郡。乌浒在合浦，是明确的。万震《南州异物志》又说：“广州南有贼曰俚。此贼在广州之南，苍梧、郁林、合浦、宁浦、高凉五郡中央，地方数千里。往往别村各有长帅，无君主，恃在山险，不用城。”④ 这里所说的三国时在五郡中央的俚贼，地在广州之南，苍梧、郁林、合浦、宁浦、高凉五郡是中央，即以合浦为中心的地区；俚贼，即今

① 王国维：《观堂集林》卷十三，北京：中华书局 1959 年版。

② （清）顾祖禹：《读史方舆纪要》卷一百十，上海：上海古籍出版社 1995 年版。

③ （宋）乐史：《太平寰宇记》卷一百六十九，北京：中华书局 2007 年版。

④ （宋）李昉等：《太平御览》卷七百八十五，北京：中华书局 1994 年版。

天的黎族先民。南朝梁沈约《宋书·蛮夷传》："广州诸山并俚、獠，种类繁炽，前后屡为侵暴，历世患苦之。世祖大明中，合浦大帅陈檀归顺，拜龙骧将军。四年，檀表乞官军征讨未附，乃以檀为高兴太守，将军如故。"广州之南的合浦大帅陈檀是俚獠的首领，也即乌浒人的酋长。南北朝梁、陈时期合浦郡的郡治，与西汉合浦郡一样，恰恰在雷州的海康县。因此，乌浒、輆沐的中心区域，或云首府，就在雷州。

岭南初名"交趾"，《礼记·王制》："南方曰蛮，雕题、交趾。"《资治通鉴》卷二十"汉武帝元鼎六年"胡三省注云："杜佑曰：南方夷人，其足大，指开广；若并足而立，其指交，故名交趾。刘欣期《交州记》曰：交趾之人出南定县，足骨无节，身有毛，卧者更扶乃得起。"交趾是野蛮人的身体特征，含有贬义。故汉顺帝永和六年（141），交趾太守周敞请改"交趾"为"交州"，不准。后折其中，改"交趾"为"交阯"，以避野蛮。到汉末建安八年（203），才改成"交州"。吴黄武五年（226），交州一分为二，以南海、苍梧、郁林三郡立广州，交趾、日南、九真、合浦四郡为交州。万震亲历了交、广二州的建立，所记为当下的事件，可信。交广之间即合浦郡，广州之南的梧、郁、合、宁、高五郡中央，也即以合浦为中心的地区，乌浒人的居地主要在合浦及其周边地区。合浦是先秦輆沐人生活的区域，东汉又是乌浒之地。可见，汉代乌浒人即先秦的輆沐人，乌浒、輆沐的地域即以合浦为中心的周边区域，乌浒、輆沐的首府即在合浦郡治雷州海康县。

3. 輆沐、乌浒的风俗相同

证明輆沐与乌浒同一的最重要证据是"食首子"的习俗。《后汉书·南蛮西南夷列传》："其西有噉人国，生首子辄解而食之，谓之'宜弟'。味旨，则以遗其君，君喜而赏其父。取妻美，则让其兄。今乌浒人是也。"可见，《墨子》中先秦輆沐人的风俗，到汉代表述为乌浒人的风俗，二者是二而一。《墨子》认为輆沐在"越东""楚南"，《后汉书》认为乌浒在交阯西，所指均为合浦。可见，輆沐即乌浒。

4. 乌浒的遗迹

在今雷州半岛，还留下了乌浒人生活的遗迹。这首先表现在"乌"地名上。明万历《雷州府志》卷三："（雷州）城北五里曰英灵冈，即府治主山……其地在陈太建二年（570）出雷英灵，故名，即乌卵山也。"乌卵山，《雷祖志》作"乌仑山"，乌卵是乌浒民族起源之卵。雷州还有乌石、乌秋、邬港、乌蛇岭等地名。雍正《广东通志》卷十三："乌蛇岭，在城东三十里，高五丈许，蜿蜒如蛇。"雷州是红土地区，蜿蜒如蛇为何不叫"红蛇岭"呢？它与乌浒民族的神话乌王有关。雷州还有乌黎村，因为雷州古越族又名乌黎。另外，雷州地区还有乌王庙，宣统《徐闻县志》卷六："邬王庙，城内县署。"湛江市内的同类神庙名

“乌王庙”。古雷州的遂溪、徐闻、海康县和今湛江东海岛，均有乌王庙。北宋寇准贬雷州时曾进入苦竹村的乌王庙，其系马石后改称寇老石。邬王，即乌王，指乌浒王或乌黎王。乌王庙，在钦州又叫乌雷庙。在这里，雷州雷神神话中的乌卵、雷州自然宗教中的乌王神，以及民族史的乌浒，彼此关联起来。雷州的乌卵、乌王，即乌雷王，它是古乌浒或乌黎民族的祖源所在。

乌浒与軨沭的关联，对于雷州半岛先民的上古渊源、岭南少数民族的起源和岭南地方史的研究，都有重要意义。第一，可以重新认识这两个民族：先秦的軨沭古国并未消失，它的历史在汉代合浦地区的乌浒民族中延续。同时，汉代的乌浒民族不是无本之木，乌浒起源于先秦的軨沭，軨沭就是乌浒民族的历史来源。第二，乌浒也是后来壮族、布依族、黎族人的先人，研究軨沭对于拓展壮族、布依族等族的民族史的研究，对于深化岭南地区民族历史和文化的研究，都有重要的现实意义。

三、軨沭与乌浒的含义

1. 含义的争论

軨沭、合浦与乌浒的含义是什么呢？对合浦的含义，历来多从“浦”字的水旁求解。《旧唐书·地理志》：“唐置廉州……州界有瘴江，名合浦江也。”宋欧阳忞《舆地广记》卷三十七：“有廉江、瘴江，一名合浦。”认为廉江原名合浦江。《清一统志》卷三百四十八：“廉江，在合浦县东南。《旧唐志》谓之合浦江。”认为合浦因合浦江得名。以上诸例均局限于汉字求解。有人认为，乌浒的乌，与壮族尚黑有关；浒为“水边”，而“水边”体现乌浒人的居住特点①。这些说法不得要领，因为上述词语是古越语，在汉字中寻找答案，难免南辕北辙。

2. 乌浒是民族名称

东汉时谷永安置乌浒于郁林地区，因此在汉以后郁林及周边地区可发现这些词语的含义。明代时广西土司多有“咘”类地名，如镇安府的咘来泉、咘桑泉，都康州的咘滩山、咘滩潭，佶伦土州的咘局村、咘弄村、咘陇山、咘沙村、咘透村、咘村，归顺州的咘透村。明代万承土州、养利州、江州土州、凭祥土州等，均有咘村。“咘”在汉化地区几乎消失，主要存在于土司州县。在更原始的土司文献中则更多，如《太平府志》卷三“思同土州南乡村”有咘独、咘贵、咘吗等村。左州土官的河流有咘幸、咘照、咘秃、咘北、咘陇等，20 余条河中不名“咘”的仅两条；还有伶村咘、崖麓咘、云崖咘等，11 个村落全部称“咘”②。

---

① 覃晓航：《“乌浒”新探》，《中央民族学院学报》1992 年第 5 期，第 21 ~ 22 页。

② 明万历《太平府志》卷三，北京：书目文献出版社 1990 年版。

咘又作㳇，如田州土州的剥㳇溪；又作布，如思恩府武缘县的布雍泉，恩城土州的布德桥，结伦土州的布吝泉和布吝山，永康州西南的布泡泉、布马泉、布泊泉等。在今广西壮族中，多自称为 $pou^4 tsu:g^6$，汉字记音为“布壮”；广西北部、西北部和云南文山壮族苗族自治州北部则自称 $pu^4 jai^4$，汉字记为“布衣”，与布依族的自称相同；广西凤山壮族自称 $pou^4 lau^2$，汉字记为“布老”。这些称谓中的 pou^4 或 pu^4，有人释为指人的量词①。其实，它本指老人。壮语称祖母为 pu^2，老人为 $pou^4 lau^4$。“布”本指老人，壮族史诗《布洛陀》中的“布洛陀”是壮族神话中创世神的名字，其中“布”指老人“洛”是知道，“陀”是多。合而言之，“布洛陀”指无所不知的老人。“布”指老人这种说法由来已久，《隋书·地理志》：“有鼓者（铜鼓）号为都老，群情推服。”都老即“布老”。后布由老人称谓引申为部族的首领。明邝露《赤雅》卷上云广西“土目称其酋曰布伯”。族长为“布伯”，伯是汉语，布是壮语。壮族称寨主为 $pou^4 lau^2$（布老），与老人称谓相同。可见，明代广西土司区的“咘”或“布”，即今壮族的“布”。它本指老人，寨主多由老人担任，再引申为寨主。寨主常常是部落的代称，“布”又成为部落名或地名。壮语属汉藏语系壮侗语族壮傣语支，与布依语、傣语同一个语支，其上源则是古越语。越人自称于越、无余或布越，与壮族“布壮”的结构相同，语音相近。畡沭、合浦、乌浒、乌浦的起源也是这样，它本是老人的称谓，然后引申为民族首领、民族国家和民族栖息地的称谓。可见，畡沭、合浦和乌浒，本即“咳咘”“哈咘”或“乌布”，均是粤西地区古越族的民族、国家或民族栖息地的名称。

再说合浦。合浦多指地，但也指人。“合”，除在今雷州话中读“哈”外，在今越南语中也仍读“哈”。越，《广韵》：王伐切；古读“瓦”。上古“越”“合”主元音相同。故《朱子语类》：“却是广中人说得声音尚好，盖彼中地尚中正，自洛中脊来。只是太边南去，故有些热。”② 中古时期，越，《广韵》：户括切；读如“霍”。“越”与“合”仍音近。《隋书·地理志》：“合浦郡……旧置越州，大业初改为禄州，寻改为合州。”越州为西江督护陈伯绍刘宋明帝泰始七年（471）建立，岭南形成交、广、越三州并立的局面。越州在南越国之后再次打出“越”旗，传承南越文化。齐永明三年（485），越州人网得海中铜兽，铭文“作宝鼎，齐臣万年子孙承宝”，献给皇帝。永明七年（489）越州献三寸大的呈思惟佛状的珍珠，皇上特建禅灵寺供奉，越州得到中央重视。合浦为何改为越州？这是因合、越音近。合浦，即越浦，也即越布（族），合浦人即越族人。

“浦”指民族，这种说法古已有之。《史记·周本纪》说到“庸、蜀、羌、

---

① 韦庆稳、覃国生编著：《壮语简志》，北京：民族出版社 1980 年版，第 1 页。

② （宋）黎靖德编：《朱子语类》卷一百三十八，北京：中华书局 1994 年版。

髳、微、纑、彭、濮人”等民族，《集解》孔安国说：“八国皆蛮夷戎狄……濮在江汉之南。”濮、浦音近，“浦”指民族无疑。学者认为，巴濮是乌浒的别称，乌浒即广西壮族的别称①。軲沭、合浦、乌浒与巴濮，构词相同。

四、軲沭与西瓯

接续軲沭国历史的是西汉合浦郡，合浦民族在西汉称为“瓯”，因在番禺之西，又区别于福建东瓯，故又云“西瓯”。因而，軲沭又与西瓯有了关系。

1. 西瓯的来历和争论

西瓯的来历是历史研究中的难题，《汉语大词典》：“西瓯，我国古代少数民族名。越人的一支。秦汉时分布于岭南一带，与今壮族有渊源关系。”内容正确，但空泛，当是为了回避争论。《山海经·海内南经》：“瓯居海中，闽在海中。”晋郭璞注：“瓯，今临海永宁县，即东瓯，在岐海中也；音呕。闽越即西瓯，今建安郡是也，亦在岐海中。”明杨慎《升庵文集》卷七十七《南梦北梦》也主此说。扬雄《方言》卷一：“（信）西瓯、毒屋、黄石野之间，曰穆。”郭璞注：“西瓯……未详所在。”与前说矛盾。《汉书·两粤传》唐颜师古注：“西瓯，即骆越也。”把西瓯与骆越等同。宋乐史《太平寰宇记》卷九十九引《郡国志》：“永嘉为东瓯，郁林为西瓯。”清全祖望《经史问答》卷十：“苍梧以西，号曰西瓯，别有国族。”② 这种说法虽然正确，但是只适合汉代以后。要弄清西瓯，应从源头说起。

西瓯始见西汉。《史记·南越列传》两见，一是南越王赵佗《上汉文帝书》：“蛮夷中间，其东闽越千人众号称王，其西瓯、骆裸国亦称王。”一是司马迁的叙述：“佗因此以兵威边，财物赂遗闽越、西瓯、骆，役属焉。”后者依据前者而来，故赵佗语是根本。赵语在《汉书·两粤传》作“蛮夷中西有西瓯，其众半羸，南面称王；东有闽粤，其众数千人，亦称王”，意思更明确：“东闽”与“西瓯”对举，番禺以东的叫东闽，又叫东瓯；番禺以西的叫西瓯。西瓯是赵佗以番禺为视点的对举性描述：西指方位，是汉语；瓯指民族，是越语；两种语言合成西瓯一词。因此，西瓯是个临时性的概念。它前无历史，后无传人，对中国历史研究造成了混乱。在中国历史上，西瓯一词使用不广，《史记》外，正史仅《汉书》和《旧唐书》使用。西瓯是南越人的别名，它应回到历史系统中才有意义。

---

① 黄现璠：《壮族别称乌浒人之探讨》，载谢启晃等编：《岭外壮族汇考》，南宁：广西民族出版社1989年版，第123页。

② （清）全祖望：《鲒埼亭集（外编）》卷四十九，上海：上海古籍出版社2000年版。

2. 瓯或西瓯与輆沭的关系

瓯或西瓯即輆沭后人，理由如下。第一，越人自称“于越”，音“乌余”。《左传·定公五年》：“于越入吴。”《左传·定公十四年》：“五月，于越败吴于槜李。”晋杜预注：“于，发声也。”唐孔颖达注：“《公羊传》云：‘于越者何？越者何？于越者，未能以其名通也。越者，能以其名通也。’其意言：越与于越，立文不同，事有褒贬。《左氏》无此义。越是南夷，夷言有此发声。史官或正其名，或从其俗。越与于越，史异辞，无义例。”认为“于”是语气词，此说流行，但不确。越族自名“乌余”：“越之前君无余者，夏禹之末封也。”① 越人始祖无余，又作于越。《史记·越王勾践世家》注引贺循《会稽记》：“少康，其少子号曰于越，越国之称始此。”于越即无余，为姓又作芋越，读如乌余。《世本》：“越为芋姓。”芋，《广韵》：王遇切，读若乌。芋、于、余，音近。无余即芋余，即于越。于越得名于无余，是越族的自称，其后子孙也多以无、余为名。《史记·越世家》：“勾践卒，子王鼫与立；王鼫与卒，子王不寿立。”《索隐》引《竹书纪年》：“不寿立十年见杀，是为盲姑。次朱句立。”鼫与，读如石余；盲姑，读如盲诸；朱句，又作州勾。《竹书纪年》有“越王朱句”，金文有“越王州勾自作用矛”和“越王州勾自作用剑”等。州勾即朱句，朱句孙有名“无余”，与始祖同名。朱句，读如乌句。《汉书·地理志》交趾郡“朱鸢”县，《越史略》作“乌鸢”县。越祖无余，或于越、芋越，与乌浒音近。乌浒，当来源于越。

第二，輆沭、乌浒与“瓯”族有关。合浦人东汉叫乌浒，“瓯”与“乌浒”“輆沭”音近。宋罗泌《路史》：“越人之祖无余……其次子蹄守欧余之阳，为欧氏、讴氏、余氏、乌氏、乌余氏、瓯氏、欧侯氏、欧阳氏、欧羊氏。”② 越族的这些别称均从于越、芋越来，它们大体为乌、欧、余三类，古无撮口呼，均读如“乌”。在汉字上，余氏、乌氏衍为乌浒、乌余，欧氏、瓯氏等衍为东瓯、殴越等。上古“瓯”与“乌”音近。中古，瓯，《广韵》：乌侯切。瓯、乌音略异，但“乌侯”与“乌浒”一音之转，“瓯”读如“乌”。瓯、乌同族，且音近。故西瓯并非新人类，而是番禺之西的輆沭人。

因此，于越、芋越、輆沭，记为单音词，即为于、沭、瓯。西瓯，是輆沭在西汉时的别名。由于西瓯流行不广，东汉时民间才有乌浒之名。从先秦的輆沭，到西汉的西瓯，再到东汉的乌浒，形成了合浦地区故越人的族名演变史。輆沭、西瓯、乌浒并非三个民族，而是外部世界认识其的三个点。

3. 遗留问题

乌浒与越族自称的联系表明，輆沭、西瓯、乌浒与东越确有联系。百越的渊

---

① （汉）赵晔：《吴越春秋》卷六，北京：中华书局1985年版。

② （宋）罗泌撰：《路史》卷二十三，光绪甲午年刻本。

源有两说。一是同祖说。《史记·越王勾践世家》:“越王勾践，其先禹之苗裔，而夏后帝少康之庶子也，封于会稽，以奉守禹之祀。”《史记·东越列传》:“闽越王无诸及越东海王摇者，其先皆越王勾践之后也，姓驺氏。”一是异祖说。《汉书·地理志》注引臣瓒:“自交趾至会稽七八千里，百越杂处，各有种姓，不得尽云少康之后也。”今人多从后说。但古越族的名称显示，乌浒与东越是有联系的。

五、乌浒的迁徙

合浦史上有个怪现象:合浦郡治西汉时在雷州，齐梁时又迁回雷州，但东汉时却在合浦县（今广西）。这是为什么呢?

1. 合浦郡与交趾的特殊关系

合浦郡在地理上处在秦朝岭南三郡的边缘。秦始皇开岭南，以其地为桂林、南海、象三郡，奠定了广西、广东、越南三地的基本格局。其时，合浦因“与交阯比境，常通商贩”而属象郡（今越南)。汉武帝平南越，设七郡，秦代岭南三郡的地域有所分化，但变化不大[①]。变化大的是合浦郡，以合浦郡因“南海、象郡之余壤”而得来。东吴时分岭南为交、广二州，合浦郡（除高凉外）与交趾、九真、日南归交州，直到南朝。隋唐前，合浦多属交趾，与越南三郡一起构成一个完整的环北部湾地区，合浦郡与交趾的关系密切。

东汉行政区域也体现这个特点。东汉时合浦郡治从雷州迁到合浦县，以便于交趾直接控制合浦。《三国志·士燮传》记载，士燮任交趾太守，其弟士壹任合浦太守，次弟任徐闻令，合浦成为交趾最倚重的地区。《后汉书·桓荣传》:“初平中……（桓曳）遂浮海客交阯，越人化其节，至闾里不争讼。为凶人所诬，遂死于合浦狱。”桓曳居交趾，却死在合浦的监狱，合浦成为交趾最有力的国家机器。《后汉书·贾琮传》:“中平元年（184)，交趾屯兵反，执刺史及合浦太守。”交趾兵变首先逮捕交趾刺史和合浦太守，合浦有如交趾的直辖市。《后汉书·南蛮传》:“建武十六年（40)，交阯女子徵侧及其妹徵贰反，攻郡……于是九真、日南、合浦蛮里皆应之，凡略六十五城，自立为王。”交趾造反，合浦立即响应。因而合浦人被称为交州人。梁慧皎《高僧传》卷十三:“晋咸安元年（371)，交州合浦县采珠人董宗之，于海底得一佛光。”交州合浦县的董宗之，臧荣绪《晋书》等作“交州合浦人董宗之”。在语言习惯上，人们已把合浦人当作交州人。

---

① 南海郡仍旧（今广东)，桂林郡分为郁林、苍梧二郡（今广西)，象郡分为交趾、九真、日南三郡（今越南)，岭南三地的格局变化不大。

2. 乌浒人的安置

东汉是历史上极其腐朽糜烂的王朝之一，此时政府对合浦的剥削加重。权贵喜爱合浦的珍珠、翠羽、犀象、玳瑁、异香，官吏为贿赂权贵而肆意压榨人民，交趾太守张恢贪赃达千金。《晋书·陶璜传》："合浦郡土地硗确，无有田农，百姓唯以采珠为业。"谢承《后汉书》："（合浦）郡境旧采珠，以易米食。先时二千石贪秽，使民采珠，积以自入。珠忽徙去，合浦无珠，饿死者盈路。"[①] 合浦因产珍珠，反而成为受害者。三国时，吴国安远将军交趾太守士燮每年向孙权贡奉杂香、细葛以千数，明珠、大贝、琉璃、翡翠、玳瑁、犀角、象牙、奇珍异宝无数；合浦太守士壹一年贡马竟达数百匹[②]。乌浒是岭南越人中强大的一支，应劭《风俗通义·氏姓》："汉有合浦太守虎旗，其先八元伯虎之后。"[③] 合浦人的虎旗，反映了合浦人民的尚武精神。乌浒人不堪掠夺和迫害，遂揭竿而起。宋王钦若《册府元龟》卷一百五十五："元初三年（116）春正月，苍梧、郁林、合浦蛮夷叛。"本年，三郡数千人攻打苍梧郡，直到冬月。建宁元年（168），合浦蛮反叛。乌浒人的发祥地是合浦郡，但随着反抗战争失败，故乡被毁，他们被迫逃亡他乡。宋黄庭坚《和谢公定征南谣》："合浦谯门腥血沸，晋兴城下白骨荒。"东汉时合浦的血腥更为严重，这促使乌浒人离乡背井。《后汉书·灵帝纪》："（建宁三年）郁林乌浒民相率内属。"乌浒战败以后，十余万人接受了郁林太守谷永的招降。为了切断他们与故乡合浦的联系，谷永把他们分散安置在郁林山区的七县之中，郁林遂成为乌浒民族的新家。唐杜佑《通典》说："乌浒，地在今南海郡之西南，安南府之北，朗宁郡管。"[④] 朗宁郡治宣化县（今南宁南、郁江南岸），郁林及周边就这样成为乌浒人汉化以后的区域。今广西横州、贵县的乌浒山、乌浦山、乌浦滩等都有他们留下的遗迹。乌浒起义失败后的遣散安置，是乌浒人从合浦走向郁林深山的历史原因。

3. 乌浒与越南

乌浒的起义并未停止，《后汉书·灵帝纪》："（光和四年）交阯刺史朱俊讨交阯合浦乌浒蛮，破之。"乌浒这次造反发生在光和元年（178），乌浒与以梁龙为代表的九真、日南数万人一起攻郡夺县。《越史略》："灵帝光和四年（181）夏四月，乌浒蛮为乱，州人梁龙等因之以反，有众数万人。帝命俊击破之。以俊为刺史。"这年的起义被镇压后，他们次年再反。《后汉书·灵帝纪》："光和五年（182）春正月，合浦交阯乌浒蛮叛。"东汉时合浦乌浒人与今广西、越南人一道反抗，乌浒到郁、桂、交等地作战，最后在这些地区定居。故乌浒又称合浦

---

① （唐）欧阳询：《艺文类聚》卷八十四，上海：上海古籍出版社1965年版。

② （宋）王钦若等编：《册府元龟》卷一百九十七，北京：中华书局1960年版。

③ （清）严可均辑：《全后汉文》卷三十九，北京：中华书局1958年版。

④ （唐）杜佑：《通典》卷一百八十八，杭州：浙江古籍出版社2000年版。

交趾乌浒蛮，或交趾合浦乌浒蛮。战争突破疆界，乌浒人离乡背井，到交趾作战并定居，在今越南留下乌浒人的踪迹。沈怀远《南越志》："越王城……或以为此即安阳城，与交州府平道县接界。隋仁寿二年（1602），交州俚帅李佛子作乱，据越王故城，遣其兄子大权据龙编城，其别帅李普鼎据乌延城，刘方讨平之。乌延城，或曰旧在府北境，盖近乌浒之地。"乌延城在越南首都河内之北，后改为乌路省。乌延即乌蛋，即乌浒人。越南《越史略》记阮朝太宗天成三年（1030）"冬十月，王幸乌路省敛"[①]。乌延城、乌路省即乌浒聚居之地。东汉时期，合浦被绑在交阯的战车上，合浦成为交趾向东的桥头堡，交趾成为合浦向西退却的大后方，这是今越南有乌浒的历史原因。

4. 西瓯与乌浒

西瓯是乌浒的别名，因此西瓯地域与乌浒基本重合。《史记·赵世家》："夫翦发文身，错臂左衽，瓯越之民也。"《索隐》引刘氏："今珠崖、儋耳谓之瓯人，是有瓯越。"海南瓯人即西瓯。海南与雷州隔海相望，曾属合浦郡管辖，故海南岛是乌浒，也是西瓯的区域。西瓯集中于唐代邕管十州中："郁平，汉广郁县地，属郁林郡。古西瓯、骆越所居。后汉谷永为郁林太守，降乌浒人十万，开七县，即此也。"[②] 又："党州下，古西瓯所居。"又："茂名，州所治。古西瓯、骆越地，秦属桂林郡，汉为合浦郡之地。"郁平、党州、茂名是西瓯区，但同时又是合浦、乌浒的区域。《资治通鉴》唐纪二十六注："刘昫曰：潘州亦西瓯、骆越地，汉合浦郡地也……宋白曰：秦象林郡皆西瓯地。"袁珂《山海经校注》："又有西瓯，即今广西壮族自治区贵县地。"广西贵县（今贵港市）东汉后是乌浒区，但又是西瓯区。《元和郡县图志》卷三十八云贵州"本西欧、骆越之地"。民国《桂平县志》卷一："广西诸蛮，最古者为乌浒、蛮里。"贵州、桂平为桂管15州，与郁林相邻。由上可知，西瓯与乌浒基本属于同一区域，二者是合二为一的。

5. 西瓯与骆越

西瓯与骆越在西汉本是岭南东西并立的两大越人族群，但到东汉，造反起事而搅动中央王朝的都是粤西的乌浒人或曰西瓯人。在民族实体上，粤东的骆越人几乎消失。在《后汉书》中，提到骆越的只有马援"于交阯得骆越铜鼓""自后骆越奉行马将军故事"和"骆越之民无嫁娶礼法"等寥寥几处，造反起义的均非骆越人。这是因为粤东的骆越人在秦代征讨伯虑国的战役中，因失败而溃散迁徙，他们或迁到粤西，或到越南，已融入当地的乌浒等民族中，形成了汉以后瓯、骆难以厘清的局面。在政治实体上，骆越民族并非主流，更谈不上独立地造

① ［越］佚名：《越史略》卷中，北京：中华书局1985年版。

② （后晋）刘昫等：《旧唐书》卷四十一，北京：中华书局1975年版。

反起事。粤西的民族则不同，他们没有受到秦汉战争的致命打击，他们作为粤西的地主掌管着民族大权，在对外关系上，他们只需在名义上归顺朝廷，政治上仍实行民族自治。因此，东汉时粤西乌浒民族成为起义的主力军。他们在政治上实行由部族大首领主事的酋长制，形成一个个相对独立的自治区。这种状况在东汉以后慢慢改变。但是，《晋书·陶璜传》："广州南岸，周旋六千余里，不宾属者乃五万余户，及桂林不羁之辈，复当万户。至于服从官役，才五千余家。"南北朝时期，汉族对岭南少数民族实行以夷治夷的羁縻政策，大量敕封俚人为渠帅，或杀掉有威胁的首领，如合浦俚帅陈檀、西江俚帅陈文彻等，但到隋末地方溪峒大首领主事的酋长国还有近百个。这种状况，到唐盛时才得到根本改变。西瓯、骆越、乌浒等名词从历史上消失，取而代之的是壮族、布依族、黎族、狼人等少数民族。

合浦地区的乌浒人的历史活动对岭南民族史有重大意义。第一，乌浒人的历史活动，是岭南古越人民族在历史上的最后集结和抗争。虽此后还有冯盎、冯宝、冼夫人等为首的越人酋长国，但其首领多是流落到岭南的汉人，纯粹的越族自治的酋长国的历史已经终结。第二，乌浒人的造反成为岭南历史发展的重要动力，他们的迁徙奠定了此后岭南民族分布的基本格局。第三，合浦及其周边地区是輆沭、乌浒的发祥地，但东汉以后乌浒几从合浦消失，这与博罗本是骆越的发源地而骆越却从博罗消失一样，形成瓯、骆本原不清的历史之谜。第四，合浦因乌浒而闻名，也因乌浒的衰落被分化为高、雷、廉、琼四州，使合浦和乌浒的历史联系渐被湮没。

论广州古代史上“楚庭”之真实性[①]

陈旭楠[②]

广州市市民皆知在越秀山麓的中山纪念碑下有一个镌刻着“古之楚庭”的石牌坊，其始建于顺治元年（1644），同治六年（1867）重建。牌坊位于观音山顶附近，在此地可一览越秀山貌，“羊城八景”之一“越秀奇峰”的景点即指此处。清人根据“百粤服楚”的故事认为这里是古楚庭旧址而建牌坊于此。楚庭被认作是广州建城史的滥觞，但关于历史上是否存在楚庭一直有争议，目前有三种说法：西周说、春秋说、战国说。笔者试就此三种说法并结合其他方面展开初步的探讨。

一、西周说与春秋说

西周说的根据是唐朝马总所撰的《通历》。《通历》中说道：“周夷王八年（前 877），楚子熊渠伐扬粤（按，即越），自是南海事楚，有楚庭（亭）。”[③] 春秋说的根据是屈大均在《广东新语·宫语》中说：“周惠王赐楚子熊恽胙，命之曰‘镇尔南方夷越之乱’，于是南海臣服于楚，作楚庭焉。”[④] 此外，据黄佐《广东通志》称：“楚亭郢在番禺。”[⑤] 仇巨川《羊城古钞》卷四称：“越时事楚，有楚亭郢。”[⑥] 马总的说法是“楚庭”在文献上出现时间最早以及考证时间最早的记录。因此，我们必须考证广州周代是否在扬越和楚国境内，即可佐证西周说和春秋说。

---

① 本文已发表于《佛山科学技术学院学报》（社会科学版）2013 年第 2 期。

② 【作者简介】陈旭楠，福建建瓯人，中国人民大学历史学院中国近现代史专业硕士研究生，主要从事清史、中国近现代史研究。

③ （唐）马总：《通历》，太原：山西人民出版社 1992 年版，第 44 页。

④ （清）屈大均撰：《广东新语》，北京：中华书局 1985 年版，第 38 页。

⑤ （明）黄佐：《广东通志》，明嘉靖刻本，第 26 页。

⑥ （清）仇巨川：《羊城古钞》，广州：广东人民出版社 1993 年版，第 54 页。

（一）广州是否在扬越境内

司马迁的《史记·楚世家》说："当周夷王之时，王室微，诸侯或不朝，相伐。熊渠甚得江汉间民和，乃兴兵伐庸、扬粤，至于鄂。熊渠曰：'我蛮夷也，不与中国之号谥。'乃立其长子康为句亶王，中子红为鄂王，少子执疵为越章王，皆在江上楚蛮之地。"① 由上述文献资料可知熊渠这次征伐是在长江中游地区，显而易见广州地区不在扬越境内。另外，由此处我们可知庸、扬粤、鄂三个地方是毗邻的。《尚书·孔氏传》里称："庸、濮在江汉之南。"②《读史方舆纪要·竹山县》载："上庸城，县东四十里，本庸国。《书》所谓庸、蜀、羌、髳是也。"③ 唐朝张守节《史记正义》注释"鄂"说："刘伯庄云：'地名，在楚之西，后徙楚，今东鄂州是也。'《括地志》云：邓州向城县南二十里西鄂故城是楚西鄂。"④ 可知鄂在今河南泌阳辖境及附近地区。唐朝司马贞《史记索隐》注释"扬粤"说："有本作'扬雩'，音吁，地名也。今音越。谯周亦作'扬越'。"⑤阮元《广东通志》说："据《记》文与注，则扬粤当在房、邓之间，乃江上楚蛮之地，未必是今之粤东也。"⑥ 房州辖境在今湖北房县辖境及附近地区。宋代《路史·国名记·四》载："邓，仲康子国，楚之北境。史云阻之以邓林者，今之南阳。"⑦ 即今河南邓州一带。因此《史记》谈楚兵先攻打庸国，其次占领扬粤，最后消灭鄂国。由此可见，扬粤远离广州达数千里之遥，按照当时的交通条件等方面，马总的说法显然是不能成立的。

（二）楚国是否曾统辖广州地区

楚国在文献上最早出现在商代，《诗经·商颂·殷武》中提到"维女荆楚，居国南乡"⑧。周成王分封熊绎在丹阳立楚国，"辟在荆山，草露兰萎以处草莽，跋砂山林以事天子，唯是桃弧棘矢以共王事"⑨。从熊绎到楚武王所处年代的四百多年间，楚国疆域并不广阔，基本在汉水中下游和长江以北一带。"文王二年（前688），伐申过邓，邓人曰'楚王易取'，邓侯不许也。六年（前684），伐蔡，虏蔡哀侯以归，已而释之。楚疆，陵江汉间小国，小国皆畏之。十一年（前

① （汉）司马迁：《史记》，北京：中华书局2009年版，第62页。
② 王世舜：《尚书译注》，成都：四川人民出版社1982年版，第45页。
③ （清）顾祖禹：《读史方舆纪要》，北京：中华书局2005年版，第37页。
④ （唐）张守节：《史记正义》，北京：中华书局1959年版，第73页。
⑤ （唐）司马贞：《史记索隐》，北京：中华书局1991年版，第25页。
⑥ （清）阮元监修，陈昌齐等总撰：道光《广东通志》，广州：广东人民出版社2011年版，第26页。
⑦ （宋）罗泌撰：《路史》，北京：中华书局影印《四部备要》本1936年版，第56页。
⑧ 王秀梅注释：《诗经》，北京：中华书局2006年版，第47页。
⑨ （汉）司马迁：《史记》，北京：中华书局2009年版，第62页。

679)，齐桓公始霸，楚亦始大。"[①] 可知到楚文王时楚国才开始强大起来，此时据马总所述广州称为"楚庭"之时已隔近两百年。从此直到楚王负刍五年（前223）覆于秦时，楚国疆域"西北到武关（今陕西商县东），东南到昭关（今安徽含山北），北到今河南南阳，南到洞庭湖以南"。疆域最大时"占有今湖北全省，陕西、四川、河南、湖南、江西、安徽、江苏、浙江、山东等省的大部分或一部分地区"[②]，疆域范围并未到广州地区。因此马总所说的"南海事楚""楚庭"等是不能成立的。

（三）《通历》是否为信史

中山大学历史系已故教授刘节在《中国史学史稿》中谈道："马总《通历》，上起三古，下终隋代，开编年通史之先路。宋人如高似孙、晁公武、陈振孙、王应麟诸人，都早已提到这部书。司马光作《资治通鉴考异》，也曾经引用到这部书。"[③] 但其同时也谈到另一个问题，"清代晚期曾有长沙叶氏刊本，很少见。现在唯南京图书馆藏有明抄本……《通历》一书，叶德辉有刻本，未见；《四部丛刊》三编原拟印入，也未成事实"[④]。这说明一个事实，即《通历》的存在毋庸置疑，但传世抄本极少，连刘节先生本人也是从南京图书馆馆藏明抄本上才抄到《通历》的文献资料。代已有学者谈到此事，清阮元道光《广东通志》说："《通历》世无是本，不可考矣。"[⑤]上溯到明代，钮树玉在明抄本《通历·跋》中说："《通历》十五卷，首题曰史臣李焘著，即知其妄。今考《读书志》及《玉海》，知一卷至三卷，盖当时阙失，后人取他书补入。故三国首蜀而末无论略也。四卷至十卷，起西晋讫隋，有总按语，则为会元所撰无疑。其十一卷末，则孙氏所续也。"[⑥] 故对其是否为信史存疑。另外，南宋学者王应麟在《玉海》称："《通历》一书，大抵简略。首纪三皇，尤荒诞不经。"[⑦]由此可知，关于《通历》的信史地位是存在疑问的。

据《旧唐书·马总传》说，马总于唐宪宗元和四年（809）"兼御史中垂，充岭南都护、本管经略使。扼敦儒学，长于政术，在南海累年，清廉不挠，夷撩便之。于汉所立铜柱之处，以铜一千五百斤特铸二柱，刻书唐德，以继伏波之迹"[⑧]。但《新唐书·马总传》中却记载其担任的并不是岭南都护而是安南都护。

---

① （汉）司马迁：《史记》，北京：中华书局2009年版，第62页。

② 黄德馨：《楚疆域变迁考略》，《武汉师范学院学报》（哲学社会科学版）1980年第4期。

③ 刘节：《中国史学史稿》，郑州：中州书画社1982年版，第145页。

④ 刘节：《中国史学史稿》，郑州：中州书画社1982年版，第145、149页。

⑤ （清）阮元监修，陈昌齐等总撰：道光《广东通志》，广州：广东人民出版社2011年版，第26页。

⑥ （唐）马总：《通历》，太原：山西人民出版社1992年版，第54页。

⑦ （宋）王应麟：《玉海》，扬州：广陵书社2007年版，第33页。

⑧ （后晋）刘昫等：《旧唐书》，北京：中华书局1975年版，第24页。

北宋的《册府元龟》和《太平御览》也印证了其担任的是安南都护。另外一条证据如前文所述，他任都护时在东汉马援所立铜柱之处特铸二柱。马援立铜柱的地点，《水经注》引《林邑志》提道："建武十九年（43），马援树两铜柱于象林南界，与西屠国分汉之南疆也。"①象林在今天的越南岘港辖境及附近地区。因此，马总是否曾为岭南都护是可疑的，若为安南都护，则其对于岭南广州地区的情况的熟悉确凿程度也是可疑的。

综上所述，西周说与春秋说都是可疑的。

二、战国说

战国说的根据有二。一是晋顾微在《广州记》中称："州厅事梁上画五羊，又作五谷囊，随羊悬之，云昔高固有楚相，五羊衔谷，萃于楚庭，故图其像为瑞。六国时广州属楚。"② 本事又见王谟《汉唐地理书钞》辑裴渊《广州记》，王氏考裴渊为"晋、宋间人"③。二是清人顾祖禹在所著《读史方舆纪要》中写道："又相传南海人高固为楚威王相时，有五羊衔谷萃于楚亭，遂增筑南武城。周十里，号五羊城。"④ 因此，我们须考证"五羊说"与"高固"其人是否可信。

（一）五羊说可信否

上述《广州记》中的"五羊衔谷说"即为五羊说最早见于文献的记载。唐郑熊《番禺杂记》："广州昔有五仙骑五羊而至，遂名五羊。"⑤ 宋《南海百咏》称："五仙观在郡治西，其先有五仙人，各执谷穗，一茎六出，乘羊而至，衣与羊各异色，如五色，既遗穗与州人，忽腾空而去，羊化为石，州人因其地为祠，石今尚存。"到了清代，屈大均《广东新语》卷五："周夷王时，南海有五仙人衣各一色，所骑羊亦各一色，来集楚庭。"⑥ 同书卷六："晋吴修为广州刺史，未至州有五仙人骑五色羊负五谷来……称为五谷之神。"⑦ 由上可见，由周至清"五羊衔谷说"发生了周说与晋说相矛盾的史实。

另外，古代广州产羊的情况如何？《汉书·南粤传》载高后令"毋予蛮夷外

① （北魏）郦道元：《水经注》，上海：上海古籍出版社 1990 年版，第 54 页。

② （明）黄佐：《广东通志》，明嘉靖刻本，第 26 页。

③ （清）王谟辑：《汉唐地理书钞》，北京：中华书局 1961 年版，第 37 页。

④ （清）顾祖禹：《读史方舆纪要》，北京：中华书局 2005 年版，第 4165 页。

⑤ （清）梁廷楠等著，杨伟群校点：《南越五主传及其他七种》，广州：广东人民出版社 1982 年版，第 63 页。

⑥ （清）屈大均撰：《广东新语》，北京：中华书局 1985 年版，第 38 页。

⑦ （清）屈大均撰：《广东新语》，北京：中华书局 1985 年版，第 38 页。

粤金铁田器，马牛羊即予，予牡毋与牝”①。“秦末汉初，岭南的畜牧业十分落后，马、牛、羊也依赖北方输入。”② 柳宗元在《河东先生龙城录·老史讲明种艺之言》中记：“在高乡（治今广东肇庆），有老吏率少年于路次讲明种艺。其言深耕浅种，时耘时籽；却牛羊之践履，去螟蠊之残害，勤于朝夕，滋之粪土，而有秋之望，富有年炙。”③可见，至迟在唐代，岭南养羊才开始繁盛起来。因此“五羊说”是不成立的。

（二）高固其人可信否

前面《广州记》与《读史方舆纪要》在谈到“楚庭”时都提到“高固”，究竟高固为何人？屈大均在《广东新语》中说：“高固，南海人，周显王时，以才能归楚，为楚王相。”又说：“裴渊曰：南海高固为楚威王相时，有五羊衔谷之祥。”屈大均也十分慎重，他不把五羊的事当为己言，而是引用了晋人裴渊的话。这段话是宋代的《太平御览》引载《广州记》的。裴渊的《广州记》已佚，《广东考古辑要》载：“《广州记》，晋裴渊撰，佚，见黄志。”④“黄志”即为明世宗嘉靖四十年（1561）香山人黄佐编撰的《广东通志》。《广州记》撰于晋代，离楚威王（前339—前329）的年代已有五六百年之久。且裴渊原撰本已佚，高固的可信度是可疑的。

另外，阮元在《广东通志》中谈道：“谨案《百越先贤志》云，高固齐高之族。考宋邓名世（古今姓氏辨证），高氏出姜姓，齐太公六世孙，文公赤生公子高，其孙傒为齐上卿，与管仲会诸侯有功。”⑤ 同时指出：“后人因此附会固为南海人，实无确据也。”⑥ 由此可见，高固为南海人及为楚相都是可疑的。

而且，楚国正式的官制并未有相而只有令尹，相为令尹的别称。据董说《七国考》：“春秋诸国，唯楚英贤最多，而为令尹执国政者，皆其公族。”⑦ 在楚国历史上，除吴起曾任楚悼王令尹一例外，从未有非公族或越人任过令尹。

综上所述，战国说也是可疑的。

三、楚庭与南武的关系

《读史方舆纪要》中说道：“广州城始筑自越人公师隅，号曰南武。《吴越春

① （汉）班固：《汉书》，北京：中华书局2012年版，第36页。

② 冼剑民：《秦汉时期的岭南农业》，《中国农史》1988年第3期。

③ （唐）柳宗元：《河东先生集》，北京：全国图书馆文献缩微中心2004年版，第45页。

④ （清）周广等：《广东考古辑要》，扬州：江苏广陵古籍刻印社1994年版，第25页。

⑤ （清）阮元监修，陈昌齐等总撰：道光《广东通志》，广州：广东人民出版社2011年版，第26页。

⑥ （清）阮元监修，陈昌齐等总撰：道光《广东通志》，广州：广东人民出版社2011年版，第26页。

⑦ （明）董说：《七国考》，北京：中华书局1956年版，第57页。

秋》，阖闾子孙避越岭外，筑南武城，后楚灭越，越王子孙避人始兴，令师隅修吴故南武城是也。"[①] 明郭棐《广东通志》卷七说："开楚庭，曰南武。"[②]"可见楚庭是在南武城中，而南武城则在越城中。楚庭即为南武城中的官衙，也是越城的官衙。"[③]因此我们必须考证公师隅、南武城、吴越子孙的可信度。

（一）公师隅其人可信否

公师隅在文献中出现在《竹书纪年·魏襄王七年》："魏襄王七年（前312）四月，越王使公师隅来献乘舟始罔及舟三百、箭五百万、犀角、象齿焉。"[④] 文中仅仅说到公师隅献物，并未提及其筑城一事。《羊城古钞》中提到，公师隅是周赧王时的"越人"[⑤]，他曾经"为越相度南海"[⑥]。并说其时此人本为越王无疆"于南海依山筑南武城"[⑦]，但"越王不果迁。其后，因越、魏通好，使公师隅复往南海，求犀角、象齿、珠玑以修好。隅久在峤外，得诸琛异，并吴江楼船、会稽竹箭献之。魏乃起师，送越王至荆，栖之沅湘，于是南武疆土为越贡奉邑"。这段文字与前文所述《竹书纪年》中的记载有所不同，例如《羊城古钞》中在物品上多了珠玑。很显然，两段文字在论述史实上的出入较大，《羊城古钞》有很明显的增删痕迹。另外，《羊城古钞》这段文字所论述的史实与前文《读史方舆纪要》中所说的"广州城始筑自越人公师隅，号曰南武"以及后文"又相传南海人高固为楚威王相时，有五羊衔谷萃于楚亭，遂增筑南武城"相比较，存在较大的出入。

楚灭越发生在周显王（前368—前321）时，《史记·勾践世家》称："楚威王兴兵而伐之，大败越，杀王无疆，尽取故吴地至浙江，北破齐于徐州。而越以此散。"[⑧] 据《史记·六国表》，周显王三十六年（即楚威王七年，前333）大事有楚围齐于徐州，因此楚灭越当指公元前333年。周赧王三年（即魏襄王七年，前312）距公师隅至魏已隔二十一年，又如何如《羊城古钞》所说是受已被楚威王所杀的越王无疆派遣使魏呢？更毋庸说"魏乃起师，送越王至荆"之事了。时间上的矛盾也使得公师隅其人并不可信。

---

① （明）郭棐：《广东通志》，明万历三十年刻本，第25页。
② （明）郭棐：《广东通志》，明万历三十年刻本，第25页。
③ 曾昭璇、潘国璠：《宋代以前广州城历史地理》，《岭南文史》1984年第1期。
④ （清）林春溥：《竹书纪年补正》，清道光二十一年刻本，第37页。
⑤ （清）仇巨川：《羊城古钞》，广州：广东人民出版社1993年版，第54页。
⑥ （清）仇巨川：《羊城古钞》，广州：广东人民出版社1993年版，第54页。
⑦ （清）仇巨川：《羊城古钞》，广州：广东人民出版社1993年版，第54页。
⑧ （汉）司马迁：《史记》，北京：中华书局2009年版，第62页。

（二）吴越子孙筑南武城可信否

前面《读史方舆纪要》中所述的吴越子孙筑南武城的文字前后出现了矛盾的现象，即前文说阖闾子孙筑南武城，后文即变为越王子孙令公师隅筑南武城。吴王阖闾之后的吴王夫差亦是一时之霸，为何要为子孙避难于岭南？此一点深为可疑。春秋战国之际，吴楚相争，吴越相争，最后越灭吴、秦灭越皆未发生在岭南地区。另外《吴越春秋》《越绝书》《史记》等书中皆未提及吴越子孙避难于岭南一事，更不用说令公师隅筑南武城了。由此可见，南武城筑城与否是可疑的。

（三）《汉书》《越绝书》中的南武城

据《汉书·地理志》所书："会稽郡娄县有南武城，阖阎所起以候越。"①《越绝书·记吴地传》则有"娄北南武城，阖庐所以候外越也，去县三十里"②。吴国筑城抵挡东南面的越国，在地理上南武城不可能出现在越国西南方极远的岭南地区。

综上所述，广州地区的南武城是否曾被建造是可疑的，由此，楚庭亦是可证为不可信的。

四、结论

杨式挺教授曾断言："一言以蔽之，'楚庭说'是缺乏根据的，不能成立的。"③ 广州早期建城史疑案重重，不仅包括楚庭，也包括南武城、越城等，作为被许多学者推论为广州建城滥觞的楚庭更是一直遭到质疑。从笔者的初步探讨以及历代学者的考证上来看，楚庭的存在可信度不高，至少从文献典籍资料上分析是站不住脚的。但古代复杂的历史仍给我们留下很多线索等待发掘，笔者的资历及能力有限，关于楚庭存在与否考证尚显不足，目前并不能草率定论，需要进一步加以研究和深入分析，相信这对于研究岭南早期文明以及岭南文化的嬗变具有十分重要的意义和深远的影响。

---

① （汉）班固：《汉书》，北京：中华书局2012年版，第36页。

② 张仲清校注：《越绝书校注》，北京：国家图书馆出版社2009年版，第36页。

③ 杨式挺：《广州古城始建于何时》，《羊城今古》1992年第6期。

后　记

“广东地方特色文化研究丛书”第一辑《岭南风物》出版后，不仅受到专家学者的称赞，而且引起相关领导的关注，于是我们决定加快进度，推出第二辑《岭南记忆》。本辑从诗文研究、文化研究、艺术研究、地名研究四个角度对岭南文化进行阐释，对广东地方特色文化进行系统整理和深入研究，文章切入点各异，从不同方面展示了岭南这片独特土地所孕育的丰富文化，为继承、发展和保护广东地方特色文化作出了贡献。

本辑由田丰、林有能、梁川、柯楚将、古流森等人编选，校对工作由姜波、张杰炜、汪虹希等人担任，暨南大学出版社潘雅琴、颜彦负责该书的编辑出版工作。在此，我们谨向关心支持本书出版的单位和个人表示衷心的感谢！

本丛书将在近几年内陆续推出新作，我们希望继续得到专家学者和广大读者的大力支持。

“广东地方特色文化研究丛书”编委会

二〇一六年三月